사람을 품는
능굴능신의 귀재
유비

삼국지
리더십

사람을 품는
능굴능신의 귀재
유비

자오위핑 지음 | 박찬철 옮김

속내를 감추고 은밀히 지배한다

위즈덤하우스

일러두기

· 이 책은 중국 국영방송 CCTV가 '고급지식의 대중화'를 모토로 기획한 인기 교양 프로그램 〈백가강단百家講壇〉에서 자오위핑 교수가 강의한 내용을 엮은 것이다. 같은 기획으로 《판세를 읽는 승부사 조조》, 《자기통제의 승부사 사마의》, 《마음을 움직이는 승부사 제갈량》이 출간되었다.

· 본문에 인용된 번역은 원문에 충실하되, 독자의 이해를 돕기 위해 풀어 썼다.

· 인명을 포함한 외국어표기는 국립국어원 외국어표기법과 용례에 따라 표기했으며 최초 1회 병기를 원칙으로 했다. 단, 본문의 이해를 돕기 위해 필요한 경우 다시 병기했다.

· 본문에 전집이나 총서, 단행본 등은 《 》로, 개별 작품이나 편명 등은 〈 〉로 표기했다.

◎ 옮긴이의 말

보통 《삼국지三國志》에 대한 논의는 소설 《삼국지연의三國志演義》 속의 내용만으로 이야기하거나, 정사 《삼국지》의 내용만을 역사적인 사실로 간주해 소설의 관점이 허구라고 비난하는 경우가 많습니다. 그러나 중국에서 《삼국지》 강의의 대가라 불리는 자오위핑趙玉平 선생은 어느 한쪽의 내용만을 토대로 삼국을 이야기하지 않습니다. 그의 강의는 정사와 소설을 왕래합니다. 정사를 주재료, 소설 속의 이야기를 양념으로 삼아 당시 주인공들의 고사에 현실감을 불어넣고, 그 속에서 오늘날 우리에게 필요한 지혜를 맛깔나게 이야기해주고 있습니다. 그와 같이 정사와 소설을 종횡무진하며 고전 역사를 현대로 끌어오는 이야기꾼은 흔치 않습니다.

인의仁義를 최고의 가치로 여기던 과거에는 사람들의 유비劉備와 제갈량諸葛亮에 대한 사랑이 애틋했습니다. 그러나 최근에는 세상의 가치가 변해 유비의 인의보다는 조조曹操의 현실적인 성공에 관심이 경도되면서 냉정한 현실주의자 조조와 인의를 가장한 야심가 유비의 대비가 더 독자들의 흥미를 끌고 있는 것처럼 보입니다. 이러한 사회적 분위기 속에서 자오위펑 선생은 유비를 들고 나왔습니다.

자오위펑 선생은 한 인터뷰에서 "삼국의 영웅 가운데 개인적으로 가장 마음이 가는 인물은 유비"라고 말한 적이 있습니다. 그 이유는 흔히 말하듯이 그가 인의를 대표하는 인물이기 때문이 아니라, 아무런 기반도 없는 상황에서 수많은 난관과 실패를 거듭하면서도 결국 삼국의 한 축을 차지한 영웅이 되었기 때문입니다.

삼국은 난세로부터 비롯되었고, 흔히 난세는 영웅을 부른다고 합니다. 한漢나라 말 환관과 외척의 싸움으로 중앙 정권이 구심력을 잃어버리자 굶주린 농민이 난을 일으켰습니다. 황건적黃巾賊의 난으로 천하가 혼란에 빠지자 각 지역에 할거하던 야심가가 모두 한 왕실을 대신해 너도 나도 영웅의 자리에 도전했습니다. 그런 현실에서 누가 영웅이 되었지요? 바로 위魏·촉蜀·오吳의 주인공 조조·유비·손권孫權입니다. 손권은 아버지 손견孫堅과 형 손책孫策의 유산을 이어받아 삼국의 한 축을 이루었지만 조조와 유비는 달랐습니다.

처음 한나라 정권의 혼란을 이용해 재빠르게 정권을 장악한 사람은 서량西涼 군벌 동탁董卓이었습니다. 그런데 동탁이 황실을 유린하고 전횡을 일삼자 각지의 제후들이 들고 일어섰습니다. 선두주자는 동탁 토벌을 맨 먼저 주창하며 나선 조조였습니다. 그래서 조조는 영웅이 될 수

옮긴이의 말

있었습니다.

　하지만 동탁 토벌에 참여했던 쟁쟁한 실력자들은 이후 삼국의 역사에서 하나하나 사라지고 말았습니다. 《삼국지연의》에서는 유비·관우關羽·장비張飛 또한 공손찬公孫瓚 막하에서 이 연합군에 참여해 큰 전과를 올린 것으로 나오지만, 역사적 사실에 따르면 당시 공손찬은 이 연합군에 참여하지 않았다고 합니다. 단지 〈선주전先主傳〉 주에 "때마침 영제가 붕어하자 천하에 대란이 일었는데, 유비 또한 군을 일으키고 동탁을 토벌하는 데 종군했다"고만 기록되어 있을 뿐입니다. 이는 당시 유비가 제대로 된 명함도 없이 종군했음을 알려줍니다.

　이렇게 지명도도 세력도 없던 유비가 결국에는 삼국의 당당한 주인공이 되었습니다. 유비는 어떤 과정을 거쳐 천하를 삼분하고 자신의 기업基業을 일으켜 세울 수 있었을까요? 그가 영웅이 된 비결은 무엇이었을까요? 이 책의 주제는 바로 이에 대한 탐구입니다.

　'능굴능신能屈能伸'은 처세의 기교이기도 하지만 그의 철학이기도 했습니다. 돈도 배경도 없던 한미한 가문 출신으로 믿는 것은 관우·장비 두 형제밖에 없던 유비는 처음부터 항상 자신보다 나은 실력자에 기대어 성장했습니다. 동문수학한 사형 공손찬에게 의탁한 것을 시작으로 도겸陶謙·원소袁紹·여포呂布·조조·유표劉表·유장劉璋에게 차례로 의탁해 곤경에서 벗어났을 뿐 아니라 오히려 영향력을 확대했습니다. 이 가운데 여포와 조조는 한때 유비와 싸웠고 또 유비를 제거하려 했던 적이 있습니다. 그럼에도 유비는 특별한 능굴能屈의 능력으로 그들의 도움을 얻어 재기할 기반을 마련했습니다.

유비는 여포에게 패한 뒤 모든 것을 잃어 오갈 곳이 없자 결국 조조에게 의탁했습니다. 조조의 측근들은 유비에게 영웅의 풍모가 있다고 여기고 미리 유비를 제거하자고 권했습니다. 이에 조조가 유비를 초대해 넌지시 떠보았습니다.

"지금 천하의 영웅은 오직 그대와 나 조조뿐이오. 원소와 같은 무리는 여기에 낄 수조차 없소."

이 말은 들은 유비는 깜짝 놀란 듯이 들고 있던 수저를 떨어뜨렸습니다. 때마침 천둥과 벼락이 치자 유비는 마치 천둥에 놀란 것처럼 가장하며 말했습니다.

"성인이 '빠른 천둥과 거센 바람에는 필시 낯빛을 고친다'고 하셨는데, 정말 그렇습니다. 벼락이 한 번 쳤는데 그 위세가 이 정도군요!"

하지만 유비가 숱한 패배와 떠돌이 생활 속에서도 초심을 잃지 않고 자신의 세계를 만들어갈 수 있었던 것은 단순히 능굴의 능력 때문이 아니라 능신能伸의 철학이 함께 있기에 가능한 일이었습니다. 그의 능신은

옮긴이의 말

보통 사람들이 생각하는 것과는 사뭇 달랐습니다. 도겸이 서주徐州를 넘겨주자 세 번 사양한 후 받고, 조조에게 항복한 유종劉琮을 공격해 형주荊州를 차지하자는 제갈량의 제안을 거절하는 등 그의 행동은 당시 야심가들과는 판이했습니다. 그는 가장 불리한 상황에서도 진정한 리더의 면모를 보여주며 미래를 꿈꾸었습니다.

조조가 북방을 평정하고 형주로 남하하자 유종은 싸워보지도 않고 유비 몰래 항복하고 말았습니다. 갑작스러운 항복 소식에 유비는 어쩔 수 없이 양양襄陽으로 후퇴하기로 결정했습니다. 그런데 퇴각하는 과정에서 유비를 따르는 백성으로 인해 행렬이 10만여 명에 이르렀고 치중 수천 대가 그 뒤를 따르니 군대는 하루에 10여 리밖에 가지 못했습니다. 그래서 어떤 이가 조조가 추격하고 있으니 백성을 버리고 빨리 강릉江陵으로 가자고 권했습니다. 유비가 말했습니다.

"무릇 큰일을 이룰 때는 필히 사람을 근본으로 삼는 법이오. 지금 사람들이 내게 귀부하는데 어찌 차마 버리고 떠나겠소!"

이 장면은 《삼국지》 최고의 장면 가운데 하나입니다. 이런저런 이해 득실에 따라 계산하고 선택하는 요즘 시각으로 보면 유비는 전략적 고려라고는 하나도 없는 바보 같은 결정을 한 것처럼 보입니다. 산전수전 다 겪은 유비가 그것을 몰랐을 리는 없습니다. 유비는 이 선택으로 군사적으로는 크게 실패했습니다. 하지만 이후 형주 백성과 인재가 유비를 지도자로서 인정하게 되었고, 이런 정치적 승리에 기초해 결국 냉엄한 현실을 딛고 삼국의 한자리를 차지할 수 있었던 것입니다.

익주에 처음 들어갔을 때 기회를 보아 바로 유장을 치고 익주를 차지하자는 방통의 건의에 대해 유비는 평생의 라이벌 조조에 빗대어 자신의 능신 전략을 말했습니다.

"지금 나에게 물과 불의 관계 같은 것이 조조이기에, 조조가 급박하게 하면 나는 관대하게 하고, 조조가 난폭하게 하면 나는 인자하게 했으며, 조조가 속임수를 쓰면 나는 충성을 했소. 매번 조조와 반대로 행동해 가히 일을 이룰 수 있었소. 지금 작은 이유 때문에 천하에 신의를 잃는 것은 나는 하지 않겠소."

오늘날 사람들이 《삼국지》를 읽고 좋아하는 이유가 있다면 그 속에 살아가는 데 필요한 지혜가 담겨 있기 때문일 것입니다. 어려움 속에서도 원칙을 버리지 않고 실패해도 좌절하지 않으며 때로는 머리를 숙이면서도 끝까지 뜻을 견지하고 한발 한발 이상을 향해 나간 유비의 용기가 바로 그 지혜 가운데 하나입니다.

오늘날은 또 다른 난세라 할 수 있습니다. 우리 모두가 영웅이 될 수는 없지만 적어도 자기 인생의 영웅은 될 수 있을 것입니다. 하지만 현실의 장벽은 이것조차 쉽게 허락하지 않습니다. 대부분의 인생은 여전히 미생未生에서 활로를 찾아가는 여정이라 할 수 있습니다. 저자의 말처럼 인생이라는 강은 사람마다 건너는 방법과 방향이 있게 마련입니다. 성공은 사람들마다 기준이 다르고, 각자의 방식이 있을 수 있습니다. 미생유비가 완생完生을 향해 분투하며 나아간 경험을 통해 독자 여러분들이 자신만의 인생의 활로를 찾는 데 자그마한 도움이 되기를 희망합니다.

2015년 5월
박찬철

차례

마음을 베풀어
사람을 얻다

동한東漢 말년 탁주涿州의 누상촌 동쪽 어느 조그마한 집에서 훗날 삼분천하의 주
인공이 될 유비가 태어났다. 하지만 유비의 어린 시절은 순탄치 않았다. 유비는
어려서 아버지를 여의고 가세가 기울자 어머니와 함께 짚신과 돗자리를 만들어
팔며 지냈다. 비록 집안은 가난했지만 대대로 전해 내려온 학문의 연원은 끊어지
지 않았다.
유비는 어린 시절을 어떻게 보냈을까? 일반인과 다른 점은 무엇이었을까? 그에
게 큰 영향을 끼친 사람은 누구였을까? 그의 경험은 오늘날 젊은이들이 장래에
직업을 계획하고 교육을 받는 데 어떤 가르침을 주는가?

동한 말년, 탁주 남쪽 십오리十五里에 100여 가구가 모여 사는 크지도 작지도 않은 마을이 있었습니다. 사람들은 이 마을을 누상촌樓桑村이라 불렀습니다. '누상촌'이라 이름 붙인 까닭은 마을 동쪽 끝에 있던 한 그루의 커다란 뽕나무 때문이었습니다. 근처 마을에서 이 커다란 뽕나무를 모르는 사람이 없었습니다.《삼국지》원문에는 "멀리서 바라보면 잎과 가지가 무성해 마치 수레덮개처럼 보였다. 그곳을 지나가는 사람들은 모두 이 나무를 괴이하고 범상치 않게 여겼다"라고 기록되어 있습니다. 이 범상치 않은 뽕나무 옆의 조그맣고 외딴 집에서 천하에 이름을 날린 영웅, 유비 유현덕劉玄德이 태어났습니다.

유비는 어린 시절 부친을 여의고 가업이 쇠락하자 모친에게 의지하며 어렵게 살았습니다.《삼국지》에는 그가 "모친과 함께 짚신과 돗자리를 만들어 팔며 생계를 꾸렸다"고 했는데, 오늘날로 치면 육교 다리 위에서 좌판을 벌이고 돗자리와 슬리퍼 같은 것을 팔며 푼돈을 벌었다고 할 수 있습니다.

비록 돗자리를 파는 가난한 신세였지만 유비는 여느 아이들과 달랐습니다. 한나라는 유씨 천하였고, 유비는 어려서부터 황족의 후예로서 긍지가 컸습니다. 훗날 그는 자신을 유씨 종실宗室이라 소개하면서 말끝마다 중산정왕中山靖王의 후예라고 했습니다.

그렇다면 소년 유비가 어떻게 어린 시절을 보내며 미래를 준비했는지 살펴보겠습니다.

상대에게 생각을
강요하지 않는다

누상촌은 유씨 성을 가진 사람들이 300여 년 동안 대대로 거주한 집성촌이었습니다. 이곳의 역사는 한경제漢景帝가 제후왕諸侯王을 봉할 때부터 시작되었습니다. 한경제의 아들 열네 명 가운데 후에 한무제漢武帝가 된 유철劉徹 외에 나머지 열세 명은 모두 제후왕으로 봉해졌는데, 그 여덟째 유승劉勝이 기원전 154년 열두 살에 중산정왕으로 봉해졌습니다.

　중산국中山國은 지금의 하북성河北省 중서부 역수易水 이남, 호타하滹沱河 이북 지역으로 한나라 초기 봉국 가운데 현의 수는 세 번째, 인구는 두 번째로 많은 나라였습니다.

　《한서漢書》〈경십삼왕전景十三王傳〉에 따르면 중산왕이 된 유승은 "사람됨이 술과 여자를 좋아해 자녀가 120여 명에 달했다"라고 할 정도로 안락한 생활을 누렸고, 자식들은 한 중대를 이룰 정도로 많았습니다. 이 120여 명의 자식 가운데 총애를 받은 20여 명이 후侯로 봉해졌는데, 그 가운데 한 명이 유비의 선조인 유정劉貞이었습니다. 유정이 훗날 탁주 부근에 정착하면서 유비를 포함한 유씨 성을 가진 씨족들의 선조가 된 것입니다. 오늘날로 하면 유씨는 모두 황제의 친척뻘이라 할 수 있었습니다. 하지만 친척이라 하기엔 너무 멀었고 시간상으로도 300여 년이 지나 족보로도 13대의 거리가 있었습니다.

　《삼국지》〈선주전〉에는 그의 직계 조상에 대해 "유비의 조부 유웅, 부친 유홍劉弘은 대를 이어 주군州郡에서 벼슬을 했다. 유웅은 효렴孝廉으로 천거되어 관직이 동군범령東郡范令에 이르렀다"라고 기록되어 있습니다. 유비는 비록 황제의 까마득한 친척으로 크게 부유하거나 귀하지는 않았지만, 그래도 조부 유웅이 효렴으로 천거되어 현령縣令에 이를 정도로 글을 읽는 집안 출신이었습니다.

여기서 한나라 때 관리 선발방식 가운데 하나인 '효렴'에 대해 설명하고자 합니다. 효렴은 한무제 때 처음 군국郡國에서 효렴, 즉 효성스럽고 청렴한 인재 각 한 명을 추천해 관리로 임용하는 제도였습니다. 동한 시기에 이르러 이 효렴은 관리선발에서 가장 중요시하는 과목이 되었습니다. 동한 시기는 각 군국의 크기와 인구 수가 달랐기에 크기와 인구에 비례해 천거하는 인재의 수를 분배했는데, 20만 명이 넘으면 매년 효렴 한 명, 40만 명이 넘으면 매년 두 명을 천거할 수 있었습니다. 효렴으로 천거되었다는 것은 인구 20만 명 가운데 1등을 차지했다는 뜻이므로 대단한 일이라 할 수 있었습니다.

그런데 유홍은 그럴싸한 관직도 없고 가산도 남기지 않은 채 젊은 나이에 죽고 말았습니다. 하지만 아버지의 지원을 받을 수 없게 되었다 해도 유비 집안의 학문의 전통은 끊어지지 않았습니다. 이 점은 유비의 이름으로 증명할 수 있습니다.

보통 이름은 아이에 대한 부모나 어른의 기대를 반영합니다. 유비의 이름은 비備입니다. 비의 뜻은 무엇일까요? 첫째, 근신하며 준비한다는 뜻입니다.《소대예기小戴禮記》에는 "일을 경계해 근심하지 않는 것을 지비知備라 한다[事戒不虞曰知備]"고 기록되어 있습니다. 둘째,《역경易經》〈계사繫辭〉에 "역易의 글됨이 광대해 (우주의 모든 문제를) 그 속에 전부 갖추고 있다[易之爲書也, 廣大悉備]"에서 볼 수 있듯이 '완전하다, 모두 갖추고 있다'는 뜻이 있습니다.

　게다가 유비의 자字는 더 특별하고 무게감도 있습니다. 유비의 자는 현덕玄德입니다. 노자老子의 《도덕경道德經》에는 현덕을 이렇게 설명하고 있습니다.

　　낳고도 소유하지 않고, 행해도 그 공에 의지하지 않으며 길러도 주재하지 않는 것을 이르러 현덕이라 이른다[生而不有, 爲而不恃, 長而不宰, 是謂玄德].

　간단하게 해석하면 현덕에는 세 가지 상태가 있습니다. 첫째, '낳고도 소유하지 않는다'는 생이불유生而不有입니다. 즉 자신이 심은 사과라도 혼자 소유하지 않고 다른 사람과 함께 나눈다는 뜻으로, 자신이 깨달은 이치를 혼자가 아닌 다른 사람과 함께 나눈다는 것입니다. 둘째, '행해도 그 공에 의지하지 않는다'는 위이불시爲而不恃입니다. 즉 내가 한 일이라 해도 자랑하거나 만족하지 않고 겸허하게 행동하며 과장해 늘어놓지 않는다는 것입니다. 셋째, 장이부재長而不宰입니다. 여기서 재宰는 주관을, 장長은 장년을 뜻하는 말로, 권위 있고 존귀한 위치에서 자신의 생각을 강요하지 않고 권한을 이양하고 부여할 줄 안다는 뜻입니다.

억지로 잡아당긴 싹은
이내 썩는다

《상서尙書》〈순전舜傳〉에 "(순 인금은) 현덕을 널리 인정받아 천하를 주
재하는 위치에 앉게 되었다[德升聞, 乃命以位]"라는 말이 있습니다. 이
렇게 유비의 이름이나 자를 볼 때 유비의 부모는 그가 현덕을 갖춘
큰 인물이 되기를 기대했음을 알 수 있습니다.

유비는 이러한 기대를 저버리지 않고, 어린 시절부터 남다른 점
을 드러냈습니다. 앞서 이야기한 것처럼 유비의 집 모퉁이에는 커
다란 뽕나무가 자라고 있었습니다. 유비는 동년배의 아이들과 뽕
나무 아래에서 놀면서 "나는 꼭 이렇게 깃털로 장식된 덮개가 있는
수레에 탈 것이다[吾必當乘此羽葆蓋車]"라는 깜짝 놀랄 만한 이야기를
했습니다.

뽕나무의 윗부분이 마차의 덮개처럼 생겼으므로, 유비의 이 말
은 글자 그대로 '장래에 반드시 이 나무처럼 위풍 넘치는 차양이 달
린 호화로운 마차를 탈 것이다'라는 뜻입니다. '우보개거羽葆蓋車'라
는 글자를 주목하십시오. 이러한 등급의 마차는 천자가 타는 것입
니다. 그래서 이 말은 자신이 호화로운 마차를 탈 것이라 말하는 것
을 넘어서 장래 꼭 천자가 되겠다는 소망을 드러낸 말이었습니다.
탁주 농촌의 어린 소년이 이러한 말을 했다는 것은 확실히 범상치
않은 일이었습니다.

이러한 말은 일반인은 생각할 수 없는 것이었습니다. 이는 확실
히 유비의 성장환경과 가정교육이 그에게 일종의 특수한 동기와
가치관을 형성시켰음을 증명합니다. 이러한 동기와 가치관은 주로

누구에게서 온 것일까요? 당연히 유비의 어머니에게서 비롯되었을 것입니다. 이 위대한 어머니의 이름은 비록 역사서에는 기록되어 있지 않지만 그녀의 행적은 우리를 탄복하게 합니다.

유비의 어머니는 온갖 고생을 하며 가정을 지켜내는 중임을 맡았습니다. 아침부터 저녁까지 유비를 데리고 행상으로 생계를 꾸렸고, 한편으로는 유비에게 글공부를 시켜 세상을 사는 이치와 처신의 도리를 깨우치게 했습니다. 특히 유비에게 가문의 영광과 아버지 대의 희망을 이야기하며 집안의 문화를 이어주는 역할을 했을 것입니다. "훌륭한 어머니는 좋은 스승보다 낫다"라는 말이 있습니다. 이러한 가정교육 아래에서 유비의 개성, 성품과 지혜가 무르익었고 그의 성품 가운데 가장 우수한 부분이 충분하게 드러날 수 있었던 것입니다. 유비의 어머니는 서두르지 않았습니다. 아이의 성장에 가장 중요한 유년기와 소년기를 착실하고 안정되게 보낼 수 있도록 도운 후, 유비가 열다섯 살이 되던 해에 비로소 스승을 모시고 공부를 가르쳤습니다.

잠시 오늘날 우리의 가정교육을 돌아봅시다. 요즘의 가정교육을 보면 항상 남보다 앞서는 것만 생각하고 성취에 급급해 자칫 아이의 성장단계를 고려하지 않고 건너뛰는 경우가 많습니다. 겉으로 보기에는 아이의 발전이 보통 수준 이상으로 발달하고 남보다 뛰어난 것처럼 보이지만, 이러한 방식은 사실 억지로 싹을 뽑아 성장을 돕는 발묘조장拔苗助長이므로 부작용을 불러일으킬 수 있습니다.

발묘조장은《맹자孟子》의 〈공손추公孫丑〉에 나오는 이야기입니다. 송나라에 어리석은 농부가 있었는데, 자신의 벼가 다른 사람 것보다 덜 자란 듯해 순을 잡아 뽑은 것입니다. 물론 그가 잡아당긴 벼들은 다음 날 다 말라 죽었습니다. 농부는 벼의 순을 뽑으면 더 빨리 자라리라고 생각해 그런 어처구니없는 일을 저질렀는데, 혹시 오늘날 우리의 교육이 그렇지 않은지 생각해볼 만한 문제입니다.

요즘 선행교육이 유행하지요. 유치원에서 초등학교 과정을 배우고, 초등학교에서 중·고등학교 과정을 배우며, 중·고등학교에서는 대학교 과정을 배웁니다. 그러다보니 대학에 들어가면 다시 유치원 과정을 보충해야 할 웃지 못할 상황이 벌어지고는 합니다. 아시다시피 대학 안에는 능력도 뛰어나고 공부도 잘하는 학생들이 상식적인 면에서는 오히려 문제가 있는 경우를 심심치 않게 볼 수 있습니다. 그래서 대학 교수들이 어릴 때 익히 배웠어야 할 기본적인 가치관, 즉 함께 누릴 줄 알고 질서를 지키고 정서적 안정을 유지하고 좌절을 극복할 수 있는 가치관 등 삶에서 가장 기본적인 것들을 가르쳐야 할 형편입니다. 사실 이러한 개념들은 유치원 때 심어주어야 하는 것들입니다. 뭐든지 속성으로 이루려 하기 때문에 조급해지고 그 조급한 마음 때문에 문제가 생기는 것입니다. 우리가 모델로 삼는 상당수가 기본적으로 먼저 앞서나가고 뒤에 보충하는 것이기에, 앞서나가다 혹여 왜곡이 생기면 부족한 부분을 보충하기 위해 애처롭게 애를 써야 합니다.

심리학에는 개체가 발전하는 과정에서 환경의 영향이 가장 크게 작용하는 결정적 시기critical period라는 개념이 있습니다. 아이의 성장에 결정적인 역할을 하는 시기에는 그에 맞는 주제와 교육을 하는 것이 매우 중요합니다. 유비는 비록 가난한 집에서 태어나 결정적 시기를 생업에 종사하며 보냈지만, 그의 인격성장 과정에서 미래에 매우 중요한 씨앗을 심었습니다.

🏵 유비의 지혜

누구에게나 환경의 영향이 가장 크게 작용하는 결정적 시기가 있다. 성장에 결정적인 역할을 하는 시기에는 그에 맞는 주제와 교육을 받는 것이 매우 중요하다.

남의 시선과 평가에 연연하지 않는다

유비는 황제가 되어 함께 잘 살아보자는 뜻으로 말했을 것입니다. 하지만 이 말은 어른들을 깜짝 놀라게 했습니다. 숙부 유자경劉子敬이 말했습니다. 《삼국지》〈선주전〉의 기록입니다.

"너는 허튼소리를 하지 말거라. 우리 가문을 망치겠구나!"

사람들마다 심성이 다르고 뜻과 취향이 다르기 때문에 큰일을 하는 사람은 항상 주위 사람들이 이러쿵저러쿵 참견하거나 선의로 타이르는 상황과 마주하게 됩니다. 어린 유비가 가슴에 큰 뜻을 품고 당당하게 말할 때, '안정적인 일을 찾아 집도 사고 차도 사고 결혼도 하고 노후도 대비해야 한다. 특별한 일 없이 평범하게 사는 것이 진짜 인생이다'라고 권하는 사람이 그 시절에도 분명히 있었을 것입니다. 하지만 유비가 마음속으로 생각한 것은 달랐습니다.

'왕후는 본래 씨가 없다. 남자는 스스로 강해져야 한다. 무엇 때문에 무미건조하게 일생을 마쳐야 하나? 큰 사업을 하련다. 인생을 헛되지 않게 해 영웅이 되지 않으면 남아가 아니다.'

이것은 망아지가 강을 건너는 고사를 생각나게 합니다. 망아지가 강을 건너려 하자 황소는 강이 얕으니 아무 때나 건너라고 이야기했습니다. 반면 다람쥐는 강이 너무 깊어 친구가 빠져 죽었으니 절대 건너지 말라고 말렸습니다. 망아지는 강을 건너야 할까요, 말아야 할까요?

여기서 인생이란 강을 건널 것인지 말 것인지는 강이 어떤 상태인가로 결정되는 것이 아니라 여러분이 누구인지에 따라 결정된다는 사실을 말하고 싶습니다. 여러분이 망아지라면 용감하게 건너면 됩니다. 만약 작은 다람쥐라면 무턱대고 건너는 것은 적절하지 않습니다. 망아지라면 다람쥐의 충고 때문에 강을 건너지 못해서는 안 되지만, 다람쥐라면 망아지가 건너는 것을 보고 자신도 강을 건너려 해서는 안 됩니다. 이를 '사람마다 다르다'라고 하는 것입니다.

인생이라는 강은 사람마다 건너는 방법과 방향이 있게 마련입니다. 망아지가 다람쥐의 충고를 곧이곧대로 들었다가는 평생을 가도 강을 건너지 못할 것입니다. 젊은이란 자고로 패기를 가지고 용감하게 탐색하고 시도해야 합니다. 걸핏 하면 스스로를 울타리 안에 가두어서는 안 됩니다. 사람마다 각자의 화법과 삶의 방향이 있기에, 다른 사람의 의견을 경청하는 것도 중요하지만 그보다 자아를 실현하는 것이 더 필요합니다.

관리학의 관점으로 보면 평범한 축에 속하는 사람은 미래를 계획할 때 평안하고 안정된 삶을 좋아합니다. 반면 돌파형 사람은 모험하고 도전하는 일을 좋아합니다. 이러한 상황이 나타나는 기본 원인은 성취동기가 다르기 때문이라 할 수 있습니다.

생존을 위해 종사하는 것을 직업이라 하고, 발전과 자아실현을 위한 것을 사업이라 합니다. 직업이 있으면 근심 없이 생활할 수 있습니다. 반면 사업을 하면 부끄러움 없이 멋지게 살 수 있을 것입니다. 직업에 종사하면 책임을 다해야 하고 사업을 하려면 마음껏 즐겨야 합니다. 만약 여러분이 망아지라면 다람쥐의 충고에 개의치 말고 용감하게 강을 건너야 합니다. 만약 여러분이 다람쥐라면 숲속에 남아 즐거운 나날을 보내며 강을 건너지 못하는 것에 지나치게 마음을 두지 말아야 합니다. 모두 자신이 하고자 하는 일을 해 원하는 바를 얻어야 합니다.

유비는 어렸지만 큰 뜻을 세우고 천하를 마음속에 품었습니다. 그렇다고 강렬한 성취동기와 사업을 크게 하고자 하는 갈망만으로 마냥 시간을 보낸 것은 아니었습니다. 소년 시기는 인생 항로의 출발점입니다. 소년 유비 또한 이후 그의 인생에 영향을 끼친 세 번의 만남이 있었습니다.

♻ 유비의 지혜

생존을 위해 종사하는 것을 직업이라 하고, 발전과 자아실현을 위한 것을 사업이라 한다. 직업이 있으면 근심 없이 생활할 수 있고, 사업을 하면 부끄러움 없이 멋지게 살 수 있다.

▌하루에 한 가지에만
▌집중한다

유비는 열다섯 살이 되자 체계적으로 공부를 시작했습니다. 이때 그가 청한 스승이 노식盧植이었습니다. 노식은 유비와 동향 사람이었습니다. 《삼국지》에는 노식에 대해 "신장이 8척 2촌이고 음성이 종소리처럼 우렁찼다. 젊어서 정현鄭玄과 함께 마융馬融에게 경전을 배워 고금의 학문에 두루 통했고, 정밀하게 연구하되 장구章句의 해석에 얽매이지 않았다"고 기록하고 있습니다. 그는 동한 말년의 저명한 경학가이면서 일찍이 두 차례에 걸친 구강九江에서의 반란을 평정했고

황건적의 난이 일어나자 북중랑장北中郎將에 임명될 정도로 문무文武 를 겸비한 인물이었습니다.

스승을 보면 제자를 알 수 있다고 합니다. 유비의 스승 노식이 어 떤 사람이었는지 두 가지 고사를 통해 이야기해보겠습니다.

젊은 시절 노식은 천리를 전전하며 섬서 부풍扶風에 있던 당대의 대 유학자 마융의 문하에 들어갔습니다. 마융은 노식의 태도와 행 동거지가 마음에 들어 곧 곁에서 가르침을 들을 수 있게 해주었습 니다. 당시 마융은 평범한 유학자가 아니었습니다. 《후한서後漢書》 〈마융열전馬融列傳〉에 따르면 그는 "용모가 뛰어나고 문장에 능하며, 거문고를 잘 타고 피리를 잘 불었다. 인생의 이치를 꿰뚫고 성정에 따라 일을 처리하며 유학자의 예절에 구속되지 않았다"고 합니다. 게다가 그의 집안은 권세 있는 외척 가문으로 배경이 눈부셨고, "집 안의 장식물과 복식은 대부분 사치스럽게 장식했다"고 할 만큼 집과 복식에 정성을 지극히 들였습니다. 그의 강의방식 또한 아주 특별해 "항상 고당高堂에 앉아 붉은 휘장을 내리고 가르침을 베풀었는데" 휘 장 앞에는 많은 학생이 있었고, 뒤쪽에는 "여인들이 열을 지어 노래 하고 춤을 추었다"고 합니다. 선생이 앞에서 강의하고, 뒤편에서 아 리따운 미녀들이 노래하며 춤을 추게 했으니, 도대체 학생들에게

강의를 들으라는 것인지 아니면 미녀들의 춤을 감상하라는 것인지 알 수가 없었습니다.

이러한 장면은 학생들의 집중력을 시험하는 것이었습니다. 마융은 노식이 다년간 가르침을 받으면서 스승이 의도적으로 안배한 향락의 세계에 눈길 한 번 돌리지 않고 마치 아무 일도 없었던 듯이 행동하는 것을 지켜보았습니다. 이러한 의지력은 실제로 쉽지 않은 일이었습니다.

일을 하는 데 '집중'은 매우 중요합니다. 어떤 사람이 고승에게 무엇이 수행인지 묻자 고승은 "밥을 먹고 잠자는 것"이라고 대답했습니다. 그 사람은 "우리 모두는 매일 밥을 먹고 잠자지 않느냐"며 의아스럽게 물었습니다. 그러자 고승이 말했습니다.

"보통 사람들은 밥을 먹을 때 마음을 다해 먹지 않고 1,000가지 일을 염두에 두니 어떻게 밥을 먹는 데 마음을 쓰겠습니까? 잘 때에도 잘 자지 못하고 만 가지 근심을 안고 있으니 어떻게 잠자는 데 마음을 두겠습니까?"

확실히 그렇지 않습니까? 우리의 평소 머릿속은 산만하기 그지없어, 밥을 먹을 때 잠잘 생각을 하고 잠잘 때 밥을 먹을 생각을 하곤 합니다. 텔레비전 앞에 앉아 있으면서도 마음은 어디로 흘러가는지 잘 알지 못합니다. 유교 경전《대학大學》에 좋은 말이 있습니다.

머묾을 안 뒤에야 자리를 잡고, 자리 잡은 뒤에야 능히 고요할 수 있으며, 고요한 뒤에야 능히 안정이 되며, 안정된 뒤에야 능히 생각할 수 있고, 깊이 생각한 뒤에야 능히 얻을 수 있다[知止而後有定 定而後能靜 靜而後能安 安而後能慮 慮而後能得].

《대학》에서 이야기하는 공부는 머묾을 아는 것이 출발점이고 안정된 마음은 기초라는 뜻으로, 마음이 안정되고 고요해야 얻는 것이 있다는 의미입니다. 이른바 정定이란 집중력으로 긴장을 풀지 않으면서 강력한 의지로 온 마음을 다해 할 일에 집중하는 것입니다. 노식은 이러한 역량을 갖추고 있었습니다.

좋은 삶에는 좋은 스승이 있다

외척 하진何進이 환관들을 몰아내고 조정을 장악하기 위해 서량 군벌 동탁을 입조시키기로 결정했습니다. 노식이 선견지명으로 "동탁은 위험한 인물이므로 입조시켜서는 안 된다"고 수차례 이야기했지만 하진은 듣지 않았습니다. 결국 낙양洛陽에 들어온 동탁은 아니나 다를까 권세를 멋대로 휘둘렀고 조정에서 황제를 폐위하려 했습니다. 당시의 상황에 대해 《삼국지》〈동탁전董卓傳〉에는 "많은 관료들이 감히 말하지 못했으나 노식만 홀로 항의했다. 동탁이 화가 나 회의를 파하고 노식을 죽이려 했다"고 기록되어 있습니다. 이후 채옹蔡邕 등의 권고로 동탁은 살수를 거두었지만 노식은 이후 관직에서 쫓겨나 상곡上谷에 은거하다 생을 마쳤습니다.

노식은 문무를 겸비하고 담력과 식견이 대

> **동탁(?~192)**
> 자는 중영仲穎이며, 양주凉州 농서隴西 임조臨兆 사람이다. 동한 말년의 군벌이며 권신으로 중국역사에서 지극히 부정적으로 묘사되는 인물 가운데 하나다. 그의 폭력적인 행위와 불손한 조치는 전국의 다른 지역에서 할거하던 군벌의 토벌을 불러일으켰고, 결국 군웅할거의 시대를 열었다. 동탁 본인은 조정 대신들이 연합한 모략에 의해 여포에게 살해되었다. 동탁 사후 그의 부하들이 내분을 일으켜 황제가 의지할 곳을 잃고 떠돌면서 삼국시대가 시작되었다.

단한 대학자였습니다.《후한서》는 노식을 이렇게 평가했습니다.

"풍상은 초목의 본성을 감별하고, 위난은 곧고 어진 절개를 드러낸
다고 하는데 노식의 마음을 가히 알 수 있을 것이다. 군자의 충의는
촉박한 시기에도 이렇게 할 수 있고 곤궁한 시기에도 이렇게 할 수
있다."
"성격이 강직하고 절개가 있고 사부辭賦를 좋아하지 않고 한 말의
술을 능히 마셨다."
"고금의 학문에 두루 통했고, 정밀하게 연구하되 장구章句의 해석
에 얽매이지 않았다."

이러한 노식의 처세와 학문방식은 유비에게 크게 영향을 끼쳤습
니다. 청춘의 시기에 좋은 스승을 만나는 것은 큰 행운입니다. 스승
의 진정한 가치는 지식의 전수보다 학생들에게 삶의 방식과 인생
에 대한 태도를 모범적으로 보여주는 것에 있습니다. 본보기가 되
는 스승을 따라 배우고 행하는 것이 중요합니다. 스승은 지식을 전
수하는 것보다 더 중요한 책임이 있는데, 바로 학생들을 훌륭한 사
람이 되도록 인도하는 것입니다. 훌륭한 스승이라면 모범적인 역
할을 수행해 학생이 밝은 길로 나가도록 인도할 수 있어야 할 것입
니다.

⚷ 유비의 지혜

스승의 진정한 가치는 지식의 전수보다 삶의 방식과 인생에 대한 태도를 모범적으
로 보여주는 것에 있다.

오늘날, 사회가 발전하고 문화가 번창하려면 특히 노식과 같은 모범이 되는 스승들이 필요합니다. 유비는 노식 문하에서 보낸 1년 여의 시기에 꽤 많은 소득을 얻었고 그 영향은 죽을 때까지 계속되었다고 할 수 있습니다.

■ 세상에 쓸모없는
■ 인간은 없다

유비에게 자원은 적었지만 지원이 부족한 적은 없었습니다. 그의 일생을 보면 곤란이 닥칠 때마다 항상 누군가 나서서 그에게 도움을 주었습니다. 소년 유비를 지원한 사람은 세 명이 있었습니다. 그 가운데 한 명이 숙부인 유원기劉元起였습니다.《삼국지》〈선주전〉의 기록입니다.

> 유비가 열다섯 살이 되어 모친이 학문을 익히도록 하자, 동종同宗인 유덕연劉德然, 요서遼西 사람인 공손찬과 함께 예전에 구강에서 태수太守를 지낸 같은 군郡 출신의 노식을 섬기게 되었다. 유덕연의 부친인 유원기는 항상 유비에게 비용을 대주어 유덕연과 똑같이 대했다. 유원기의 처가 말했다.
> "각자가 따로 일가를 이루고 있는데 어찌 항상 이처럼 도울 수 있습니까!"
> 유원기가 말했다.
> "우리 종중宗中의 이 아이는 보통 아이가 아니오."

유원기는 유비가 계속 공부할 수 있도록 돈을 보태주었을 뿐 아니라 유비가 장래에 반드시 대성하리라는 기대를 품었음을 알 수 있습니다. 과연 유비는 그의 기대에 부응했습니다.

두 번째는 북방의 호족 공손찬입니다. 《후한서》〈공손찬전公孫瓚傳〉에는 "공손찬은 유비와 깊이 우정을 나누었다. 공손찬이 나이가 많아 그를 형으로 모셨다"고 나와 있는데, 유비가 공손찬과 결의형제한 일은 훗날 유비가 발전하는 데 긍정적인 기초를 마련해주었습니다. 공손찬에 대해서는 《후한서》〈공손찬전〉에 상세히 기록되어 있습니다.

공손찬은 자를 백규伯珪라 하며 요서 영지令支 사람이다. 대대로 2,000석을 받는 가문이었으나, 어머니의 비천한 신분으로 군의 하급관리가 되었다. 생김새가 아름답고 목소리가 웅장하며, 말을 할 때에는 조리가 있고 지혜로웠다. 태수가 그의 재능을 기특하게 여겨 사위로 삼았다. 이후 구씨緱氏 산중山中에서 탁군 출신의 노식에게 학문을 배워 서전書傳(서경)의 대체를 배웠다. ……효렴에 추천되어 요동속국遼東屬國의 장사長史로 임명되었다. 어느 날 수십 기를 이끌고 성채 밖으로 나왔다가 선비鮮卑족 수백 기와 조우했다. 공손찬은 곧 사람이 살지 않는 빈 건물로 물러나 종자들에게 말했다.
"지금 여기서 탈출하지 못한다면 그야말로 전멸이다."
이에 스스로 창검을 쥐고 돌진해 적 수십 기를 살상했다. 공손찬은 측근을 절반 이상 잃은 뒤에야 겨우 도망할 수 있었다.

공손찬은 영민하고 준수하게 생겼을 뿐 아니라 의기와 담력을 갖추어 아주 빠른 시기에 하북河北의 한 지역에 할거하는 제후가 되었습니다. 유비는 공손찬의 천거로 처음 정부의 관리로 임명되었습니다. 유비에게 맨 처음 사업을 시작할 기회를 준 사람이 바로 공손찬이었습니다.

세 번째는 부유한 상인이었던 장세평張世平과 소쌍蘇雙이었습니다. 《삼국지》〈선주전〉의 기록입니다.

> 중산의 대상大商인 장세평과 소쌍 등은 재산이 수천 금이었는데, 말 장사를 하러 탁군을 돌아다니다 선주를 보고는 그를 남다르게 여겨 많은 돈과 재물을 주었다. 이로 말미암아 선주는 많은 무리를 모을 수 있었다.

처음 유비가 조직을 거느리고 사업을 일으킨 자금은 모두 이 두 사람에게서 받은 것이었습니다. 두 사람은 말을 사고파는 상인으로 중원의 차와 변경의 말을 거래하는 변경무역에 종사했습니다. 당연히 농사짓는 데는 말을 쓰지 않았습니다. 그렇다면 말을 사려 한 사람들은 누구였을까요? 정부와 지방 할거세력, 호족들이 말을 필요로 했습니다. 두 사람은 이들과 교제하는 과정에서 보고 들은 것이 많아 천하 형세를 잘 이해했고 사람을 보는 안목에도 일가견이 있었던 것입니다. 그들이 천금을 아까워하지 않고 유비를 지원한 것은 유비의 잠재력을 확신하고 직접적·전략적 투자를 한 것으로, 사업을 위한 정치적인 승부수를 던진 것이었습니다.

왜 이렇게 많은 사람이 유비를 도와주고자 했을까요? 유비의 특징에 대해 《삼국지》〈선주전〉에는 "선주는 책 읽는 것을 그리

즐기지는 않고, 개나 말, 음악, 아름다운 의복을 좋아했다. 신장은 7척 5촌으로 손을 아래로 내리면 무릎에 닿았고 눈을 돌려 자신의 귀를 볼 수 있었다"고 기록되어 있습니다.

유비는 대 유학자 노식의 문하에서 수학했지만 '책을 읽는 등 학문을 하는 것을 좋아하지 않았고 개와 말, 음악, 화려한 의복을 좋아했다'는 문장에 주목하십시오. 이는 모두 친구를 사귀는 통로였습니다.

더욱 중요한 것은 유비의 신상에 일반인과 다른 자질이 있었다는 점입니다.《삼국지》〈선주전〉에는 유비의 됨됨이와 처세의 특징을 이렇게 기록하고 있습니다.

> 말수가 적고 아랫사람들을 잘 대해주며 기쁨이나 노여움을 얼굴표정에 드러내지 않았다. 호협豪俠들과 교우를 맺는 것을 좋아하니 젊은이들이 앞다투어 그를 따랐다[少語言, 善下人, 喜怒不形於色. 好交結豪俠, 年少爭附之]."

이를 통해 우리는 유비를 다음과 같이 정리할 수 있습니다. 겉으로 내색하지 않고 조용하고 온화하며 내성적인 유비가 대업을 성취한 사람이 된 것은 젊은 시절 그의 특별한 장점이 드러났기 때문입니다. 첫째, 아랫사람들을 잘 대해주는 것, 이는 유비의 특징을 잘 드러내는 말입니다. 선하인善下人이란 무엇을 뜻하는 것일까요?《논어論語》의 유명한 구절 "민첩하게 배우는 데 힘쓰고 아랫사람에게 묻는 것을 부끄러워하지 않았다[敏而好學, 不恥下問]"에서 '하下'는 학문이나 수양이 자기보다 못한 사람에게도 가르침을 구하는 것을 가리킵니다.

선하인과 불치하문不恥下問은 비록 글은 다르지만 글에 담긴 하下자의 뜻은 같습니다. 즉 유비는 신분과 영향력이 자신보다 못한 사람들과 잘 어울렸다는 의미입니다. 오늘날로 하면 대중과 커뮤니케이션을 잘하고 대중의 노선을 걸으며 이로 인해 세상의 좋은 평가를 얻고 영향력이 커졌다는 뜻입니다.

둘째, 기쁨과 노여움을 표정에 드러내지 않았습니다. 이는 정서를 잘 관리해서 사람들 앞에서 이성을 잃고 웃다 울고, 갑자기 화를 내며 발을 동동 구르거나 희색이 만연해 우쭐거리는 일이 없었다는 것입니다. 항상 온화하고 치우침이 없이 환한 얼굴로 사람을 대했습니다. 일반인이 이렇게 하는 것은 쉽지 않은 일입니다. 귀족은 누구를 말하는 것일까요? 귀족의 귀 자는 어떻게 쓰나요? 중화中和의 중中 자에 보배의 의미를 담은 조개 패貝 자를 아래에 더하면 귀할 귀貴 자가 됩니다. 중화를 잃어 언어가 극단을 달리고 정서가 오르락내리락한다면 그것은 리더의 기준에 미치지 못하는 것입니다.

유비는 어려서부터 이렇게 깊이 있고 대범했습니다. 이것이 그가 뭇 사람들의 지지와 추종을 받은 중요한 요인이었습니다. 그의 신상에는 확실히 왕자의 기상이 있었습니다. 물새에는 백조도 있고 오리도 있습니다. 둘 다 물속을 헤엄치지만 풍모와 기상은 완전히 다릅니다. 백조가 앞에서 헤엄치면 다른 물새들이 뒤에서 따릅니다. 하지만 오리가 앞에서 헤엄을 치면 뒤에 따르는 새들이 없습니다. 유비가 그랬습니다. 무슨 일을 하든 그런 풍모가 드러나 각지의 협조자들이 경쟁적으로 나타난 것이었습니다.

인간 사이의 감정에는 세 가지 차원이 있습니다. 좋아하는가 좋아하지 않는가, 신임하는가 신임하지 않는가, 필요한가 필요하지

여포(?~199)

자는 봉선이며, 병주并州 오원군 구
원 사람이다. 동한 말년의 무장이며
군벌이다.

조조(155~220)

자는 맹덕孟德이며, 묘호는 태조太
祖, 시호는 무제武帝다. 동한 말기의
정치가·군사가로, 207년 동한의 마
지막 승상 자리에 올랐으며, 208년
적벽대전赤壁大戰에서 유비와 손권
연합군에게 대패한 이후 위·촉·오
삼국시대에 접어들게 되었다. 한헌
제漢獻帝는 사실상 허수아비로 실
권자는 조조였으나 황제가 되지는
않고 죽을 때까지 위왕으로 남았다.
220년 낙양에서 사망했다.

않은가. 아주 좋아하기는 하지만 신임하지 않
는 사람이 있고, 신임하지만 좋아하지 않는 사
람도 있습니다. 당태종唐太宗 이세민李世民과 위
징魏徵의 관계처럼 한편에서는 "내 반드시 이 촌
놈을 죽이고 말겠다"라고 욕하면서도 그를 장
려한 것이 그 예입니다. 필요로 하지만 좋아하
지 않는 사람도 있습니다. 유비는 여포가 유비
의 근거지를 빼앗자 여포를 물리치기 위해 조
조의 도움이 필요했습니다. 물론 유비는 조조
를 좋아한 적이 없었습니다.

　당시 탁주에서 유비는 이 세 가지 요소를 다
갖추고 있었습니다. 성격 좋고 감성지수가 높았으며 사람 모으는
것을 좋아했습니다. 말에 신용이 있고 약속을 중히 여겨 신임을 받
았습니다. 조직이 있고 영향력과 호소력이 높아 남들이 필요로 하
는 사람이었습니다. 이러한 세 가지 요소를 갖추었기 때문에 많은
사람이 유비를 지지했고 마을의 많은 소년이 유비에게 의탁했던
것입니다. 이는 《삼국지》라고 하면 떠오르는 유명한 고사 도원결의
桃園結義에서 잘 드러납니다.

▌거리보다 마음이 가까운
▌사람을 사귄다

도원결의를 강의하기 전에 먼저 붕우朋友란 무엇인가에 대해 이야

기하고자 합니다. 원래 붕朋 자와 우友 자는 두 가지 개념이었음에
주의하십시오. 붕우라는 명사는 오래전부터 있던 단어입니다. 오
늘날 중국어의 붕우는 하나의 개념으로 서로 정을 나누고 친하게
지내는 친구를 가리킵니다. 하지만 옛 사람들이 말하는 붕우는 오
늘날 현대 중국어에서 말하는 것과 약간 다릅니다. 옛 시대에는 일
반 명사를 두 글자로는 거의 표현하지 않았습니다. 붕우라는 글자
는 두 가지 개념이 합한 것이었습니다.

《역경》에 "군자는 붕우와 함께 학문을 익힌다[君子以朋友講習]"는 말
이 있고,《논어》에는 "벗과 사귀는 데에 신의로써 하지 않은 것이 있
었는가[與朋友交而不信乎]"라는 말이 있습니다. 붕 자는 두 개의 달月을
합친 것으로, 화폐인 조개껍데기 두 개가 꿰어 있는 모습을 뜻합니
다. 즉 '같은 이익을 꾀하는 자'를 붕이라 했습니다. 이익이 일치해
함께 일하는 사람이 '붕'인 것이지요. 우 자 또한 두 손이 서로 협력
해 일하는 것을 뜻하므로 '뜻이 같은 사람'을 우라고 했습니다. 뜻
과 마음이 서로 통하는 사람이 '우'인 것입니다.

♻ 유비의 지혜

이익이 일치해 함께 일하는 사람을 붕朋이라 하고, 뜻과 마음이 서로 통하는 사람
을 우友라 한다.

장세평과 소쌍과 같은 사람은 유비의 붕이라 할 수 있습니다. 그
들이 유비를 지지하고 도움을 준 것은 유비와 함께 눈앞의 이익을
얻기 위한 것이었습니다. 하지만 그들이 유비의 우는 아니었습니다.
그들과 유비에게는 공통된 지향이 없었습니다. 사람에게는 붕도 있

어야 하지만 더욱더 필요한 것이 바로 뜻을 같이하는 우입니다.

공자에게는 네 명의 우가 있었습니다. 제자인 안연顏淵·자공子貢·자장子張·자로子路입니다. 공자도 말했습니다.《공총자孔叢子》의 기록입니다.

> 나에게는 사우가 있다. 내가 안연을 얻은 이래로 문인이 더욱 친하게 되었고, 자공을 얻은 이래로 멀리서 선비들이 날마다 왔고, 자장을 얻은 이래로 앞에 빛이 있으면 뒤에 광채가 생겼으며, 자로를 얻은 이래로 거친 말이 문 앞까지 이르지 않았고 시비가 일어나지 않았다.

현대인도 마찬가지입니다. 사무실 동료, 대학 동기도 필요하지만 마음을 나누고 대화하며 뜻이 통하고 오랫동안 만나지 못해도 마음으로는 항상 가까운 친구가 있어야 합니다. 이러한 친구가 있을 때 삶이 적막하지 않을 것입니다.

한 학생이 "선생님, 저는 기분이 좋지 않아요. 여름방학 내내 저 혼자 학교에 있어 조금은 외롭고 적막했어요"라고 말했습니다. 그래서 저는 "외로운 것과 적막한 것은 다른 것이다. 주위에 사람이 없으면 외로운 것이고, 마음속에 사람이 없으면 적막한 것이다"라고 알려주었습니다. 전자는 붕이 없는 경우이고, 후자는 우가 없는 경우입니다. 그래서 외로울 때는 사람이 필요하고 적막할 때는 마음이 필요합니다. 주변에 사람이 많아도 마음이 적막해 한기를 느끼는 경우는 마음을 나누고 뜻이 통하는 사람이 없기 때문입니다. 세상에 사람이 넘쳐나도 자신을 알아주고 뜻을 나눌 수 있는 사람을 만나기 힘든 사실은 이를 말한다고 할 수 있습니다.

유비는 협조자가 있어 외롭지 않았습니다. 그에게는 붕이 있었습니다. 하지만 뜻과 마음이 통하는 우를 더욱 필요로 했습니다. 그렇지 않으면 그는 여전히 적막한 영웅이었을 것입니다. 이 시기 역사는 그에게 기회를 주었습니다. 유비는 그의 일생에서 가장 중요한 두 사람, 관우와 장비를 만났습니다.

관우(?~220)
본래의 자는 장생長生이나 후에 운장雲長으로 바꾸었다. 동한 말 촉한의 오호장군五虎將軍이다. 《삼국지》의 저자 진수陳壽는 "관우는 만 명을 대적할 만한 용맹한 장수이며 조조에게 보답을 하는 등 국사國士의 품격이 있다. 하지만 관우는 냉정함이 부족해 결국에는 실패했다"라고 언급한 바 있다.

장비(?~221)
자는 익덕益德이며, 탁현 사람이다. 촉한 오호장군 가운데 한 명으로 거기장군車騎將軍에 이르렀고, 서향후로 봉해졌다.

돌려받고 싶은 모습 그대로 대한다

유비·관우·장비 세 사람이 만나는 이야기에 관해 《삼국지》에 흥미가 있는 독자들은 익히 알고 있을 것입니다. 《삼국지연의》 첫 장은 도원에서 호걸 세 사람이 결의형제하고 황건적을 베어 공을 세우는 이야기입니다. 해당 대목입니다.

> 다음 날 도원에서 검은 소와 흰 말 등 제물을 준비한 세 사람은 향을 사르며 재배하고는 맹세했다.
> "고하건데 유비·관우·장비는 비록 성이 다르지만 이제 형제가 되었습니다. 마음을 함께하고 힘을 합쳐 어려울 때는 서로 구하고 위태로울 때는 도우며 위로는 나라에 보답하고 아래로는 창생을 편

안케 하고자 합니다. 동년 동월 동일에 태어나지는 않았지만 동년 동월 동일에 죽기를 원합니다. 황천후토皇天后土는 부디 이 마음을 살펴 의를 저버리고 은혜를 잊는다면 하늘과 사람이 함께 벌하게 해주소서!"

도원결의의 고사는 역사서에는 기록되어 있지 않습니다. 소설가 나관중羅貫中이 신들린 필치로 창작한 것입니다. 하지만 이 고사가 전달하려는 정보는 믿을 만한 것입니다. 유비가 처음 사업을 시작하던 단계에 관우와 장비라는 가장 의지할 만한 조력자와 형제의 연을 맺었다는 것이지요. 시간이 흐르고 역사가 전개됨에 따라 유비는 붕우가 인생에서 얼마나 중요한지 하나하나 증명했습니다.

세 사람이 만나서 알게 된 것에 대해《삼국지》〈관우전關羽傳〉에는 "선주가 향리에서 무리를 모으니 관우는 장비와 함께 그를 위해 외부의 모욕을 막아냈다[先主於鄉里合徒衆, 而羽與張飛爲之禦侮]"라고 기록되어 있습니다. 여기서 "모욕을 막아냈다"는 것은 무슨 뜻일까요?

공자는 자로를 평가하면서 한 말인 "내가 자로를 얻은 이래로 거친 말이 문 앞까지 이르지 않고, 시비가 일어나지 않았다[是非禦侮乎]"에서 "시비가 일어나지 않았다"는 말은 자로가 있은 후로 거친 사람들이 감히 문 앞에 와서 소란을 일으키지 않았다는 뜻입니다. "모욕을 막아냈다"와 "시비가 일어나지 않았다"를 뜻하는 어모禦侮는 외부로부터의 모욕을 막는 것으로 오늘날의 경호원이 하는 일과 같습니다. 관우와 장비 두 사람은 당시 유비의 안전을 책임지는 측근이 된 것이었습니다.《삼국지》〈관우전〉의 기록입니다.

유비가 평원상平原相이 되자 관우와 장비를 별부사마別部司馬로 삼고 부곡部曲을 나누어 통솔하게 했다. 유비는 두 사람과 같은 침상에서 잤고 은혜가 형제와 같았다. 그리고 여러 사람이 함께 있는 자리에서는 관우와 장비는 종일 시립侍立했고, 유비를 따라 돌아다니며 적과 싸우면서 고난과 위험을 피하지 않았다.

이 작은 문단에서 우리는 세 개의 글자를 볼 수 있습니다. 하나는 친할 친親 자로 "유비는 두 사람과 같은 침상에서 잤고 은혜가 형제와 같았다"는 것입니다. 두 번째는 공경할 경敬 자로 "여러 사람이 함께 있는 자리에서는 종일 시립했다"는 것입니다. 세 번째는 충성할 충忠 자로 "유비를 따라 돌아다니며 적과 싸우면서 고난과 위험을 피하지 않았다"는 것입니다.

측근의 존경을 얻어내는 것은 매우 어려운 일입니다. 정이 깊어야 하고 신의가 두터워야 하며 언행이 일치하고 표리가 들어맞는 사람만이 얻을 수 있습니다. 유비는 관우와 장비 두 사람이 일생 동안 함께한 진실한 벗이 되었던 것입니다. 사냥꾼과 함께해야 감히 산에 오르고, 어부와 함께해야 감히 물에 나가고, 용왕과 함께해야 감히 바다에 나갈 수 있습니다. 사람의 성취가 어느 정도인지는 측근을 보면 알 수 있습니다. 재부財富가 최고의 붕우가 아니라 붕우가 바로 최고의 재부인 것입니다.

⚡ 유비의 지혜

사냥꾼과 함께해야 산에 오르고, 어부와 함께해야 물에 나가고, 용왕과 함께해야 바다에 나갈 수 있다. 사람의 성취가 어느 정도인지는 측근을 보면 알 수 있다.

도원결의 고사를 빌려 우정을 오래 지속하는 방법을 분석해보겠습니다. 우정을 유지하는 행위 요소는 다음 세 가지가 있습니다. 첫째, '닮음'입니다. 뜻이 서로 같고 생각이 일치해 마음이 통하는 것입니다. 둘째, 상호보완입니다. 자원과 성격을 서로 보완하는 것입니다. 셋째, 호혜입니다. 다른 사람과 함께 누릴 줄 알고 타인의 감정을 배려하고 이해하는 것입니다.

여기서 생각할 수 있는 기본 경험은 큰일은 총명하게 하고 작은 일은 조금 어리석게 하며, 자아를 내려놓고 상대가 일을 이룰 수 있게 하고, 일을 할 때에는 큰소리로 하고 처신을 할 때는 낮게 숙이며, 장점을 칭찬하고 단점을 도와주며, 대국적인 견지에서는 뜻을 세우고 구체적으로 일을 하는 것 등이 있습니다.

유비·관우·장비 세 사람의 맹세에 주목하십시오. "동년 동월 동일에 태어나지는 않았지만 동년 동월 동일에 죽기를 원합니다. 황천후토는 부디 이 마음을 살펴 의를 저버리고 은혜를 잊는다면 하늘과 사람이 함께 벌하게 해주소서"라고 했습니다. 이러한 맹세는 '대응방식'이라는 키워드를 생각나게 합니다. 여러분이 상대를 생사지교生死之交로 대할 때 상대방도 생사지교를 표출할 것입니다.

유비는 처음 사업을 시작할 때 노식 수하의 동문들인 유원기·유덕연·공손찬·장세평·소쌍과 같은 협조자인 붕은 충분했으나 우가 없었습니다. 그래서 늘 고독하다고 느꼈던 것입니다. 훗날 관우와 장비라는 우를 만나면서 그도 구색을 갖추게 되었습니다. 그래서 옛사람들은 "천시天時는 지리地利만 못하고, 지리는 인화人和만 못하다"고 말한 것입니다. 청년 유비가 이제 '인화'를 갖게 된 것입니다.

심리학에는 '거울원리'라는 것이 있습니다. 거울 안에 있는 사람을 향해 어떤 동작을 하면 그 사람은 반드시 그 동작을 그대로 따라할 것입니다. 거울원리를 인간관계에 운용하면, '상대에게 원하는 바를 먼저 상대에게 해주라'는 것입니다. 상대가 여러분을 진실하게 대해주기를 원하면 먼저 그 사람을 진실하게 대하십시오. 열정으로 대해주기를 원하면 먼저 그 사람을 열정으로 대하십시오. 관대하게 대해주기를 원하면 먼저 그 사람을 관대하게 대하십시오. 자기 마음으로 남을 헤아리고 자신의 진심을 상대의 진심과 바꾸는 것을 "나무를 뽑으려면 먼저 뿌리를 뽑고 사람과 사귀려면 먼저 마음을 나누어야 한다"고 합니다. 즉 먼저 자신의 태도를 분명하게 표현해야 한다는 의미입니다. 진정성을 갖고 사람을 대하면 똑같은 방식으로 그에 보답하는 사람을 얻을 수 있을 것입니다.

♻ 유비의 지혜

상대에게 원하는 대로 상대에게 해주어야 한다. 진정성을 갖고 사람을 대하면 똑같은 방식으로 그에 보답하는 사람을 얻을 수 있을 것이다.

대응방식에 따라 그에 상응하는 결과가 나오게 마련입니다. 선생이 만약 선입견으로 인해 학생을 낙제생을 대하는 방식으로 대한다면 그는 좋지 않은 행동을 할 것입니다. 관리자가 만약 선입견으로 인해 직원을 하대한다면 그는 좋지 않은 실적을 보여줄 것입니다. 같은 이치로 만약 스스로를 좋지 않은 대응방식으로 대한다면 갈수록 자신의 부족함을 드러낼 것입니다. 많은 사람이 인생을 잘 살아가지 못하는 이유는 너무 자신을 귀중하게 여기지 않고 제대로 대우하지 않아서 생긴 것입니다. 다른 사람을 잘 대하는 것처럼 자신을 잘 대해주십시오.

　도원결의 고사는 우리에게 붕우를 대하는 진정한 방식을 보여주고 있습니다. 유비·관우·장비 세 사람은 '중국식 파트너'라는 진정한 역사 드라마를 썼습니다. 안정되고 믿을 만한 인간관계는 유비의 사업이 성공할 수 있었던 가장 중요한 기초가 되었습니다. 지혜로운 선배들은 반복해서 '행복한 생활은 어떻게 보내는 것이 아니라 누구와 함께하느냐에 달려 있음'을 강조했습니다. 성공의 길은 어떻게 지나가는지에 있는 것이 아니라 누구와 함께 가느냐에 달려 있습니다. 성공한 사람에게 가장 큰 문제는 누구와 함께할지 결정하는 것입니다. 젊은 유비는 이 문제를 잘 해결하고 미래를 위한 견실한 기초를 마련했습니다. 머지않은 장래에 보다 큰 파란과 손에 땀을 쥐게 하는 이야기가 그를 기다리고 있었습니다. 그 이야기는 무엇이었을까요? 다음 강의에서 살펴보겠습니다.

↻ 유비의 지혜

행복한 생활은 어떻게 보내는 것이 아니라 누구와 함께하는지에 달려 있다. 성공의 길은 어떻게 지나가는지가 아니라 누구와 함께 가는지에 달려 있다.

시련이 없으면
성취도 없다

세상을 살다보면 누구나 이런저런 난관을 만나게 마련이다. 특히 세상에 나와 무언가를 새롭게 도모하는 사람에게 시련은 피할 수 없는 현실이지만, 그 시련에 어떻게 반응하고 대응하느냐에 따라 인생이 달라질 수 있다. 유비 또한 처음 강호에 발을 내딛었을 때 삶과 죽음의 시험에 직면했다. 그는 어떻게 죽음의 문턱에서 빠져나올 수 있었을까? 사업을 위해 그는 어떤 사람들과 친교를 맺고 어떤 준비를 했을까? 사업의 초기 단계에서 위기에 처한 사람들에게 유비의 경험은 어떠한 교훈을 줄 수 있을까?

모든 일은 시련을 거쳐야 합니다. 일단 커다란 시련을 거치고 나면 더 많은 수용능력이 생겨 눈앞에서 벌어지는 일이 생각만큼 순조롭지 않아도 그다지 개의치 않게 됩니다. 한 번 올림픽에 출전해본 사람은 작은 도시에서 벌어지는 경기에서는 결코 떨지 않는 법입니다. 그래서 시련이 크면 성취도 크고, 시련이 작으면 성취도 작은 법입니다. 시련이 없으면 성취도 없습니다. 보검은 숫돌에 갈아야 날카로워지고 일등은 이등의 추격으로 더 뛰어난 기록을 남깁니다. 그래서 성장하는 사람에게 '시련'은 떼려야 뗄 수 없는 스승이며 훌륭한 친구인 것입니다.

유비는 자신의 이미지를 만들고 분위기를 조성해 얻은 지지로 조직을 일으켰습니다. 때마침 황건적의 난이 일어나 천하가 혼란에 빠지자 당시 스물네 살이던 유비는 관군에 들어가 자신의 사업을 하기로 결정했습니다. 하지만 그가 한창 영웅심에 도취되어 있을 즈음에 시련이 연이어 다가왔습니다. 의욕만으로 막 사업에 뛰어든 청년 유비는 이러한 시련을 어떻게 견뎌냈을까요? 먼저 유비가 사지에서 벗어난 이야기부터 시작하겠습니다.

♻ 유비의 지혜

시련이 크면 성취도 크고, 시련이 작으면 성취도 작은 법이다. 시련이 없으면 성취도 없다. 보검은 숫돌에 갈아야 날카로워지고 일등은 이등의 추격으로 더 뛰어난 기록을 남긴다. 성장하는 사람에게 '시련'은 떼려야 뗄 수 없는 스승이며 훌륭한 친구다.

준비가 기회를 만나면
행운이 된다

"푸른 하늘 이미 죽었으니 마땅히 누런 하늘이 서리라. 때는 바로 갑자년, 천하가 크게 길하리라."

한나라 영제靈帝 중평中平 원년(184), 조정은 부패하고 환관과 외척의 싸움으로 혼란이 계속되자 한나라의 국세는 날로 쇠약해지고 있었습니다. 게다가 전국에 큰 가뭄이 들어 농작물의 씨앗조차 수확하지 못했는데도 세금이 감해지지 않자 막다른 궁지에 몰린 농민들이 거록巨鹿 사람 장각張角의 기치하에서 분분히 봉기했습니다.

황건이 기의한 후 전국 각지에서 할거하던 호족과 의군義軍이 동시에 일어나 대한 왕조는 바로 혼란 속으로 빠져들었습니다. 중평 4년(187)에는 어양漁陽 사람 장순張純이 동향 사람 장거張擧와 함께 반란을 일으켰습니다. 장순은 요서군 오환烏桓의 수령인 구력거丘力居와 결맹해 계현薊縣을 약탈하고 10여만 명의 무리를 모아 비여肥如에 주둔하고는 미천장군彌天將軍 안정왕安定王을 칭하고 우북평군右北平郡과 요서군을 공격해 여러 군의 태수들을 죽였습니다. 여기에 한술 더 떠서 장거는 스스로 황제를 칭하고 한나라 황제의 퇴위를 요구하기도 했습니다.

조정은 급히 교위校尉 추정鄒靖에게 청주병을 이끌고 장순을 토벌하게 했습니다. 이때 유비도 100여 명의 수하를 거느리고 추정의 토벌대군에 참가했습니다. 이는 유비가 일생 동안 치른 수많은 전투의 첫 시작이었습니다. 유비가 이렇게 추정의 토벌대에 참가할 수 있었던 것은 평원平原 유자평劉子平의 추천 덕이었습니다.《삼국지》〈선주전〉 주〈전략典略〉에 기재된 내용입니다.

> 평원 사람인 유자평은 유비가 무용武勇이 있음을 알았다. 이때 장순
> 이 반란을 일으키자 청주淸州에서 이들을 토벌하라는 조서를 받고
> 종사從事와 군대를 보내 장순을 토벌하게 했다. 평원을 지날 때 유
> 자평이 종사에게 유비를 추천해 이에 함께 따르게 되었다. 들판에
> 서 적을 만났는데, 도중에 유비가 상처를 입어 죽은 척했다. 적들이
> 떠난 후에 유비가 수레에 타 위험에서 벗어날 수 있었다.

유비가 득의양양하게 미래를 상상할 때 멀지 않은 곳에서 돌연
경천동지하는 함성이 일어났습니다. 도중에 매복한 황건군이 사면
팔방에서 진격해오자 관군은 한순간에 여러 대열로 쪼개지며 혼전
속으로 빠져들었습니다. 유비 주위의 100여 명의 수하도 마치 흙덩
이가 끓는 물을 만난 것처럼 순식간에 흩어지고 말았습니다. 유비
는 세 명의 기병이 정丁 자형으로 포위해오자 칼을 빼들고 혼신의
힘을 다해 적과 싸우다 그만 부상을 입고 말았습니다. 그런데도 마
주한 적군은 줄어들지 않고 계속 늘어만 갔습니다. 이 위급한 상황
에서 순간 유비는 묘책을 떠올렸습니다. 그는 부상이 심해 더는 버
티지 못하는 것처럼 큰소리를 지르며 말에서 떨어졌습니다. 애초
에 부상을 입었는데 다시 말에서 떨어졌으니 온몸이 쑤시고 아팠
지만 유비는 이를 악물고 미동도 하지 않은 채 누워 있었습니다. 적
병들은 유비가 죽은 줄 알고 말머리를 돌려 다른 곳으로 가버렸습
니다. 날이 저물고 함성이 점점 멀어지자 전장은 다시 고요함을 회
복했지만 주위는 온통 시체와 주인을 잃은 전마로 가득했습니다.

얼마나 시간이 지났을까. 유비는 문득 누군가가 부르는 소리를 들었습니다. 수하들이 찾는 소리였습니다. 유비는 마침내 죽음의 위험에서 벗어났다는 안도감에 긴 한숨을 내쉬었습니다. 부푼 꿈을 안고 시작한 생애 첫 번째 출정이 순식간에 공포의 여정으로 바뀐 것이었습니다. 방금 전까지의 호기로운 감정은 이제는 두려움으로 바뀌었습니다. 첫 번째 전투에서 전쟁의 참혹함을 실감한 유비는 이후 전투에 참가할 때는 더 조심하고 신중하게 행동했습니다.

첫 번째 전투에서 유비가 마주친 위급한 상황을 통해 우리는 유비의 무용을 볼 수 있고, 나아가 유비가 위급한 상황에서도 두려워하지 않고 기지를 발휘해 위기에서 벗어났음을 알 수 있습니다. 만약 유비가 거칠고 경솔한 사람이어서 이 전투에서 무모하게 싸우다 죽었다면 훗날의 삼분천하는 없었을 것입니다.

예상치 못한 타격을 받고 전장의 냉엄한 현실을 직접 체험한 유비는 정신이 번쩍 들어 냉정하게 형세를 판단하기 시작했습니다. 그는 앞으로 나아갈 길에 수많은 위험이 도사리고 있기에 급하게 목적을 달성하려는 것이 더 빨리 실패하는 길임을 깨달았습니다. 그뿐 아니라 그는 자신이 축적해온 자원과 인맥으로 단시간 내에 급속한 발전을 이루는 것은 기본적으로 불가능한 일이며, 반드시 착실하게 한 걸음 한 걸음 천천히 실력을 쌓아가야 함을 분명하게 인식했습니다.

누구나 일을 할 때 의외의 돌발적인 시련에 직면할 수 있습니다. 사람이 긴급한 상황에 처하면 어떤 행동을 취할까요? 아마도 익숙한 것과 익숙하지 않은 것 가운데 평소 우세한 반응에 따라 행동할 것입니다. 예를 들어 제가 원고를 한 번만 읽고 곧바로 무대에 올라 강의할 때라면, 익숙하지 않은 것이 우세한 반응이 되기에, 말에 두서가 없어지고 평소보다 못한 강의를 하게 될 것입니다. 만약 열 번 이상 열심히 연습했다면 긴박하게 무대에 올랐다 해도 평소보다 강의를 더 잘할 것입니다.

긴박한 상황은 마치 돋보기처럼 우리의 장점이나 단점을 확대한다는 말입니다. 그래서 위험에 미리 대비해야 하는 것입니다. 재난을 줄이거나 방지하는 연습을 정기적으로 반복한다면 긴급한 상황이 발생했을 때도 자유자재로 대응할 수 있을 것입니다. 공부도 마찬가지입니다. 평소에 난이도가 높은 문제를 반복해서 연습했다면 시험을 볼 때 침착하게 대응할 수 있습니다. 평상시의 수준을 넘어 능력을 발휘한다는 것은 사실은 긴급한 상황하에서 사전에 준비한 우위가 확대된 것이라 할 수 있습니다.

유비가 첫 번째 전장의 위험에서 벗어날 수 있던 까닭은 분명 평소 전장에서의 돌발상황을 미리 예측하고 준비했기 때문일 것입니다.

추정의 군대에서 유비는 여러 차례 전공을 세워 이윽고 안희현安喜縣의 위尉로 천거되면서 그의 인생에서 첫 번째 관직에 올랐습니다. 어렵사리 사업의 첫발을 떼었다고 해도 여전히 시련은 계속해서 출현했습니다.

부정한 자는
사전에 차단한다

소설 《삼국지연의》를 보면 장비가 독우督郵를 채찍으로 때린 고사가 나오는데, 실제로 역사서 《삼국지》의 기록에 따르면 독우를 채찍으로 때린 사람은 장비가 아니라 유비였습니다. 《삼국지》 〈선주전〉에 기록된 내용입니다.

> 유비는 그 부하들을 이끌고 교위 추정을 따라가 황건적을 토벌한 공을 세워 안희현의 위에 제수되었다. 독우가 공적인 일로 안희현에 도착했을 때 유비가 그를 만나기를 청했으나 거절당하자 곧바로 들어가 독우를 묶고 장杖 200대를 때렸다. 그리고 인끈을 풀어 그의 목에 걸어 말뚝에 동여맨 뒤 관직을 버리고 달아났다.

온화하고 내성적이었던 유비는 왜 독우를 채찍으로 때렸을까요? 여기서 먼저 독우라는 관직에 대해 알아보겠습니다. 독우는 서한 중기에 처음 설치되어 군의 태수를 보좌해 수하에 있는 관리를 감독하는 직책이었습니다. 독우에 관련해 위진魏晉시대의 시인 도연명陶淵明이 순찰하는 독우에게 허리를 굽히기 싫어 사직한 고사가 아주 유명합니다.

도연명은 마흔한 살에 처음 출사해 85일 동안 팽택령彭澤令을 지냈습니다. 연말에 군의 독우가 현에 와 순찰할 것이라고 현의 관리가 고했습니다. 그가 의관을 정제하고 공손히 독우를 맞이해야 한다고 말하자 도연명이 탄식했습니다.

"내 어찌 다섯 말의 쌀 때문에 향리의 소인배에게 허리를 굽힐 것인가!"

그러고는 당일 사직했습니다. 훗날 그는 〈귀거래사歸去來辭〉라는 유명한 시를 썼습니다. 시인은 서문에서 시를 쓴 이유를 설명하고 있습니다. 그는 아주 솔직하게 말하길, 현령이 된 것은 생계가 급해서이고, 사직한 까닭을 타고난 자질과 성정 탓인지 굶어 죽어도 마음을 저버리고 아첨하는 관료사회에 섞이기 싫기 때문이라고 말했습니다. 시에서 그는 관직을 내던지기로 한 결심과 심정을 서술하고 있습니다.

> 자, 돌아가자. 전원이 황폐해지려 하는데 어찌 돌아가지 않겠는가.
> 정신이 육체의 노예가 되어버렸다 해도 어찌 근심하며 홀로 슬퍼
> 하리오. 이미 지난 일은 탓해야 소용없음을 깨달았고, 앞으로의 일
> 을 아직 좇을 수 있음을 알았다. 진정으로 길을 헤매었지만 아직 멀
> 리 가진 않았다. 이제야 오늘이 맞고 어제가 틀렸음을 깨달았다[歸
> 去來兮, 田園將蕪胡不歸. 旣自以心爲形役, 奚而獨悲. 悟已往之不諫, 知來者之可追. 實
> 迷塗其未遠, 覺今是而昨非].

독우에 대한 염증이 천고에 길이 남을 명작을 탄생시킨 것입니다.

유비는 황건적 소탕에 참여하면서 전공을 세워 안희현의 치안을 주관하는 안희위安喜尉에 임명되었는데, 자리에 오른 지 얼마 되지 않아 유비도 도연명처럼 감독관인 독우를 만났습니다.

당시 독우가 공적인 일로 현에 왔다고 했는데, 그가 말한 공적인 일이 무엇이었을까요? 대체적인 정황을 살펴보겠습니다. 황건적

의 난을 진압할 때 공을 세운 상당수가 지방관으로 발탁되었는데, 그중에는 어중이떠중이도 있었기 때문에 조정에서는 이들을 선별해 도태시키는 일을 독우에게 집행하도록 결정했습니다. 윗선이 내세운 본래의 뜻은 좋았습니다. 하지만 "세상을 구제하는 좋은 경전이 있어도 비뚤어진 중들이 왜곡해 읽는다"는 말처럼, 이렇게 관리를 선별해 도태시키는 일은 곧 독우의 금품 요구, 즉 공적인 명분을 내세워 사적인 이익을 취하는 쪽으로 변해버렸습니다.

유비도 그 소문을 들었습니다. 그는 뒤에서 받쳐주는 후원자가 없어 도태될 가능성이 있다는 정보를 듣고 특별히 사전에 독우를 만나고자 한 것이었습니다. 선주구알先主求謁에서 알謁은 '알현하다, 찾아뵙다'라는 뜻으로 아주 낮은 자세를 표현하는 단어입니다. 이는 유비가 허리를 구부릴 준비가 되어 있었다는 사실을 설명해줍니다. 사업을 위해서라면 조금 고개를 숙인다고 해서 안 될 것은 없었습니다. 그런데 생각지도 못하게 독우의 기세가 대단했습니다. 도무지 유비를 보려 하지도 않고 문밖에서 거절한 것이었습니다. 그러자 이번에는 오히려 유비가 분노했습니다.

이렇게 본분을 잊고 안하무인으로 그릇된 풍조를 행하는 것은 큰일 날 일이었습니다. 유비도 체면을 차리지 않고 직접 독우가 머무는 곳에 쳐들어가 그를 나무에 묶어 곤장 200대를 때리고 관인을 독우의 목에 걸고는 관직을 버리고 떠났습니다. 이렇게 곤장으로 독우를 때린 일은 유비의 인생에서 특히 시원하고 호쾌한 사건이었습니다. 참고 참았지만 더는 참을 수가 없다는 선언이었습니다.

정상적인 논리로 보면 온화하고 인내심이 강한 유비라면 이렇게 감정적으로 일을 처리해서는 안 되었습니다. 여기서 유비가 이와 같이 일을 처리한 이유는 세 가지로 해석됩니다. 첫째, 독우가 확실하게 기회를 주지 않으면 유비가 직위를 유지하기가 힘들었기 때문입니다. 둘째, 유비는 관료사회의 부패의 상징과 한패가 되지 않기로 결정했던 것입니다. 셋째, 유비가 이미 다른 출구를 찾았다는 것을 의미합니다. 이 세 가지 이유로 그는 의연하게 관인을 버리고 떠날 수 있었던 것입니다.

독우를 곤장으로 때린 사건은 유비의 가치관과 리더십에 대한 첫 번째 도전이었습니다. 사실 유비에게는 떠나든지 남든지, 두 가지 길밖에 없었습니다. 유비는 하찮은 독우라는 신분에서 한말 관리사회의 어둠을 보고, 능력과 업적만으로 설령 이번에는 안희위의 관직을 보전할 수 있더라도 그 다음번에는 파직되어 관직을 잃거나 신세를 망칠 수 있음을 알고는 차라리 모든 것을 버리고 새로 시작하는 것이 낫다고 생각했던 것입니다.

유비는 어디서 새 출발을 하려 했을까요? 바로 동문수학한 공손찬에게 의탁해 자신이 쌓아온 인맥에 의지해 새로운 발전을 꾀하려 했습니다. 늑대에게 얕보이지 않으려면 코끼리 등에 올라타야 했습니다.

℮ 유비의 지혜

개선의 여지가 보이지 않는다면 재빨리 자리를 옮겨야 한다. 늑대에게 얕보이지 않으려면 코끼리 등에 올라타야 한다.

조건이 성숙되면 일은 저절로 이루어진다

유비는 자신의 수하들과 함께 공손찬에게 의탁했습니다. 공손찬은 유비가 오자 곧바로 그에게 자리를 만들어주었습니다. 공손찬은 왜 그렇게 빨리 유비에게 자리를 주었을까요? 공손찬도 일생을 건 도전에 직면해 있었기 때문입니다. 당시 공손찬은 강적 원소와 하북지역의 패권을 다투는 싸움을 막 시작해 진정으로 자신을 도와줄 사람이 필요한 시기였습니다. 여기서 기억해야 할 점은, 앞서 언급했듯이 다른 사람이 도와주기를 바란다면 자신이 먼저 그 사람을 도와주라는 것입니다. 자신의 능력을 다른 사람에게 쓸 수 있다면 상대방도 여러분을 위해 힘을 써줄 것입니다. 이것은 유비의 일생을 관통했던 기본 논리입니다. 즉 '도움을 주는 방식으로 상대의 도움을 구한다'는 것입니다. 유비는 부탁하지 않고 먼저 가서 상대를 열심히 잘 도와주었습니다. 그러면 상대가 묻습니다.

"무슨 일이 생기면 내가 꼭 도와드리리다."

그러면 유비는 말합니다.

"아닙니다. 이렇게 바쁘신데 번거롭게 할 생각이 없습니다. 그냥 두십시오."

결국 급해진 상대가 말합니다.

"동생, 부탁인데 제발 자네를 도울 수 있게 해주게나."

조건이 성숙되면 일은 자연스럽게 이루어집니다. 다른 사람이 자신을 도와주기를 바랄 때

원소(?~202)
자는 본초本初이며, 여남汝南 여양汝陽 사람이다. 4대에 걸쳐 삼공三公의 지위에 오른 명문 귀족 출신으로, 당시 정치의 부패요인인 환관을 일소하고 동탁에 대한 토벌군을 일으켰다. 하북을 제패하고 강력한 세력을 구축했으나 조조와 관도官渡에서 결전을 벌이다가 대패했다.

먼저 상대가 무엇을 필요로 하는지, 상대에게 어떤 도움을 줄 수 있는지 생각해보십시오. 상대가 일을 이루도록 도와주는 것은 결국 자신의 일을 이루는 것입니다. 이렇게 유비는 공손찬을 도와 원소와 싸우게 되면서 새로운 무대와 기회를 얻을 수 있었던 것입니다.

공손찬은 유비를 별부사마로 임명했습니다. 이는 독립적으로 병사를 통솔하는 관리로 오늘날 군대체계로 보면 독립여단장에 해당하는 직책이었습니다. 그런데 유비가 공손찬에게 의탁했을 때가 바로 공손찬과 원소의 전투가 가장 격렬했던 시기입니다. 바로 이 시기에 그 유명한 계교전투界橋戰鬪가 발생했습니다. 조직을 거느릴 무대와 자본을 얻은 유비는 이에 보답하기 위해 적극적으로 공손찬과 원소와의 기반 쟁탈전에 참가해 여러 차례 공을 세웠고, 잠시 평원령平原令을 맡아 마침내 조그만 근거지를 마련했습니다.

그런데 《삼국지》 원문에는 "임시로 평원령을 맡게 했다[試守平原令]"고 기록되어 있습니다. 이는 당시 공손찬이 유비가 과연 지방관을 맡을 능력이 있을지 걱정하고 있었다는 사실을 설명해줍니다. 하지만 유비는 행동으로 능력을 증명해 곧 평원상에 임명되었습니다. 《삼국지》 〈선주전〉의 기록입니다.

> 이때 인민들이 굶주리자 떼 지어 모여 노략질하고 사납게 굴었다. 유비는 밖으로 도적질을 막고 안으로 재물을 풍성하게 베풀었다. 낮은 선비라도 필히 자리를 같이하고 같은 그릇으로 함께 먹으며 가리거나 고르는 일이 없으니 많은 사람이 그에게 스스로 와서 복종했다[衆多歸焉].

평원령 유비는 세 가지 일을 했습니다. 첫 번째는 외부의 약탈을 막아 백성을 편안하게 한 것이고, 두 번째는 지방경제의 발전을 꾀해 백성의 생활을 개선한 것이고, 세 번째는 인재를 모은 것입니다. 이제껏 지방관의 모습을 버리고 아랫사람들을 예로 대해고 인재를 존중했습니다.

유비의 이러한 행동은 어떤 효과를 보았을까요?《삼국지》에는 "많은 사람이 그에게 스스로 와서 복종했다"고 기록했습니다. 이는 단지 형식상이 아닌, 기쁜 마음으로 유비에게 의탁했음을 말해주고 있습니다.

하지만 이러한 국면은 누군가에게는 즐거운 일이었지만 누군가에게는 그렇지 않았습니다. 마침내 중원에서 첫 번째 근거지를 마련하게 된 유비는 백성을 보살피고 인심을 수렴해 이후 큰일을 꾀하려 했습니다. 실제로 유비는 독우를 구타한 사건으로 얻은 경험과 교훈을 통해 평원상에 임명된 후에는 빈객僑客과 호걸 들을 초청해 거리낌 없이 연회를 열었습니다. 일순간에 그의 명성이 오르자 선비들이 그에게 의탁했습니다.

하루는 어떤 사람이 유비의 연회에 참석했는데 유비는 관례대로 그 빈객을 후하게 대접했습니다. 이 빈객은 유비가 자신을 인의仁義로 지극하게 대하자 한 가지 커다란 비밀을 말하고는 태연히 자리를 떠났습니다. 그는 도대체 어떤 비밀을 말했기에 이후 유비·관우·장비 등과 같은 침상에서 자고 같은 식탁에서 밥을 먹었을까요?

《삼국지》에는 "군민郡民인 유평劉平이 평소 선주 아래에 있음을 수치스러워 해, 자객을 보내 선주를 죽이려 했다. 자객이 차마 찌르지 못하고 그 일을 털어놓고 떠났다. 그가 인심을 얻은 것이 이와 같았다[其得人心如此]"고 기록되어 있습니다. 이어서《삼국지》주에 해당하는《위서魏書》에는 "유평이 객으로 하여금 유비를 죽이려 했는데, 유비는 그 일을 모르고 그 객을 후대하자 객이 그 일을 털어놓고 떠났다"라고 기록되어 있습니다.

그 빈객은 자객이었습니다. 이번 사건은 유비가 인생에서 처음 겪은 암살시도였던 것입니다. 자객은 본래 유비를 암살하려 했으나 유비의 말과 행동거지에 감동한 나머지 유평의 음모를 발설한 것이었습니다. 이렇게 유비는 다행히도 죽음에서 벗어날 수 있었습니다. 이는 아마 유비의 충직하고 온순한 생김새와도 어느 정도 관계가 있을 것입니다.

유평은 왜 유비를 암살하려 했을까요? 유비가 평원상을 역임할 때였습니다. 지주와 부호가 매점매석을 해 화폐가치가 떨어져 백성이 식량을 구하지 못해 굶어 죽는 경우가 적지 않았습니다. 유비는 대외적으로는 도적을 물리치고 안으로는 좋은 정치를 행해 백성·하급 선비·상인과 같은 자리에 앉아 밥을 먹는 등 차이를 두지 않았습니다. 이렇듯 민심이 귀부한 것은 당시에는 드문 일에 속했습니다.

유평은 평원현 백성 가운데 한 사람으로, 본래는 유비와 친분을 나누어야 했던 인물입니다. 그는 아마도 유비의 붙임성이 눈에 거슬렸거나 유비가 앞에서는 잡곡을 먹고 뒤에서는 특별한 식사를 하는 자라고 의심했던 것 같습니다. 그리해서 사비를 써서 자객을 고용해 유비를 암살하려 했습니다. 여기서 우리는 유평이 분명 조정의 관리를 암살할 능력과 배짱이 있는 평원의 대부호였음을 알 수 있습니다.

앞서 이야기한 것처럼 결국 유평의 암살음모는 실패했습니다. 하지만 자객과 유평은 처벌을 받지 않았습니다. 왜 그랬을까요? 유비는 외지에서 온 관리로서, 이 사건을 통해 그는 관대한 덕행을 보여주었습니다. 자객은 그에게 진상을 이야기하고 태연히 떠났습니다. 이를 보면 유비가 일찍부터 음모에 대해 준비했음을 알 수 있습니다. 예나 지금이나 큰일을 이루는 자는 반드시 적대적인 사람의 암살시도와 모멸을 피할 수가 없는데, 유비처럼 태연하게 대처한 사람은 세간에 보기 힘든 경우였습니다.《삼국지》〈선주전〉이 그의 행동에 감격해 "그가 인심을 얻은 것이 이와 같았다"라고 묘사를 한 이유입니다.

유비의 이러한 리더십은 당대의 영웅 가운데 한 사람을 감화시켜 자신의 진영에 합류시켰는데, 그가 바로 유비의 또 다른 남자 상산常山의 조운趙雲 자룡子龍이었습니다.《삼국지》〈조운전趙雲傳〉의 기록입니다.

조운의 자는 자룡이고, 상산 진정眞定 사람이다. 본래 공손찬에게 속했는데, 공손찬이 유비를 청주자사淸州刺史 전해田楷와 함께 원소에게 대항하게 하자, 마침내 조운이 따라나서 유비의 주기主騎가 되었다. 〈조운별전趙雲別傳〉에 이르길, 조운의 신장은 8척으로 자태와 얼굴이 웅장하고 위엄이 있었다. 본래 본군에서 천거되어 의군으로 지원한 관리와 병사를 따라 공손찬에게 이르렀다. 당시는 원소가 기주목冀州牧을 칭할 때여서 공손찬은 기주冀州 사람들이 원소를 따르는 것을 근심하고 있었는데 조운이 귀부하자 좋아하며 조운에게 농담으로 물었다.

"들기로 그대의 주 사람들은 모두 원씨를 바라보는데 그대는 어찌 홀로 마음을 돌려 미혹되어 반대로 하는 것이오?"

조운이 답했다.

"천하가 흉흉해 아직 누가 옳은지 알지 못하나 백성들이 현을 넘어뜨리는 재앙이 있어 저희 주에서는 논의해 어진 정치가 있는 곳을 따르는 것이지 원공을 무시하고 사적으로 장군을 밝히는 것이 아닙니다."

이윽고 공손찬과 더불어 정벌에 참여했다. 당시 유비 또한 공손찬에게 의탁하고 있는 탓에 매번 조운을 접견하자 조운도 자연스럽게 그를 의지하며 마음이 깊어졌다. 조운이 형의 상을 빌미로 공손찬에게 잠시 고향으로 돌아갈 것을 청했는데, 유비는 그가 돌아오지 않을 것을 알고는 손을 붙잡고 이별하니 조운이 말했다.

"끝까지 덕을 저버리지는 않겠습니다."

평원을 다스리고 조운을 끌어들인 것은 유비가 조직관리라는 시험을 거쳤음을 나타냅니다. 그는 이미 인의와 정을 핵심으로 하는 자신만의 독특한 리더십과 일처리 방식을 기본적으로 만들어가고 있었던 것입니다.

믿는 대로
이루어진다

어느 날 유비가 부중에서 손건孫乾·간옹簡雍 등과 업무를 논의하고 있었는데 갑자기 북해군에서 사람이 찾아와 뵙기를 원한다는 전갈을 받았습니다. 유비는 궁금했습니다. 북해군과는 이제껏 왕래가 없었는데 어째서 갑자기 사람을 보냈을까요?

당 밖에서 터벅터벅 발자국 소리가 들리더니 7척 7촌의 키에 잘록한 허리, 넓은 어깨, 호랑이처럼 형형한 눈빛을 지닌 스무 살쯤 된 한 명의 장수가 들어왔습니다. 그의 얼굴은 땀으로 가득했고 전포에 핏자국이 있는 것으로 보아 분명 힘든 싸움을 거친 모습이었습니다. 이 영웅은 바로 태사자太史慈였습니다. 당시 태사자는 아직 강동江東으로 내려가지 않았을 때였는데, 자신을 알아준 은혜에 보답하기 위해 북해태수北海太守 공융孔融의 막하에서 일을 하고 있었습니다. 당시 황건군 관해管亥가 수만 명을 이끌고 북해군을 휩쓸고 다니며 공융을 겹겹이 포위했습니다. 형세가 위급해지자 태사자는 공융의 명을 받아 특별히 유비에게 구원을 청하러 온 것이었습니다.

유비는 서신을 보고 음미할 만한 한마디를 했습니다.

"공융은 세상에 유비가 있음을 아는구나!"

왜 유비는 이러한 말을 했을까요? 그것은 공융이 당시 이름난 명사였기 때문입니다. 공융

태사자(166~206)
자는 자의子義이며, 동래東萊 황현黃縣 사람이다. 동한 말년 공융·유요劉繇 막하에서 장수로 있다가 후에 손책에게 의탁했다. 적벽대전 전에서 마흔한 살의 나이로 병사했다.

공융(153~208)
자는 문거文擧이며, 공자의 20대손으로 어려서부터 재능이 뛰어났고, 문필에도 능해 건안칠자建安七子 가운데 한 사람으로 불리었다. 스스로 재능에 자부심이 커 조조의 면전에서 모욕적인 언사를 구사하다가 면직되고, 일족과 함께 처형되었다.

은 어려서부터 총명함과 남다른 재능으로 세상에 이름을 날렸습니다. 네 살 때 이미 수많은 시부를 외웠고 예절을 알아 부모의 사랑을 듬뿍 받았습니다. 하루는 아버지가 배를 사서 특별히 가장 큰 것을 공융에게 주었는데, 공융이 고개를 저으며 가장 작은 배를 집어 들고 말했습니다.

"저는 나이가 가장 어리기 때문에 작은 것을 집을 테니, 큰 것은 형에게 주십시오."

공융이 배를 양보한 이 고사는 곧 곡부로 퍼졌고《삼자경三字經》을 통해 오늘날까지 전해져 많은 부모가 자녀를 교육하는 데 들려주는 좋은 예가 되고 있습니다.

그는 어려서부터 성품이 자유분방했고 재능이 남달랐습니다. 그의 재능을 보여주는 한 일화가《후한서》〈공융전孔融傳〉에 기록되어 있습니다.

공융은 열 살에 부친을 따라 낙양에 갔다. 당시에 하남윤河南尹이었던 이응李膺은 아무 때나 사대부와 빈객을 접견하지 않고, 문지기에게 당대의 명사나 대대로 교우관계가 있는 집이 아니면 알리지 말라고 했다. 공융은 이응이 어떤 사람인지 알고자 일부러 이응의 대문을 두드리며 문지기에게 말했다.

"나는 이군李君의 가문과 통했던 사람의 자손이오"라고 하자 문지기가 이응에게 고했다. 이응이 공융을 만나서 이렇게 물었다.

"고명한 조상께서 일찍이 나와 교제를 하신 적이 있는가?"

그러자 공융이 말했다.

"그렇습니다. 저의 선조인 공자와 군의 조상인 이노군李老君(노자)께서는 덕과 의를 나란히 했으며, 함께 사우로 지내셨습니다. 그러니 저 공융과 군은 대대로 통하는 집안입니다."

앉아 있던 모든 사람들이 찬탄할 수밖에 없었다. 태중대부 진위陳煒가 나중에 왔는데 좌중에 있던 사람이 이 일을 이야기하자 진위가 말했다.

"어렸을 때 영리하다고 커서도 반드시 그렇겠는가?"

그러고는 묵살했다. 그러자 공융은 이렇게 대답했다.

"말씀을 듣고 보니 군께서도 어렸을 때 총명했겠습니다."

이응은 크게 웃으며 그가 고명하고 장대하니 반드시 큰 그릇이 될 것이라며 칭찬했다.

소년 공융은 성년이 된 후 관리가 되어 의랑議郎·상서尙書 등의 직무를 역임했습니다. 동탁이 권력을 장악한 후 난폭한 정치를 하며 황제를 폐위하려 하자 공융은 권력을 두려워하지 않고 떳떳하게 직언을 해 동탁의 미움을 샀습니다. 이에 동탁이 차도살인의 계책으로 공융을 가장 위험한 북해군의 태수로 보낸 것이었습니다.《후한서》〈공융전〉의 기록입니다.

동탁이 황제를 폐위하려 하자 공융이 매번 잘못된 점을 지적했다. 이로 인해 동탁의 뜻을 거슬러 의랑으로 전출되었다. 당시 황건적이 주州의 몇 곳을 침범했는데 북해가 가장 많이 적에게 공격을 받은 곳이었다. 그래서 동탁이 삼부三府에 알려 북해상北海相으로 공융을 천거했다.

공융은 문장에는 뛰어났지만 전쟁을 치르는 데는 단점이 있었습니다. 《후한서》〈공융전〉에는 "공융은 기질이 고상해 국가의 위난을 안정시킬 뜻이 있었다. 하지만 재주는 모자란데 뜻이 너무 깊어 성공에 이를 수 없었다"고 평가하고 있습니다. 지방을 다스리는 과정에서 밖으로는 강력한 적을 막아내지 못하고 안으로는 상벌이 분명하지 못했다는 점을 지적하고 있습니다. 이 두 가지는 천하대란의 시기에 한 지역을 관할하는 제후로서 꼭 갖추어야 할 자질이었지만 공융에게는 부족한 점이었습니다. 《후한서》〈공융전〉의 기록입니다.

> 공융은 군에 부임해 사민士民을 소집해 군대를 일으켜 병사들을 훈련시키고, 격문을 돌리고 친히 서신을 써 주군과 함께 계획을 세웠다. 적장 장요張饒 등이 20만 명의 무리를 이끌고 기주에서 돌아오자 공융이 맞서 싸웠으나 패배했다. 이에 흩어진 병사들을 수습하고 주허현을 지켰다. 또 천천히 황건적으로 오도된 관리와 백성 4만여 명을 모아 성읍을 재건하고 학교를 세우고 유가 학술을 표창하고 현량을 추천했다.

공융이 비록 군사적으로는 공적이 크지 않았어도 문화와 교육의 발전 측면에서는 수완이 있었습니다. 하지만 당시의 혼란스러운 상황에서 문화와 선량함은 발언권이 없었습니다. 좋은 상황도 잠시뿐, 얼마 지나지 않아 공융은 다시 위기에 빠져들었습니다. 《후한서》〈공융전〉에 "황건군이 다시 쳐들어오자 공융은 출병해 도창현에 주둔했는데 적 관해에 의해 포위되었다. 공융은 위협을 받게 되자 동래의 태사자를 평원상 유비에게 보내 구원을 청했다"고 기록되어 있습니다.

이 뜻밖의 구원요청에 대한 당시 유비의 심정은 한마디로 '의외'라고 할 수 있었습니다. 먼저 유비는 자신의 명성이 공융의 주목을 받을 정도에 이르렀다는 점을 생각하지 못했는데 이것이 첫 번째 의외성이었습니다. 두 번째 의외성은 천하에 영웅이 즐비한데 공융이 자신에게 구원을 요청할 만큼 신임하고 있다는 점이었습니다. 이를 현대어로 서술하면 지명도와 인기가 하늘까지 널리 퍼진 것이라 할 수 있습니다.

'의외'라는 심정을 통해 당시 유비에게는 아직 넘어서지 못한 심리적인 문턱이 있었음을 유추할 수 있습니다. 그의 마음속 깊은 곳에는 자신감과 자아긍정이 여전히 부족했다는 것이지요.

여기서 예를 하나 들어보겠습니다. 코끼리 조련사는 아기 코끼리를 조련할 때 뛰어다니지 못하게 발을 말뚝에 튼튼히 묶어놓습니다. 아기 코끼리는 뛰려 할 때마다 밧줄에 걸려 넘어지는데, 이러한 상황이 계속되면 결국 어떻게 될까요? 자신은 이 말뚝을 영원히 뽑을 수 없고 밧줄도 끊을 수 없다고 여기고 밧줄을 풀어놓아도 더는 뛰려 하지 않고 얌전하게 있게 됩니다.

세월이 흘러 아기 코끼리가 어른이 되어도 마찬가지입니다. 어른이 된 코끼리는 자동차마저 거뜬히 들어 올릴 정도로 힘이 세졌는데도 말뚝에 묶어놓으면 얌전하게 서 있습니다. 왜 이러한 상황이 생길까요? 아기 코끼리가 어른 코끼리가 되어도 이 말뚝을 마주할 때마다 마음속 깊은 곳에는 여전히 자신이 아기라고 여기기 때문입니다. 과거의 실패가 현재의 능력이 발휘되는 것을 막고 있는 것입니다. 이러한 현상을 심리학에서는 '습관성 무기력'이라고 부릅니다.

간단하게 해석하면 과거의 연속된 실패가 자신감과 심리적인 능력을 잃게 한 것이라 할 수 있습니다. 실패가 사람들에게 주는 가장 큰 시련은 한두 번 목표를 실현하지 못하는 것이 아닙니다. 반복해서 목표를 실현하지 못하면 이후 자신을 잃고 마음속으로 '난 안돼!'라고 생각하고 스스로를 방치하는 것입니다.

⚫ 유비의 지혜

연속된 실패가 자신감과 심리적인 능력을 잃게 한다. 실패가 주는 가장 큰 시련은 한두 번 목표를 실현하지 못하는 것이 아니다. 반복해서 목표를 실현하지 못해 이후 자신을 잃고 방치하는 것이다.

이 시기의 유비는 아기 코끼리처럼 수많은 도전에 부딪칠 때마다 기대한 성과를 얻지 못했습니다. 세월이 흐르고 나이가 들고 자원이 증가함에 따라 그도 이미 성장해 큰 사업을 할 수준이 되었지만 마음속 깊은 곳에서 그는 여전히 자신감도 부족하고 자신에게 회의적이었던 것입니다. 사업이 성장하는 과정에서 이러한 '자신감의 문턱'을 반드시 넘어서야 다음 단계로 나아갈 수 있습니다. 그렇다면 이를 어떻게 넘을 수 있을까요?

무엇을 하더라도 성장하고 발전한 부분만 신경을 쓰고 그 결과는 주의를 기울이지 말아야 합니다. 이번에 일을 좀 어수룩하게 처리했다고 해서 지나치게 실망할 필요는 없습니다. 지난번에는 일을 망쳤는데 이번에는 그래도 그때보다는 결과가 나으니 그것도 발전이라고 생각하는 것이 좋습니다. 이를 '성장에 중점을 둔 사고 방식'이라고 합니다. 이전에 비해 성장한 모습을 하나라도 발견하면 그만큼 자신감도 증가시킬 수 있기 때문입니다.

부모들은 대체로 아이가 시험을 보고 오면 점수를 물어봅니다. 아이가 85점이라고 하면 부모는 "너희 반 최고점이 100점인데 너는 왜 그렇게 못했니?"라고 질책할 수 있습니다. 이렇게 매번 최고점을 기준으로 비교하면 아이는 자신의 못난 점만 생각하게 됩니다. 결국 습관성 무기력에 빠져 자신감을 상실하고 포기하게 될 것입니다. 한번 방법을 바꾸어봅시다. 지난번에 70점, 이번이 85점이라면 비록 격차가 있더라도 "많이 발전했구나!"라고 말해주십시오. 성장한 모습에 관심을 기울일 때마다 아이의 자신감은 커질 것입니다.

이 외에도 두 번째로 아주 간단하고 직접적인 방법이 있습니다. 바로 '권위에서 나오는 격려'입니다. 명망 있는 권위자의 긍정은 심리적으로 지나치게 자신감이 없는 사람에게 역량을 최대한 발휘할 힘을 줍니다. 유비가 공융의 서신을 받고 느낀 것은 바로 이러한 것이었습니다. 본래 자신감이 부족한데다가, 심리적인 역량도 아직 충분히 단련되지 않았던 20대에, 아주 작은 고을의 현령인 유비가 천하를 종횡하며 한 지역에 할거하는 황건군과 어떻게 과감하게 싸울 수가 있었겠습니까? 이러한 상황에서 명망 높고 권위 있는 전문가가 자신에서 편지를 썼을 뿐 아니라 말끝마다 존칭을 쓰고, '문무를 겸비한 그대가 나서서 꼭 포위를 풀 수 있게 도와달라'고 요청하자 유비의 자신감이 최대로 상승했던 것이었습니다.

여기서 '이미지 트레이닝'이라는 자신감을 증대시키는 효과적인 방법 하나를 여러분에게 소개하고자 합니다. 이미지 트레이닝이란 상상력을 발휘해 머릿속에 의도하는 목표를 설정하고 목표를 달성하기 위한 과정과 달성한 후의 모습을 마음속으로 그려보는 것을 말합니다.

먼저 적당한 곳에 앉거나 누워서 몸을 아주 편안하게 하십시오. 그런 후 자신이 희망한 대로 모든 일이 진행되는 모습을 상상하거나 사람들이 말하는 것을 상상해보십시오. 혹은 그 일의 아주 사소한 부분까지 하나하나 머릿속에 그려보십시오. 이러한 이미지 혹은 생각을 머릿속에 떠올리고 마음속으로 아주 적극적이고 긍정적으로 다짐하십시오.

"내가 설정한 목표는 꼭 이루고 말 것이다. 분명 할 수 있다!"

이는 자신감을 훈련하는 데 아주 좋은 방법입니다.

관우와 장비의 도움으로 유비는 바로 인마를 조직해 공융을 도우러 갔습니다. 구원병이 왔다는 소식을 들은 관해는 싸울 마음이 사라져 포위를 풀고 떠났습니다. 《삼국지》의 기록에 따르면 쌍방 간에 교전이 없었기 때문에 유비는 칼에 피 한 방울 묻히지 않고 북해의 포위를 풀었습니다. 이번 사건으로 유비의 명성은 신속하게 올라갔습니다. 유비를 언급할 때마다 사람들은 입을 모아 칭찬했습니다. 이렇게 유비가 북해의 공융을 구원한 것은 한편으로는 유비가 공융을 도운 것이었지만 다른 한편으로는 공융이 유비를 도운 것이라고 할 수 있었습니다.

스물일곱의 유비는 2,000석을 받는 조정관리의 신분으로 자신의 지역을 차지하고 이름을 천하에 날렸습니다. 이제는 그럴싸한 병사와 장수를 거느리며 이전에 없던 자신감이 생겼습니다. 하지만

"사람은 이름이 나는 것이 두렵고 돼지는 튼튼한 것이 두렵다"는 말처럼, 유명해지자 새로운 도전이 따라왔습니다. 흥평興平 원년(194) 봄, 서주로부터 깜짝 놀랄 만한 사건이 전해졌습니다. 이 소식은 이제 막 사업의 첫발을 뗀 유비를 안절부절하지 못하게 만들었습니다. 무엇이 유비를 이렇게 걱정시켰을까요? 다음 강의에서 뵙겠습니다.

신뢰가 쌓여야
마음을 얻는다

유비는 조그만 부富에 안주하는 사람이 아니었다. 비록 평원현을 근거지로 삼아 안정을 찾았지만 자신의 원대한 포부를 실현하기 위해 더 나은 기회를 향해 다시 백척간두에 서서 한 걸음 더 나아가고자 했다.

기회는 뜻밖에 빨리 찾아왔다. 누가 그에게 이상을 실현할 계기를 만들어주었을까? 그는 어떤 기회를 잡고 단번에 한 단계 높은 단계에 올라설 수 있었을까? 유비는 이 과정에서 지지를 얻어내기 위해 어떤 교묘한 방법을 택했을까?

역사를 좋아한다면 어떤 군대든지 강해지기 위해서는 근거지를 기반으로 발전해야 한다는 사실을 잘 알 것입니다. 근거지가 있는 세력은 이른바 "높은 산에서 사나운 호랑이가 자라고 깊은 물에서 교룡이 승천하는 것"이지만, 근거지가 없는 세력은 그야말로 "용이 모래사장에서 새우와 어울리고 호랑이가 평지로 내려와 개한테 무시당하는 것"과 같습니다.

유비는 사업에 첫발을 내딛던 단계에서 관우·장비 등의 전적인 지지와 동문수학한 공손찬의 도움에 기대어 마침내 작지만 소중한 근거지인 평원현을 얻었습니다. 그는 이곳에서 병사와 말을 모아 조직을 키우며 한편에서는 지역을 다스리는 집정능력을 키웠습니다. 사실 일반인의 관점으로 보면 조직을 거느리고 형제들과 윤택한 생활을 하면서 지방의 행정장관을 역임하는 것은 썩 괜찮은 생활입니다. 하지만 유비는 달랐습니다. 그는 마음속에 장대한 뜻을 품고 있던 사람이었습니다. 옛사람들은 이를 '지대자심고志大者心苦也'라고 했습니다. 마음에 큰 뜻을 품고 있는 사람이 평범하게 세월을 보내는 것은 마음이 편하기는커녕 오히려 괴로울 뿐이라는 뜻입니다. 우리는 유비가 평원에서 보낸 안락하고 즐거운 나날은 바닷속 용이 연못에서 새우처럼 사는 것과 같이 달갑지 않았으리라 결론지을 수 있습니다. 유비는 아마 이러한 고민을 했을 것입니다.

'이러한 규모의 무대에서 어떻게 발전할 수 있을 것인가? 더 큰 무대를 찾아야 한다.'

도겸(132~194)

자는 공조恭祖이며, 단양丹楊 사람
이다. 황건적의 난이 일어나자 서주
자사徐州刺史로 임명되어 황건적을
토벌했다. 조조의 아버지 조숭曹嵩
이 서주를 지나다 죽은 일로 조조와
원수가 되었다. 이 일로 조조가 침공
하자 유비에게 서주를 맡기고 세상
을 떠났다.

그는 계속 기회를 엿보며 더 크게 발전할 수
있는 무대를 찾았습니다. 바로 이 시기에 서주
목徐州牧 도겸이 조조의 대군에 대항해 서주를
지켜달라는 요청을 해왔습니다. 역사의 수레바
퀴는 줄기차게 앞으로 굴러갔고, 운명은 다시
유비를 더 높은 단계로 끌어올릴 기회를 주었

습니다. 하지만 이 시기의 서주는 안식처라기보다는 용담호혈龙潭虎
穴(용이나 호랑이가 거주하는 위험한 곳)이었습니다. 정치세력이 복잡하게
얽혀 있고 이들 사이에 생사를 건 싸움이 벌어지고 있었습니다.

하지만 큰일을 하려면 위험을 무릅써야 합니다. 위험이 크면 수
익도 크고 위험이 없으면 수익도 없습니다. 유비는 이 위험을 무릅
쓸 만한 가치가 있다고 여기고 관우·장비와 함께 군마를 정돈해 서
주로 향했습니다.

그렇다면 복잡하게 얽힌 정치투쟁과 생사를 건 치열한 싸움이
전개되던 서주에서 유비는 어떻게 확고한 입지를 구축할 수 있었
을까요? 또 어떻게 개인의 힘만으로 아주 짧은 시간 만에 많은 사람
의 지지를 얻어낼 수 있었을까요? 아래에서 유비의 책략과 방법을
살펴보겠습니다.

♻ 유비의 지혜

위험이 크면 수익도 크고 위험이 없으면 수익도 없다.

남의 고난을
자신의 것처럼 짊어진다

동한 중평 원년 12월, 예순세 살의 서주목 도겸은 병세 악화로 생명이 위급해지자 임종 전에 긴급히 서주별가徐州別駕 미축을 호출했습니다. 별가란 오늘날로 말하자면 서주목의 비서실장에 해당하는 직책입니다. 소식을 접한 미축이 의복도 채 갖추지 못하고 도착하자 병상에 누워 있던 도겸은 퀭한 눈에 미약한 숨을 내쉬며 미축의 손을 잡고 마지막 기력을 다해 한마디를 토해냈습니다.

"내가 죽은 후 조맹덕曹孟德(조조)이 반드시 공격할 텐데 그러면 서주가 위험해질 것이다."

도겸과 함께 생명을 무릅쓰며 악전고투를 치른 미축은 지난번 조조가 서주를 피로 물들인 참극을 생각했습니다. 조조군이 지나간 곳에는 닭과 개 한 마리 남아 있지 않았고 무고한 백성 수만 명을 죽여 사수泗水 강이 흐르지 않을 정도로 참혹했습니다. 미축은 차가운 한숨을 내쉬며 도겸에게 "도 사군使君, 그러면 어떻게 하는 것이 좋겠습니까?"라고 물었습니다.

이때 도겸을 만난 미축은 세 가지 측면에서 절망했습니다. 첫 번째 절망, 나이 든 보스가 세상을 뜨려 했습니다. 두 번째 절망, 살인마왕 조조가 곧 올 것이었습니다. 세 번째 절망, 그런데 어찌해야 할지 알지 못했습니다.

도겸의 눈이 순간 희미한 빛을 발하더니 마지막 남은 기력을 다해 띄엄띄엄 말했습니다.

미축(?~220)
자는 자중子仲이며, 후한 말기 동해 구현朐縣 사람이다. 원래는 서주목 도겸의 별가종사別駕從事였는데, 도겸이 죽자 유비를 따라 서주를 다스렸다. 유비가 여포에게 패하고 처자가 포로로 잡혔을 때 여동생 미부인糜夫人을 유비에게 출가시켰다. 아울러 유비에게 금은보화를 내어 군자금으로 쓰게 했다. 훗날 유비가 익주를 평정한 뒤 안한장군安漢將軍에 봉해졌다.

"유비가 아니면 이 주를 안정시킬 수 없네[非劉備不能安此州也]."

미축은 마침내 분명하게 깨달았습니다. 도겸이 자신을 긴급하게 부른 이유는 유비를 서주의 주인으로 맞이하는 대사를 부탁하기 위한 것이었습니다. 미축은 도겸의 손을 꽉 잡고 다짐했습니다.

"사군은 마음을 놓으십시오. 미축의 몸이 부서지고 뼈가 가루가 되는 한이 있어도 뜻을 저버리지 않을 것입니다."

도겸은 가까스로 고개를 끄덕이다가 마침내 한숨을 길게 내쉬고는 세상을 떠나고 말았습니다.

이때 마침 유비는 소패小沛에 주둔하고 있었지만 밤낮으로 병사를 훈련시키느라 도겸이 병사했다는 소식을 전혀 알지 못했습니다. 앞서 이야기한 것처럼 유비는 공손찬의 도움으로 조직을 일으켰고 평원을 기반으로 삼았습니다. 그런데 평원을 놔두고 무슨 연유로 서주의 소패로 온 것일까요? 이에 대한 상세한 경위는 조조가 연주목兗州牧이 되면서 시작됩니다.

조조는 연주兗州를 점거해 스스로 연주목이 된 후 태산군泰山郡에 피난을 갔던 부친 조숭과 집안사람들을 연주로 맞이하고자 했습니다. 그런데 조숭과 일가족이 연주로 가던 도중에 불의의 습격을 받아 피살되고 재산까지 전부 강탈당하는 일이 벌어졌습니다. 조숭을 습격한 사람은 도겸 수하의 장수 장개張闓였습니다. 소식을 접한 조조는 통곡하며 대규모 병사를 일으켜 도겸을 토벌해 피로 서주를 씻어 부친의 복수를 하겠노라 공언했습니다. 이에 대한《삼국지》〈무제기武帝紀〉의 기록입니다.

이전에 조조의 부친 조숭은 관직을 버린 후에 초현譙縣으로 돌아갔는데, 동탁의 난 때 낭야琅邪에 피난을 갔다가 도겸에게 해를 입었다. 그래서 조조는 동쪽을 정벌해 복수하려는 뜻을 품었던 것이다.

조조의 아버지가 도겸에 의해 죽었든 죽지 않았든 쌍방은 초평初平 4년(193) 가을에 격전을 치렀습니다. 조조는 10여 개의 성을 연이어 점령하고 팽성에서 도겸을 패배시켰습니다. 도겸이 담성으로 물러나 지키자 조조 군대는 가는 곳마다 살인과 방화를 저질렀습니다.《자치통감資治通鑑》〈한기漢記〉의 기록입니다.

> 죽인 장정을 사수에 묻어 물이 흐르지 않았다. 조조가 담성을 공격했지만 점령하지 못하자 곧 떠나면서 응應·휴릉睢陵·하구夏丘 등을 공격하고 그곳을 도륙해 닭과 개조차 남아 있지 않게 되었고 황폐한 마을에 더는 행인을 볼 수 없었다.

이렇게 쌍방이 담성에서 대치하던 시기에 군량과 마초가 떨어진 조조는 일단 철수하고 다음해 여름에 다시 돌아왔습니다. 이번에는 정예병과 군량을 충분히 갖추고 단단히 벼르며 서주를 공격했습니다. 이에 도겸은 청주자사 전해에게 구원을 청했고 전해는 유비와 연합해 도겸을 구원했습니다. 유비는 이렇게 도겸을 구원하러 서주로 온 것이었습니다. 도겸은 자신을 도우러 온 유비에게 인력과 군량을 지원하며 적극적인 지지를 보냈습니다. 이로 인해 유비의 실력은 한층 강력해질 수 있었습니다.《삼국지》〈선주전〉의 기록입니다.

이때 유비는 자신의 군사 1,000여 명과 유주幽州 오환烏丸의 잡다한 호기胡騎를 거느리고 있었고 또한 굶주린 백성 수천 명을 대충 긁어모았다. 서주에 도착한 후 도겸이 단양병丹楊兵 4,000명을 선주에게 보태주자 마침내 전해를 떠나 도겸에게 귀부했다. 도겸은 표를 올려 선주를 예주자사豫州刺史로 삼고 소패에 주둔하게 했다.

여기서 "대충 긁어모았다"는 말은 서둘러 실력을 강화하고자 하는 유비의 급박한 심정을 잘 설명해줍니다. 다른 한편으로는 유비의 군대가 복잡하게 구성되어 있고, 또 임시로 규합한 조직이어서 전투력이 떨어졌음을 설명해줍니다.

하지만 유비의 원칙은 아주 분명했습니다. 능력은 없었지만 태도는 좋았고, 실력이 없어도 체면은 유지했습니다. 바로 이러한 의미입니다.

'당신이 도와달라고 요청해서 왔다. 그뿐 아니라 기세 좋고 활기차게 많은 사람을 데리고 왔다.'

도겸은 기뻐하며 즉각 봉강대리封疆大吏의 인사추천권을 행사해 유비를 예주자사로 천거했습니다. 그는 확실히 유비를 푸대접하지 않았습니다. 당시 자사는 천하의 영웅이라면 다들 차지하려고 애쓰던 직위였습니다. 일단 자사라는 직함을 갖게 된 순간 근거지를 차지할 명분이 생기고 실력을 발전시킬 수 있었기 때문입니다. 유비는 감격한 나머지 도겸을 저버리지 않고 조조와의 싸움에서 최선을 다했습니다.《삼국지》〈무제기〉에는 당시의 전투상황이 기록되어 있습니다.

여름, 순욱荀彧과 정욱程昱에게 견성을 수비토록 하고, 다시 도겸을 정벌해 다섯 개 성을 함락시켰으며, 마침내 공략한 땅이 동해까지 이르렀다. 돌아와 담현郯縣을 지나는데, 도겸이 장수 조표曹豹와 유비를 보내 담현 동쪽에 주둔하면서 조조군을 요격하게 했다. 조조가 이를 격파해 마침내 양분襄賁을 공격해 함락시키고, 지나는 곳마다 약탈과 살육을 저질렀다.

여기서 '요격'이라는 말에 주목하시기 바랍니다. 요격이란 적이 지나가는 길을 막고 주도적으로 공격하는 것을 말합니다. 당시의 전세와 실력을 대비해보면, 일반인이라면 도망가기에도 여의치 않았을 텐데 유비는 1만여 명의 오합지졸을 거느리고 감히 조조의 주력대군을 가로막았던 것입니다. 비록 실패했지만 서주에서 조조와 싸우는 과정에서 보여준 유비의 용기와 결심은 탄복할 만한 일이었습니다.

이렇듯 유비는 도겸을 구원한다는 명분을 통해 세력을 키웠고 아울러 자신을 지지해준 도겸을 위해 최선을 다했습니다. 이를 토대로 실제 누군가에게 도움을 주는 방식에 대해 알아보기로 하겠습니다.

첫 번째 유형은 '편안한 마음으로 도와주는 것'입니다. 도움을 청하니 내 장점과 우세한 자원을 이용해 가벼운 마음으로 부담 없이 도와주는 것을 말합니다. 두 번째 유형은 '다른 이를 통해 도움을 주는 것'입니다. 애초에 직접 움직이지 않고 다른 누군가가 대신 도와주도록 하는 방식입니다. 두 번째 유형은 감정을 이입하지 않는 방법에 속합니다. 하지만 어떤 일에는 친히 손을 써야 하는 일이 있다는 것을 기억해두시기 바랍니다. 부모가 병상에 누워 있으면 몸소 물을 끓이고 약을 달여야 합니다. 간병인에게만 맡기는 것은 '다른 이를 통해 하는 효'입니다. 이러한 경우에는 효의 깊이, 감동의 정도 와 마음을 다하는 정도에 문제가 생길 수 있습니다. 본인이 할 수 있 는 일은 스스로 해야 할 것입니다.

세 번째 유형은 '몸과 마음을 다해 도와주는 것'입니다. 부족하고 특별한 장점도 없지만 상대가 필요하다고 하니 도움을 주는 유형 으로, 유비는 바로 여기에 속했습니다. 여기저기서 그러모은 오합 지졸에 전투력도 많이 떨어지고, 전략상 우위를 점하지도 못했으 며, 전술적으로도 자원이 부족했습니다.

장수도 많지 않고 병사도 모자람에도 유비는 감히 조조라는 강 적에 맞섰는데, 이러한 희생정신은 많은 사람을 감동시키기에 충 분했습니다. 그 가운데 특별히 더 감동한 사람이 바로 서주목 도겸 이었던 것이지요. 생각해보십시오. 하북의 한 청년이 천리를 마다 하지 않고 와서 자기 고향을 지키는 것처럼 상대방의 고향을 지키 고, 자기 사업을 지키는 것처럼 상대방의 사업을 지킨다면 이것은 어떤 정신이겠습니까? 이것은 '자신을 외부인으로 생각하지 않는 정신'이라 할 수 있습니다.

유비는 진정 자신을 외부인으로 생각하지 않았습니다. 평원에서 출발할 때에도 군대와 가속을 데리고 왔고, 심지어 세간살이까지 서주로 가져왔습니다. 서주를 돕기 위해 온 것이라 했지만 이사를 온 것이나 다름없었습니다.

물론 유비가 서주에 온 이유는 자신만의 계산이 있기 때문이었 습니다. 그는 서주에서 계속 머물며 더 큰 무대를 빌려 발전을 꾀하려는 생각이 있었습니다. 유비가 도겸을 도와준 이유는 유비 자신도 꾀하는 바가 있었다고 결론지을 수 있습니다.

여기서 문제가 생깁니다. 유비에게는 전망·기반·조직이 필요했는데 그런 요구를 도겸에게 직접적으로 말하는 것이 가능했을까요? 일반적인 경험에 근거해서 보면 상대에게 요구하는 태도는 세 가지로 분류할 수 있습니다. 첫 번째는 공헌도 없이 요구하는 탐食입니다. 하는 일 없이 요구만 하는 것은 누가 봐도 적절하지 않겠지요. 두 번째는 공헌이 있다고 해서 즉각 보상을 요구하는 속俗입니다. 도움을 주었으니 바로 도와달라는 것은 속되다고 합니다. 세 번째는 공헌만 하고 요구하지 않는 어리석음[傻]입니다.

이 셋은 유비의 전문이 아니었습니다. 그렇다면 최선의 노력을 다했지만 즉각 요구할 수 없고, 그렇다고 시기를 놓쳐서는 안 되는 피동적인 국면에서 유비는 어떻게 행동했을까요? 유비는 아주 뛰어난 방법을 구사했습니다. 앞서 언급한 '도움을 주는 방식으로 부탁한다'는 것입니다.

요구할 것이 있으면 사전에 말하지 않고 우선 온 힘을 다해 도움을 줍니다. 그렇게 계속 도와주다보면 어느 날 상대가 먼저 이야기를 꺼낼 것입니다.

"선생에게 무슨 일 생기면 내가 꼭 도와주겠소."

여기서 덥석 도와달라고 해서는 안 됩니다. 반 발짝 더 물러나 말해야 합니다.

"꼭 그러실 필요는 없습니다. 바쁘신데 번거롭게 하고 싶지 않습니다."

그러면 마지막으로 상대가 말합니다.

유표(142~208)

자는 경승景升이며, 산양山陽 고평高平 사람이다. 동한 말년 군웅의 한 사람이자 한실漢室의 종친으로 형주목荊州牧을 지냈다.

유장(?~219)

자는 계옥季玉이며, 강하江夏 경릉竟陵 사람이다. 유언劉焉의 아들로, 삼국시대 때 익주목益州牧으로 있었다. 유비가 성도成都를 포위하자 성도를 유비에게 넘기고 남군南郡 공안公安으로 옮겨갔다. 나중에 손권이 형주를 탈취한 뒤 익주목으로 추대되었으나 얼마 뒤 죽었다.

장로(?~?)

자는 공기公期이며, 후한 말기 패국沛國 풍현豊縣 사람이다. 한중漢中에 웅거해 스스로 사군師君이라 불렀다. 후에 조조가 공격하자 파중巴中으로 달아났다가 항복했다.

"언제 한번 도와줄 기회를 주십시오."

"물이 흐르면 도랑이 생긴다"는 말처럼 조건이 갖추어지면 일은 자연히 성사되게 마련입니다. 유비의 일생을 쭉 살펴보십시오. 공손찬을 도와 기반인 평원을 얻었고, 도겸을 얻어 서주라는 기반을 얻었으며, 이후 유표를 도와 조조를 막아내 형주를 얻었고, 유장을 도와 장로張魯를 방비하면서 결국 익주益州를 얻었던 것입니다. 매번 진지하게 남을 도와준 후에 취하고자 하는 바를 얻는 뜻밖의 기쁨을 맛본 것입니다. 이를 흔히 "남을 도와준 자는 남이 그를 돕고, 뭇 사람을 도운 자는 하늘이 그를 돕는다"라고 이야기합니다.

◑ 유비의 지혜

도움을 받고자 한다면 몸과 마음을 다해 진지하고 열성적으로 도와주어야 한다. 남을 도와준 자는 남이 그를 돕고, 뭇 사람을 도운 자는 하늘이 그를 돕는다.

유비는 이러한 방식을 아주 잘 활용했습니다. 그가 몸과 마음을 다해 서주 백성과 정부를 도와주자 모두가 유비를 인정하게 되었고, 이로 인해 점차 영향력이 생기기 시작한 것이었습니다. 이 때문에 도겸이 임종할 때 "유비가 아니면 이 지역을 안정시킬 수 없다"고 말하고 미축에게 자신과 정부를 대신해 유비에게 서주의 관리

권을 주라고 한 것이었습니다. 이것은 정말 후
한 선물이었습니다.

원술(?~199)
자는 공로公路이며, 후한 말기 여남
여양 사람이다. 친척 원소와 더불어
당대의 명문가였다. 후에 양주로 근
거지를 옮기고 황제를 칭했지만 주
변 제후들의 지지를 얻지 못했다. 결
국 계속되는 패배로 인해 피를 토하
고 죽었다.

　그런데 유비는 좋아했을까요? 좋아했습니다.
갖고 싶었을까요? 갖고 싶었습니다. 그렇다면
이 뜻밖의 선물을 유비는 흔쾌하게 받고 싶었을
텐데, 선뜻 받았을까요? 그렇지 않았습니다. 오
히려 자신의 손에 들어온 서주를 양보하는 태도를 취했습니다.

　유비는 혜안이 있는 사람이었습니다. 그는 리더십과 천하에 대
한 인식에서 원술·여포보다 훨씬 뛰어났습니다. 유비는 서주를 양
보하는 모습을 보이면서 세 가지 책략을 사용했습니다.

▍기대치가 낮으면
▍만족도는 높다

서주를 양보한 일을 말하기 전에 원래의 서주목 도겸이 어떠한 리
더였는지 확인할 필요가 있습니다.《삼국지연의》에서는 충후하고
덕망이 뛰어난 도겸이 유비에게 제발 서주를 다스리라고 집요하게
요청했지만 유비가 세 번 사양했다는 '삼양서주三讓徐州' 이야기가
나옵니다.

　하지만 이는 실제《삼국지》와는 차이가 있습니다. 도겸은 세 가
지 특징이 있었습니다. 첫 번째, 싸움에 능했습니다. 도겸은 일찍이
한나라 거기장군 대사마大司馬 장온張溫을 따라 변장邊章·한수韓遂를
토벌했는데, 이 서정西征의 과정에서 큰 공적을 세웠습니다. 이러한

공적이 없었다면 그가 서주목에 임명될 수 없었을 것입니다. 그뿐 아니라 서주목이 되어 도겸이 제일 먼저 한 일이 바로 황건군을 일소하는 것이었습니다. 당시 서주의 황건군은 세력이 무척 강했는데, 도겸이 군사적 능력을 발휘해 서주의 황건군을 대파하고 이들이 더는 서주를 범하지 못하게 만들었습니다. 서주가 비교적 태평한 지역이 된 까닭은 다 도겸의 군공 때문이었습니다.

두 번째로 도겸은 중앙정부에 여전히 충성하려 했습니다. 동탁이 전권을 휘두르고 이각李傕과 곽사郭汜가 장안을 어지럽힌 이래 중앙정부의 말을 듣는 제후는 기본적으로 없었습니다. 하지만 도겸은 여전히 중앙정부를 받들었습니다. 더욱 대단한 것은 혼란한 와중에서도 중앙정부에 공물을 바쳤다는 점입니다. 역사적 기록에도 "도겸이 몰래 수하를 변장시켜 보냈다[遣使間行]"고 나와 있습니다. 지역에 할거하는 세력이 길을 막아 지나가지 못하자 사신을 변장시켜 조정에 공물을 바친 것이었습니다. 변장을 하고 신분을 감추었으니 분명 큰 물건보다는 작지만 가치가 높은 물건을 가지고 갔을 것입니다. 당시 중앙정부는 재화가 부족함에도 지방세력의 지원이 충분하지 않았습니다. 도겸의 이러한 행위는 중앙정부를 기쁘게 하기에 충분했습니다. 그래서 중앙정부는 특별히 도겸을 안동장군安東將軍 율양후溧陽侯로 봉했습니다. 이를 통해 그와 중앙정부와의 관계가 비교적 밀접했음을 알 수 있습니다.

도겸의 세 번째 특징은 그의 결점이었습니다.《후한서》〈도겸전陶謙傳〉의 기록에 따르면 도겸은 리더로서 두 가지 잘못을 했습니다.

당시 서주는 인구가 많고 양식이 충분해 많은 유민이 모여들었다.

하지만 도겸의 용인用人이 적절하지 않았고 형벌과 정치가 이치에 맞지 않았다. 별가종사 조욱趙昱은 이름난 선비였는데 충직함으로 인해 소원해져 광릉태수廣陵太守로 내보냈다. 도겸은 조굉 등 간사한 소인들을 특히 중용했는데 많은 선량한 사람이 그들에 의해 죽임을 당했다. 서주는 이때부터 점점 혼란스러워졌다.

첫 번째는 정치를 혼란스럽게 한 것입니다. 혼란의 혼昏은 '어두컴컴하다, 윤곽만 보일 뿐 분명하게 볼 수 없다'는 뜻으로 일이나 사람을 분명하게 보지 못하고 대강 보았다는 뜻입니다. 난亂은 '어지럽게 꼬여 질서가 없고 매끄럽지 못하다'는 뜻입니다. 이 기록은 도겸의 리더십이 분명하지 않고 두서가 없어 모든 일이 원활하지 않았다는 것을 의미합니다.

또 하나, 그는 용인에 적절하지 못했습니다. 이는 더 큰 문제였습니다. 그가 중용한 사람들은 근본적으로 능력도 재주도 없이 말만 번듯한 간사한 소인배였습니다. 반면 재주가 있는 정인군자는 도리어 그와 멀어지게 되었습니다. 그래서 서주는 도겸의 손안에서 어둡고 혼란스러운 분위기가 계속되었던 것입니다.

《후한서》는 마지막에 도겸에 대해 "서주가 (조조에게) 처참한 학살을 당한 것은 실로 도겸이 꽉 막혀 있었기 때문이다[徐方殲耗 實謙爲梗]"라고 평가하고 있습니다. 즉 서주에서 많은 사람이 죽고 결국 참혹하게 패했던 가장 중요한 원인은 도겸이 인재가 재주와 능력을 발휘할 공간을 없앴기 때문이라는 것입니다. 그래서 도겸은 무장으로서는 합격점을 받았으나 한 지역의 제후로서, 지역의 행정을 책임진 지도자로서는 불합격을 받았던 것입니다.

그렇다면 유비는 서주로 온 이후에 어떻게 행동했을까요? 유비는 도겸과 중요한 부분에서 달랐습니다. 그는 현자와 낮은 선비도 예로써 대하고 인재를 존중했습니다. 손을 찬물에 일정 시간 넣었다가 다시 따뜻한 물속에 넣으면 뜨겁다고 느낄 것입니다. 어두컴컴한 방에 있다가 밖에 나와 햇볕을 쬐면 아주 따뜻하다고 느끼게 됩니다. 이를 '대비강화'라고 합니다. 과거 도겸 밑에서 푸대접을 받아 소원했던 서주의 엘리트와 백성은 유비를 보자마자 곧바로 존중받는다고 느끼고 기뻐했던 것입니다.

여기서 관리학의 규율 하나를 설명해보겠습니다. 만족이란 어떤 것일까요? 오늘날 우리는 선생은 학생을, 공무원은 시민을, 기업은 고객을, 아이들은 부모를 만족시켜야 한다고 이야기하곤 합니다. 여기서 만족이란 과연 어디까지를 이르는가에 대해 생각해볼 필요가 있습니다. 만족하느냐 만족하지 못하느냐는 기대수준과 관련이 있습니다. 상대의 기대를 넘어서면 만족할 것이고 기대에 미치지 않으면 만족하지 못할 것입니다.

아울러 만족은 기대수준 외에 기준과도 관련이 있습니다. 똑같은 음식을 먹어도 한 끼 굶은 사람이 느끼는 만족과 미식가가 느끼는 만족의 기준은 다를 수 있습니다. 그래서 만족과 불만족은 우선 상대의 기대가 어느 정도인가, 그리고 상대의 기준이 어디까지인가와 관련되어 있습니다. 기대를 넘어서고 기준을 넘어서면 곧 만족할 것입니다.

서주지방의 관리와 백성이 도겸으로 인해 기대와 기준이 상대적으로 낮은 상태일 때 유비가 등장한 것입니다. 비록 훗날 삼고초려三顧草廬처럼 예술적인 리더십과 용인술은 아니었다고 해도 이 시기의 유비는 이미 초보적인 수준에서 뭇 사람들과 달랐습니다. 더욱 중요한 점은 그가 도겸의 기준과 사람들의 기대를 훨씬 넘어서 모두를 만족시켰다는 점입니다. 유비는 영향력도 컸고 민심도 얻었으며 인기도 있었습니다. 이러한 이유로 도겸이 유비에게 서주를 넘겨주었던 것입니다. 서주에서 유비는 인맥의 기초가 있었던 것입니다. 그는 도겸보다 많은 인심과 인망을 얻었고 나아가 많은 사람을 만족시켰던 것입니다.

유비는 덕망 있고 어진 선비를 겸손하게 대하고 국경을 잘 지켜 백성이 편안하게 생업에 종사할 수 있도록 만들었습니다. 특히 그는 권력과 근거지를 대할 때도 욕심을 부리지 않고 오히려 남을 도와 일을 성사시켰습니다. 그 시대에 이러한 행동은 실로 사람들의 심리적인 기대를 훨씬 뛰어넘는 일이었습니다. 그래서 서주의 관리와 백성이 유비를 높이 평가하고 유달리 신임한 것은 전혀 이상한 일이 아니었습니다. 이렇듯 유비는 비교를 통해 자신의 우위를 만들어갔습니다.

이때 인기와 민심을 얻은 유비는 모두가 생각하지 못한 결정을 내렸습니다. 서주를 받기를 거절했던 것입니다. 《삼국지》〈선주전〉의 기록입니다.

> 도겸이 죽자 미축은 주州의 백성을 이끌고 유비를 영접했으나 유비는 감히 받아들이려 하지 않았다.

유비는 왜 거절했을까요? 민심과 인기만 있다고 될 일은 아니었고, 현지의 토호와 엘리트의 지지가 필요했기 때문입니다. 그들의 지지 없이 서주목의 지위를 차지할 수 없었고, 유비도 아직까지는 형세를 분명하게 읽을 수 없어 겸양한 것이었습니다. 이어 유비는 두 번째 책략, '주동적으로 겸양하고 상황을 관망하면서 지지를 구하는 책략'을 꺼내들었습니다.

형세를 관망한 뒤
상황을 정비한다

과연 지역의 토호와 엘리트가 유비를 지지할까요? 알 수 없었습니다. 이는 아주 골치 아픈 일이었습니다. 지도자가 "나를 지지하면 박수를 치거나 손을 드세요"라고 직접 묻는 것이 가능했겠습니까? 게다가 유비는 체면을 마누라보다 중요하게 여기는 사람이었습니다.

이때 그는 아주 흥미로운 방법을 생각해냈습니다. 바로 적극적으로 겸양하고, 이를 통해 자신을 지지하는 사람들이 앞장서도록 하는 것이었습니다.

진등(?~?)

자는 원룡元龍이며, 후한 말기 서주 하비 사람으로 서주의 명사 진규陳珪의 아들이다. 상벌이 엄격하고 공정했으며 다스림에 기강이 분명했다. 어릴 때부터 세상을 바로잡고 백성을 구할 큰 뜻이 있었고 사람됨이 시원하며 조용하고 신중했다. 깊이 생각하고 널리 내다보는 바가 있었고 충심이 깊었다. 후에 조조에게 귀의해 광릉태수를 지냈으며 여러 차례 손책의 공격을 막아냈다.

유비가 서주자사를 사양하자 즉각 유비를 설득하기 위해 나타난 사람들이 있었습니다. 첫 번째로 나선 사람은 진등이었습니다. 진등이 직접 유비를 설득했습니다. 《삼국지》〈선주전〉의 기록입니다.

"지금 한실이 쇠퇴하고 천하가 뒤집어지려 하니 공을 세우고 대사를 이루는 것은 오늘에 달려 있습니다. 서주는 풍요롭고 호구戶口가

100만이니 부디 사군께서 뜻을 굽혀 이 주를 맡아주십시오.”

진등은 천하가 분열되어 사회가 혼란스럽지만 서주는 인구와 식량이 충분하고 돈과 병사가 준비되어 있으니 조정을 위해 공을 세우기에는 지금이 아주 좋은 기회라고 유비를 설득했습니다. 이 말을 들은 유비는 내심 감동했습니다. 기대하지도 않았는데 그동안 교류가 깊지 않던 진등의 인정을 받았기 때문입니다.

하지만 유비는 눈치를 보며 두 번째 시험을 했습니다. 바로 상대를 떠보고 태도를 살핀 것이었습니다. 유비가 가장 걱정했던 것은 서주 현지의 호걸이 가까이 있는 회남의 원술을 지지해 서주를 점령당하는 것이었습니다. 그는 곧 진등에게 물었습니다.

“원술이 가까이 수춘壽春에 있소. 그는 4대에 걸쳐 삼공을 다섯 명이나 배출한 명문가 출신으로 천하가 그에게 귀부하고 있으니 가히 그에게 맡길 만하오.”

즉 “원술도 가까운 수춘에 근거를 두고 있고 명문집안 출신으로 명망과 조직을 갖추었으니 그에게 서주를 맡기는 것도 좋지 않은가”라고 은근히 떠보는 말이었습니다. 이는 사실 원술에 대한 유비의 경계심을 드러낸 말이었습니다. 진등의 태도는 아주 간단했습니다. 그는 한마디로 “원술은 교만하기에 난세를 다스릴 주인이 되지 못한다[公路驕豪, 非治亂之主]”고 했습니다. 진등은 원술이란 세상물정을 모르는 지방호족으로 태평성대라면 개성을 뽐내며 사람들의 예상을 뛰어넘는 일을 하겠지만, 지금은 난세여서 그에게 한 지역의 정치를 맡겨 민심을 위로하고 천하를 평안하게 하는 능력은 기대할 수 없다는 평가를 내렸습니다. 진등의 이 말에는 한 가지 암시가 포함되어 있었습니다. 바로 유비 당신만이 이러한 능력이 있으며 난세를 다스릴 주인이라는 암시입니다. 유비는 서주의 엘리트 집단이 원술이 아니라 자신에게 향해 있다는 결론을 얻었습니다. 이렇게 되자 유비의 마음속에는 자신감이 생겼습니다. 진등의 출현은 유비가 자신감 있게 서주의 주인이 되는 결심을 세우도록 도와주었다고 할 수 있습니다.

그러면 진등이 어떤 사람이었는지 살펴보겠습니다. 당시 진등은 상처를 돌보듯 백성을 보살펴 존경을 받았습니다. 이 무렵, 나라에 기근이 들어 백성이 굶주리자 서주목 도겸이 표를 올려 진등을 전농교위典農校尉로 삼고 농업 생산을 주관하게 했습니다. 진등은 논밭을 돌아보며 농사에 적합한지 여부를 살폈습니다. 그는 수로를 뚫고 물을 대, 한말에 유실되거나 파괴된 서주의 농업을 회복시켜 메벼가 풍성히 쌓이게 할 정도로 능력이 뛰어났습니다. 그는 후에 조조에게 귀의해 광릉태수를 지냈고 여러 차례 손책의 공격을 막아낼 만큼 군사 분야에서도 실력을 보여준 재주가 뛰어난 사람이었습니다.

《삼국지》〈진교전陳矯傳〉에는 유비에 대한 진등의 평가가 기록되어 있습니다. 일찍이 진교陳矯가 광릉廣陵에 있을 때 광릉태수이던 진등이 그를 허창으로 보내면서 말했습니다.

"허창의 인물에 대한 평론 가운데 나에 대한 평가가 부족하오. 그대가 관찰하고 돌아와 알려주시오."

진교가 돌아와서 말했습니다.

"저는 멀고 가까운 곳의 의론을 들었는데, 모두 당신께서 오만하고 자긍심이 강하다고 했습니다."

그러자 진등이 말했습니다.

"집안이 엄격하고 근신하며 덕행이 겸비되어 있다는 점에서 나는 진원방陳元方(진기陳紀의 형제이자 진군陳群의 숙부)을 존경하고, 덕행이 연못처럼 맑고 옥처럼 깨끗한 점에서 화자어華子魚(화흠華歆)를 존경하며, 정직하고 의리가 있고 악을 원수처럼 미워하는 점에서 조원달趙元達(조욱)을 존경하며, 견문이 넓고 재주가 넘쳐나는 점에서 공문거孔文擧(공융)를 존경하고, 영웅호걸로서 왕패의 지략을 갖추고 있는 점에서 유현덕을 공경하오. 내가 이처럼 그들을 공경하는데 어찌 교만하다고 하는가? 다른 사람들은 평범해 언급할 가치가 없을 뿐이오."

진등은 서른아홉이라는 젊은 나이에 죽었습니다. 훗날 허사許汜와 유비가 형주목 유표와 함께 천하의 선비들에 관해 논하며 대화한 이야기가《삼국지》에 기록되어 있습니다. 진등 이야기가 나오자 허사가 말했습니다.

"진등은 호해湖海의 선비이지만 호기로움[豪氣]을 없애지 못했습니다."

유비는 비록 진등에 대해 잘 알고 있었지만 즉각 반박하지 않고 돌아서서 유표에게 물었습니다.

"허군許君의 견해가 옳습니까, 아니면 그릅니까?"

유표가 말했습니다.

"그르다고 하면 허사가 빼어난 선비라 의당 허언하지 않았을 터이고, 옳다고 하자니 진군의 명성이 천하에 두텁구려."

유비가 허사에게 물었습니다.

"그대는 진등이 호기롭다고 했는데 근거가 있습니까?"

허사가 말했습니다.

"예전에 전란을 피해 하비를 지나가다 진등을 만난 적이 있습니다. 진등은 주인과 빈객의 예의라고는 하나도 없었으니, 오랫동안 아무런 말도 없이 자신은 큰 상에 누워 있고 빈객인 저는 상 아래에 있게 했습니다."

유비가 말했습니다.

"그대는 본디 국사國士의 풍격을 지니고 있소. 지금 천하에 대란이 일어 제왕이 거처를 잃고 떠돌고 있소. 진군은 그대가 집안일을 잊고 나라를 걱정하며 세상을 바로잡을 뜻을 품기를 바랐을 것이오. 그런데 그대는 진등에게 밭을 구하고 집을 사러 다닐 뿐(사사로운 이익만 추구할 뿐) 새로운 이야기를 하지 않았으니 이 때문에 진등이 그대를 꺼린 것이오. 무슨 까닭으로 진등이 그대와 대화를 나누려 했겠소? 나 같으면 백척 누각 위에 누운 채 그대를 땅 위에 눕혔을 것이오. 어찌 다만 상 위와 아래의 차이뿐이었겠소?"

유표가 듣고 크게 웃었습니다. 이에 유비가 말했습니다.

"만약 진등처럼 문무를 겸비하고 담력과 포부를 갖춘 자는 응당 고대에서 구할 뿐, 창졸간에 그와 비견될 자를 구하기는 어려울 것입니다."

유비 또한 진등에 대해 탄복했음을 알 수 있습니다. 두 사람은 서로를 아끼고 상대의 영웅적 기개를 칭찬했습니다. 서로 아끼는 사람에게는 일정한 유사성이 있습니다. 유사성은 신념이나 흥미, 기호, 가치관과 같은 태도와 연령·성별·직업·경력 등 각 방면을 포함합니다. 이는 "사물은 종류별로 모이고, 사람은 무리로 나뉜다[物以類聚, 人以群分]", "뜻이 다르고 도가 맞지 않으면 서로 도모하지 못한다[志不同, 道不合, 不相與謀]"는 원리를 설명합니다.

진등을 대표로 하는 서주 본토의 엘리트 계층의 지지를 얻었으니 유비는 이제 서주목이 될 조건을 이미 구비했다고 할 수 있었습니다. 그렇다면 이러한 상황에서 유비는 서주를 통솔할 수 있었을까요? 그렇지 않았습니다. 유비는 계속해서 진등의 제안을 거절했습니다. 왜 거절했을까요? 그는 한 지역의 정치를 주관하며 봉강대리의 역할을 하려면 천하호걸의 인정을 받아야 한다는 것을 알고 있었습니다. 그래서 유비는 다시 한 번 사양하고는 세 번째 책략을 썼습니다. 바로 물러남으로써 나아가는 이퇴위진以退爲進의 책략이었습니다.

뒤로 물러남으로써 앞으로 나아간다

유비의 생각은 한 발 물러나 명성과 위세를 조금씩 쌓고 다시 형세를 관망하면서 천하 사람들이 자신을 지지하는지 살피는 것이었습니다. 진등의 유세가 효과를 얻지 못하자 다급해진 북해상 공융이 세 번째로 와서 유비에게 유세했습니다.

공융은 유비가 서주목을 원술에게 양보하려 하자 다급히 소패에 왔습니다.《삼국지》〈선주전〉에는 공융이 유비에게 말한 구절이 기록되어 있습니다.

"원술이 어찌 나라를 걱정하느라 집안일을 잊는 자겠는가?"

오늘날 말로 하면 '원술의 마음속에는 자기 집안사람만 있고 근본적으로 천하의 사람은 없다. 그가 나라나 백성을 위하는 사람인가? 그 녀석은 돈과 권력만 아는데 너는 여전히 그를 믿느냐?'고 물은 것입니다. 그리고 공융은 이어 말했습니다.

"무덤 속에 있는 백골을 어찌 개의한단 말이오?"

이 말에 대해서는 두 가지 해석이 있습니다. 첫 번째 해석은 '원술의 집안은 사세삼공으로 뛰어난 인물을 많이 배출했으나, 조상이 훌륭했다고 그 후손이 훌륭하다고는 말할 수 없다. 그들은 이미 죽었으니 무덤 속의 백골에 그다지 신경 쓸 것이 없다'는 것입니다. 두 번째 해석은 '원술은 목을 길게 빼고 조만간 죽어 곧 백골로 변할 터이니 너무 신경 쓰지 말라'는 것입니다.

《삼국지연의》는 두 번째 해석을 취했습니다. 하지만 역사적 정황으로 보면 첫 번째 해석이 더 진실에 근접하다고 할 수 있습니다. 원술의 출신이 고귀한 것을 너무 개의치 말라는 것이지요. 그래서 공융은 유비에게 강요하듯 말했습니다. 《삼국지》〈선주전〉의 기록입니다.

"오늘 일은 백성이 유능한 이에게 맡기자는 것이니, 하늘이 주는 것을 받지 않으면 뒷날 후회해도 되돌릴 수 없을 것이다."

유비는 마침내 공융을 대표로 하는 사방의 제후들도 자신을 지지한다는 것을 확인하고는 자신감이 생겼습니다. 유비는 형세가 무르익은 것을 보고 서주목이 되기로 결정했습니다. 미축은 서주의 지방행정관을 대표하고, 담력과 식견이 있으며 문무를 겸비한 진등은 서주지역의 대표적인 실력파였으며, 북해상 공융은 당시 제후세력을 대표했습니다. 세 사람이 모두 유비를 지지하자 유비는 비로소 서주목의 자리에 올랐습니다. 밑천도 없고 실력도 없으면 그 위치에 앉아서는 안 됩니다. 이 점을 유비는 아주 분명하게 알고 있었습니다.

유비가 서주를 사양한 일은 '고자세로 무형자산을 축적했다'고 말할 수 있습니다. 겸양으로 백성의 지지와 인정을 얻고, 토착세력이 입장을 밝히기를 기다린 후, 마지막으로 명성과 지명도가 생겼을 때 순리에 따라 대사를 도모한 것입니다.

오늘날도 기업경영이나 경력관리에서 무형자산이 매우 중요한 자원으로 부각되고 있습니다. 개인에게 무형자산은 좋은 평판이나 지명도를 의미합니다. 그런데 우리 주변의 많은 기업이 눈앞의 작은 이익을 위해 하지 말아야 할 일을 해 기업의 이미지를 손상시키고 명성에 해를 끼쳐 결국 막다른 골목에 이르는 경우가 종종 있습니다. 또 일부 사람들은 눈앞의 작은 이익을 위해 가장 가깝고 신임할 만한 사람들에게 해를 끼쳐 결국 인생의 막다른 길에 이르는 경우도 많습니다. 이것을 우리는 소탐대실이라고 합니다.

유비는 무슨 일을 하든지 지명도를 쌓고 명성을 쌓는 것이 가장 중요한 일임을 알고 있었습니다. 《논어》에서 말하는 견리사의見利思義 혹은 견득사의見得思義란 '실속과 이익이 있을 때 마음의 평형을 유지하며 하지 말아야 할 것과 할 수 없는 일을 생각하라'는 것입니다.

어린 시절 저는 할아버지로부터 "차가운 술을 마시고 부정한 돈을 만지면 언젠가는 병이 된다"는 이야기를 듣고 자랐습니다. 이것은 상식에 속합니다. 그런데 기본을 존중하고 경외하는 마음이 부족한 사람들은 자원과 실력을 갖추고 있으면서도 약삭빠르게 눈앞의 이익에 연연하다 결국 자신을 망가뜨리는 경우가 많습니다.

스승들은 줄곧 지혜로운 사람이 되라고 우리를 교육했습니다.

지智란 무엇이고 혜慧란 무엇인지 잘 생각해보시기를 바랍니다. 지란 고차원적인 문제에서, 혜란 기본적인 문제에서 잘못을 저지르지 않는 것을 말합니다. 기본적인 일을 잘 지켜내고 도리를 견지하는 능력을 혜력慧力이라 합니다. 혜력이 있으면 큰 문제가 생길 수 없습니다. 우리는 작은 일은 지에 의지하고 큰일은 혜에 의존하면서 상식을 견지해야 합니다.

⚡ 유비의 지혜

기본적인 일을 잘 지켜내고 도리를 잘 견지하는 능력을 혜력이라 한다. 혜력이 있으면 큰 문제가 생길 수 없다. 일을 할 때에는 혜가 있어야 하고 처신을 할 때에는 혜력이 있어야 하며 큰일을 할수록 원칙을 견지할 줄 알아야 한다

유비는 혜력이 있는 사람이었습니다. 그는 대사를 도모하려는 사람에게 세상의 인정과 민심, 민의가 가장 근본이라는 사실을 분명히 알고 있었습니다. 《삼국지연의》를 보면 유비가 우둔하게 느껴질 정도로 고집을 부리는 경우가 많이 나오는데, 사실상 유비가 이러한 자세를 견지할 수 있었기에 결국 대업을 이루었다고 할 수 있습니다.

한평생 한 그루 나무처럼 뿌리를 깊이 내리고 있어야 비바람이라는 시련을 견뎌낼 수 있는 법입니다. 뿌리가 깊지 않은데도 겉으로만 요란하게 자랑하고 과시하다보면 오히려 더 빨리 넘어지기 쉽습니다. 《삼국지》에서는 바로 원술이 그런 사람이었습니다. 여러분도 일을 할 때에는 혜가 있어야 하고 처신을 할 때에는 혜력이 있어야 하며 큰일을 할수록 원칙을 견지할 줄 알아야 한다는 사실을

함께 나누고 서로 일깨워야 할 것입니다. 유비는 사람들의 지지가 없으면 윗자리에 편안하게 앉아 있을 수 없고, 위로 올라갈수록 흥하는 것은 잠깐이지만 망하는 것은 순간이며, 장래에 비참하게 죽을 수 있음을 분명하게 알았습니다.

관리란 가장 먼저 기본적인 일을 올바로 하는 것입니다. 고차원적인 문제에서 잘못을 범하면 개선의 기회가 있지만 기본적인 문제에서 잘못하면 개선의 기회가 없습니다. 한번 넘어지면 더는 올라가기 힘듭니다. 여기에는 이번 강의의 결론으로 삼을 만한 아주 중요한 교훈이 있습니다.

유비는 세를 잘 만들어내는 사람이었습니다. 물러남으로써 오히려 나아가는 이퇴위진以退爲進의 책략을 통해 자발적으로 서주를 사양했고, 그 과정에서 자신의 경지를 드러내고 위신을 세우며 더 많은 인정을 얻어냈습니다. 이렇게 무형자산들이 쌓이고 조건이 성숙해진 이후에 마침내 서주목이라는 직위를 받아들였습니다.

🔄 유비의 지혜

관리란 우선 기본적인 일을 올바로 하는 것이다. 고차원적인 문제에서 잘못하면 개선의 기회가 있지만 기본적인 문제에서 잘못하면 개선의 기회가 없다.

홍평 원년 12월, 서른네 살의 유비는 마침내 서주의 행정장관이 되었습니다. 이 1년은 유비가 탁주에서 기병을 한 이래 장장 10년이 지난 해였습니다. 10년 동안의 분투를 거친 후 유비는 마침내 서주라는 큰 땅을 얻고 처음으로 군웅과 각축을 벌일 조건을 마련했습니다.

하지만 당시의 다른 할거세력에 비해 유비는 상대적으로 약소했고 서주는 사면이 강적들에게 포위된 지역이었습니다. 가장 직접적인 위험은 남쪽의 원술이었습니다. 원술은 일찍부터 서주에 군침을 흘리고 있었는데 도겸이 서주를 유비에게 주었다는 소식을 듣고 대로했습니다. 그는 유비가 아직 자리를 잡지 못한 시기를 틈타 바로 군대를 소집했습니다. 원술과의 일전을 피할 수 없음을 알고 유비도 대군을 맞을 준비를 했습니다.

그런데 이때 훨씬 강대한 적이 예상치 못한 곳에서 출현했습니다. 속담에 "보이는 곳의 창은 피하기 쉬워도 몰래 쏜 화살은 막기 힘들다"는 말이 있습니다. 겉으로 드러난 적은 피하기 쉽지만 등 뒤에 있는 적은 막기 힘들다는 말입니다. 눈앞에 보이는 원술에게 온 신경을 쓰고 있던 유비는 어둠 속에서 훨씬 강력한 적이 나타나리라고는 꿈에도 생각하지 못했습니다. 이 적이 한번 움직이자 유비는 수습하기 어려울 정도로 무너지고 말았습니다. 이 강대한 적은 누구였을까요? 유비는 이 생사의 시련을 감당할 수 있었을까요? 다음 강의에서 살펴보겠습니다.

나설 때와 물러설 때를 분명히 안다

서주라는 든든한 기반을 얻은 후에도 유비는 불안정한 나날을 보냈다. 잠재적인 적이 단단히 벼르고 있었기 때문이다. 그 잠재적인 적은 누구였을까? 유비는 앞으로 어떤 시련을 겪게 될까? 이 시기에 그는 어떤 중량급 인물과 교분을 나누었고 그들과의 친분은 그에게 무엇을 가져다주었을까? 유비를 통해 다른 사람들과 잘 어울릴 수 있는 방법을 배워보자.

"가난하면 저잣거리에 있어도 묻는 사람이 없고 부유하면 깊은 산속에 있어도 먼 친척이 찾아온다"는 말이 있습니다. 일단 돈이나 권력을 쥐게 되면 곧바로 누군가 찾아와 적극적으로 친구를 맺자고 할 것입니다. 유비가 서주목으로서 행정권과 군사력을 쥐게 되자 자연스럽게 그와 사귀고자 하는 사람이 많아졌습니다. 유비는 이러한 국면을 아주 즐겁게 받아들였습니다. 관우·장비와 결의형제를 맺을 때부터 유비는 줄곧 '큰일을 하려면 다양하게 사귀어야 하고, 아는 사람이 많을수록 기회도 많다'는 점을 굳게 믿고 있었습니다.

하지만 "호랑이 입 세 개가 무서운 것이 아니라 사람이 두 마음을 품는 것이 무섭다"라는 속담도 있습니다. 내가 다른 사람에게 잘 대해준다고 해서 그들이 똑같이 잘해준다는 보장은 없습니다. 상대에게 진심을 보여주었는데 상대는 오히려 칼을 겨눌 수도 있습니다. 그래서 친구를 사귀는 일은 특별히 신중해야 합니다. 일단 나쁜 친구를 사귀게 되는 순간, 재앙이 시작되기 때문입니다. 예나 지금이나 가장 두려운 일 가운데 하나가 가까운 주변 사람들로부터 음해를 당하는 것입니다. 바로 유비가 이러한 일을 당했습니다. 이는 어떻게 발생했고 유비는 또 어떻게 이 문제를 해결했을까요?

빈천한 시기의 사귐은
잊히지 않는다

동한 홍평興平 2년(195) 봄, 조조는 두 차례 악전고투를 거쳐 마침내 여포를 물리치고 연주를 탈환했습니다. 본래 장막과 진궁陳宮의 도움으로 여포는 연주의 대부분을 장악하고 조조를 궁지에 빠뜨렸지만, 조조의 빼어난 군사력과 문신 무장의 필사적인 노력 덕택에 조조는 결국 정도전투定陶戰鬪에서 여포의 주력부대를 무너뜨리고 결정적인 승리를 거두었습니다. 여포는 할 수 없이 패잔병을 이끌고 연주를 벗어나 다른 곳에서 활로를 찾아 나서야 했습니다. 여포에게 선택지는 북쪽·남쪽·동쪽 세 가지 방향이 있었습니다.

첫째, 북쪽 원소를 찾아가는 것이었습니다. 하지만 이는 선택할 수 없는 길이었습니다. 이전에 여포는 원소에게 의탁해 전력을 다해 일한 적이 있었습니다. 흑산적黑山賊 장연張燕이 수십만의 인마를 거느리고 원소와 대치할 때 여포는 원소를 돕기 위해 수하 장수를 거느리고 그들을 격퇴한 적이 있었습니다. 당시 이토록 큰 공을 세웠는데 원소는 은혜를 원수로 갚았습니다. 원소는 오히려 여포의 목숨을 취하려고 서른 명의 자객을 매복시키고 여포를 술에 취하게 한 다음 한밤중에 손을 쓰려 했습니다. 하지만 이상한 낌새를 알아챈 여포는 미리 막사를 몰래 바꾸어 원소가 보낸 자객의 칼을 피할 수 있었습니다. 이 일로 여포는 인사도 하지 않고 바로 원소를 떠났습니다. 여포가 원소를 찾아가는 것은 스스로 죽을 곳을 찾아가는 것과 같았습니다.

둘째, 남쪽 원술에게 의탁하는 것이었습니다. 여포와 원술은 감정적으로 친근했습니다. 과거에 동탁이 권력을 휘두를 때 원씨 집안의 재산을 몰수하고 원술의 아버지를 죽인 일이 있었습니다. 이러한 동탁을 결국 여포가 베어 죽였으니 이는 원술의 원한을 갚은 것이라 할 수 있었습니다. 그래서 여포는 원술이 자신을 좋아할 것이라 생각했는데 그렇지 않았습니다. 원술은 여포가 수시로 안면을 바꾸고 이리의 야심을 품고 있어 그와 합작하는 것은 주위에 시한폭탄을 둔 것과 같다고 여겼습니다.

여포의 취미는 부자관계를 맺고 아버지를 미워하다 죽이는 것이었습니다. 이를 현대 심리학용어로 '오이디푸스 콤플렉스'라고 합니다. 이러한 우려 때문에 원술도 여포를 받아들일 수 없었습니다. 이렇게 북쪽이나 남쪽으로 가는 것이 불가능해진 여포에게는 한 가지 길밖에 남지 않았습니다. 바로 동쪽 유비에게 의탁하는 것이었습니다.

유비는 관대한 사람으로 결정적인 시기에 도움의 손길을 내주는 데 조금도 주저하지 않고 여포를 받아들였습니다. 우리는 여포가 변덕스럽기 그지없다는 사실을 유비도 느꼈을 뿐 아니라 주위 사람들도 유비에게 갖가지 건의를 했을 것이라 믿고 있습니다.

유비는 왜 여포를 받아들였을까요? 여기에는 두 가지 이유가 있었습니다. 첫 번째 이유는 유비가 이를 통해 명성을 높이고 긍정적인 이미지를 심고자 했다는 것입니다. 여포는 일찍이 동탁을 벤 한실의 공신에 속했습니다. 지금 곤궁해져 의탁하려는 그를 받아들이는 것은 어려움에 처한 사람을 구제해주는 행동에 속하는 일이었습니다. 유비는 바로 이러한 도덕적인 이미지를 구축하는 것이 필요하다 생각했기에 다소 위험이 있더라도 그다지 신경을 쓰지 않았던 것입니다.

또 다른 이유로 유비는 여포와 연합한다면 자신의 세력을 더 크게 확장할 수 있다고 생각했기 때문이었습니다. 당시 유비는 원술에게 위협을 받고 있었기 때문에 외부에서 용병을 끌어들일 심산이었습니다. 원술은 비록 수춘에 근거지를 두고 회남을 점거하고 있었지만, 스스로 봉한 직무는 뜻밖에도 서주백徐州伯이었습니다. 이를 통해 우리는 원술이 서주를 도모하고 있었음을 알 수 있습니다. 그는 조건만 갖추어지면 언제든 유비에게 선전포고를 할 작정이었습니다. 유비는 비록 서주에서 상대적으로 안정적인 1년을 보내고 있었지만, 그는 거안사위居安思危, 즉 편안한 때에도 위험을 잊지 않고 항상 호시탐탐 서주를 노리는 원술을 방비하고 있었습니다. 만약 여포라는 용병을 끌어들일 수 있다면 원술을 방비하는 데 아주 긍정적인 효과가 있을 것이라 생각했던 것입니다. 이러한 각도에서 보면 유비 또한 여포를 받아들이기를 원했다고 할 수 있습니다.

이러한 배경하에 여포와 유비 두 사람이 서주에서 만났습니다. 하지만 만나자마자 두 사람 사이에는 유쾌하지 못한 일이 발생했습니다. 구체적으로 이 만남은 유비를 언짢게 만들었습니다. 두 사람의 만남에 관해 《삼국지》 〈여포전呂布傳〉은 비교적 상세하게 기록하고 있습니다.

여포는 처음 유비를 보고 매우 공경해 그에게 말했다.

"나는 경과 같이 변경 땅 사람이오. 나 여포는 관동關東에서 거병해 동탁을 주살하고자 했소. 동탁을 주살하고 동쪽으로 나왔으나 관

동의 제장들 가운데 나를 편안히 하는 자는 없고 모두 나 여포를 죽
이려 하고 있소."

유비를 장막 안으로 청해 부인의 상 위에 앉게 하고는, 부인에게 절
하도록 하고 술을 따르며 먹고 마시고 유비를 동생이라 불렀다. 여
포의 말이 수시로 변함을 본 유비는 겉으로는 태연했으나 내심 기
뻐하지 않았다.

이 기록에 따르면 여포는 처음 유비를 만났을 때 매우 공경하는
태도를 보여주었습니다. 말끝마다 "유황숙", "유 사군"이라고 했겠
지요. 두 사람이 함께 대화를 나눌 때 여포는 "나와 경은 같은 변경
사람이다"라고 했습니다. 이 말은 현대말로 해석하면 다음과 같습
니다.

"나와 그대는 둘 다 중원이 아닌 변두리 출신으로서 지금 중원에
들어와 일하느라 고생하는 것이 같다. 도시락을 먹고 대중교통을
타며 단돈 1,000원에도 벌벌 떨고 아주 고생하며 살고 있다."

여기서 여포가 사용한 '공통점을 찾아 서로의 거리를 좁힌다'는
책략은 인간관계의 기본에 속하는 것이었습니다. 생각해보십시오.
공통점을 찾을 때 달콤한 점을 먼저 찾을까요, 고통스러운 점을 찾
을까요? 고통스러운 점을 찾는 것이 정답입니다. 같은 고통을 당한
사람은 비교적 용이하게 친근감을 형성합니다. 여포가 이렇게 말
한 이유는 자신과 유비의 공통점을 찾기 위한 것이었습니다.

그리고 여포는 계속해서 "동탁이 조정의 기강을 어지럽히자 천
하의 영웅이 모두 그를 죽이고자 했으나 기회가 없었다. 나는 위험
을 무릅쓰고 동탁을 처단했으니 본래는 천하 영웅들이 감사해야

하는데, 결과는 오히려 나를 죽이려 한다. 이는 아무리 생각해도 이해할 수 없어 내 마음이 다 부서졌다"라고 말했습니다. 이렇게 말한 이유는 '괴로움을 토로하며 약한 모습을 보여주는 책략'에 속합니다. 여포는 유비와의 대화에서 간단하게 세 가지 책략을 사용했습니다. 첫째, 저자세로 도움을 청하기. 둘째, 공통의 아픈 점을 찾기. 셋째, 괴로움을 토로하며 약한 모습을 보여주기입니다.

여포의 이 세 가지 방법으로 인해 유비는 마음으로 여포를 받아들였습니다. '모두가 여포는 위험하다고 말하지만 내가 보기에는 괜찮은 사람이다'라고 느꼈던 것입니다.

그런데 유비가 막 미소를 머금고 여포를 받아주려 할 때 여포는 유비로서는 생각할 수 없는 행동을 보여주었습니다. 여포가 유비의 손을 잡아 그의 장막으로 데려가더니 부인을 소개했던 것입니다. 여포는 유비를 탁자에 앉게 한 후 술과 음식을 올리고 부인에게 "이 사람은 나의 형제인 동생 유현덕이네"라고 소개했습니다. 여포의 실제 나이가 유비보다 몇 살 많았으니 동생이라 부를 수는 있었겠지만 당시 형세로 보면 그래서는 안 되는 일이었습니다. 처음 만나 도움을 청하는 처지에 방금까지 더없이 존중하다가 눈 깜짝할 사이에 어깨동무하는 여포의 일관성 없는 행위를 본 유비는 겉으로는 그러려니 했지만 마음은 아주 찜찜했습니다. 여포는 사람과 접촉하는 과정에서 가장 기본인 호칭 부분에서 잘못을 범했습니다.

좋은 말은
옳은 생각을 담는다

교류할 때에는 특히 호칭에 주의해야 합니다. 말은 마음의 소리이고 얼굴은 마음에서 만들어낸 것이며, 호칭은 예의에서 나오는 것으로 마음상태를 나타냅니다.

일반적으로 특별히 친밀한 관계가 아니라면 호칭이 있어야 합니다. 예를 들어 강의를 막 시작하려는데 강의실 문이 아직 열려 있어 닫아달라고 요청하고자 한다면 어떻게 할까요? 예의 없게 "저기, 문 좀 닫아"라고 하는 사람은 없을 것입니다. 얼굴에 미소를 띠고 "죄송하지만 문을 좀 닫아주시겠습니까? 감사합니다"라든지 간단하게 "거기 있는 분, 문을 좀 닫아주시겠습니까?"라고 하는 것이 좀 더 예의 바른 행동일 것입니다. 만약 아는 사람이면 성을 붙이거나 직책을 붙여 말하면 됩니다. 그래야 상대방이 존중받고 인정받는다고 느낄 것입니다.

상대방에게 예절 바른 호칭을 사용하는 것은 일종의 존중과 인정을 표시하는 행동입니다. 호칭은 '친소를 나누고 안과 밖을 구분하고 높고 낮음을 나타내는 것'입니다.

♻ 유비의 지혜

상대방에게 예절 바른 호칭을 사용하는 것은 일종의 존중과 인정을 표시하는 행동이다. 호칭은 친소를 나누고 안과 밖을 구분하고 높고 낮음을 나타낸다.

처음 만난 학생은 저를 '자오 선생님'이라 부르고 잘 알면 직접

'선생님'이라 부르고 저보다 선배라면 '자오 선생'이라고 합니다. 공식적인 자리에서는 '자오위펑 선생님'이라고 이름 전체를 부르는 것이 적합합니다. 만약 회의에서 이름을 부르는 경우가 아니라면 이름만 불러서는 안 됩니다. 물론 관계가 아주 친밀하다면 직접 "어이"라든지 "야"라고 해도 무방할 것입니다.

누군가 "너무 복잡합니다. 언어나 호칭이 무슨 소용이 있습니까?"라고 물을 수 있습니다. 언어는 사유의 껍질이고 사유의 매체입니다. 마음속 생각의 형식은 언어로 표현됩니다. 그래서 말한다는 것은 사실 부지불식간에 속마음의 인도를 받는다는 의미입니다. 적극적인 언어는 천천히 말해도 따뜻하고 밝은 마음을 이끌어낼 수 있지만, 소극적인 언어로 길게 말하면 차갑고 어두운 마음이 생길 수 있습니다. 그래서 아름다운 언어는 아름다운 마음을 이끌어내 정신마저 변화시킬 수 있습니다.

♻ 유비의 지혜

말한다는 것은 사실 부지불식간에 속마음의 인도를 받는다는 의미다. 아름다운 언어는 아름다운 마음을 이끌어내 정신마저 변화시킬 수 있다.

여포는 남에게 간청해야 하는 갈 곳 없는 처지였기에 유비에게 존대어를 사용했어야 합니다. 아무런 친분도 없이 처음 만난 상황에서 어깨를 치며 동생이라고 부른 것은 확실히 지나친 점이 있었습니다. 오늘날 우리가 봐도 적절하지 않은데 하물며 과거 한나라 시절에는 어떠했겠습니까?

여포는 왜 이렇게 행동했을까요? 단순히 친근하게 굴기 위한 행동이었습니다. 여포는 유비와 사적인 관계로 발전시켜 친해지려는 생각이었지만 구체적인 장소와 대상을 고려하지 못했던 것입니다.

친근한 행위를 표현하는 데에는 세 가지 금기가 있습니다. 첫째, 은사나 연장자에게는 공개된 장소에서 함부로 친근하게 대하면 안 됩니다. 상대방으로부터 위아래가 없는 사람이라고 느끼게 할 수 있습니다. 두 번째, 서로 잘 알지 못하는 사이일 때 친근하게 대해서도 안 됩니다. 이는 상대방으로부터 동기가 불량하다고 느끼게 할 수 있습니다. 세 번째, 상대의 성향을 잘 이해할 수 없을 때 쉽게 친근하게 대해서도 안 됩니다. 이는 상대방으로부터 분별을 모른다고 느끼게 할 수 있습니다.

여포는 위아래도 없고 분별력도 없었을 뿐 아니라 저의가 불량한, 세 가지 금기를 다 범했던 것입니다. 하지만 유비는 여포에 대해 그렇게 경계심이 많지 않았습니다. 상식에 비추어 분석해보면 곤란에 처했을 때 안식처를 내주었으니 여포가 배은망덕하게 굴지는 않으리라고 여긴 것이었지요. 설령 여포가 배은망덕하게 굴더라도 관우와 장비 두 맹장이 분명 여포를 물리치리라 생각했을 것입니다.

여기서 유비의 문제는 위험에 방비해야 한다는 생각이 없었던 것이 아니라, 위험을 너무 경시해 여포의 안면을 바꾸는 속도와 정도를 충분히 고려하지 않았다는 점입니다. 옛사람들은 줄곧 선행도 상대를 보고 해야 한다는 지혜를 강조했습니다. 선량하지 않은 사람에게 선량하게 대하면 이는 해악을 끼치는 일에 속합니다.

농부와 뱀 이야기가 있습니다. 농부가 얼어가는 뱀을 구해주었는데 뱀은 깨어난 후 한입에 농부를 물어 죽였습니다. 농부의 문제는 뱀의 본성과 독성을 충분히 예견하지 못한 것에서 비롯되었습니다. 유비가 바로 이 농부와 같았습니다. 게다가 여포는 그냥 뱀이 아니라 코브라였습니다. 여포가 돌연 안면을 바꾸자 유비는 곧바로 곤경에 처하고 말았습니다. 이에 대해 유비는 어떻게 대응했을까요? 여기서 당시 유비 주변에 발생한 세 가지 사건을 살펴볼 필요가 있습니다.

내부의 적이 외부의 적보다 위협적이다

196년, 원술은 친히 대군을 이끌고 회수淮水를 건너 유비를 공격했습니다. 둘은 회음淮陰 일대에서 전투를 벌였습니다. 원술은 이번 전쟁을 위해 오랫동안 준비해왔고 유비도 서주목이 된 이후 원술과의 전쟁에 대비해 군대를 훈련시키고 군량을 비축하는 등 충분히 준비해왔습니다. 두 사람 모두 준비된 싸움을 벌인 것이라 할 수 있었습니다.

이때 유비는 중대한 잘못을 저질렀는데, 바로 장비에게 도겸의 장수였던 조표와 함께 하비성下邳城을 지키게 한 것이었습니다. 이 잘못된 조합이 결국 유비가 서주에서 철저히 실패하게 된 원인을 제공했습니다. 전쟁은 전방에서 진행되지만 승부를 결정하는 요소는 종종 후방에 있을 때가 많습니다.

유비와 원술의 전투에 대해 《자치통감》〈한기〉는 "서로 한 달에 걸쳐 대치했으나 승패를 가리지 못하고 어느 쪽도 결정적인 승리를 취할 수 없었다[相持經月, 更有勝負]"고 간략하게 기록하고 있습니다.

♟ 유비의 지혜

전쟁은 전방에서 진행되지만 승부를 결정하는 요소는 종종 후방에 있다.

사료에 따르면 이 전투의 규모를 대략 10만 명 내외라고 추정할 수 있는데, 이는 유비가 처음으로 대규모 병력을 지휘한 작전이었습니다. 경험이 없다고 해서 문제될 것은 크게 없었습니다. 비록 원술이 전투경험은 더 많았지만 군사지휘 능력이 아주 떨어졌기 때문입니다. 원술과 유비는 대등하게 싸웠습니다. 군사적으로 승패가 나지 않자 정치적인 방법을 생각하게 되었는데, 이때 머리를 굴린 원술이 특별히 여포에게 편지 한 통을 썼습니다.《삼국지》〈여포전〉의 기록입니다.

여포가 처음 서주에 들어왔을 때 원술에게 서신을 보냈다. 원술이 답서를 보내 말했다.

"지난날 동탁이 난을 일으켜 왕실을 파괴하고 나의 집안에까지 해를 입혔는데, 나는 관동에서 거병했으나 능히 동탁의 사지를 찢어 죽이지 못했소. 그런데 장군이 동탁을 주살하고 그 수급을 보냈으니 이는 나 원술의 원수를 갚고 치욕을 제거해 세상 사람들에게 나의 면목을 세워주어 사생死生에 부끄럽지 않게 했으니 그 공이 첫째요. 지난날 장수 김원휴金元休가 연주로 향하고 위휴보韋休甫가 봉구封丘로 나아갔으나 도리어 조조에게 격파되어 흩어져 달아나 거의 멸망할 지경에 이르렀소. 장군이 연주를 격파해 멀고 가까운 곳 사람들에게 다시 내 면목을 세워주니 그 공이 두 번째요. 내가 태어난 이래 천하에 유비가 있다는 말을 듣지 못했는데, 유비가 거병해 나와 더불어 싸웠소. 내가 장군의 위령威靈에 힘입어 유비를 격파했으니 그 공이 세 번째요. 장군은 내게 이 세 가지 큰 공을 세워주었으니 내가 비록 불민不敏하지만 생사生死로 받들겠소. 장군은 여러 해 동안 싸우느라 군량이 부족해 고통스럽다 해 이제 쌀 20만 곡을 보내니 도로에서 맞이하기를 바라오. 이것으로 그치지 않고 응당 다시 끊이지 않게 보낼 것이오. 만약 병기兵器와 전구戰具에 부족한 점이 있으면 크건 작건 오직 명하기 바라오."

여포가 이 서신을 읽고 크게 기뻐하며 마침내 하비로 갔다.

편지를 받은 여포는 군마를 정돈하고 수륙으로 병진해 하비를 기습했습니다. 이는 유비가 결코 생각하지 못한 일이었습니다.

그런데 이러한 중요한 시기에 하비성에서 사고가 터졌습니다. 적을 앞에 둔 상황에서 장비와 조표 사이에 시비가 발생했던 것입니다. 장비가 발끈하는 바람에 조표를 죽이자 조표 수하의 단양병들이 반란을 일으켰습니다.

중랑장中郎將으로 단양 사람 허탐許耽은 밤을 틈타 사마 장광章誆을 여포에게 보냈다. 장광이 말했다.

"장비가 하비상 조표와 서로 다투다 조표를 죽이니 성중에 대란이 일어났습니다. 단양병 1,000명이 서쪽 백문성白門城 안에 주둔하고 있는데 장군께서 동쪽으로 왔다는 말을 듣고 모두 펄쩍 뛰며 다시 살아난 듯이 기뻐하고 있습니다. 장군의 군사들이 성의 서문으로 향하면 단양군이 즉시 성문을 열어 장군을 들여보낼 것입니다."

이에 여포는 밤중에 진격해 새벽에 성 아래에 도착했다. 날이 밝자 단양병이 성문을 열어 여포의 군사들을 들여보냈다. 여포는 성문 위에 앉아 보병과 기병으로 불을 놓아 장비의 군사를 대파하고, 유비의 처자식과 군수물자, 부곡의 장수와 관리의 가족을 포로로 잡았다.

하비를 잃는 것은 근거지를 잃는 것과 같은 심각한 일이었습니다. 유비는 황급히 눈앞의 적인 원술을 버리고 하비를 구원하러 돌아왔습니다. 《삼국지》〈선주전〉은 구원하러 온 유비군의 행동을 짤막하게 묘사하고 있습니다.

> 유비가 이 일을 듣고 군을 이끌고 되돌아왔는데, 하비에 도착하자 군사들이 궤주했다[備聞之, 引兵還, 比至下邳, 兵潰].

결국 유비의 구원 시도는 시작하기도 전에 끝나버렸습니다. 하비성 밖에서 군대가 완전히 붕괴된 것이었습니다.

유비의 군대가 궤멸한 원인은 세 가지가 있습니다. 첫째, 싸울 의욕이 없었기 때문입니다. 고향집이 다른 사람 손에 점령되고 앞에는 여포, 뒤에는 원술이 있으니 병사들이 투지를 잃어버린 것이었습니다. 둘째, 투항할 마음이 있었기 때문입니다. 유비 군대 내에는 도겸의 옛 부하가 많았습니다. 그들은 이전의 사령관 조표가 피살되고 또 다른 이전의 사령관 허탐이 여포에게 투항한 것을 알고는 더는 싸우려 하지 않았습니다. 셋째, 핵심이 튼튼하지 못했기 때문입니다. 유비의 일부 핵심부대가 전투를 준비했지만 반란군의 충격으로 전열이 흐트러지고 전세가 한순간에 기울자 진격은커녕 자신을 보전하기도 어려운 상황에 처하게 된 것입니다. 승세를 타고 공격해오는 여포를 피하기 위해 유비는 하는 수 없이 도망쳐야 했습니다.

이리해서 유비는 서주라는 기반은 물론 가솔들까지 잃고 양쪽에서 적을 맞아야 하는 곤경에 처하고 말았습니다. 유비가 이러한 곤경에 처하게 된 데에는 세 가지 이유가 있었습니다.

하나는 과거 도겸의 부하들을 잘 통합하지 못한 것입니다. 두 부대를 융합하는 과정에서 단결문제를 소홀히 한 것이었습니다. 두 번째는 장비를 잘못 쓴 것입니다. 더욱 잘못된 점은 장비를 조표의 파트너로 삼았다는 점입니다. 결국 장비와 조표의 조합이 내홍을 일으킨 것이었습니다. 세 번째는 여포에 대해 엄밀하게 방비하지 못했고, 여포의 실력과 여포와 원술의 동맹 가능성을 예측하지 못했다는 점입니다.

이상의 세 가지 전략상 잘못으로 본래 유비의 거점이던 서주는 한순간에 유비의 수렁으로 변해버렸습니다. 그러면 유비는 이 실패국면을 어떻게 수습했을까요? 유비 주변에 일어난 두 가지 사건을 살펴보겠습니다.

이익이 된다면
능히 자신을 굽힌다

하비에서의 일전은 유비가 처음 여포와 겨룬 전투였습니다. 사실 말이 전투지 제대로 된 전투는 아니었습니다. 유비의 군대는 진을 펼칠 겨를도 없이 붕괴되고 말았습니다. 유비는 어쩔 수 없이 방향을 돌려 원술과 다시 싸웠습니다.

처음 원술과 싸움을 시작했을 때 유비측은 잘 훈련된 정예병에 군량도 충분해 사기가 하늘을 찔렀습니다. 그런데 다시 원술과 싸워야 하는 지금 병사들의 전투의지는 온데간데없고 군량도 모자란 데다 군대 편제 또한 정비되지 않아 싸움을 시작하자마자 원술에게 대패하고 말았습니다.

유비는 답답했습니다. 여포에게 패한 것은 받아들일 수 있었지만 원술에게 패한 것은 받아들이기 힘들었습니다. 왜 그랬을까요? 호랑이한테 물린 것은 영웅의 행위라 할 수 있지만 돼지한테 물린 것은 체면이 서지 않기 때문이었습니다. 유비는 이제 벼랑 끝에 몰려 빠져나갈 구멍이 없었습니다. 앞은 막혀 있고 뒤에서는 추격해 오는데 양식도 외부의 구원도 없었습니다. 그가 사업을 시작한 10여 년 이래 이렇게 궁지에 몰린 적은 처음이었습니다. 단순한 곤경이 아닌 절망적인 상태에 처하고 말았습니다.《삼국지》〈선주전〉의 기록입니다.

유비는 흩어진 군졸을 거두어 동쪽으로 가서 광릉을 차지하고 원술과 싸웠으나 또 패하자 해서海西에 주둔했다. 유비가 광릉에 주둔할 때 굶주림 때문에 곤궁하고 급박해 대소 관원과 군사가 서로를 잡아먹을 지경이었다.

당시 유비의 군대는 식량이 떨어져 병사들이 굶주리자 사람이 사람을 잡아먹는 지경에 이른 것입니다. 어려움에 처했을 때 진정한 마음을 알 수 있다고 하는데 이 결정적인 순간에 선뜻 나서서 유비를 도와준 사람이 있었습니다. 그가 바로 앞서 언급한 서주별가 미축이었습니다.《삼국지》〈미축전麋竺傳〉의 기록입니다.

미축은 이에 누이를 유비의 부인으로 주고, 노객 2,000명과 금은과 재물을 군대에 보태주었다. 곤란하고 궁핍했던 유비는 이에 힘입어 다시 떨칠 수 있게 되었다.

미축은 서주의 최고 부자로 재산이 엄청나게 많았습니다. 그는 유비가 곤란한 상황에 처한 것을 보고 가진 돈을 아낌없이 다 유비에게 주었습니다. 그리고 미축은 유비의 병력이 크게 줄어든 것을 보고 수천의 종복을 주어 병력을 충원하도록 했습니다. 게다가 아리따운 누이까지 내준 것은 유비로서는 생각지도 못한 일이었습니다. 유비는 매우 감동했습니다. 어려움을 겪으면 진정한 정을 안다고, 이 은정은 유비로서는 결코 잊을 수 없는 것이었습니다. 훗날 촉한을 세운 유비는 논공행상에서 미축을 안한장군으로 봉했습니다. 촉한 정권의 편안할 안安은 바로 미축에게서 비롯되었다고 할 수 있기 때문이었지요. 그래서 순번으로도 제갈량보다 위에 있었습니다. 어렵고 고난에 처했을 때에는 특히 이러한 귀인이 나타나 손을 잡아주는 것이 필요합니다. 빈천한 시기의 사귐은 잊을 수 없다고 하지요. 어려운 시기에 도움을 주었던 사람에게 일생 동안 감사하고 기억하는 것은 충분히 가치 있는 일입니다.

고난 속에서 혼인을 한 유비는 기쁘기도 하고 괴롭기도 했습니다. 어려움 속에서 진실한 정을 확인했고 주위에 헌신적이고 생사를 함께한 전우가 있으니 기뻤을 것이고, 형제의 신임에 어찌하면 떳떳할 수 있을지, 자신을 믿고 인생을 맡긴 미부인에게 어찌하면 면목이 설 것인지에 대한 고민 때문에 괴로웠을 것입니다. 잠을 이루지 못하고 몇 날 밤을 새운 이후 유비는 여포에게 투항한다는 깜짝 놀랄 만한 결정을 내렸습니다. 관우·장비·미축·미방·손건·간옹 등 모든 문신과 무장은 유비가 이러한 결정을 내릴 것이라 생각조차 한 적이 없었기에 경악했습니다.

모두들 여포라는 소인배는 은혜를 원수로 갚는 배은망덕한 사람이고, 늑대의 야심을 품고 있어 길들이기 어렵다는 사실을 알았습니다. 그래서 여포와 죽기 살기로 싸우고자 한창 준비하고 있던 참에 뜻밖에도 주공이 복수를 철회하고 여포와 화친하자고 결정을 한 것이었습니다. 말이 좋아 화친이지 사실은 직접 투항하자는 이야기와 다름없었습니다.

모두 이해하지 못했지만 유비는 확실히 깨닫고 있었습니다. 관리학의 기본이론 가운데 '복잡한 국면을 처리할 때에는 핵심적인 문제를 객관적으로 정의할 줄 알아야 한다'는 이론이 있습니다. 유

제갈량(181~234)

자는 공명孔明이며, 호는 와룡臥龍이다. 낭야 양도陽都 사람으로 걸출한 정치가·전략가·발명가였다. 스물일곱 때 유비로부터 삼고초려의 예로써 초빙되어 천하삼분지계天下三分之計를 진언하고, 손권과의 동맹을 성사시켜 촉한정권 수립에 결정적인 역할을 했다. 유비가 죽은 후 충심으로 유선劉禪을 보좌하고 절대적인 약세에도 다섯 번의 북벌을 시도하다 234년 오장원에서 병사해 정군산定軍山에 묻혔다.

비는 군사적인 실패 이후 다시 한 번 핵심문제를 객관적으로 정의했습니다.

첫째, 주요 모순은 원술이지 여포가 아니었습니다. 둘째, 문제의 핵심은 이익이지 도의가 아니었습니다. 원술이 여포를 매수할 수 있다면 본인도 할 수 있다고 여겼습니다. 셋째, 투쟁은 책략이 중요한데, 유비의 세력은 너무 약했습니다. 또한 양쪽에서 적을 상대하기보다는 하나씩 상대하는 것이 낫다고 판단했습니다.

이렇게 형제들을 설득한 이후 유비는 여포에게 화친을 청했습니다. 그런데 유비가 전략을 조정해 원한을 내려놓고 여포와 연합하려 할 때 원술은 이와 상반되는 일을 했습니다. 앞서 원술은 여포와 연합해 유비를 공격할 때 여포에게 대량의 양초와 치중을 주는 것을 조건으로 걸었습니다. 그런데 여포가 기습적으로 목적을 달성하자 원술은 약속을 이행하려 하지 않았습니다. 이는 여포를 분노하게 만들었습니다. 결국 여포는 유비의 화친 요구를 받아들이기로 하고 재차 연맹을 맺었습니다.《후한서》〈여포전〉의 기록입니다.

> 유비가 여포에게 항복을 청하자 여포 또한 원술이 양식을 계속 보내지 않은 것에 화가 나 있으므로 유비를 맞아들여 다시 예주자사로 삼고 세를 모아 원술을 격퇴하고 소패에 주둔하게 했다. 여포는 스스로 서주목을 칭했다.

《삼국지주三國志注》에는 이와 같은 기록이 있습니다.

여포는 유비를 서주로 돌아오게 하고 세력을 합쳐 원술을 공격했다. 자사의 거마車馬와 동복童僕을 갖추어 유비의 처자와 부곡, 가속을 사수 가로 보내자 길에서 맞이해 서로 즐거워했다.

유비가 자신을 굽히고 여포에게 항복한 결정은 이렇게 보답을 받았습니다. 이후 원술이 유비를 공격한 전투에서 여포는 아직 기운을 회복하지 못한 유비를 보호하는 결정적인 역할을 했습니다. 다음은 여포가 영문營門에 극戟을 걸어놓고 활로 쏘아 맞추어 유비를 구해주었다는 원문사극轅門射戟의 고사입니다.

원술이 장수 기령紀靈 등에게 보병과 기병 3만 명을 주어 유비를 공격하니 유비는 여포에게 구원을 청했다. 여포의 제장들이 여포에게 말했다.

"장군은 늘 유비를 죽이고자 했으니 이제 가히 원술의 손을 빌릴 만합니다."

여포가 말했다.

"그렇지 않소. 원술이 만약 유비를 격파해 북쪽으로 태산의 여러 장수와 연결되면 원술에게 포위당하게 되니 구원하지 않을 수 없소." 곧 보병과 기병 1,000여 명을 이끌고 급히 유비에게 달려갔다. 기령 등은 여포가 이르렀다는 말을 듣고 모두 군을 거두고 감히 공격하지 못했다. 여포는 패성沛城 남서쪽에 주둔하고 시종을 보내 기령 등을 청하고 기령 또한 여포를 청하자 여포가 이들을 맞이해 유비와 함께 먹고 마셨다. 여포가 기령 등에게 말했다.

"현덕은 내 동생이오. 동생이 제군들에게 곤란을 겪고 있어 그를 구원하러 왔소. 내 성정이 싸움을 붙이는 것은 좋아하지 않고 싸움을 화해시키는 것은 좋아하오."

이에 문지기에게 명을 내려 영문에 극 하나를 세우게 했다. 여포가 말했다.

"제군들은 내가 극의 소지小支(가지창)를 쏘는 것을 보시오. 적중하면 제군들은 응당 화해한 후 떠나고, 적중하지 않으면 남아서 결투하시오."

여포가 활을 들어 극을 쏘았는데 소지를 정확히 맞추었다. 제장들이 모두 놀라 말하기를, "장군은 천위天威를 갖추고 있다"고 했다. 다음 날, 다시 연회를 베푼 뒤 각자 군을 물렸다.

고개를 숙여야 할 때와 적극 나서야 할 때를 능히 구분해 행동하는 전략을 능굴능신이라고 합니다. 유비는 이에 능했습니다. 유비처럼 자신을 굽혀 유연한 태도를 취하는 것은 쉽게 할 수 있는 일이 아니었습니다. 심각한 좌절을 겪은 후 냉정을 유지하며 이성적인 판단을 하는 것은 일반인이 할 수 있는 일은 아닐 것입니다. 유비가 그렇게 할 수 있었던 가장 중요한 요인은 타격을 받은 후 신속하게 태도를 바꾸었기 때문입니다.

큰일을 하는 사람은 다음 세 가지 조건을 구비해야 합니다. 첫째, 적막함을 잘 견뎌야 합니다. 둘째, 괴로움을 잘 참아야 합니다. 셋째, 억울함을 잘 견뎌야 합니다. 이 세 가지 가운데 하나라도 부족하면 큰일을 이룰 수 없습니다. 사회생활을 하다보면 자신을 고통스럽게 하거나 분노를 일으키거나 골치 아프게 하는 여러 가지 일을 접하게 됩니다. 어떻게 하면 마음가짐을 조절할 수 있을까요? 예를 들어보겠습니다. 만약 어제 지갑을 잃어버려 마음이 썩 좋지 않다고 가정해봅시다.

사람이 정신적 충격을 받으면 두 가지 사고방식을 할 수 있습니다. 첫 번째 사고방식은 '과거형 사고'입니다. 예를 들어 입만 열면 "만약 어제 지갑을 외투 주머니에 넣지 않았다면 잃어버리지 않았을 텐데"라고 말한다든지, "카드와 신분증을 다른 곳에 두었다면 잃어버리지 않았을 텐데", "지갑이 조금만 작았어도 잃어버리지 않았을 텐데"라고 되뇌이는 것입니다. 이렇게 계속 '만약'을 생각할수록 더 괴로워지고, 과거를 생각할수록 거기서 빠져나오지 못합니다. 이것이 바로 지난 일에 집착하고 빠져드는 '과거형 사고'입니다.

심리학 연구에 근거하면 좌절에 직면했을 때에는 사고방식을 새롭게 바꿀 필요가 있습니다. 이것을 '미래형 사고'라고 합니다. 만약 지갑을 잃어버렸다면 당연이 이렇게 말해야 합니다.

"다음부터는 지갑을 줄에 달아놓겠다. 카드도 지갑과 분리해두고 지갑에 현금을 많이 넣어두지 않겠다."

이것이 다음을 생각하는 '미래형 사고'입니다. 어느 누가 인생에서 매번 순풍에 돛을 단 듯이 순조롭게 살 수 있겠습니까? 매일 우리는 여러 가지 일로 의욕이 꺾이거나 상처를 받곤 합니다. 상처를 입은 이후에 어떤 선택을 해야 할까요? 걷다가 돌덩이에 걸려 넘어졌다면, 돌 주위를 뱅뱅 돌며 발을 구르고 침을 뱉으면서 한평생 욕하다보면 아무 곳도 갈 수 없을 것입니다. 실패를 교훈으로 생각하고 돌을 넘어 계속 앞으로 나가야 합니다. 마음을 차분하게 하고 마음속 응어리와 고통을 내려놓는 것은 아주 중요한 성공의 자질입니다. 유비는 그것을 아는 사람이었습니다.

▌적의 적은 친구가 될 수 있다

하지만 유비와 여포의 연합은 얼마 지나지 않아 다시 어긋나기 시작했습니다. 《삼국지》〈선주전〉에는 "유비가 다시 군사를 합쳐 1만여 명을 얻었는데 여포가 이를 싫어해 친히 출병해 유비를 공격했다. 유비는 패주해 조조에게 귀부했다. 조조가 그를 후대하고 예주목豫州牧으로 삼았다"고 기록되어 있습니다.

본래 유비는 여포와 두 번째 화해를 계기로 원술에 대항하고, 여포가 서주목이 되면 자신은 예주자사를 맡고 소패에 병사를 주둔하면 될 것이라 여겼습니다. 그래서 유비는 깊이 생각하지 않고 소패로 돌아온 후 계속해서 병사를 모집하고 군마와 양초를 쌓으며 실력을 조금씩 키우고 천하를 종횡할 준비를 하고 있었습니다. 그런데 이것이 여포의 불만을 불러일으켰습니다. 여포는 유비의 날개가 갈수록 단단해지는 것을 보고는 유비가 장래에 자신이 했던 것처럼 등 뒤에 칼을 꽂을 것을 우려했던 것입니다.

여포는 다시 원술과 연합해 유비와의 싸움을 시작했습니다. 여포와 벌인 두 번째 싸움이었습니다. 처음에는 직접 싸우기도 전에 군대가 흩어지고 말았지만 두 번째에는 정말 싸웠습니다. 여포는 친히 나서지도 않고 수하의 장수 고순高順과 장료張遼를 보내 한순간에 유비의 부대를 붕괴시켰습니다. 유비는 다시 처와 자식과 치중과 소패성을 버렸습니다. 여포와의 두 번째 싸움에서 유비는 또다시 처참하게 패했습니다.

패배한 유비는 바로 조조를 찾아갔습니다. 이 시기 유비의 마음속에는 '내가 이기지 못한 것은 상관없다. 여포를 이길 수 있는 사람을 찾아 연합하면 된다'는 생각이 자리 잡고 있었습니다. 그래서 유비는 조조를 찾아간 것이었습니다.

개인이든 조직이든 발전하려면 연합할 수 있는 모든 대상과 연합해야 합니다. 특히 세가 미미하거나 사업이 내리막길로 접어들 때는 더욱 그렇습니다. 여포의 거듭된 배신에 유비는 더는 갈 곳이 없는 피동적인 국면에 처하게 되었습니다. 사방을 둘러보았으나 당장 의지할 사람은 조조뿐이었습니다. 하지만 문제가 있었습니다. 얼마 전 조조가 서주를 공격할 때 유비는 원군으로서 그와 겨룬 적이 있었습니다. 이러한 상황에서 조조는 유비를 받아들일 수 있었을까요? 조조가 유비를 처단하려 하지 않았을까요?

그럴 리는 없었습니다. 이는 삼국시대의 신기하면서도 절대적인 규율이었습니다. 어제의 적이 오늘은 형제가 될 수 있었고, 오늘의 형제가 내일은 칼을 휘두를 수 있었습니다. 이러한 규율의 본질은 무엇이었을까요? 모두가 사적인 은원은 한쪽에 제쳐두고 먼저 사업의 발전을 생각했기 때문입니다. "보따리를 내려놓고 활로를 찾는다"라는 말이 무엇을 뜻하는지 생각해보십시오. 여기서 보따리는 개인적인 감정, 사적인 은원을 뜻합니다. 사적인 은원을 내려놓지 못한다면 막다른 길에 이르고 말 것입니다.

♻ 유비의 지혜

어제의 적이 오늘은 형제가 될 수 있고, 오늘의 형제가 내일은 칼을 휘두를 수 있다. 사적인 은원은 한쪽에 제쳐두고 먼저 사업의 발전을 생각하기 때문이다.

조조는 도량이 충분했습니다. 완성전투宛城戰鬪에서 장수張繡는 조조의 아들 조앙趙軼, 장수 전위典韋, 조카 조안민曹安民을 죽이고 조조의 신예부대를 전멸시킨 적이 있었는데, 관도대전 전날 이러한 피맺힌 원한이 있는 장수가 투항하자 조조는 사적인 은원을 내려놓고 그를 기쁘게 받아들였습니다.

이처럼 적의 적은 친구가 될 수 있었습니다. 조조는 유비가 의탁하러 오자 유비가 있으면 여포를 공격하기가 비교적 쉬울 것이라 생각했습니다. 그래서 유비를 받아들이고, 유비에게 군마와 무기를 주어 소패로 보냈습니다. 유비는 다시 돌아왔습니다.

여포는 다시 돌아온 유비와 싸우려 했을까요? 그는 유비를 돌아볼 겨를이 없었습니다. 여포는 매번 안면을 바꾸기에 여념이 없었습니다. 이 시기 여포는 원술과의 반목으로 더는 유비를 공격할 시간이 없었습니다. 《삼국지》〈여포전〉의 기록입니다.

건안建安 2년(195), 원술이 수춘에서 황제를 칭하고 스스로 중가仲家라고 불렀다. 원술은 사자 한윤韓胤을 보내 황제를 칭한 일을 여포에게 알리고 아울러 여포의 딸을 며느리로 맞이하고자 했다. 여포가 원술의 뜻을 따라 딸을 보냈다. 진규는 서주와 양주揚州가 합종合從하면 장차 어지러움이 끝나지 않을 것이라 여기고 여포를 설득했다.

"조조가 천자를 맞이해 국정을 보좌하고 있으니 장군께서는 의당 그와 함께 힘을 모아 대계를 세워야 합니다. 지금 원술과 혼인을 맺으면 필히 천하에 불의한 이름을 덮어쓰게 되니 필시 누란지위累卵之危가 있을 것입니다."

여포 또한 원술이 당초 자신을 받아들이지 않은 일에 원망을 품고 있었으므로, 이미 길을 떠난 딸을 뒤쫓았다. 딸을 되돌아오게 해 혼인을 파기하고, 한윤을 형구에 묶어 조조에게 보내니 조조는 그를 허도의 저잣거리에서 효수했다.

이에 원술이 분노해 장수 장훈張勳에게 보병과 기병 수만을 주어 한섬韓暹·양봉楊奉 등과 연합해 여포를 공격하게 했습니다. 이에 여포는 반간계를 활용해 양봉과 한섬 두 장수와 원술의 사이를 이간시켜 이 두 사람이 전장에서 창을 거꾸로 들게 만들었습니다. 일순간에 원술은 미처 손도 써보지도 못하고 패하고 말았습니다.

이렇게 한섬과 양봉은 원술의 기반에서 벗어나 여포의 기반으로 들어왔습니다. 셰퍼드는 집을 지키지만 고기를 먹어야 합니다. 양봉과 한섬은 여포를 따라온 후 식욕이 왕성해지고 요구도 많아져 여포를 고민스럽게 했습니다. 여포는 다른 사람의 보살핌을 받을 줄 알아도 다른 사람을 돌볼 줄은 모르는 사람이었습니다. 양봉과 한섬은 양초 공급이 충분히 이루어지지 않고 항상 끼니를 걱정해야 하는 처지가 되자 여포에게 불만이 생기게 되었습니다.

그래서 이 둘은 차라리 여포에게 먼저 손을 쓰기로 결정했습니다. 표면상으로는 여포에게 아주 친밀한 태도로 "여 장군이 있는 서주에서 우리 둘이 상주해 번거로움을 더하는 것 같아 아주 송구스럽다. 우리가 상의한 끝에 형주로 가기로 결정했다"고 이야기했습니다. 그러고는 몰래 사람을 보내 유비와 연합해 함께 여포를 공격하기로 했습니다.

이는 유비에게는 시험이었습니다. 대체 한섬·양봉 두 장수와 연합해 여포에 대항하는 것이 가능한 일인지 판단해야 했습니다. 장비는 성격대로 빨리 손을 쓰자고 했습니다. 아무도 우리를 돕지 않을 때도 여포를 공격했는데 지금은 원군도 있는데다가, 여포가 배은망덕하게도 등 뒤에 칼을 꽂은 일을 결코 용서할 수 없다는 이유였습니다.

하지만 유비는 경솔하게 덤벼들지 않고 다른 방안을 선택했습니다. 유비는 다음 세 가지 문제를 분명하게 알고 있었습니다. 첫째, 지금 실력에 한섬과 양봉의 힘을 더한다 해도 여포의 상대가 되지 않는다는 사실을 알았습니다. 둘째, 한섬과 양봉 두 사람은 본질적으로 여포와 차이가 없기에 연합한다고 해도 미래가 없음을 알았습니다. 셋째, 자신의 활로는 시기를 기다리며 더 강력한 원군인 조조의 힘을 빌려 서주를 탈환하는 데 있는데, 이 경우 한섬과 양봉은 장애물이 될 것이라 판단했습니다.

이와 같은 점을 분명하게 고려한 후 유비는 괴로운 결심을 했습니다. 먼저 이 기회를 이용해 한섬과 양봉 두 장수의 세력을 제거하기로 결정했습니다. "사마귀가 매미를 잡았으나 그 뒤를 참새가 노리고 있다"라는 속담처럼 한섬과 양봉은 여포를 음해하는 계책을 세울 때 자신들도 음해당할 수 있다는 것을 애초에 생각하지 못했습니다. 《자치통감》〈한기〉에 기록된 구체적인 과정은 다음과 같습니다.

> 한섬·양봉은 하비에 있었는데 도적들이 서주와 양주 사이에서 약탈해 군대가 굶자 여포와 이별하고 형주로 갈 뜻을 밝혔으나 여포는 이를 따르지 않았다. 양봉은 유비와 여포 사이에 이전부터 불만이 있음을 알고 몰래 유비와 연락을 주고받으며 함께 여포를 공격하자고 권하자, 유비가 이를 겉으로는 허락했다. 양봉이 군사를 이끌고 소패에 가자 유비는 양봉을 성에 들어오게 한 후, 음식을 반쯤 먹었을 때 그 자리에서 양봉을 묶고 참수했다. 한섬은 양봉을 잃고 홀로 남자 10여 기騎를 이끌고 병주로 돌아갔다가 서추령抒秋令 장선張宣에 의해 피살되었다.

기회를 봐서 양봉을 제거한 이 일화는 유비가 정치적으로 완전히 성숙했음을 보여줍니다. 이 일은 유비의 지도력이 한 단계 올라섰음을 보여주었습니다. 뛰어난 사람은 좌절로 단련됩니다. 강자는 강력한 상대가 키운 것입니다. 유비는 이렇게 성장했습니다. 그의 성장은 "가장 화려한 꽃은 분뇨에서 자란 것이다"라는 철학적인 구절과 부합됩니다. 20대와 30대의 고난을 거치며 좌절과 고통이 없었다면 지금처럼 유비가 어떻게 성숙할 수 있었겠습니까? 우리는 실패를 총결할 줄 알아야 하고 좌절에서 배워야 합니다.

처음 여포를 받아들였을 때 유비는 기본적으로 인정과 도의라는 환상이 있었습니다. 여포에게 두 번째 패한 후 유비는 감정과 도의도 철저하게 상대를 보아가며 해야 된다는 것을 분명하게 깨달았습니다. 눈앞에 놓인 서주는 이익을 두고 경쟁하는 지역이었습니다. 이익이 일치하면 친구가 되고 이익이 충돌하면 적으로 변했습니다. 친구가 적이 될 수 있고 적이 또 친구가 될 수도 있었습니다. 모든 일에 최소한의 기준도 없는 것처럼 보였지만, 잘 보면 이익이 바로 그 최소한의 기준이었던 것입니다.

유비는 여포가 자신과 연합할 수도, 조조나 원술과 연합할 수도 있음을 분명히 알았습니다. 같은 이치로 자신도 여포 또는 조조나 원술과 연합할 수 있었습니다. 서주에서 벌인 전투에서 유비는 군사적으로는 실패했지만 정치적으로는 많은 수확을 얻었습니다. 그는 철저하게 난세가 어떤 것인지 알게 되었고 친구란 무엇인지 누가 맹우盟友인지 깨닫게 되었습니다.

규칙을 분명하게 아는 것이 가장 중요했습니다. 평원의 현령으로서 유비는 민심을 얻는 자가 천하를 얻고 인의와 도의, 그리고 인정과 의리가 있어야 함을 분명히 알았습니다. 하지만 서주자사로서 그는 천하를 얻으려면 반드시 이익을 보전할 줄 알아야 하고, 이익 규칙을 이용해 투쟁할 줄 알아야 한다는 것을 이해하게 되었습니다. 이익 규칙을 이해하게 되면 비로소 성숙해졌다고 할 수 있습니다. 정치적으로 성숙해진 유비는 도리어 자신이 생기기 시작했습니다. 이어 유비는 곤경을 벗어나기 위해 큰일 하나를 벌이기 시작했습니다. 그가 벌인 큰일은 무엇이었고 유비는 또 어떻게 곤경에서 벗어날 수 있었을까요? 다음 강의에서 살펴보겠습니다.

통제욕을 버리고
차이를 감싸 안는다

여포와의 신중하지 못한 연합이 야기한 위기를 거치면서 유비는 이상을 추구하는 길에서는 너무 순진해서는 안 된다는 사실을 깨달았다. 그는 형세를 똑똑히 읽고 대국과 자신의 이익을 중시해야 함을 인식하게 되었다. 그래서 이전의 적이자 이후 최강의 상대가 될 조조와 연합하기로 결정했다. 당연히 유비로서는 남의 조직에 들어가 말석을 차지하는 것이 달갑지 않았다. 유비는 가능한 빨리 조조에게 벗어나 자신의 사업을 발전하기 위해 어떤 방법을 생각해냈을까?

남송南宋 육유陸遊의 《유산서촌遊山西村》의 한 구절입니다.

> 첩첩산중 물은 굽이굽이 길이 없나 했더니, 버드나무 짙푸르고 화
> 사하게 핀 꽃, 또 마을이 있구나[山重水複疑無路, 柳暗花明又一村].

   반복해서 노력해도 길이 보이지 않으면 이는 곧 방향이 잘못되었다는 사실을 말해줍니다. 이 경우 방향을 바꾸면 아마 길이 보일 것입니다. 유비는 여포와의 서주쟁탈 과정에서 애초에 군사적으로 우위를 차지할 수 없다는 사실을 깨달았습니다. 한차례 심사숙고를 한 후 그는 방향을 바꾸기로 결정했습니다. 싸워 이길 수 있으면 싸워야 하지만 이길 수 없으면 이길 조건을 만든 뒤에 다시 싸워야 합니다.

   유비는 이러한 조건을 만들기 위해 어떤 준비를 했을까요? 유비는 믿을 만한 조력자를 찾을 준비를 하고 있었습니다. 그 조력자는 바로 얼마 전까지 전장에서 여포와 싸워 크게 이긴 적이 있던 조조였습니다. 유비는 조조와 연합해야 여포를 제거할 수 있다고 생각했습니다. 전장에서는 해결하지 못한 문제를 전장 밖에서는 쉽게 해결할 수 있다고 여겼던 것이지요.

   이제 유비에게 당면한 문제는 바뀌었습니다. 여포와의 싸움의 문제가 조조와의 연합의 문제로 전환된 것이지요. 여포는 유비와 기를 쓰고 싸웠지만 유비는 여포와 기를 쓰고 처세를 했습니다.

과거에서 벗어나지 못하면
미래는 없다

그렇다면 유비와 조조는 어떻게 연합했을까요? 동한 건한建安 3년 (198) 12월, 서주 하비성 곳곳에 초소가 세워졌습니다. 남문 성루에 갑옷을 입은 조조가 엄숙하게 앉아 있고 조조 곁에 유비가 군장 차림으로 배석하고 있었습니다. 두 사람의 표정은 비록 엄숙했지만 눈가에는 감출 수 없는 희색을 무심코 드러내고 있었습니다. 그들은 왜 이렇게 기뻐했을까요? 여포를 쳐부수고 대승을 거두었기 때문입니다.

조조는 성루에 올라 승리의 성과를 점검하는 중이었습니다. 하비성의 남문은 크게 우뚝 솟아 있고 겉면은 석회를 칠해 멀리서 보면 하얀 빛으로 반짝여 백문루白門樓라 이름 지었던 곳입니다. 조조는 오늘 백문루에서 여포를 심문하기 위해 그를 끌고 오라고 명했습니다. 한때 세상을 뒤흔들던 개세영웅 여포가 밧줄에 꽁꽁 묶인 채 조조 앞에 나타났습니다. 봉두난발에 눈꺼풀은 깊이 패이고 눈빛은 생기를 잃은데다가 눈동자는 붉게 충혈되어 과거 호뢰관전투虎牢關戰鬪에서의 영웅적인 기개라고는 찾아볼 수 없었습니다. 여포는 조조에게 부탁했습니다.

"묶은 것이 너무 조이니 조금 느슨하게 해주시오."

조조는 미소를 지으며 말했습니다.

"범을 묶는데 꽉 조이지 않을 수 없다."

여포와 같은 호랑이에게 조금이라도 방심할 수 없다는 이야기였습니다. 이어 여포가 말했습니다.

"명공明公이 근심하던 것이 나 여포인데 이제 내가 이미 항복했으니 천하에 걱정할 게 없소. 명공이 보병을 이끌고 내게 기병을 이끌게 한다면 어찌 천하를 평정하지 못하겠소?"

'적이 되는 것을 가장 우려했던 내가 항복했으니 이제 걱정할 사람은 천하에 없다. 우리 둘이 합작하면 세상을 평정할 수 있다'는 제안이었습니다. 이 몇 마디 말에 조조는 잠시 머뭇거리며 유비를 쳐다보았습니다. 이때 유비가 결정적인 역할을 했습니다.《삼국지》에 유비가 조조에게 한 말이 기록되어 있습니다.

"명공은 여포가 정건양丁建陽(정원丁原)과 동태사董太師(동탁)를 섬기던 일을 보지 못하셨습니까?"

정신이 번쩍 든 조조는 결국 여포의 목을 졸라 죽이라고 명했습니다. 여포는 입술을 악물고 유비를 노려보며 말했습니다.

"저 귀 큰 놈이 가장 믿지 못할 놈이다!"

조조는 조금도 개의치 않고 여포를 끌어내 진궁·고순과 함께 처단했습니다. 유비의 말 때문에 후세 사람들은 보통 백문루에서 여포가 유비의 손에 죽었다고 평가하곤 합니다. 유비가 남몰래 술수를 썼다고 생각하는 것이지요. 유비가 왜 그렇게 했는지 생각해볼 필요가 있습니다. 어떤 사람은 유비가 원수를 갚기 위한 것이었다고 말합니다. 유비가 여포와 싸울 때마다 늘 참혹한 수모를 당했기 때문이지요.

그러나 마음속에 늘 원한을 품고 사는 사람은 분명 과거에서 벗어나지 못한 사람입니다. 과거에서 벗어나지 못한 사람에게 미래가 있을 수 있을까요? 이러한 생각은 유비를 너무 작게 본 것입니다. 큰일을 하는 사람은 기본적으로 의사결정을 할 때 앞만 보고 뒤를 돌아보지 않습니다. 그들은 결코 과거에 연연하지 않습니다. 유비는 앞을 내다보았기 때문에 여포를 처단해야 한다고 생각했던 것입니다. 그것이 자신의 발전에 가치가 있고 이익이 된다는 것을 알았기 때문입니다. 사실 여포가 이 지경에 이른 것은 자업자득이었습니다. 이와 관련해 고사 하나를 이야기하겠습니다.

동한 건안 3년 9월, 여포는 재차 원술과 연합해 수하 장수 고순과 장료를 보내 유비를 공격했습니다. 조조 또한 하후돈夏侯惇을 보내 유비를 구원하게 했는데 결국 유비와 하후돈은 고순에 의해 격파되고 말았습니다. 유비는 황급히 도주했고 처자식은 또다시 여포의 손에 넘어가게 되었습니다.

이번의 참패는 이전과 달랐습니다. 이번에 유비에게는 아주 강력한 맹우인 조조가 있었습니다. 사태의 엄중성을 파악한 조조는 친히 군대를 이끌고 여포를 정벌하기로 결정했습니다. 조조는 가는 도중에 패해 퇴각하는 유비를 만났습니다.

유비는 여포와 싸워 비록 승리하지는 못했지만 확실히 경험을 많이 축적했고, 지형·지물과 현지의 풍토, 인심을 잘 알고 있었습니다. 이러한 우수한 길잡이는 조조가 구하려 해도 구할 수 없는 것이었습니다. 유비의 인도로 조조의 대군은 다시 서주를 석권했습니다.

조조의 맹렬한 공세로 여포는 거듭 패퇴하다가 결정적인 순간에 두 가지 잘못을 저질러 결국 철저하게 몰락하고 말았습니다. 하나는 진궁의 건의를 채택하지 않고 부인의 말만 곧이들은 것입니다. 이에 대한 기록이 《자치통감》에 있습니다.

조조가 여포에게 서신을 보내 화복編編에 관해 진술했다. 여포가 두려워 항복하려 했으나 진궁이 말했다.

"조조는 먼 길을 왔으니 오래 버틸 수 없습니다. 만약 장군께서 보병과 기병을 이끌고 성 바깥에 주둔하면 저 진궁은 나머지 무리를 거느리고 성문을 닫은 채 안에서 수비하겠습니다. 만약 (적이) 장군께 향하면 제가 군대를 이끌고 그 배후를 공격하고, 단지 성을 공격하기만 한다면 장군께서 바깥에서 구원하십시오. (적군은) 한 달이 지나기 전에 군량이 다할 것이니 (이때에) 공격하면 격파할 수 있습니다."

여포가 이를 옳다고 여기고 진궁과 고순에게 성에 남아 지키게 하고 자신은 기병으로 적의 보급로를 끊으려 했다. 여포의 처가 말했다.

"진궁과 고순은 평소 불화해 장군이 나가면 분명 합심해 성을 지키지 못할 것입니다. 만일 차질이 생기면 장군께서는 어디에서 자립할 수 있겠습니까? 또한 예전에 조조는 진궁을 어린아이처럼 귀하게 대했음에도 도리어 그를 버리고 우리에게 귀부했습니다. 지금 장군께서 진궁을 후대함이 조조보다 낫지 않습니다. 만일 성 전부를 맡긴 채 처자를 버려두고 홀로 군을 이끌고 멀리 나갔다가 하루아침에 변고가 생긴다면 첩이 어찌 장군의 처로 남아 있을 수 있겠습니까!"

이에 여포가 출정하려던 것을 그만두고 대신 허사와 왕해王楷를 원술에게 보내 구원을 청했다. 원술이 말했다.

"여포가 내게 딸을 보내지 않았으니 이치상 응당 패하게 되어 있소. 어찌 다시 와서 알리는 것이오?"

허사와 왕해가 말했다.

"명상明上께서 지금 여포를 구원하지 않으면 실패를 자초하게 됩니다! 여포가 무너지면 명상 또한 무너질 것입니다."

이에 원술은 급히 병사를 보내 여포를 격려했다. 여포는 자신이 딸을 보내지 않은 일로 원술이 구원하지 않을까 두려워, 비단으로 딸의 몸을 말 위에 묶은 뒤 밤중에 친히 딸을 데리고 나가 원술에게 보내려 했다. 그러나 조조의 군사와 조우했다. 그들이 활을 쏘아 더는 가지 못하고 다시 성으로 돌아왔다.

조조가 여포를 공격하자 여포는 진궁의 계책에 따라 진궁과 고순이 성을 지키게 하고 자신은 기병을 이끌고 조조의 보급로를 끊을 준비를 하다가 처의 말을 듣고는 돌연 계획을 포기했다는 이야기입니다. 중요한 의사결정을 해야 하는 리더에게 가장 두려운 것은 첫째, 쓸데없는 말을 옮겨 싸움을 붙이는 것이고, 둘째, 결정적인 순간에 가지 못하게 하는 것입니다. 더 심각했던 것은 여포가 이 말을 듣고 아무 생각 없이 군사를 거두고 나가지 않았던 것입니다. 이렇게 여포는 전략적으로 중요한 기회를 놓치고 말았습니다. 진궁이 발을 동동 구르며 화가 났던 것은 당연한 일이었겠지요.

여포가 범한 첫 번째 잘못은 부인의 말만 믿고 수하 장수의 정확한 의견을 듣지 않은 것이라 할 수 있습니다. 두 번째는 중요한 시기에 소통방식에 신경 쓰지 않아 수하의 배반을 야기한 것이었습니다. 본래 여포의 전투력은 아주 강력했습니다. 하비성에서 조조와의 싸움은 한 달이 지나도 승부가 나지 않았습니다. 《자치통감》의 기록입니다.

조조가 참호를 파 하비성을 포위한 지 오래되
자 사졸들이 피폐해졌으므로 돌아가려 했으
나 순유荀攸와 곽가郭嘉가 말했다.

"여포는 용맹하지만 계책이 없고 여러 차례
싸웠으나 모두 패배해 예기가 이미 사그라졌
습니다. 삼군은 장수가 주인데, 주장의 기가
쇠하면 그 군대는 투지가 없습니다. 진궁이
비록 지모가 있다 해도 더디게 실행하며, 지
금은 여포의 기력이 회복되기 이전이고 진궁
의 계획도 정해지지 않았으니 진격해 신속히
공격하면 여포를 사로잡을 수 있습니다."

그리고는 기수와 사수의 물을 성으로 끌어들

순유(157~214)
자는 공달公達이고, 삼국시대 위나라 영천潁川 영음潁陰 사람이다. 순욱의 조카이며, 조조의 모사다. 장수와 여포, 원소 등을 정벌할 때 기묘한 계책을 올려 조조의 신임을 얻었다. 조조는 그를 "겉으로는 어리석고 나약한 듯이 보이지만 속은 지혜롭고 용감하다"고 평가했다.

곽가(170~207)
자는 봉효奉孝이며, 후한 말기 영천 양적陽翟 사람이다. 처음 원소 막하에 있었으나 원소가 큰일을 이루기는 어려울 것으로 보고 조조에게 귀의했다. 조조는 그를 두고 "오직 곽가만이 나의 뜻을 잘 안다"고 할 정도로 신임했다.

여 성을 공격했다. 한 달 뒤 여포는 날로 상황이 어려워지자 성 앞
에 나가 조조군의 군사에게 말했다.

"경들은 서로 곤란하게 하지 마시오. 나는 응당 명공에게 자수할 것
이오."

진궁이 말했다.

"역적 조조가 어찌 명공과 같습니까! 오늘 항복하는 것은 계란을
바위에 던지는 것과 같으니 어찌 몸을 보전할 수 있겠습니까!"

이렇게 쉽게 무너지지 않던 여포의 군대는 뜻밖에 다른 곳에서
문제가 생겼습니다. 본래 생사가 달려 있을 때 사람을 쓸 경우에는
무엇보다 단결이 소중한데 여포는 오히려 조심하지 않고 지나친
소통방식으로 수하 장수의 반란을 야기했습니다.

여포의 장수 후성侯成이 그의 명마를 잃어버렸으나 곧바로 다시 찾았다. 제장들이 예물을 모아 후성을 축하했다. 후성은 술과 고기를 나누고는 먼저 여포에게 바치러 들어갔다. 여포가 화내며 말했다. "내가 술을 금했는데도 경 등이 빚어 마시며 나를 죽이려 모의하고자 하느냐?"

후성이 분하면서도 두려움을 품었다. 12월, 후성은 송헌宋憲·위속魏續 등 제장들과 더불어 진궁과 고순을 붙잡고 그 무리를 이끌고 항복했다.

부하가 군사들을 이끌고 투항하자 대세가 이미 기울었다고 생각한 여포는 마침내 투항하기로 했습니다.

무리한 억압은 반항을 낳는다

여기서 여포가 도대체 누구로 인해 죽었는지에 대해 토론해보겠습니다. 유비는 왜 여포를 위해 용서를 구하지 않았을까요? 유비 입장에서는 여포를 죽이는 것이 유리했다는 결론을 얻을 수 있습니다. 누군가 이는 유비의 복수라고 말할 수 있지만, 유비가 여포를 죽인 것은 결코 복수가 아니었음을 이해해야 합니다.

앞서 말했듯이 큰 뜻이 있는 사람은 마음속에 과거가 아니라 미래를 품고 있습니다. 과거가 없는 사람이 마음속에 미래를 담아두는 것은 비교적 쉽습니다. 그런데 과거가 많은 사람에게는 쉽지 않은 일입니다. 특히 과거에 고통을 자주 겪은 사람이 마음속에 미래를 품을 수 있다면 그것은 매우 대단한 일이라 할 수 있습니다.

유비는 분명 대단한 사람이었습니다. 설령 과거에 원한이 크다 해도 유비가 이 순간 생각했던 것은 복수가 아니라 미래였습니다. 조조의 손을 빌려 여포를 제거하는 것이 자신의 발전에 유리하다고 생각했던 것입니다. 게다가 유비는 조조도 여포를 제거하기 바란다고 믿었습니다. 이때의 유비는 이미 단순히 감정에 의지하지 않고 정치적 안목으로 문제를 보기 시작했던 것입니다.

자세히 분석해보면 여포는 자신의 손에 죽었다고 할 수 있습니다. 즉 여포는 성격 때문에 죽었습니다. 삼국의 비교적 끔찍한 사건이 여럿 있는데, 그중에서 가장 대표적인 사건이 여포의 양아버지가 되어 죽음을 자초하는 것이었습니다. 여포는 일찍이 정원을 양아버지로 삼았지만 훗날 죽였습니다. 이후 다시 동탁을 양아버지로 삼은 뒤 살해했습니다. 여포의 마음속 깊이 감추어져 있던 권위에 대한 반항과 자아에 대한 불인정이 상호작용해 여포를 변덕스러운 성격의 소유자로 만든 것입니다. 이러한 성격이 결국 여포를 비극적인 결말로 이끌었다고 할 수 있습니다.

여포의 이러한 성격은 어떻게 형성되었을까요? 발달심리학에서는 어린 시절이 인생의 아버지이고 환경은 인생의 어머니라고 합니다. 어린 시절의 경험은 성격형성에 매우 중요한 역할을 합니다. 여포의 권위에 대해 극단적으로 반항하는 성격도 어린 시절에 형성된 것이라 할 수 있습니다.

여기서 여포의 가정교육이 분명 거칠었고 지지와 인정이 결핍되어 있었다고 결론지을 수 있습니다. 단순하고 거친 교육방식은 극단적인 성격으로 만들 수 있습니다. 이러한 교육을 받으면 극단적으로 연약하거나 극단적으로 반항적인 성격이 형성됩니다. 여포는 전형적인 후자의 인물이었습니다. 현대의 교육이론과 관리이론은 온화하고 민주적인 방식이 인격을 성장시키는 데 훨씬 유리하다는 것을 증명하고 있습니다.

대체 온화한 교육방식과 엄격한 교육방식 가운데 어느 것이 더 좋을까요? 한 심리학 교수는 아주 재미있는 실험을 했습니다. 아이들을 A와 B 두 조로 나누고 동시에 장난감을 가지고 놀게 했습니다. 두 조의 장난감에는 모두 로봇 장남감이 포함되어 있었습니다. 선생은 아이들에게 어떤 장난감이든 가지고 놀 수 있지만 로봇은 가지고 놀면 안 된다는 규칙을 알려주었습니다.

하지만 규칙을 알려주는 방식에 차이가 있었습니다. A조의 아이들에게는 엄격하게 경고했고, B조의 아이들에게는 온화하게 설명했습니다. 이렇게 규칙을 알려준 선생은 퇴장하고 아이들을 관찰했습니다. 실험 결과, 두 조의 아이들 모두 로봇을 가지고 놀았지만 비율에는 눈에 띄는 차이가 없었습니다.

6주 후 다시 실험을 했는데, 이번에는 임의대로 장난감을 선택하도록 했습니다. 실험 결과, 두 조의 행동에 큰 차이가 있었습니다. A조 가운데 70퍼센트 이상의 아이가 로봇을 선택한 반면 B조에서는 30퍼센트만이 선택한 것입니다. 이 실험은, 엄격한 교육 관리방식은 부작용을 불러일으킬 수 있지만, 온화한 교육 관리방식은 긍정적이고 적극적인 효과를 확연히 드러낸다는 것을 증명했습니다.

ᏊᏊ 유비의 지혜

엄격한 교육 관리방식은 부작용을 불러일으킬 수 있지만, 온화한 교육 관리방식은 긍정적이고 적극적인 효과를 확연히 드러낸다. 단순하고 거친 교육은 극단적으로 연약하거나 극단적으로 반항적인 사람을 만든다.

여포의 부모는 여포를 교육하는 과정에서 분명 지나치게 엄격하게 교육했을 것이고, 이는 여포의 반항적이고 변덕스럽고 쉽게 화를 내는 성격을 키웠던 것입니다. 이와 같은 요인이 결국 여포가 화를 당하게 된 근본적인 이유였습니다.

여포 사후 조조와 유비는 한시름 놓았습니다. 동시에 조조는 또 다른 커다란 수확을 얻었습니다. 그는 여포 수하의 항복한 문신 무장을 받아들여 자신의 세력을 한층 키울 수 있었기 때문입니다. 훗날 조조 집단의 근간이 되는 진군과 장료가 이때 조조에게 귀순했습니다.

조조에게는 사람을 탄복하게 하는 점이 있었는데, 그것은 그가 얼마나 잔인하거나 의심이 많거나 음험한지에 상관없이, 진정으로 재주를 사랑해 한 번 싸울 때마다 한 무리의 인재를 거두어들였던 점이었습니다. 특히 다른 집단을 접수할 때마다 인재를 발굴했습니다.

어느 날 한 고위 임원이 와서, "저는 올해 목표를 달성했습니다. 그것도 전국 3위라는 아주 좋은 성적입니다. 이 정도면 일을 잘한 것이 맞지요?"라고 했을 때 이렇게 대답했습니다.

"꼭 그렇다고 할 수 없습니다. 저는 관리자의 업무능력을 다음 세 가지로 봅니다. 첫째, 목표를 달성해 조직의 요구를 어느 정도 실현했는가입니다. 이를 업무달성도[成事]라고 합니다. 둘째, 목표를 달성하고 일을 하는 과정에서 제도·방법·공정을 만들고 이들을 종합해 다음 사람에게 어느 정도 물려주었는가를 봅니다. 이를 제도화[立制]라고 합니다. 셋째, 두 과정에서 인재를 찾아 배양하는 것을 봅니다. 이를 인재육성[育人]이라 합니다. 그런데 당신은 첫 번째 능력만 만족시키고 나머지는 달성하지 못했으니 무엇이 그리 대단한 것이겠습니까?"

인재를 키우는 것은 기반을 유지하고 사업을 발전시키는 가장 근본이 되는 일입니다. 인사가 만사입니다. 인재가 있어야 일을 이룰 수 있고 인재가 없으면 사고가 나기 쉽습니다. 이 점에서 조조의 인사는 항상 우리를 탄복하게 합니다.

그렇다면 조조는 유비에게 어떤 일을 맡겼을까요? 조조는 유비가 계속 서주를 다스리도록 하지 않았습니다. 그는 유비 대신 다른 사람을 서주자사로 임명하고 유비를 데리고 허도로 돌아왔습니다. 이는 유비를 신임하지 않는다는 사실을 분명하게 드러낸 일이었습니다. 그렇다면 타고난 의심 많은 성격과 강력한 군사적 역량을 지닌 조조 앞에서 유비는 어떻게 자신을 보전했고, 어떤 행동을 취해 자유를 얻을 수 있었을까요? 다음 세 가지 사건을 통해 살펴보겠습니다.

신임을 얻을 수 없다면
실력을 보이지 않는다

유비가 허도로 돌아온 후 조조와 교류한 이야기가 몇 개 있는데 그 가운데 가장 유명한 명장면이 《삼국지연의》에 기재된 다음 내용입니다. 이 단락은 역사의 기록에도 남아 있습니다.

매실이 익자 조조는 유비를 청해 술을 마셨습니다. 술을 마시는 와중에 하늘의 구름이 용의 형상으로 변했습니다. 이를 본 조조는 때마침 생각이 떠올라 유비와 영웅에 관해 이야기를 나누었습니다. 먼저 조조가 유비에게 물었습니다.

"유황숙은 보고 들은 바가 넓으니 현재 누가 영웅인지 아시지요?"

조조의 진의를 알지 못한 유비는 손가락을 꼽으며 말했습니다.

"회남의 원술은 병사와 식량이 충분하니 가히 영웅이라 할 만합니다."

조조가 탐탁치 않다는 표정을 지으며 말했습니다.

"원술을 어찌 영웅이라 할 수 있겠소? 그는 무덤 속의 백골에 지나지 않소. 조만간 그를 붙잡고 말 것이오."

유비가 황급히 따라 웃으며 짐짓 큰소리로 말했습니다.

"하북의 원소는 사대에 삼공을 배출한 명문가 출신으로 지금 기주 땅에 호랑이처럼 웅크리고 있고 수하에 능력 있는 인재가 많으니 분명 영웅이라 할 수 있을 것입니다."

조조는 유비를 정면으로 보며 말했습니다.

"원소의 겉모습은 대단해 보이지만 담이 작고 생각은 많지만 결단력이 없소. 큰일을 하면서 몸을 아끼지만 작은 이익에는 목숨을 아끼지 않으니 이러한 사람은 영웅이라 할 수 없소."

세 번째로 유비가 말했습니다.

"유표는 형주를 차지하고 있고 사람됨이 겸손해 덕망 높은 선비를 예로 대해 세상에 팔준八俊으로 이름이 높으니 그 또한 영웅이라 할 수 있지 않겠습니까?"

조조가 고개를 흔들며 말했습니다.

"유표의 명성은 허명일 뿐으로 그는 겉과 속이 일치하지 않소. 영웅이라 할 수 없소."

네 번째로 유비가 말했습니다.

"또 한 사람, 혈기 왕성한 강동의 영수 손책도 영웅이라 할 수 있겠습니다."

조조는 고개를 흔들며 말했습니다.

"손책은 아버지의 이름을 빌린 것이므로 영웅은 아니오."

다섯 번째로 유비가 말했습니다.

"익주의 유장도 영웅이라 할 만합니다."

조조는 오만하게 말했습니다.

"유장이 비록 종실과 관련되어 있더라도 대문을 지키는 개일 뿐인데 어찌 영웅이라 할 수 있겠소!"

여섯 번째로 유비가 말했습니다.

"장수·장로·한수 등은 어떻습니까?"

조조는 박장대소하며 말했습니다.

"그들은 평범한 소인배로 입에 올릴 가치도 없소!"

이어 조조는 손을 갑자기 크게 휘두르며 말했습니다.

"영웅이란 가슴에 큰 뜻을 품고 뱃속에는 훌륭한 계책을 가진 자로써, 우주라도 담고 감출 재주와 천지라도 삼키고 뱉을 뜻을 가진 자를 말하오."

유비는 긴장하며 조조가 영웅으로 생각하는 사람이 누구인지 물었습니다. 조조는 조용히 손가락으로 유비와 자신을 가리키며 말했습니다.

"지금 천하의 영웅은 오직 그대와 나 조조뿐이오. 원소와 같은 무리는 족히 여기에 낄 수 없소."

조조가 말을 마치자 유비는 막 밥을 먹고 있다가 깜짝 놀라 젓가락을 떨어뜨렸습니다. 때마침 이때 천지를 뒤엎을 듯이 비가 내리며 천둥벼락이 치자 유비가 조조에게 황급히 말했습니다.

"성인聖人이 말하길, '빠른 천둥과 거센 바람에는 필시 낯빛을 고친다' 하셨으니 실로 그러합니다. 한바탕 벼락의 위세가 가히 이 정도이군요!"

영웅이라는 칭찬은 좋은 것일까요, 나쁜 것일까요? 일반적으로 좋은 칭찬이라 할 수 있겠습니다. 만약 사람들이 저를 영웅이라고 칭찬하면 무척 기쁠 것입니다. 그런데 유비는 왜 그렇게 두려워했을까요? 그를 칭찬한 사람이 다름 아닌 조조였기 때문입니다.

예를 들면 이 문제를 분명하게 이해할 것이라 생각합니다. 만약 지금 제가 마이클 조던과 농구를 한다면 농구장에서는 누가 영웅이지요? 마이클 조던이겠지요. 저는 그를 이길 수 없습니다. 만약 그와 제가 우승을 다툰다면 수상은 당연히 조던의 것이겠지요. 좋습니다. 이제 게임 규칙이 변해 여러분 가운데 한 사람이 이 골든골을 다투는 게임에 들어왔다고 생각해보지요. 심판이 저와 조던 가운데 한 사람을 반칙으로 퇴장시키게 되었습니다. 여러분은 누가 퇴장하기를 원하겠습니까? 당연히 마이클 조던이 되겠지요. 영웅이 무대를 내려가야 자신도 기회를 얻을 수 있기 때문입니다.

당시의 천하가 바로 승부처였습니다. 유비는 조조가 자신을 영웅이라 생각해 천하를 얻기 위해 제거하려 한다면 어떻게 될지 생각했습니다. 조조는 천자를 옆에 끼고 제후를 호령하는 위치에서 한마디 말만으로도 생사를 좌지우지할 권력이 있었기 때문에 유비가 두려워할 수밖에 없었던 것입니다. 더 심각한 것은 조조가 의도적으로 그것을 드러냈다는 것입니다. 다행히 번개가 쳐 유비는 천둥에 깜짝 놀란 것처럼 자신을 숨겼습니다. 후세 사람들은 이 상황을 시로 지어 유비의 행동을 칭찬했습니다.《삼국지연의》의 기록입니다.

호랑이 굴에서 잠시 몸을 빼려 애쓰는데,

영웅을 설파하니 놀라서 죽겠구나.

공교롭게 우레 쳐서 핑계 삼으니,

임기응변이 진실로 귀신과 같구나.

[勉從虎穴暫趨身, 說破英雄驚殺人, 巧借聞雷來掩飾, 隨機應變信如神]

관리학에는 '먼저 신임을 얻은 후에 실력을 보여준다'는 규율이 있습니다. 예를 들어 한 기업에서 재무관리 이사를 초빙할 때 자기 사람이면 실력이 좋을수록 마음을 놓을 수 있습니다. 반면 외부인 사라면 실력이 있어도 마음을 놓을 수 없습니다. 흔히 말하는 "공이 높으면 주인이 놀라고 세가 크면 주인을 누른다"는 말은 신임은 없는데 먼저 재주를 보여주어 생긴 일입니다.

여러분은《당서唐書》〈곽자의전郭子儀傳〉과《송사宋史》〈악비전岳飛傳〉을 비교해보고 신임을 얻고 재주를 보여주는 것과 신임이 없는데 재주를 보여주는 것은 분명 결과가 다르다는 사실을 알아야 합니다. 유비는 자신이 돌아올 수 없는 길을 걷고 있음을 알았습니다. 신임을 갖추지 않은 상황에서 영웅으로 보이는 것은 결코 좋은 일이 아니었습니다.

그렇다면 어떻게 해야 할까요? 유비는 한발 더 나아가 자신은 아무 생각 없이 그저 편안한 나날을 보내고자 한다는 메시지를 보여주기로 했습니다. 그래서 그는 아무도 생각하지 못한 일을 꾸몄습니다. 바로 문을 닫고 채소를 심는 것이었습니다. 조조 수하의 염탐꾼들은 유비가 매일 채소 가꾸기에 열중하는 모습을 조조에게 보고했습니다. 보고를 받은 조조는 크게 웃으며, 젊은 시절 돗자리와 신을 팔던 사람이라 좌장군左將軍이 되어서도 집에서 채소나 가꾸고 있다고 여기고는 유비를 평범하기 그지없는 사람으로 생각하게 되었습니다. 이후 조조는 유비에 대한 경계심을 조금씩 늦추기 시작했습니다.

조조와 같은 통제형 상사에게는 먼저 감정적으로 신임을 얻고 이후 실력으로 인정을 받는 전략이 기본입니다. 감정적인 신임 없이 모든 실력을 드러내면 의심과 우려를 자아낼 수 있습니다. 유비는 채소를 가꾸며 자신을 은폐하고 잠시 안전을 확보했습니다. 하지만 안일한 나날을 보내고 어리석은 체하며 약한 척하는 자신을 보여주는 것으로 조조의 날카로운 눈을 오랫동안 피할 수는 없었습니다. 이에 유비는 두 번째 패를 던졌습니다.

먼저 감정적으로 신임을 얻고 이후 실력으로 인정을 받아야 한다. 그렇지 않고 우선 실력을 모두 드러내면 의심과 우려를 자아낼 수 있다.

능력이 있는 사람이 아닌 필요한 사람이 된다

사실 조조 주변에는 줄곧 유비를 죽여 후환을 없애야 한다는 사람들이 있었습니다. 정욱이 이러한 의견을 표방한 대표적인 사람이었습니다. 《삼국지》〈무제기〉의 기록입니다.

> 여포가 유비를 습격해 하비를 취하자 유비가 도망을 왔다. 정욱이 조조에게 말했다.
> "유비의 관상을 보니 영웅의 재주가 있고 뭇 사람들의 마음을 크게 얻고 있어 끝내 남의 밑에 있을 자가 아니니, 빨리 그를 도모하는 게 낫습니다."
> 그러자 조조가 말했다.
> "바야흐로 지금 영웅을 거두어들이고 있는 때인데, 한 사람을 죽여 천하의 인심을 잃는 일은 할 수 없소."

조조는 정욱의 의견에 동의하지 않습니다. 유비를 죽이지 않은 것이 조조의 리더로서의 도량과 인재정책의 방향을 보여주는 시범 효과를 일으켜 천하의 영웅들이 귀순하도록 유도할 수 있다는 것이었습니다. 이 점에 관해 조조는 모사 곽가와 토론한 적이 있었습니다.《삼국지》의 내용입니다.

> 누군가 "유비는 영웅의 뜻이 있으니 이제 일찍이 도모하지 않으면 뒤에 반드시 우환이 될 것입니다"라고 하자 조조가 이에 관해 곽가에게 물었다. 곽가가 말했다.
> "옳은 점이 있습니다. 그러나 공이 의병義兵을 일으켜서 백성을 위해 흉포한 이들을 제거하려 하시는데, 진심으로 대우하고 신의에 의지해 준걸을 불러들여도 도리어 성공하지 못할까 두렵습니다. 지금 유비에게는 영웅의 명성이 있는데, 궁박한 처지가 되어 자신에게 귀부한 이를 해친다면 이로 인해 현명한 이를 해쳤다는 이름을 얻을 것입니다. 그리되면 지혜로운 선비들이 장차 스스로 의심을 품어 마음을 바꿔 주인을 택할 것이니 공은 누구와 더불어 천하를 평정하시겠습니까? 무릇 우환이 될 한 사람을 제거해 사해四海의 바람을 꺾는 것은 안위安危의 계기가 될 수 있으니 신중히 살피지 않을 수 없습니다!"
> 조조가 웃으며 말했다.
> "그대의 말이 옳소."

유비를 죽이지 않는 것이 영웅을 모으는 시범효과를 일으킬 수 있다는 것인데, 이는 간접효과에 해당했습니다. 조조가 유비를 제거하지 않은 것은 직접적인 효과도 있었는데, 그것은 바로 여포와 원술을 제거하는 데 유비가 할 역할이 있다는 점이었습니다.

유비는 이 두 세력에 대항하는 측면에서 다른 사람에게 없는 특별한 강점이 세 가지나 있었습니다. 첫째 명망이 높고, 둘째 민심을 얻었으며, 셋째 경험이 있었습니다. 조직 안에는 종종 능력이나 경지가 뛰어나지 않은데도 꼭 해야 할 일을 다른 사람이 대신할 수 없어서 발전하는 사람이 있습니다. 이를 '공백이 있으면 공간이 있다'라고 합니다. 다른 사람의 공백이 바로 내가 생존하고 발전할 수 있는 공간인 것입니다.

이는 오늘날에도 마찬가지입니다. 자원이 있는 사람은 자원을 쓰고, 능력 있는 사람은 능력을 쓰면 되는데, 능력도 없고 자원도 없는 사람은 어떻게 해야 하지요? 상관없습니다. 집행력이 뛰어나 궂은일이나 힘든 일을 하는 사람은 능력이나 자원이 있는 사람처럼 없어서는 안 될 인재인 것입니다.《서유기西遊記》의 사오정이 바로 이 노선을 선택했습니다.

조직생활을 잘하는 사람은 얼마나 능력이 있는지가 아니라 조직에서 얼마나 필요로 하는 일을 하는지에 달려 있습니다.《서유기》에서 사오정의 능력은 손오공에 미치지 못하고 자원 배경에서는 삼장법사를 따라가지 못하고 눈에 거슬리지 않기는 저팔계보다 못합니다. 그런 사오정이 어떻게 득도할 수 있었을까요? 그는 남이 먹지 않는 것은 다 먹고, 남이 챙기지 않는 것을 나서서 다 챙기며, 남이 잘 때 자지 않고, 남이 아직 일어나지 않았을 때 먼저 일어나 궂은일이나 힘든 일을 다 맡아서 했습니다. 즉 그가 이러한 공백을 매워주었기 때문에 발전할 공간이 생겼던 것입니다.

조직에서 입지를 확고히 하고자 한다면 구태여 가장 능력 있는 사람이 되려 하지 마십시오. 그저 공백을 메우는 사람이 되는 것이 좋습니다. 여러분이 그런 사람이라면 설령 능력이 아주 뛰어나지 않더라도 똑같이 발전할 수 있을 것입니다.

⚙ 유비의 지혜

조직 안에는 종종 능력이나 경지가 꼭 뛰어나지 않은데도 꼭 해야 하는 일을 함으로써 발전하는 사람이 있다. 구태여 가장 능력 있는 사람이 되려 하지 말라. 그저 공백을 메우는 사람이 되는 것이 좋다. 조직에서는 그가 얼마나 능력이 있는지가 아니라 그가 하는 일이 얼마나 필요한지가 더 중요하다.

유비는 사업이 발전하면 부족한 사람이 생기게 마련이고, 자신이 그런 부족함을 메울 수 있다면 절대 죽지 않을 뿐 아니라 나아가 자유를 얻을 수 있다고 생각했습니다. 조조가 여포와 원술을 제거하려면 그들을 상대로 싸운 적이 있으며 서주의 지리를 잘 알고 현지에서 민심과 위망威望이 있는 사람을 필요로 할 텐데, 그 사람이 다름 아닌 유비 자신이었습니다. 그는 자신이 아니면 누구도 그 일을 대신할 수 없다는 사실을 깨달았습니다. 이러한 공간이 있었기 때문에 유비는 조조가 적어도 곧바로 자신을 죽이지는 않으리라 믿었던 것입니다.

조조가 유비를 받아들인 것 자체는 일석삼조의 계책이었습니다. 때마침 유비가 알아서 찾아왔으니 조조에게도 순풍에 돛을 단 것과 같았습니다. 유비는 조조를 도와 여포를 제거한 이후에 다시 원술을 제거하기 위해 분주하게 뛰어다녔습니다.

조조가 여포를 제거하자 원술도 곤경에 처하게 되었습니다. 원술은 황제를 칭한 후 2년도 채 지나지 않아 음탕하고 낭비가 심해졌으며, 잉첩媵妾을 수백 명 두는 등 방탕하게 살다가 세력이 쇠진해지고 말았습니다.《자치통감》의 기록입니다.

> 원술은 황제가 된 후 황망하고 사치가 극심해 후궁 수백 명은 모두
> 무늬가 든 비단옷을 입고 곡식과 고기는 남아돌았지만, 굶주리고
> 곤궁한 아랫사람들은 구휼하지 않아 부하들에게 버려졌다. 곳간이
> 다 텅 비어 자립할 수 없게 되니 궁실을 불태우고 첨산瀞山에 있는
> 그의 부곡인 뇌박雷薄·진란陳蘭에게 의탁하려 했으나 거절당했다.
> 이에 곤궁함이 더해져 사졸들이 달아나자 근심과 두려움으로 어찌
> 할 바를 몰랐다. 청주로 가서 원담에게 투항하려 했으나 질병으로
> 길 위에서 죽었다.

원술은 회남에서 지내기가 어려워지자 과거 자신의 부장에게
의탁하려 했으나 거절당하고 할 수 없이 북쪽 원소에게 의탁하려
했습니다. 원소와 원술은 가는 길이 서로 달랐지만 그래도 한 집안
사람이었기에 조조는 당연히 두 원씨가 합치는 것을 바라지 않았
습니다. 그래서 서주로 가 원술이 원소와 결합하는 것을 저지할 사
람이 필요했던 것입니다. 앞서 말했듯이 유비는 원술을 공격하는
데 강점이 있었습니다. 유비가 먼저 임무를 자청하자 조조는 주령
과 함께 좌장군의 기치를 내걸고 서주로 가도록 했습니다. 역사의
수레바퀴가 앞을 향해 굴러가듯이 유비는 마침내 조조의 손아귀
에서 벗어나 한 단계 더 발전할 결정적인 기회를 맞이하게 되었습
니다.

결국 유비는 원술을 저지하는 데 성공했습니다. 원술은 북으로
갈 수 없게 되자 다시 수춘으로 돌아가는 길에 피를 토하며 죽고 말

았습니다.

유비는 남의 힘을 빌려 쓰는 데 아주 뛰어났습니다. 이러한 능력의 기본은 자신의 어려움을 공동의 어려움으로, 자신의 목적을 쌍방의 목적으로 바꾸는 것을 잘하는 데 있습니다. 유비는 이 방면에서 아주 적절한 위치를 틀어줘었습니다. 조조의 도움을 '빌려' 상대를 제거하는 일을 조조를 '도와' 제거하는 일로 바꾸었던 것입니다. 사람들은 "조조는 천시를 얻었고, 손권은 지리를 점했으며, 유비는 인화가 있었다"고 하는데, 이는 비교적 적절한 견해라 할 수 있습니다. 유비는 마침내 원술을 칠 기회를 빌려 조조의 통제에서 벗어나고, 다시 서주로 돌아갈 수 있었습니다.

↻ 유비의 지혜

남의 힘을 빌려 쓸 줄 알아야 한다. 자신의 어려움을 공동의 어려움으로 잘 바꾸고 자신의 목적을 쌍방의 목적으로 바꾸는 자세가 필요하다.

좋은 부하가 현명한 리더를 만든다

유비는 재능을 밖으로 드러내지 않고 인내하고 기다리는 도광양회韜光養晦 전략을 취했습니다. 그 효과는 곧 드러났습니다. 조조는 기본적으로 유비를 신임했고 원술이 회남을 버리고 원소에게 돌아가려 할 때 유비와 주령을 보내 저지하도록 했습니다. 유비가 허도를 떠나 다시 서주로 돌아가는 것은 자나 깨나 갈망하던 바로, 이는

"용이 대해로 돌아가고 호랑이가 깊은 산속에 들어간다"고 할 만했습니다.

유비가 서둘러 허도를 떠난 또 다른 중요한 원인은 마음속에 엄청난 비밀을 간직하고 있었기 때문입니다. 유비는 조조를 암살하려는 비밀계획에 참여했던 바가 있습니다. 이 계획은 헌제의 장인 동승董承이 계획한 의대衣帶 밀서사건으로, 참여자는 장수교위長水校尉 충집种輯, 장군 오자란吳子蘭, 왕자복王子服 등이었습니다. 유비는 이번 거사가 사람이 너무 많고 두서가 없어 비밀이 새나갈 것을 걱정했습니다. 일단 새나가면 곧바로 장사도 지내지 못하고 죽을 판이었습니다. 현실은 정말 그가 걱정한 대로 일어났습니다. 유비가 떠난 지 얼마 지나지 않아 계획이 드러나 참여자 모두 멸문의 화를 당하고 말았습니다. 유비가 이 재난에서 벗어날 수 있었던 이유는 사전에 원술을 제지할 기회를 빌려 허도를 떠났기 때문입니다.

사실 유비가 원술에 대한 공격을 시작하기 전에 조조는 유비를 제거할 기회가 있었습니다. 유비에게 군사를 주어 서주로 보낸 인사명령은 두 사람의 반대에 부딪쳤습니다.《삼국지》〈정욱전程昱傳〉의 기록입니다.

> 정욱과 곽가가 조조를 설득하며 "공께서 저번에 유비를 도모하지 않은 것은 저 정욱 등이 진실로 미칠 바가 아니었습니다. 지금 그에게 병사를 빌려주면 반드시 다른 마음을 품을 것입니다"라고 했다. 조조가 후회하며 그를 추격했으나 미치지 못했다.

이 구절은 두 가지 정보를 드러내고 있습니다. 첫째, 유비의 임명에 대해 정욱과 곽가는 사전에 알지 못했고 이는 임시적인 임명에 속한 것이라는 사실입니다. 둘째, 유비가 임명을 받자마자 출발해 조조에게 후회할 기회조차 남겨두지 않았다는 사실입니다.

유비가 원술을 저지한 전투는 아주 순조롭게 진행되어 결국 궁지에 몰린 원술이 피를 토하고 죽고 말았습니다. 이어 유비는 서주에서 조조가 임명한 자사 차주車冑를 죽이고 다시 한 번 서주를 접거했습니다. 조조는 서둘러 유대劉岱·왕충王忠 두 장수를 보내 유비를 공격하게 했지만, 두 사람은 근본적으로 유비의 상대가 되지 않았습니다.《삼국지》에는《헌제춘추獻帝春秋》를 인용해 유비가 두 사람을 물리치며 내뱉은 말이 기록되어 있습니다.

유비가 유대 등에게 말했다.
"설령 너희 같은 자 100명이 온다 한들 나를 어찌 대적하겠느냐. 조공曹公이 직접 온다면 알 수 없는 일이다!"

유비가 이 말을 했을 때는 기본적으로 당시 형세를 이미 파악하고 있었음을 알 수 있습니다. 당시 조조는 원소와 막 싸울 준비를 하던 차였기에 유비는 조조가 가까이 있는 원소를 버리고 멀리 있는 자신과 싸우지 않을 것이라 생각했던 것입니다. 하지만 유비가 잊은 것이 있었습니다. 첫째, 전쟁에서는 속임수도 마다하지 않는다[兵不厭詐], 둘째, 예상치 못하게 허를 찔러 승리를 구한다[出奇制勝]는 것이었습니다. 조조는 유비의 이러한 심리를 이용해 군사를 관도에 보내 지키게 하고는 방향을 바꿔 대군을 이끌고 친히 서주를 정벌했습니다. 이에 유비는 아연실색했습니다.《삼국지》〈선주전〉은 유비가 처음 조조가 왔다는 것을 믿지 않다가 "조조의 대장기를 보자 이내 군사를 버리고 달아났다"고 기록하고 있습니다.

《삼국지연의》에 유명한 "관운장이 토산에서 세 가지를 약속받고 한나라에 항복한 것이지 조조에게 항복한 것이 아니다"라는 고사는 바로 이 전투의 결과로 일어난 일이었습니다. 유비는 이 전투로 인해 관우·장비와 헤어져 다시 부하가 없는 외톨이가 되고 말았습니다.

여기서 우리는 사업을 성취하기 위해서는 기반과 지지자도 필요하지만, 가장 중요한 것은 견실한 핵심 조직원이라는 사실을 알 수 있습니다. 유비 주변에는 무장 방면으로는 관우와 장비가 있었지만, 문사 방면으로 그를 보좌하며 계책을 내는 모사가 부족했습니다. 문무를 아우르는 핵심조직이 갖추어지지 않은 까닭에 싸울 때마다 허점을 드러내고 곤경에 빠졌던 것입니다.

유비도 되돌아보며 생각했을 것입니다. 자신의 조직은 민심이면 민심, 인기면 인기를 모두 갖춘데다가 관우와 장비 외에도 미축·미방·손건·간옹 등 인재도 많은데 왜 늘 싸움에 지는 것인지에 대해 고민했을 것입니다. 이때부터 그는 주변에 곽가나 순욱과 같은 지낭智囊이 필요하다는 사실을 절실히 느끼기 시작했습니다.

고대 중국역사에서 대업을 이룬 사람 주변에는 늘 두 종류의 인사가 있었습니다. 한 종류는 도끼를 휘두르는 용勇이고 한 종류는 부채를 흔드는 모謀입니다. 《수호지水滸傳》의 송강宋江을 보면 왼쪽에는 부채를 흔드는 지다성智多星 오용吳用이 있고 오른쪽에는 도끼를 휘두르는 흑선풍黑旋風 이규李逵가 있습니다. 유비 주위에는 특히 이런 지낭이 없었기 때문에 매번 중요한 싸움에서 다른 사람들에게 당하기만 했던 것입니다.

ⓒ 유비의 지혜

관리의 본질은 다른 사람을 통해 임무를 완성하는 것이다. 부하가 있어야 천하를
도모할 수 있다.

서주에서 패배한 이후 유비는 곧바로 북쪽으로 가서 조조를 공격
할 준비를 하고 있던 원소에게 의탁했습니다. 원소 부자는 유비를
매우 환대했습니다. 비록 예전에 서로 청주에서 격렬한 전투를 벌
인 적이 있었지만, 지금은 강력한 공동의 적인 조조를 앞에 두고 과
거의 은원을 내려놓은 것이었습니다. 이때의 원소는 기주·청주·유
주·병주 등 네 개 주를 점거하고 있었고, 문신에는 전풍田豊·심배審
配·저수沮授·곽도郭圖가 있었고, 무장에는 안량顏良·문추文醜·장합張
郃 등의 장수를 거느리고 있었습니다. 실력 측면에서 명백히 우세했
고, 기세는 한 번의 싸움으로 조조의 세력을 병탄할 만했습니다. 유
비는 시세에 순응해 흩어진 병사들을 수습해 원소 진영에 가담하
고 관도에서 조조와의 결전에 참여할 준비를 했습니다. 본래 유비
와 그 수하들은 이번 전투는 원소가 절대적으로 우위를 점했다고
생각했습니다. 하지만 형세는 예상과는 전혀 다른 방향으로 흘러
갔습니다. 유비는 이 전투에서 다시 한 번 생사를 넘나드는 중대한
시험에 직면했습니다. 그러면 이 모든 것은 어떻게 발생했고 유비
는 또 어떻게 그 난관에서 벗어날 수 있었을까요? 다음 강의에서 뵙
겠습니다.

여지를 남겨
마음을 장악한다

동한 말년, 변화무쌍한 정세에서 내세울 만한 기반도 실력도 없었던 유비는 사업의 초기단계에는 여기저기 전전하다 가는 곳마다 패해 도망을 다니기에 바빴다. 게다가 서주에서 유비는 조조의 군대가 온 것을 보고는 뒤도 돌아보지 않고 달아나 결국 그의 식솔과 의형제 관우가 조조에게 사로잡힌 상황에 이르렀다.

그럼에도 조조에게 붙잡힌 관우는 금전과 미색의 유혹에도 조금도 동요하지 않고 항상 유비를 마음에 두고 있다가 결국 유비에게 돌아갔다. 도대체 유비는 어떤 인간적인 매력으로 관우가 온갖 난관을 돌파하면서까지 그를 다시 찾아오게 했을까? 유비는 어떻게 핵심인력의 충성도를 확보할 수 있었을까?

역사를 읽을 때 우리는 늘 누가 강자이고 약자인지 분석하곤 합니다. 실제로 강자와 약자를 구별하는 것이 무엇인지 생각해보십시오. 아주 중요한 차이는 다음과 같습니다. 강자는 실패를 이겨내고 넘어져도 다시 일어나 새로운 기회를 창조하는 사람입니다. 반면 약자는 한 번의 기회만 갖는 사람으로 한 번 실패하고 넘어지면 다시는 일어나지 못하는 사람입니다.

　유비는 사업을 시작하는 단계에서 연속해서 실패했습니다. 여포에게 패하고 원술에게 패하고 조조에게 패했습니다. 하지만 매번 일어나 다시 기회를 찾아냈습니다. 실력이 아직 부족했을 때에도 그는 강자의 자질을 보여주었습니다. 노자는 "남을 이기는 사람은 힘이 센 사람이고 자신을 이기는 사람은 강한 사람이다[勝人者力, 自勝者强]"라고 했습니다. 유비는 비록 힘이 세지는 않았지만, 작아도 강한 사람이었습니다. 이 점이 우리를 감탄하게 합니다. 강자가 되기 위해서는 역량을 끌어올리는 것보다는 자신을 이기는 것, 즉 실패할 때마다 다시 일어나 새로운 기회를 찾아내는 힘이 가장 중요하다 할 수 있습니다. 서주에서 참패한 후 유비는 다시 북쪽에 있는 새로운 맹우인 원소를 찾아갔습니다.

돈으로는 마음을
붙잡을 수 없다

동한 건안 5년(200), 원소가 11만 대군을 이끌고 허도를 목표로 조조를 공격하자 조조도 군대를 이끌고 관도에서 적을 맞았습니다. 중원의 승패를 가르는 대결전의 서막이 시작된 것입니다.

4월의 여름날, 황하 강변은 초목들로 무성하고 농작물은 흡족할 만큼 잘 자랐지만 마을은 텅 비어 있고 길에는 지나가는 사람이 거의 없었습니다. 백성들은 어디로 간 것일까요? 전란을 피하기 위해 일찌감치 도망간 것이었습니다. 그때 백마성白馬城 부근의 큰 길가에 한 무리의 인마가 나타났는데 자세히 보니 기병이 앞에 서고 보병이 그 뒤를 따르고 있었습니다. 대장은 나이 마흔 정도로 키는 8척 남짓에 짙은 눈썹에 호랑이 눈에 금갑을 걸치고 손에는 75근 무게쯤 되는 금배감산도를 들고 있었습니다. 그는 바로 원소가 백마白馬를 공격하기 위해 보낸 장수 하북의 명장 안량이었습니다.

안량의 백마 출병은 아주 순조로웠습니다. 성을 지키는 동군태수東郡太守 유연劉延은 반격할 엄두조차 내지 못하고 단지 지키는 데 급급했습니다. 안량이 곧 백마성을 접수하려 할 때 홀연히 척후가 와 조조의 대군이 백마에서 멀지 않은 곳에 도착했다고 알려왔습니다.

안량은 적지 않게 놀랐습니다. 얼마 전까지 조조는 멀리 떨어진 연진延津에서 막 도하를 준비하고 있다고 들었는데 그가 벌써 도착했으리라고 생각하지 못했기 때문입니다. 안량은 첩보를 들은 즉시 인마를 정돈해 적을 맞으러 앞으로 나갔습니다. 막 10여 리를 갔을 때 조조의 선봉부대와 마주쳤습니다.

산과 들판은 모두 정예기병으로 가득했고 선봉에 선 조조군의 깃발에는 관闕 자가 아주 크게 새겨져 있었습니다. 깃발 아래의 장수는 바로 손에 청룡언월도를 들고 적토마를 탄 관우였습니다.《삼국지》〈관우전〉은 이 전투를 다음과 같이 묘사하고 있습니다.

원소가 대장 안량을 보내 동군태수 유연을 백마에서 공격하자, 조조는 장료와 관우를 선봉으로 삼아 이를 공격하게 했다. 관우는 안량의 수레에 딸린 대장기를 멀리서 보고 말을 채찍질해 달려가 많은 병사 사이에서 안량을 찌르고 그 수급을 베어 돌아왔다. 원소의 장수 가운데 그를 당해낼 자가 없었고 마침내 백마의 포위를 풀었다.

백마성 싸움에서 관우는 어떻게 하북의 명장 안량을 벨 수 있었을까요? 관우의 세 가지 동작, 말을 채찍질해서, 안량을 찌르고, 수급을 베어왔다는 동작들에 주목하시기 바랍니다. 이 동작을 빌려 당시의 상황을 상상할 수 있을 것입니다. 관우가 나는 듯이 빠르게 달리자 그 기세를 막을 자가 없었고 한번에 안량을 찌르고 이어 그 수급을 베었습니다. 바람처럼 용감하게 달려가 안량의 수급을 베고 부대로 돌아가자, 원소의 군사들은 간담이 서늘해져 감히 막아서려 하지 않았던 것입니다. 그야말로 전쟁의 신[戰神]이었습니다.

관우는 이 전투에서 세운 공으로 포상을 받았습니다. 관우의 한수정후漢壽亭侯라는 호칭은 이러한 배경으로 얻은 것입니다. 인재를 좋아했던 조조는 자신의 장점을 최대한 발휘해 관우를 끌어들이려 노력했습니다. 말을 타도 금을 주고 말에서 내려도 금을 주고, 저택을 주고 미염공美髥公으로 존칭하는 등 관우를 특별히 보살펴주었습니다. 하지만 조조의 고심과 노력으로도 관우를 붙잡지 못했습니다. 결국 관우는 조조가 준 모든 것을 남겨놓고 홀연히 조조 곁을 떠나 형님 유비를 찾으러 나섰습니다. 괘인봉금掛印封金이라는 이 이야기는 역사서에도 기록되어 있습니다. 《삼국지》〈관우전〉에 기재된 내용입니다.

조조는 표를 올려 관우를 한수정후에 봉했다. 당초 조조는 관우의 사람됨을 크게 여겼으나, 그의 마음에 오래 머무를 뜻이 없음을 살피고는 장료에게 말했다.
"경이 한 번 정으로써 물어봐주시오."
그 뒤 장료가 관우에게 묻자 관우가 탄식하며 말했다.
"조공께서 후히 대우해주시는 것을 아주 잘 알고 있으나, 유장군(유비)의 두터운 은혜를 입었고 함께 죽기로 맹세했으니 이를 저버릴 수는 없소. 여기 끝까지 머무를 수는 없으나 반드시 공을 세워 조공께 보답한 뒤에 떠날 것이오."
장료가 관우의 말을 조조에게 보고하자 조조는 이를 의롭게 여겼다. 관우가 안량을 죽이자 조조는 관우가 반드시 떠나리라는 것을 알고 더 많이 포상했다. 관우는 하사받은 것을 모두 봉해놓고 작별을 고하는 서신을 올린 후 원소의 군에 있던 유비에게 달아났다. 좌우에서 이를 추격하려 하자 조조가 말했다.
"각기 그 주인이 있는 것이니 뒤쫓지 말라."

조조는 아무리 생각해도 이해할 수 없었습니다. 그동안 유비가 결코 줄 수 없는 것들을 주며 잘 대해주었는데 왜 관우는 유비를 따라 떠났을까요?

사실 오늘날의 직장에서도 늘 이러한 문제에 직면하곤 합니다. 사장이라면 누구나 핵심인재를 붙잡고자 최선을 다하지만 사실 핵심인재의 충성도를 관리하는 것은 매우 어려운 일입니다. 집·차·돈·직위를 다 주어도 마음을 붙잡지 못하면 이직할 수 있습니다. 유비는 어떻게 대처했을까요?

유비의 방식은 오늘날 우리가 탐구해볼 만한 가치가 있습니다. 유비는 관우를 대할 때 감정적이 요인 외에도 아주 중요한 충성 요인에 주목했습니다. 이것이 바로 자신만의 조직을 이끄는 특별한 리더십이었습니다. 유비의 리더십에 관한 두 가지 요점을 이야기해보겠습니다.

강요 없이 충성을 이끈다

일반인이 일을 할 때 바라는 것은 교환이지만, 뛰어난 인재가 일을 할 때 바라는 것은 인정입니다. 일반인은 많이 주면 많이 일하고, 적게 주면 적게 일하며, 주지 않으면 일하지 않습니다. 하지만 뛰어난 인재는 그렇지 않습니다. 뛰어난 인재가 일을 할 때 바라는 것은 이상과 신명이고 책임과 영예입니다.

일반인이 일을 할 때 바라는 것은 교환이지만, 뛰어난 인재가 바라는 것은 인정이다. 이상과 신명, 책임과 영예에 따라 마음을 움직인다.

두 가지 예를 들어보지요. 첫 번째는 《수호지》 양산박梁山泊 영웅들의 구호 "하늘을 대신해 도의를 행한다[替天行道]"입니다. 조무래기 영웅들에게 재물을 약탈하자고 하면 그들은 즉시 움직입니다. 하지만 위대한 영웅들에게 재물을 약탈하자고 하면 그들은 결코 동참하지 않을 것입니다. 그들은 더 원대한 이상, 더 영예로운 책임을 반드시 필요로 합니다. 그래서 송강이 "우리는 강도가 아니라 하늘의 뜻을 펼치는 사람들로서 모두에게 의미 있고 영예로운 일을 하자"고 구호로써 말한 것입니다.

두 번째는 《서유기》에서 온갖 난관을 극복하고 불경을 구하는 것입니다. 불경을 얻으면 각자 득도라는 실질적인 혜택을 얻을 수 있지만 반드시 '중생을 제도한다'라는 원대한 목표를 끌어낼 필요가 있었습니다. 이 목표로 사람들의 열정을 격려하고 투지를 격발시킨 것입니다. 만약 이러한 목표가 없다면 자기들끼리의 놀이에 불과하기 때문입니다.

그래서 충성의 전제는 '원대한 목표에 대해 직접적인 책임을 진다'라고 느끼게끔 하는 것입니다. 먹고살기 위해 선생이 된 사람은 일할 때 노력은 할 수 있지만 분명 직업의식은 없을 것입니다. 하지만 선생이 아이들이 앞으로 나라의 주인이 되고, 지금 수업에서 하는 한마디 한마디가 나라의 미래에 영향을 준다고 생각한다면, 그는 책임감을 느끼고 최선을 다할 것입니다.

충忠 자는 상변에 가운데 중中 자, 하변에 마음 심心 자가 있습니다. 마음의 중심을 세우고 늘 공경하는 것을 충이라 이해할 수 있습니다. 결론적으로 일할 때 물질이 없으면 안 되지만, 물질만으로는 충분하지 않습니다. 조조가 사용한 교환수단은 근본적으로 관우를 끌어들일 수 없었던 것입니다.

관우의 사례를 통해 우리는 유비가 작전능력은 보통이었지만 사람의 마음을 격려하는 능력은 아주 뛰어났음을 알 수 있습니다. 그는 원대한 목표를 세웠고 강력한 가치관을 전파했으며 원대한 목표 앞에서 아랫사람들이 책임감을 느끼도록 만들었습니다. 나아가 솔선수범해 원대한 목표를 향해 끊임없이 노력했습니다. 이러한 방식은 뚜렷한 효과를 보았습니다. 여기서 이를 '모범을 보여 이끄는 방식'이라고 불러보겠습니다.

양을 기르는 이야기로 설명해보겠습니다. 양치기는 양이 흩어지거나 도망가는 것을 방지하기 위해 목양견이 필요합니다. 어떤 양이 도망이라도 가려 하면 개가 멍멍 짖고 양의 꼬리를 뭅니다. 이렇게 하면 양은 멋대로 움직이지 않습니다. 하지만 목양견이 뒤에서 따라간다고 해서 충분한 것은 아닙니다. 양이 너른 들판에서 자유롭게 뛰어다닐 수 있으려면 우두머리 양이 양 떼를 이끌어야 합니다. 우두머리 양이 방향을 명확히 지시하면 모두가 그를 따라갑니다. 목양견의 역할을 '밀어주기'라고 한다면 우두머리 양의 역할을 '끌어주기'라 할 수 있습니다.

관리란 밀어주고 끌어주는 것이 잘 결합되어야 합니다. 여기서 밀어주는 것이란 심사평가·장려·징벌·경고 등으로 우리가 보통 말하는 업무성적평가나 360도 다면평가, 균형성적기록표, KPI 지표, 강제성 분석, ABC 평가를 말합니다. 그렇다고 밀어주기만 해서 되는 것은 아닙니다. 리더가 앞에서 인도하며 시범을 보이고 안내해 모두가 원대한 목표를 향해 분투하도록 인솔하는 것이 바로 끌어주는 방법입니다. 이 끌어주는 능력이 없으면 조직은 심사평가를 할수록 더 흩어질 것입니다.

오늘날 많은 기업에서 심사평가가 아주 세밀하고 지표설계가 과학적으로 이루어지는데도 사람들의 마음이 흐트러지는 이유는 밀어주는 것만 있고 당겨주는 역할이 없기 때문입니다. 벽돌 차량을 끌 때와 밀 때 가운데 어느 것이 더 수월하지요? 당연히 미는 것이 훨씬 힘이 덜 듭니다. 핵심인재들이 머물지 않는 까닭은 바로 밀어주는 것은 여유가 있을지 몰라도 끌어주는 것이 부족하기 때문입니다.

우리는 정신적인 측면에서의 인도·시범·인솔·전수를 너무 적게 하고 있습니다. 조조가 이러한 이치를 알았다면 아마도 관우를 머물게 할 수 있었을 것입니다. 조조는 단순하게 물질적인 혜택을 주었으니 그것으로 되었다고 여겼습니다. 관우는 조조가 생각한 세속적인 보통 사람이 아니었기에 사직하고 뜻을 받아들이지 않았던 것입니다. 이 짤막한 이야기를 통해 조직을 이끄는 일에서는 반드시 밀어주는 것과 끌어당기는 방식이 결합되어야 한다고 간단하게 결론지을 수 있습니다.

요즘 취업자, 특히 젊은 근로자의 이직은 아주 흔한 현상으로, 직원의 충성도가 높지 않아 인재가 빠져나가는 문제에 당면한 기업이 많습니다. 이는 요즘 조직의 리더십과 관련이 큽니다. 기업들이 늘 하는 평가나 장려, 업적지표와 같은 '밀어주기'의 역량은 충분하지만 인도나 시범과 같은 '끌어당기기'의 역량은 부족한 것이 현실입니다.

좋은 일자리는 실질적·경제적 이익을 주는 것 외에도 심리적 만족감을 주고, 인생의 가치를 실현하는 무대를 제공해주는 곳입니다. 문화적 동질감을 통해 직원의 존엄성과 자아실현 욕구를 만족시켜 업무 열정을 자극해야 그들이 시련을 견디고 유혹을 이겨내는 충성스러운 직원이 되게 할 수 있을 것입니다.

관우가 안량을 벤 일은 유비에게 심각한 위기를 초래했습니다. 어느 날 갑자기 원소가 아끼는 장수가 유비의 동생 때문에 죽임을 당했는데 아무 일 없던 듯이 지낼 수 있었겠습니까? 자칫 유비는 보복당할 여지가 있었습니다. 유비가 계속해서 원소 주위에 남아 있으면 생명의 위험에 처할 수도 있었습니다. 만약 일반적인 사람이었다면 일찍이 기회를 보아 떠났을 테지만 유비는 생명의 위험을 무릅쓰고 계속 남는 길을 선택했습니다.

유비의 지혜

일을 물질과 제도 측면에서 하는 것은 리더의 기술이고 일을 마음의 측면에서 하는 것은 리더의 예술이다. 작은 일을 하는 것은 기술에 달려 있지만 큰일은 예술에 달려 있다. 보통 사람을 관리할 때는 기술에 의존해야 하지만 위대한 영웅을 관리할 때는 예술이 있어야 한다.

적으면 얻게 되고,
많으면 미혹된다

유비가 남기로 선택한 까닭은 자신의 사업을 발전시키기 위해 '무대를 빌려 공연을 하고, 배를 빌려 바다로 나간다'는 아주 명확한 연맹책략이 있었기 때문입니다.

《삼국지》를 보면 유비는 매번 강한 맹우를 찾아 함께 싸우고, 나아가 상대의 무대를 빌려 자신을 키우곤 했습니다. 그의 맹우에는 공손찬·전해·도겸·조조·유표·유장 등이 포함됩니다. 단독으로 깃발을 올리지 않고 다른 사람을 도와주는 방식을 택한 유비의 전략 모델은 실제로 형세분석과 판단에서 나온 것이었습니다. 이를 '접목 모델'이라 불러보겠습니다.

쉰 살이 되기 전 유비는 기본적으로 좋은 친구를 찾으면 인사하고 악수하며 그들과 함께 전투를 했습니다. 만약 상대와 함께할 수 없으면 다시 다른 사람을 찾아 손을 잡았습니다. 이러한 방법은 세 가지 장점이 있었습니다.

첫 번째는 앞서 출발할 수 있고 무대도 넓어 유비의 미미한 출신과 부족한 자원을 보완할 수 있었습니다. 두 번째는 위험을 분산해 자신을 보전하면서 각 세력의 중점적인 타격목표가 되는 것을 피할 수 있었습니다. 세 번째는 발전의 여지가 있으면 남고 불리하면 가볍게 떠날 수 있고, 무대를 바꾸어가며 계속 발전할 여지를 찾을 수 있었습니다.

서주에서의 실패 이후 유비는 다시 이 방법을 통해 새로운 친구인 북쪽의 원소를 찾아갔습니다. 과거 도겸의 손에서 서주의 관할

권을 이어받던 때에도 유비는 원소의 지지와 인정을 얻은 적이 있었습니다.《삼국지》의 주석인《헌제춘추》에는 진등이 유비를 서주목으로 추대하고 사자를 보내 원소에게 알렸을 때 원소가 말한 내용이 실려 있습니다.

"유현덕은 고아하고 신의가 있소. 지금 서주가 그를 즐거이 추대하니 실로 내 소망에 부합하오."

원소는 유비가 "고아하고 신의가 있다"며 높은 평가를 내렸습니다. 훗날 유비가 서주에서 조조에게 대항해 싸울 때 원소가 기병을 보내 도와준 적도 있었습니다. 이는 원소가 유비를 조조에게 대항하는 맹우로 여기고 있다는 정보를 알려준 것이었습니다. 유비가 공손찬과 연합했던 이야기는 이미 과거의 일이 된 것이지요. 그래서 유비가 원소에게 의탁했을 때 원소 부자는 그를 환대했던 것이고 이로써 원소와 유비의 동맹이 결성된 것이었습니다.

실제로 유비에게는 다른 기회, 훨씬 복잡하고 정교한 창업 모델을 택할 수 있었습니다. 하지만 유비는 매번 사업에 실패하고 다시 시작하면서 하나의 예외도 없이 강자에게 의지하는 연맹책략을 썼습니다. 이는 더 깊이 연구해볼 만한 생각입니다. 노자는 "적으면 곧 얻게 되고, 많으면 곧 미혹된다[少則得, 多則惑]"고 말했는데, 이는 집중이 성공의 기초라는 뜻입니다.

예를 하나 들어보겠습니다. 한 학생이 시험준비를 위한 참고서 한 권을 추천해달라고 했습니다. 학생은 제가 추천한 참고서만 열심히 공부한 끝에 좋은 결과를 얻었습니다. 또 다른 학생은 조금 욕심을 내서 저 외에 다른 두 명의 선생에게도 참고서를 추천해달라고 이야기했습니다. 그렇다면 참고서 한 권으로 공부한 사람의 학습효율이 높을까요, 아니면 세 권으로 공부한 사람의 학습효율이 높을까요? 한 권으로 공부한 사람의 학습효율이 더 높을 것입니다.

참고서가 세 권인 학생은 세 권에 있는 모든 설명과 답을 대조하며 살피느라 시간을 허비하다 정작 중요한 핵심을 소홀히 하게 될 가능성이 높습니다. 어느 것은 수준이 높고 어느 것은 낮은데 이렇게 시간과 정력을 대조하는 데 쓰면 오히려 좋지 않은 효과를 초래하기 쉽습니다.

유비는 간단한 원칙을 견지했습니다. 바로 비교적 단순하고 믿을 만하며 충분히 통제할 수 있는 모델을 최대한 사용해 일을 하는 것이었습니다. 강자에게 합류하는 연맹의 모델은 쉰 살 전까지 그가 사업발전을 위해 취한 주요수단이며 기본적인 생각이었습니다.

하지만 계속 원소와 합작하는 것을 선택했다고 해도 반드시 해야 할 일이 두 가지 있었습니다. 먼저 관우가 안량을 죽인 일로 인해 화가 미치지 않아야 했고, 한 걸음 더 나아가 조조와의 싸움에서 공헌하며, 동시에 조조에 의해 제거될 위험을 방비하는 것이었습니다. 유비는 이 두 가지 일을 아주 적절하게 처리했습니다.

ⓔ 유비의 지혜

자원이 많으면 부담이 되고 공구가 많으면 짐이 된다. 모든 길은 로마로 통하지만, 각각의 길을 다 가본다면 영원히 로마에 갈 수 없다. 모든 배로 맞은편 언덕에 이를 수 있지만 각각의 배에 다 오르면 영원히 강을 건널 수 없다. 간단함을 유지하는 일은 간단하지 않다.

퇴로의 여지를
남겨둔다

유비는 활로를 찾는 일에 대가였을 뿐 아니라 퇴로를 찾는 일에 전문가이기도 했습니다. 그의 전략은 통속적으로 말하면 한편에서는 손에 손을 맞잡으면서 다른 한편에서는 비책을 남겨두는 것이었습니다. 두 가지 사례를 살펴보겠습니다.

하나는 문추와 연합하면서 비책을 남긴 것입니다. 원소는 안량이 죽자 유비의 충성심과 전투력을 시험하기 위해 하북의 두 번째 명장인 문추를 호출해, 그와 함께 조조군의 선봉기병에 대항하도록 했습니다. 그런데 유비는 문추가 용맹만 있고 지모가 없는 장수임을 알게 되었습니다. 만약 문추와 함께 작전을 펼치다가는 자신 또한 분명 조조군에게 소멸될 것이라 예상했습니다. 그래서 문추의 부대를 앞장서게 하고 자신은 뒤에서 바짝 따라가기로 했습니다.

결국 조조는 문추를 유인해 병력을 분산시키고 정예기병을 집중해 원소군을 대파하고 문추를 베어버렸습니다. 문추가 죽자 군사들은 흩어지고 말았습니다. 유비는 형세가 좋지 않다고 보고 말머리를 돌려 다행히 재난에서 벗어날 수 있었습니다.

유비는 전투력은 보통이었지만 도망가는 능력은 아주 뛰어났습니다. 매번 패하면서도 무사히 탈출하곤 했습니다. 이번 문추와 함께 출전한 것도 예외가 아니었습니다. 유비는 미리 퇴로를 생각하고 상황이 좋지 않자 곧바로 철수했던 것입니다.

두 번째는 병사를 거느리고 허도 후방을 공격하는 한 수를 남겨둔 것입니다. 《삼국지》〈조인전曹仁傳〉의 기록입니다.

조조가 원소와 관도에서 서로 대치하자 여남의 황건 유벽劉辟 등이 조조를 배반하고 원소에게 호응했다. 원소는 유비를 보내 군을 이끌고 유벽 등을 돕게 하니 많은 군현이 이에 호응했다. 유비가 여남과 영 사이를 공략하니 허도 이남의 관리와 백성이 불안해했고, 조조가 이를 걱정했다. 조인曹仁이 말했다.

"남쪽은 대군이 목전에 닥쳐 위급한 상황에 처해 그 세력상 서로 구원해줄 수 없고, 유비가 강병으로 임하고 있어 여러 현이 배반한 것은 당연합니다. 유비가 새롭게 원소의 병사를 거느리고 있지만 그들을 충분히 사용할 수 없으니, 그를 치면 격파할 수 있습니다."

조조가 이에 조인에게 기병을 거느리고 유비를 공격하게 했다. 조인은 유비를 격파해 패주시키고, 여러 배반했던 현을 모두 수복하고 돌아왔다.

유비의 이번 여남 출병은 부대를 거느리고 적의 배후를 뚫고 지나간 것이었습니다. 이러한 특수부대는 일반적으로 사망자가 무척 많지만 유비는 이번에도 고군분투하다 안전하게 탈출했습니다. 유비는 항상 탈출구를 준비하고 있었습니다. 유비는 복잡하고 다변한 형세에서 매번 섣불리 승리를 예측하지 않고 사전에 위험을 판단하고 퇴로를 찾아 위험에서 벗어날 수 있었던 것입니다. 이러한 리더십과 의사결정은 그가 사업에 성공할 수 있었던 중요한 요인이 되었습니다.

《장자莊子》에 이러한 이야기가 실려 있습니다. 어떤 사람이 노 젓는 법을 배우고자 스승을 찾아갔습니다. 스승은 "좋다. 가서 수영 연습을 하게"라고 말했습니다. 생각해보십시오. 스승에게 운전하는 법을 배우러 갔는데 스승이, "좋다. 그렇다면 주방에 가서 음식을 만들어라"고 엉뚱하게 대답하면 이를 어떻게 받아들이겠습니까? 어쨌든 제자는 얌전히 가서 수영연습을 했습니다. 이를 배우는 데 반년이 걸렸습니다. 그런데도 스승이 계속해서 노 젓는 법을 가르쳐주지 않자 어느 날 제자는 참지 못하고 물었습니다.

"스승님, 저는 노 젓는 법을 배우러 왔습니다. 그런데 수영만 배우라는 것은 뭔가 잘못되지 않았습니까?"

그러자 스승은 제자에게 말했습니다.

"만약 수영을 할 줄 모르면 자칫 잘못해 물에 빠져 익사하는 위험을 걱정할 것이고, 이러한 걱정이 있으면 전심전력으로 노를 저을 수가 없어 학습효과가 떨어질 것이다. 그렇지만 만일 큰 풍랑 속에서도 자유롭게 수영할 수 있으면 더는 물을 두려워하지 않게 될 것이고, 이러한 마음의 준비가 있으면 전심전력으로 노를 젓는 데만 집중할 수 있다. 이것이 이른바 '준비가 되어 있으면 근심이 없다'라는 것이다."

그래서 장자는 두 사람이 활쏘기를 내기할 때 기와장을 걸었다면 활을 아주 잘 쏘겠지만, 만약 황금을 걸었다면 마음에 근심이 생겨 활을 잘 쏘지 못할 것이고, 목숨을 걸었다면 마음이 온통 안위에만 신경을 쓰기 때문에 그 화살은 항상 과녁을 벗어난다고 말한 것입니다.

여러분도 왜 일할 때 대비책을 준비해야 하는지 잘 생각해보시기 바랍니다. 이를 "준비를 하면 근심이 없고 마음이 편안해져 일을 이룰 수 있다[有備無患, 心安事成]"고 하는 것입니다. 대비책이 있으면 마음에 걱정이 없어 일 자체에 집중할 수 있기에 효과가 아주 큽니다.

유비는 대비책을 준비해 조인에게 패한 이후에도 다시 원소 곁으로 돌아갈 수 있었습니다. 이때 관도대전이 한창 무르익고 있었습니다. 유비는 안량과 문추가 전사하고 모사인 저수와 전풍이 낸 정확한 의견을 원소가 채택하지 않은 사실을 알고는 관도대전에서 원소가 필패하리라는 판단을 내렸습니다. 계속 원소의 군영에 남아 있으면 무능한 사람의 희생양이 될 가능성이 높았습니다. 그래서 유비는 미리 행동하기로 결정하고 새로운 출구를 찾아 나섰습니다.

결정적 순간을 위해 끊임없이 준비한다

《삼국지》〈선주전〉의 기록입니다.

> 다시 원소군에 돌아온 유비는 암암리에 원소를 떠나고자 원소에게 남쪽으로 가 형주목 유표와 연합할 것을 제안했다. 원소가 허락하자 유비는 본래 있던 군사들을 이끌고 다시 여남에 이르렀는데 황건적 무리인 공도龔都 등과 합쳐 그 무리가 수천 명에 이르렀다.

유비가 다시 여남에서 작전을 펼치자고 하자 원소가 이에 동의했습니다. 사서에는 "유비가 거느린 본래의 인마"라고 기록되어 있는데, 이는 원소가 유비에게 많은 부대를 준 것이 아니며, 유비 또한 조건을 내세우지 않고 자신을 따르던 부대만을 거느리고 빙 돌아서 여남에 갔다는 의미입니다. 그렇다면 이 일에서 우리는 "형세를 판단하고 미리 행동한다"라는 유비의 한 가지 특징을 알 수 있습니다. 만약 관도대전이 마지막 결전을 기다리고 있을 때라면 유비가 가려 해도 갈 수 없고 조조에게 붙잡힐 가능성이 많았을 것입니다. 이 때문에 유비는 최후의 위험이 다가오기 전에 몸을 뺀 것이었습니다. 유비의 이러한 남다른 행동력은 어떻게 단련된 것일까요? 아주 간략한 이야기 하나를 해보겠습니다.

초원에서 계절은 우기와 건기 두 가지밖에 없습니다. 우기가 지나면 건기가 되는데 이때 비가 오지 않아 초목은 고사하고 동물들은 목말라 죽어갑니다. 여기서 문제를 하나 내겠습니다. 건기가 오기 전에 동물들은 가뭄을 피해 이동합니다. 이때 빨리 뛰는 동물이 갈증으로 죽을까요, 느리게 움직이는 동물이 죽을까요? 답은 빨리 뛰는 동물입니다. 왜 그럴까요? 느린 동물은 위험의식이 강하기 때문입니다.

거북이는 자신이 느리다는 사실을 알기에 가뭄이 시작되기 전에 서둘러 준비를 마치고 떠나기 시작합니다. 빠른 동물은 유유자적하며 속으로 '내가 얼마나 빠른데. 내일 가뭄이 시작되면 오늘 갈 수 있는데 급할 게 뭐 있어!'라고 생각합니다. 그는 자신의 능력만 믿고 대응할 시간이 충분하다고 생각합니다. 오늘이 지나면 내일이 오고 내일은 또다시 다음 날을 맞이합니다. 결국 가뭄이 시작되었을 때는 가려 해도 이미 늦고 맙니다.

우세하다는 것이 오히려 부담이 될 수 있고 자원이 있다는 것은 오히려 맹점이 될 수 있다는 사실을 다시금 이야기하고자 합니다. 왜냐하면 우세한 상황과 풍부한 자원은 위험을 등한시하게 하고 위험에 대비하는 행동을 지체하게 하기 때문입니다. 유비는 이 점에서 우리를 탄복하게 합니다. 자원이 있든 없든, 우세가 있든 없든 그는 냉정한 안목으로 형세를 판단한 연후에 적시에 조치를 취해 다가올 위험에 대응했던 것입니다.

⚡ 유비의 지혜

우세는 부담이, 자원은 맹점이 될 수 있다. 자원과 우세에 연연하지 않고 냉정한 안목으로 형세를 판단한 연후에 적시에 조치를 취해 다가올 위험에 대응해야 한다.

유비가 다시 여남으로 돌아왔다는 소식을 들은 조조는 수하 장수 채양蔡陽을 보내 유비와 싸우도록 했습니다. 유비는 채양의 군대를 격퇴하고 그를 베었습니다.

채양과의 싸움에서 두 사람을 언급할 필요가 있습니다. 한 사람은 관우입니다. 당시 관우는 안량을 벤 후 조조의 구애에도 아랑곳하지 않고 전선을 넘어 유비에게 돌아온 후였습니다. 채양과의 작전에서 관우는 중요한 역할을 했습니다.

나머지 한 사람은 조운입니다. 조운이 진정 유비 조직의 작전에 참여한 것은 200년으로, 바로 유비가 원소와 연맹을 맺을 때였습니다. 처음 조운은 공손찬 수하에서 기병을 관리하는 장수였는데 공손찬에게 미래가 없음을 알고는 떠난 바가 있습니다. 공손찬 곁에 있을 때 조운은 유비를 알게 되었고, 두 사람은 깊고 돈독한 정을 나누었습니다. 유비는 조운이 하북에 은거하고 있을 때 그를 만났습니다. 이때 유비는 조운에게 사적으로 기병부대를 모집하라는 특별한 임무를 내렸습니다. 《삼국지》〈조운전〉의 기록입니다.

유비가 원소에게 갔을 때 조운과 업鄴에서 만났다. 유비는 조운과 같은 침상에서 잤으며, 은밀히 조운을 보내 무리를 모으게 해 수백 명을 얻었는데 이들이 모두 유좌장군劉左將軍의 부곡이라 칭했으나 원소는 이를 알지 못했다. 그러고는 유비를 따라 형주에 이르렀다.

이렇게 조운이 조직한 기병부대는 원소가 알지 못한 비밀부대였고 유비는 이들을 데리고 여남으로 간 것이었습니다. 여기서 다시 한 번 유비가 정말 비책을 잘 챙기는 사람임을 알 수 있습니다. 원소와 연합했을 때 유비는 몰래 자신의 부대를 만들어 미리 떠날 수 있도록 준비했던 것입니다.

유비는 일을 세심하게 준비해 위험을 만날 때마다 정확하게 대응·방비할 수 있었습니다. 이것이 '내부의 확실성으로 외부의 불확실성에 대응한다'라는 것입니다.

조운·관우·장비와 비밀부대를 거느리고 유비는 여남에 가서 채양을 벤 후 계속해서 남쪽으로 향했습니다. 201년, 유비와 그의 부대는 몇 차례의 곡절을 거치며 마침내 형주에 도착했습니다. 형주에서 유표를 만난 이후 유비는 다시 그의 원칙인 동맹 모델을 접목하는 책략을 채택했습니다. 유비는 유표에게 동족이며 황제의 친척이라는 신분으로 우리가 연합하면 북쪽의 조조를 상대할 수 있고, 나아가서는 나라를 위해 간적을 제거하고 물러나서는 국경을 지키며 백성을 편안케 할 수 있다고 유표에게 유세했습니다.

유표는 나라를 위해 간적을 제거한다는 것에는 흥미를 느끼지 못했지만 국경을 지키고 백성을 편안케 한다는 것에는 관심이 있었습니다. 그도 이미 조조에게 거대한 군사적 위험을 감지하고 있었기 때문입니다. 그래서 유표는 흔쾌히 신야현新野縣을 유비에게 떼어주는 데 동의했습니다. 이렇게 유비는 자신의 군대를 데리고 작은 신야현에 주둔하게 되었습니다.

이 시기의 유비는 지난날과 달랐습니다. 그는 두 가지 측면에서 발전했습니다. 첫째는 조직이 향상된 것입니다. 관우·장비·조운 세 명의 장수와 미축·미방·손건·간옹 네 명의 핵심기둥 외에도 수하에 훈련한 정예조직이 있었습니다. 두 번째는 전략을 결정하는 능력이 발전했습니다. 장기적인 작전, 특히 관도대전에서 친히 전장에 임하면서 상황을 분석하고 판단하며 지휘하는 능력이 단련된 것입니다.

하지만 이 시기의 형세는 그리 이상적이지 않았습니다. 북으로는 조조의 대군이 국경을 압박하고 있고, 형주의 본토 세력도 항상 유비를 경계하고 있었습니다. 가볍게 말하면 방비지만 심하게 말하면 언제라도 유비에게 손을 쓸 준비를 하고 있었던 것입니다. 유비는 작고 작은 신야현에서 발전할 공간을 찾을 수 있었을까요? 나아가 그의 다음 걸음은 또 어디를 향해 갔을까요? 다음 강의를 보시기 바랍니다.

천하는 홀로 다스릴 수 없다

"한 번 참으면 바람과 파도가 잠잠해지고, 한 발 양보하면 바다와 하늘이 한없이 넓다[忍一時風平浪靜, 退一步海闊天空]"고 한다. 하지만 중대한 고비에서 누구나 감정 아닌 이성으로 사고할 수 있는 것은 아니다. 그런데 유비는 이를 실천했다. 사업을 성취하는 과정에서 유비가 걸어간 길은 가시밭으로 점철된 험난한 길이었다고 말할 수 있다. 크고 작은 곡절과 위험한 상황을 앞둔 그에게 어떤 좋은 계책들이 있었을까? 좌절의 세례를 두루 경험한 이 관리자로부터 우리는 또 어떤 처세의 지혜를 얻을 수 있을까?

사업이 하늘과 같이 크면 번뇌는 하늘의 별처럼 많다고 합니다. 마음상태를 조절하는 것은 성공을 좌우할 만큼 중요합니다. 사람은 흥분했을 때 쉽게 판단력을 잃고 맙니다. 특히 흥분하면 좋고 나쁨, 완급과 경중을 분별하지 못해 도가 넘는 말이나 행동을 하게 됩니다. 흥분했을 때 운전을 하면 접촉사고가 나기 쉬운데 이는 마음이 평정심을 잃어 생긴 것이라 할 수 있습니다.

그래서 옛사람들은 "일을 이루기 전에 먼저 마음이 이루어졌는지 살펴야 한다"고 이야기했습니다. 일을 하기 전에 반드시 마음상태를 먼저 조절하고, 마음이 평온해져야 일을 정확히 할 수 있다는 것입니다. 예나 지금이나 격분해 제정신이 아닌 상황에서 좋은 결과가 나온 경우는 하나도 없습니다.

유비는 서주에서 여포와 싸울 때부터 노력과 실패를 반복했고 사업은 오르락내리락했으며, 조조와 원소에게 의탁하고 이어 유표에게 의탁하기까지 줄곧 외로운 형세에서 남에게 얹혀살아야 했습니다. 이러한 상황에서 유비는 마음을 어디에 두어야 할지 확신할 수 없었습니다. 과연 유비는 어떻게 마음상태를 조절했을까요?

사물에는본말이있고
일에는시작과끝이있다

201년, 유비는 불혹의 나이가 되었지만 여전히 고달프게 떠돌며 동분서주하고 있었습니다. 원소가 패한 후 유비는 다시 남쪽 유표에게 의탁해 잠시 신야현에 주둔하고 있었습니다. 이 시기 유비의 처지는 어떠했을까요? 유비와 유표의 짧은 고사로 당시 그의 처지를 설명할 수 있습니다.

어느 날 유표가 식사에 초대하자 유비는 즐거운 마음으로 참석했습니다. 유표 수하 문무의 핵심이자 형주의 지방세력가들인 괴월蒯越과 채모蔡瑁는 처음부터 유비를 마음에 들어 하지 않았습니다. 그들은 유비가 장래에 권력을 빼앗아 형주를 차지할 것이라 생각하고 주연을 기회로 유비를 해칠 준비를 하고 있었습니다.

예민한 유비는 주연 분위기가 이상한 것을 알아차리고는 바로 행동을 취했습니다. 역사책에는 "유비가 이를 알아채고 거짓으로 측간에 가는 것처럼 하고는 몰래 달아났다"라고 기록되어 있습니다. 유비가 화장실에 가는 것처럼 이야기하고 몰래 후원으로 가 담장을 넘어 말을 타고 도망친 이 이야기가 그 유명한 '마도단계馬跳檀溪'의 고사입니다.

길이 익숙하지 않았기에 도망가는 것은 순조롭지 않았습니다. 유비를 태운 말이 양양성의 서문을 막 빠져나오자 단계천檀溪川이라는 강이 유비를 가로막고 있었습니다. 유비는 마음이 급해졌습니다. 앞에는 큰 강이 있고 뒤에는 추격병이 쫓아왔습니다. 만일 추격병이 화살이라도 쏘면 고슴도치가 될 판이었습니다. 유비는 상황이 급박해지자 손에 힘을 모아 말을 톡톡 치며 말했습니다.

"적로的盧야, 오늘 재앙이 닥쳤으니 가히 힘쓸 때다!"

당시 유비가 타고 있던 말의 이름이 적로였습니다. 그러자 적로가 세 장丈을 뛰어오르니 그 덕에 마침내 강을 건널 수 있었습니다. 유비가 강을 중간쯤 건너고 있을 때 추격병이 도착했습니다. 하지만 쌍방은 얼굴을 붉히지 않았습니다. 추격병들이 유표의 뜻이라며 사죄하고 말했습니다.

"어찌 이토록 빨리 떠나십니까!"

적로는 결정적인 순간에 유비의 생명을 구했습니다.

괴월과 채모 등이 유비의 목숨을 노린 이 사건은 유비와 형주 실력파 사이의 모순이 격렬하게 충돌했음을 반영합니다. 또 하나, 유표 본인도 유비에 대해 방비하는 바가 있었습니다. 유비가 형주에 있을 때의 처지는 세 가지로 형용할 수 있습니다.

하나는 상호 필요였습니다. 유비는 쉬면서 기운을 차리고 힘을 축적할 근거지가 필요했고, 유표는 북쪽으로 조조를 경계하고 감시하면서 자신을 도와 조조의 1차 진공을 효과적으로 막아낼 외부 원군을 필요로 했습니다. 이러한 외부 원군은 이전에는 장수張繡가 담당했는데, 장수가 조조에게 투항한 이후 이 자리를 대신할 사람이 절실했던 것입니다.

두 번째는 겉으로는 친한 척하지만 속으로는 각자 딴마음을 품고 있었다는 것입니다. 유비와 유표는 전혀 다른 사람이었습니다. 둘 다 한실의 종친으로 중앙정부를 옹호하고 지방을 안정적으로 유지한다는 기치를 내걸었으니 표면적으로 사이가 좋은 듯이 보였지만, 유비가 조직을 발전시키고 천하의 영웅과 사귀면서 민심을 얻는 것을 본 유표는 그를 꺼려 했습니다.

세 번째는 위기가 도처에 잠복해 있었다는 것입니다. 형주의 지방 실력파는 유비를 배척했습니다. 그들은 갈수록 세력이 커지는 유비에게 위협을 느끼고 기회만 생기면 언제든 손을 쓰려고 했습니다. 유비는 처음에는 심각함을 인식하지 못했습니다. 마도단계 사건 이후 유비는 비로소 이 문제의 심각함을 진정으로 인식하게 되었고 화기애애함 속에 자신의 위험한 처지를 깨달았습니다.

그러면 누군가는 "적군이 공격해오면 장수가 나가서 막고, 물이 밀려오면 흙으로 막는다"고 하듯이 소인배를 제거하면 되지 않느냐고 말할지도 모르겠습니다. 사실 반항하는 사람에게 먼저 손을 쓰자고 유비에게 주장한 사람이 많았습니다. 하지만 이는 두 가지 문제를 고려할 필요가 있었습니다.

첫째, 유비가 보복을 할 실력이 있었을까요? 유비의 조직은 사람 수나 장비는 물론이고 후방지원을 보장하는 면 등에서 절대적으로 열세였습니다. 게다가 상대의 기반에서 싸우는 것은 현실적으로 불가능한 일이었습니다.

두 번째, 유비가 보복을 하는 것이 형세상 가능했을까요? 유비와 유표 연맹은 강대한 적 조조를 방비하기 위한 것인데, 조조가 오지 않았다고 두 사람이 싸우는 것은 어리석은 일이 아니겠습니까? 마치 호랑이를 피하려 동굴에 숨어든 멧돼지 두 마리가 자기들끼리 다투는 꼴입니다. 이는 멧돼지조차 하지 않을 바보 같은 짓이 분명했습니다. 그래서 형세로도 병사를 일으켜 싸움을 거는 일은 허락할 수 없었던 것입니다.

일을 하려면 주된 것과 부차적인 것을 분명하게 나눌 수 있어야 합니다. 그래서《대학》에서 "사물에는 본本과 말末이 있고, 일에는 시작과 끝이 있다. 먼저 해야 할 것과 나중에 해야 할 것을 알아서 하면 도에 가까워진다[物有本末, 事有終始, 知所先後, 則近道矣]"고 한 것입니다. 근본과 급소를 꽉 쥐고 있어야 무슨 일을 먼저 하고 나중에 해야 하는지, 무슨 일을 빨리하고 느긋하게 할지를 알 수 있습니다. 유비는 일의 선후를 분명하게 나누어보는 대국적인 관점이 있었습니다. 때문에 격렬한 내부모순이 충돌하던 시기에 그는 회피하고 참고 양보하는 길을 선택했던 것입니다.

⚙ 유비의 지혜

사물에는 본과 말이 있고, 일에는 시작과 끝이 있다. 먼저 해야 할 것과 나중에 해야 할 것을 알아서 하면 도에 가까워진다.

작은 것을 참지 못하면 큰 계책이 어그러진다

우리는 평소에 참고 양보하는 마음이 부족해 하찮은 일에도 벌컥 화를 내는 사람을 자주 보게 됩니다. 혼잡한 지하철에서 살짝 발을 밟힌 것 때문에 상대를 밀치며 트집을 잡아 욕하고 심지어 치고받고 싸우는 사람은 매우 어리석은 사람입니다. 서로 조금만 이해하면 다 지나갈 수 있는 일이기 때문입니다.

누군가는 예절도 모르고 인격적으로도 떨어진 사람이 밀치고 욕을 하면 어떻게 참을 수 있냐고 말할 수도 있습니다. 이때에는 한 가지만 생각하면 됩니다.

'내가 그를 무시하고 그에게 욕을 한다면 내가 멸시한 사람과 똑같은 사람이 되지 않겠는가?'

어린 시절 농촌에 사는 어르신이 이야기해준 것인데, 일리가 있습니다. 길에서 개가 여러분에게 "멍멍" 짖는 것은 정상이지요. 그런데 여러분이 개를 향해 "멍멍" 짖는 것은 정상입니까? 머리에 뭔가 문제가 있다는 의미가 됩니다. 그래서 회피할 줄 아는 것은 일종의 지혜입니다. 개와 싸우지 않고, 돼지와 씨름하지 않고, 당나귀와는 힘을 겨루지 않는 자가 현명한 자입니다.

ⓒ 유비의 지혜

벌컥 화를 내는 사람을 보고 덩달아 화를 내면 내가 그 사람과 똑같은 사람이 된다. 회피할 줄 아는 것은 일종의 지혜다.

참고 양보하는 지혜는 예로부터 동양문화에서 미덕으로 추앙받아왔습니다. 당唐나라 때의 고승인 한산寒山과 습득拾得의 유명한 대화는 지금까지 전해지고 있습니다.

옛날에 한산이 습득에게 물었다.

"세상 사람들이 나를 비방하고, 업신여기고, 욕하고, 비웃고, 깔보고, 천대하고, 미워하고, 속이니 어떻게 대처하는 것이 좋을까요?"

습득이 말했다.

"참고, 양보하고, 내버려두고, 피하고, 견디고, 그를 공경하고, 그와 따지지 않으면 몇 해 후에는 그들이 그대를 다시 보게 되리라."

《상서》가운데 주성왕周成王은 군신들에게 "반드시 참음이 있어야 일을 이룸이 있으며, 관용이 있어야 덕이 커진다[必有忍, 其乃有濟, 有容, 德乃大]"고 훈계했습니다. 공자도 "작은 것을 참지 못하면 큰 계책을 어지럽힌다[小不忍, 亂大謀]"고 했습니다. 대국을 보는 넓은 관점과 사고의 경지가 높은 사람은 모두 인내할 줄 알고 굴욕을 받아들이고 분노를 조절할 줄 알아 큰일을 성취한다는 뜻입니다. 이와 관련된 유명한 고사 두 가지를 이야기해보겠습니다.

하나는 명明나라 때 양저楊翥가 한림원 수찬修撰으로 있을 때의 일입니다. 어느 날 한 이웃이 닭을 잃어버려 화가 났습니다. 닭을 훔쳐간 사람을 욕하면서 성이 양씨인 사람을 지목해 욕을 퍼부어댔습니다. 부인이 이를 양저에게 이야기하자 양저가 말했습니다.

"하늘 아래 양씨인 사람이 나 혼자가 아니고, 내가 그 집 닭을 훔친 것도 아니니 더는 쓸데없는 일에 참견하지 않을 것이오."

두 번째는 당나라 시기 장공예張公藝 집에 아홉 세대가 함께 산 이야기[九世同堂]입니다. 어느 날 당고종唐高宗이 장씨 일가를 방문해 어떻게 아홉 세대가 한 집에서 살 수 있는지 물었습니다. 이에 장공예가 참을 인忍 자 하나를 큼지막하게 써 회답하자 당고종이 크게 감동했다고 합니다.

중국 속담에 "귀먹고 눈멀지 않으면 우두머리가 될 수 없다"는 말이 있는데, 이는 참을 인 자의 예술과 지혜를 말하는 것입니다. 이것이 바로 "한 번 참으면 바람과 파도가 잠잠해지고, 한 발 양보하면 바다와 하늘이 한없이 넓다[忍一時風平浪靜, 退一步海闊天空]"는 말의 의미입니다. 인생은 전투라지만 매번 싸워야 하는 것은 아닙니다. 유비는 진지하게 형세를 판단하고 꼼꼼하게 생각한 후 정확한 선택을 했습니다. 바로 인내하고 양보해 또다시 쌍방의 충돌이 생기는 것을 피하고 대적을 눈앞에 둔 상황에서 보복행동을 하지 않기로 결정했습니다. 이는 확실히 유비의 수준과 경지를 체현한 것이었고, 그가 재난 속에서 생존을 도모하고 위급함 속에서도 안전을 구하는 지혜를 체현한 것이라 할 수 있었습니다.

▎낮은 자세와 배려는
▎지지와 신임을 낳는다

유비는 왜 이렇게 유표와의 연맹을 중시했을까요? 먼저 당시의 형세를 분석해볼 필요가 있습니다. 동쪽의 여포와 원술이 조조에 의해 소멸되었고, 북쪽의 공손찬은 원소에 의해 소멸되었고, 원소는 조조에 의해 소멸되고 말았습니다. 서쪽의 마등과 유장만이 중심에서 멀리 떨어져 판도의 한구석을 차지하고 있을 뿐이었습니다. 지금 이 시점에서 조조와 일전을 치를 조건을 갖춘 세력은 남쪽의 유표와 손권 두 세력밖에 없었습니다. 두 세력의 지지 없이 유비가 자신의 역량으로 조조와 일전을 치르기는 누가 봐도 역부족이었습니다.

201년, 조조가 중원을 일소하자 천하의 영웅들은 형세 판단에 따라 조조에게 투항하든지 저항하든지를 택해 미래를 새롭게 설계해야 했습니다.

배 위에 서 있는 사람이 자신의 발아래에 있는 배에 구멍을 뚫을 리는 없습니다. 이는 상식이지요. 그래서 유비는 유표라는 배에 탄

이상 그 배를 아주 소중하게 여긴 것입니다. 그는 진심으로 유표가 선입견과 의심을 버리고 진지하게 자신과 연합해 조조에게 대항하기를 바랐습니다. 유비가 가장 우려했던 것이 유표가 의심해 항조 연맹에 균열이 생기는 것이었습니다.

그렇다면 상대에게 각별한 신임을 얻기 위해서는 어떻게 해야 할까요? 이는 인간관계에서 일어나는 아주 재미있는 화제입니다. 조그만 실험을 하나 해보지요. 신임의 등급을 5단계로 나누어보겠습니다. 우선 여러분의 손바닥을 볼 수 있게 해주십시오. 이렇게 요구하면 보통 아래 몇 가지 반응을 나타낼 것입니다. 첫 번째, 손을 거두고 묻습니다.

"손바닥을 보고 뭐하시려고요?"

이를 '불신임'이라고 합니다. 두 번째, 본인이 먼저 보고 난 후 보여주는 것입니다. 이를 '제한된 신임'이라고 합니다. 세 번째, 두말하지 않고 한 손을 내밀며 "보세요"라고 하는 것입니다. 이를 '기본 신임'이라고 합니다. 네 번째, 두 손을 모두 내밀며 보게끔 하는 것입니다. 이를 '완전 신임'이라 합니다.

다섯 번째, 양 손바닥을 똑바로 세워 보여주는 것입니다. 이를 '과도한 신임'이라 합니다. 과도한 신임은 기본적으로 통제를 잃은 상태입니다. 그래서 다른 사람과 합작의 전제조건은 반드시 기본 신임 이상이 필요하고, 이러한 신임이 없다면 쌍방이 합작할 수는 없습니다.

이러한 신임은 어떻게 얻을 수 있을까요? 아주 효과적인 기교 하나를 알려드리겠습니다. 한 연구는 의존하는 모습을 보여줌으로써 더 많은 감정적인 지지와 신임을 얻을 수 있다는 것을 밝혀냈습니다. 몇 가지 예를 들어보겠습니다. 여러분도 이러한 경우를 경험했을 것입니다.

🔄 유비의 지혜

기본 신임 이상의 신뢰를 보여주어야 사업을 함께할 수 있다. 상대에게 의존하는 모습을 보여줌으로써 더 많은 감정적인 지지와 신임을 얻어낼 수 있다.

퇴근 후에도 기획서를 쓰느라 컴퓨터 앞에서 정신없이 일하고 있는데 마침 부인이 들어왔습니다. 그녀는 가방을 한쪽에 던져놓고 발을 흔들어 신발을 벗어던지고는, 소파로 가서 "아이 피곤해"라고 말하고는 남편을 보며 한마디를 던집니다.

"여보, 물 한잔만 따라주세요."

물 잔은 바로 그녀 눈앞에 있고, 그 옆에 물통도 있으며, 남편이 지금 바쁘게 일하고 있는데 그에게 물을 따라달라고 합니다. 이 경우 보통 남자들은 어떻게 반응합니까? 벌컥 화를 내며 아마도 이렇게 말하겠지요.

"손만 뻗으면 물을 따라 먹을 수 있는데, 어찌 그리 게으르냐."

그녀는 왜 물을 따라달라고 했을까요? 이것은 작은 일에 의지하는 모습을 보여주어 감정적인 지지와 인정을 얻기 위한 행동이라 할 수 있습니다. 이때는 남편이 허허 웃으며 물을 따라주며 이렇게 말해야 합니다.

"피곤하면 좀더 쉬어. 조금 이따가 저녁을 먹자. 당신이 피곤하면 내가 차릴게. 솜씨는 좋지 않아도 마음이 있으면 괜찮지 않겠어?"

두 번째 사례입니다. 아들이 숙제를 하고 있는데 아들에게는 좀 어려운 문제인가봅니다. 아이가 계속 귀와 뺨을 긁적이다가 어쩔 줄 몰라 하고 있네요. 결국 고개를 들고 "엄마, 지우개 어딨어?"라고 합니다. 지우개가 앞에 있는데도 보지 못하고 있는 것이지요.

엄마는 애초에 숙제를 너무 천천히 하는 아이에게 화가 나 있었는데, 결국 화가 폭발해 이렇게 말할지도 모릅니다.

"눈은 어디다 두고 다니니? 네 책상 바로 위에 있잖아? 종일 얼빠진 사람처럼 구는 게 꼭 네 아빠와 똑같구나!"

보세요. 처음 한마디 했다가 다시 한마디를 더하게 되었지요? 왜 아이는 엄마에게 지우개가 어디 있는지 물었을까요? 이 역시 작은 일에 의지하는 모습을 드러내는 행위라 할 수 있습니다. 숙제가 어렵고 공부 스트레스가 크니 감정의 지지를 필요로 한 것이지요. 이 경우에는 어떻게 해야 할까요? 어깨를 두드리며 좋은 말로 이렇게 말하면 효과적입니다.

"여기 있네. 쓰기 불편하면 새로 하나 사줄까?"

그리고 물 한잔 마시며 조금 쉬었다 다시 풀어보라고 이야기해줍니다. 이렇게 그를 지지해주면 그도 숙제를 잘 해낼 것입니다.

다른 사람이 작은 요구를 하는 것은 능력이 없고 게을러서가 아니라 감정을 표현하기 위한 방법임을 기억해두시기 바랍니다. 특히 높은 사람들이 조그만 일을 해달라고 요청하는 것은 분명 감정을 표현하고자 하는 때입니다.

유비는 고수로, 당연히 이러한 원리를 알고 있었습니다. 그래서 형주에 의탁하기 전에 손건과 미축을 선발대로 보내 사전에 유표에게 의지하는 모습을 보여주고, 유표에게 자신의 처지가 어려우니 해결해주기를 희망한다고 이야기했던 것입니다. 이렇게 연맹의 바람을 드러냈을 뿐 아니라 요구사항도 적당히 제시했습니다. 유비가 형주에 온 후 다시 한 번 유표에게 장비·자금·기반을 요청했고 또한 유표가 보여준 지지와 자원에 대해 매번 특별히 고마움을 표시했습니다. 이렇게 유표가 그의 목줄을 쥐고 있는 것처럼 상대방에게 복종하는 모습을 보인 것은 그에 걸맞은 효과를 발휘했습니다.

유표가 번성에 주둔하라고 하면 유비는 번성에 주둔했고 신야에 주둔하라고 하면 신야에 주둔했습니다. 의존하는 모습을 표현함으로써 유표의 기본적인 인정을 얻었고, 그래서 유표는 마음을 놓고 그를 신야현에 파견했던 것입니다. 《삼국지》〈선주전〉에 기재된 내용입니다.

> 조조가 원소를 격파한 후 친히 남쪽으로 가 유비를 공격했다. 유비가 미축과 손건을 유표에게 보내 서로 소식을 전하자, 유표는 직접 교외에서 유비를 영접해 상빈上賓의 예의로 대우하고, 그의 군사들을 보태어 신야에 주둔하게 했다.

유비는 실력도 안목도 있었습니다. 리더십 방면에서 유비는 유표보다 더 뛰어났습니다. 그렇다면 유표와 연맹하는 와중에 자신을 충분히 드러내야 했을까요? 유비는 드러내지 않는 것을 선택했습니다.

의존을 드러낼 때는 고자세 아니면 저자세, 강세 아니면 약세 가운데 어떤 자세를 취해야 할까요? 반드시 저자세를 보여야 합니다. 저자세로 의존하는 모습을 보여주면 더 많은 신임과 지지를 얻을 수 있습니다. 이 점은 한 작은 사건을 통해 볼 수 있습니다. 《삼국지》 〈선주전〉의 기록입니다.

> 건안 12년(207), 조조가 북쪽으로 오환을 정벌하자 유비는 유표에게 허도를 습격하도록 설득했으나 유표는 이 계책을 쓰지 않았다. 조조가 오환을 정벌하고 돌아오자 유표가 유비에게 말했다.
> "그대의 말을 듣지 않아 이와 같은 큰 기회를 놓쳤소."
> 그러자 유비가 말했다.
> "지금 천하가 분열되고 날마다 전쟁이 계속되어 좋은 기회는 또 올 것인데 어찌 끝이 있겠습니까? 만약 다음번 기회에 응한다면, 이번의 실기를 애석해할 필요는 없을 것입니다."

207년 조조는 대군을 정돈해 북쪽 오환을 정벌하러 떠났습니다. 당시는 말을 타고 행군했기에 한 번 가는 데 거의 반년이 걸렸습니다. 대군이 떠난 후 조조의 후방이 비자 유비는 허도가 비어 있는 것을 틈타 조조의 둥지를 습격하자고 권했습니다. 하지만 유표에게는 이러한 담력과 용기가 없었습니다. 결국 조조가 오환을 정벌하고 돌아오자 유표는 후회했습니다. 《삼국지》 〈선주전〉에 나온 "그대의 말을 듣지 않아 이와 같은 큰 기회를 놓쳤소"란 유표의 말에는 성공의 기회를 놓친 안타까운 마음이 묻어 있습니다. 여기서 유비는 강하게 말하지 않았습니다. 오히려 교묘한 말로 그를 위로했습니다. 그러자 유표는 아주 기뻐했습니다. 그는 유비가 자신을 질책하거나 비판할 것으로 생각했는데, 그렇게 하지 않았습니다. 유비의 이와 같은 태도는 '보완하지 무너뜨리지 않는다' 혹은 '지지하지 반대하지 않는다'는 말로 이야기할 수 있습니다. 즉 "나는 매번 그대를 지지한다. 설령 그대가 잘못해도 그대와 그대의 미래를 지지한다"라고 말하는 것입니다.

오늘날 생각이 많은 젊은이들은 '하지만'이라는 단어를 사용해 생각을 드러내는 것을 좋아합니다. 누군가 "선생의 강의가 정말 뛰어나다"고 말하면, 학생은 "강의는 뛰어납니다. 하지만 깊이는 없습니다"라고 말합니다. 또 "깊이 있게 강의를 잘한다"고 하면, 그는 "깊이는 있습니다. 하지만 좀 실용적이지 않습니다"고 이야기합니다.

앞으로 우리 모두 '하지만'이 아닌 '동시에'라고 말하는 방식을 사용하도록 노력해봅시다. 상사가 이 강의는 아주 깊이가 있다고 하면 이렇게 말해보도록 합시다.

"저도 이 강의가 아주 깊이 있다고 생각합니다. 동시에 정곡을 찌르면서 실용성도 뛰어나 정말 좋았습니다."

이렇게 말하면 사람들이 훨씬 쉽게 받아들이지 않겠습니까? 그래서 지능지수와 동시에 감성지수도 높여야 한다는 점을 알려주고 싶습니다. 대화할 때 '동시에'를 자주 사용하고, '그런데'나 '하지만'은 적게 말하면서 생각을 표현하는 방식을 배워 사용하기를 바랍니다.

유비는 이와 같은 방면에 아주 뛰어났습니다. 의견이나 주장을 분명하고 강하게 내세우지만 밀어붙이지는 않았습니다. "이치에 맞고 곧으면 기세를 세우지 않고, 의롭고 바르면 말이 엄하지 않다[理直氣不壯, 義正詞不嚴]"는 점을 강조하고자 합니다. 만약 이치에 맞으면 좋은 말로 잘 대해주고 벌컥 화를 내거나 노려보지 마십시오.

그렇다면 저자세로 상대에게 의존하려는 책략의 핵심적인 사고

방식은 무엇일까요? 바로 시약示弱입니다. 약한 모습을 보여줌으로써 다른 사람에게 '나는 그리 강하지 않고 야심도 없으니 너희는 나를 방비할 필요가 없다'고 이야기하는 것입니다. 낮은 목소리로 저자세를 취하는 방식으로 유비는 더 많은 생존 공간과 신임을 얻었습니다. 이러한 시약과 의존책략은 도처에 위기가 잠복하고 있던 국면에서 아주 효과적인 역할을 했습니다.

긴장과 초조함이 오판을 부른다

이어서 유비의 체중 문제에 대해 이야기해보기로 합시다. 오늘날 많은 여성이 다이어트 계획을 실천하고, "오늘 점심을 너무 많이 먹었어. 몸무게가 또 늘겠네"라고 걱정하는 것을 자주 보게 됩니다. 여성을 만날 때 "살이 좀 빠진 것 같네요"라고 말하는 것이 예의이기도 하지요.

유비는 다이어트에 관심이 있었을까요? 네, 있었습니다. 그뿐 아니라 유비는 뜻밖에도 이러한 사정을 자신의 사업 성공과 연계해 생각했습니다. 《삼국지》에서 인용된 《구주춘추九州春秋》의 기록입니다.

유비가 형주에 머문 지 여러 해가 지났다. 일찍이 유표와 앉아 음식을 맛보다 일어나 측간에 갔다가 넓적다리 안에 군살이 붙은 것을 보고 개연慨然히 눈물을 흘렸다. 자리로 돌아온 뒤 유표가 이를 괴이하게 여겨 유비에게 물었다. 유비가 말했다.

"제 몸이 항상 말안장을 떠나지 않았을 적엔 넓적다리 살이 모두 없었는데, 지금은 더는 말을 타지 않으니 넓적다리에 군살이 올랐습니다. 세월은 이처럼 빨리 흘러 장차 노인이 될 날이 다가오고 있는데 공업을 아직 세우지 못했으니 이 때문에 슬퍼했습니다."

유비의 이러한 상심은 유명한 악부시樂府詩의 한 구절 "모든 강이 동쪽 바다로 나아가니, 언제 다시 서쪽으로 돌아올까! 젊고 힘 있을 때 노력하지 않으면 늙어서 그저 슬퍼할 뿐이네[百川到東海, 何時復西歸, 少壯不努力, 老大徒傷悲]"를 생각나게 합니다. 인생에서 가장 아쉽고 후회스러운 일은 열심히 분투해야 할 때 분투하지 않고 그저 늙기만을 기다리며 더는 기회가 없다는 사실을 문득 깨달았을 때일 것입니다. 지난날을 후회하는 것은 정말 힘든 일입니다.

세상에서 가장 사람을 못 살게 하는 것이 바로 '후회'라는 단어일 것입니다. 우리는 유비의 이러한 상심을 한마디로 '시간 압박'이라 정의할 수 있습니다. 유비는 강렬한 시간 압박과 스트레스로 이렇게 눈물을 흘린 것입니다. 그러면 시간 압박은 어디서 유래한 것일까요? 세 가지 방면에서 비롯됩니다.

첫째, 성격 요인입니다. 여기서 재미있는 현상 하나를 이야기해 보겠습니다. 병원에서 산부인과와 심장외과 진찰대기실의 의자 가운데 어느 병과의 의자가 더 많이 해졌을까요? 한 연구에 따르면 심장외과 진찰대기실의 의자가 더 심하게 해졌다고 합니다. 산부인과에서 진료를 기다리는 사람은 기본적으로 안정된 자세로 앉아 있습니다. 반면 심장외과는 그렇지 않습니다. 진료를 기다리는 사람은 처음부터 좌불안석으로 일어났다 앉았다를 반복하며 이리저리 두리번거립니다. 조급해서입니다. 시계를 보면서도 계속 중얼거립니다.

"어째 내 차례가 안 오지. 벌써 3분이나 기다렸는데!"

매사에 긴장하고 초조해하는 성격 탓에 오랜 시간이 흐른 뒤 심장에 문제가 생겼음을 알 수 있습니다. 이렇게 성질을 억제하지 못하는 성격은 일을 하는 데 결코 장점으로 작용하지는 않습니다.

둘째, 강렬한 진취력입니다. 사람이 일단 원대한 목표를 세우면 마음속에 시간표와 유사한 것이 생기는데, 시간이 흘러가는데도 전망은 보이지 않고 단계별 목표가 있는데 아직 달성하지 못했을 경우 초조함과 긴박감이 생기는 것입니다.

셋째, 상대의 압박입니다. 자신은 승진이 지체되는데 경쟁상대가 빠르게 승진하면 당연히 스트레스가 생길 것입니다. 상대의 압력과 관련한 게임 이론의 사고방식을 하나 소개해드리겠습니다. 고속도로에서 초보의 운전과 베테랑의 운전 실력이 같겠습니까? 초보는 속도도 일정하지 않고 이리저리 왔다 갔다 하겠지요. 옆자리에 탄 친구가 조급해서 안전에 신경 쓰라고 말한다면 아마도 이렇게 물을 것입니다.

"빨리 가라는 이야기야, 아니면 천천히 가라는 이야기야?"

초보가 운전할 때 천천히 가는 것이 안전합니까, 빨리 가는 것이 안전합니까? 이 문제는 아주 간단하지요. 도로를 운행하는 차들의 평균 속도에 접근해 운전하는 것이 가장 안전합니다. 주위가 모두 토끼가 움직이는 속도로 가는데 거북이가 움직이는 속도로 운전하면 뒤에서 받을 위험이 있겠지요. 이 경우에는 천천히 가도 안전하지 않습니다. 만약 주위가 모두 거북이가 움직이는 속도로 운전하는데 토끼가 움직이는 속도로 간다면 앞차를 받을 수도 있습니다. 이 경우는 빨라서 안전하지 못한 경우입니다. 어느 쪽이 안전한지는 주위 상황에 달려 있습니다. 그래서 자원이 유한한 상황에서 상호 의존하거나 경쟁할 때, 반드시 주위 사람들의 전략에 근거해 활로를 선택해야 합니다. 진정 경험이 많은 운전자는 차의 속도를 평균상태로 유지하도록 할 줄 아는 사람을 말합니다.

만약 유비가 운전자이고 천하가 고속도로였다면, 유비는 주위의 차들이 이미 속도를 높이는 것을 보았을 것입니다. 경쟁상대 조조는 강적 원소를 물리치고 북으로 오환을 정벌해 북방을 통일하고 남쪽 형주를 호시탐탐 노리고 있었습니다. 그리고 손권은 이미 강동의 6군과 81주를 점거하고 지형의 험난함과 백성의 지지에 의지해 능력 있고 현명한 인재를 등용해 이미 무시할 수 없는 세력을 형성하고 있었습니다. 게다가 유표와 같은 약한 세력도 형주를 기반으로 조직과 인마를 거느리고 있었습니다. 이미 쉰 살에 접어든 유비만이 여전히 일반인처럼 남의 기반을 빌려 굼뜨게 발전을 꾀하고 있었으니 얼마나 조급했겠습니까?

"궁하면 변통을 생각한다"라는 말이 있습니다. 강렬한 시간 압박감은 유비에게 리딩 방식과 의사결정 모델을 바꾸어 좀더 빠르게 발전하라고 재촉했습니다.

일단 맡겼다면
무조건 믿어준다

형주에 있던 기간 동안에 유비의 가장 큰 변화는 리더십의 변화였습니다. 이는 유비 인생에 가장 중요한 변화 가운데 하나로 유비의 문제를 근본적으로 해결할 수 있었습니다.

유비는 한 사람의 말로 결정되는 전통적인 지휘방식에 심각한 문제가 있음을 알게 되었습니다. 리더가 뛰어날 때에는 사업이 진보하지만 리더에게 일단 문제가 생기면 사업도 영향을 받는 것이 문제였습니다. 마침 자신의 군사지휘 능력이 그리 출중하지 않다는 사실을 알았기에 유비는 부족함을 인정하고 통제권을 줄이는 양식으로 방식을 조정했습니다.

그는 자신을 대신해 군대를 지휘할 군사軍師를 찾기로 결정했습니다. 이리해서 유비 집단의 첫 번째 군사 서서徐庶 서원직徐元直이 무대에 등장하게 되었습니다. 《삼국지》에는 서서에 대한 열전이 따로 없지만 〈제갈량전諸葛亮傳〉에 많이 나와 있습니다. 여기서 우리는 서서에 대한 다음 세 가지 특징을 알 수 있습니다.

첫째, 서서는 협객이었습니다. 중평 6년 189년, 서서는 다른 사람을 위해 원수를 갚고 얼굴에 회를 칠하고 머리를 흩트린 채 달아나다 관원에게 붙잡혔습니다. 이름을 물어도 말 한마디 하지 않자 관원이 그를 수레에 태우고 기둥에 묶고는 북을 치며 저잣거리를 돌아다녔습니

서서(?~?)

자는 원직이며, 영천 사람이다. 본명은 복福이다. 후에 친구를 위해 살인을 하고 도피하다가 이름을 서서로 바꾸었다. 그 과정에서 두루 명사들을 만나 사마휘司馬徽·제갈량 등과 친구가 되었다. 일찍이 신야의 유비 밑에서 일하다 후에 조조가 그의 어머니를 붙잡자 부득불 유비를 버리고 조조에게 투항했다. 떠나기 전에 유비에게 제갈량을 추천했다. 이후 서서는 위나라에서 관직을 받았고, 우중랑장又中郞將·어사중승御史中丞에 이르렀다.

다. 감히 그를 식별하는 자가 없었습니다. 그러다가 후에 서서의 도 당들이 그를 감옥에서 구해내 벗어날 수 있었습니다. 이에 서서는 감격해 칼과 창을 버리고 허름한 두건에 홑옷을 입고 학문으로 뜻을 바꾸었습니다.

둘째, 서서는 제갈량의 동창입니다. 초평 3년(192), 동탁이 경사를 어지럽히고 중원 도처에서 전란이 일자 서서는 난을 피해 같은 군 출신인 석도石韜와 함께 남쪽의 형주로 내려왔습니다. 형주에 도착한 후 제갈량과 특별히 친하게 지냈습니다. 제갈량도 서서를 높이 평가했습니다.

셋째, 서서는 유비의 첫 번째 군사였습니다. 건안 6년(201), 유비가 조조에게 패해 남하한 뒤 유표에게 의탁하자 유표는 유비를 신야에 주둔하게 하고 조조를 방어하게 했습니다. 서서는 유비가 한실의 종친이고 신의로 세상에 널리 알려져 있어 유비에게 의탁했고 서서를 본 유비는 그를 아주 신임했습니다.

서서가 오기 전, 유비군의 지휘권은 모두 유비 한 사람의 손에 집중되어 있었습니다. 그런데 훗날 오吳나라 명장 육손陸遜이 말한 것처럼 유비의 지휘력은 평범했습니다. 사실 유비 자신도 이 점을 알고 있었지요. 주위에 무에는 관우·장비·조운이 있었고 문에는 미축·미방·손건·간옹이 있었지만 이들에게 전체 국면을 지휘할 대임을 맡기기에는 부족했습니다. 유비는 줄곧 군사지휘를 맡을 고급 인재를 갈망했습니다.

서서가 오자 유비는 기뻐서 어쩔 줄 몰랐습니다. 마침내 자신이 찾던 사람을 만났기 때문

육손(183~245)
본명은 의儀고, 자는 백언伯言이다. 삼국시대 오나라 오군吳郡 오현吳縣 사람이다. 소패왕 손책의 사위다. 어린 나이로 뛰어난 지략을 지녀 여몽呂蒙과 함께 공안을 함락하고 관우를 사로잡아 죽였다. 뒷날 유비가 관우의 복수를 위해 출동했을 때 이릉夷陵에서 촉의 40여 개 진지를 불살라 승리를 이끌었다.

제7강

이었지요. 그래서 유비는 군사지휘권을 서서에게 맡겼던 것입니다. 이러한 변화는 유비의 사업발전에 중대 변혁이었습니다. 이 이후 이 모델이 계속 채택되어 유비 집단의 전투력을 확보하는 중요한 조건이 되었습니다.

생각해보십시오. 지금까지 자신의 말이 곧 법이 되던 리더가 통제권을 놓고 한편으로 물러나 다른 사람의 결정을 따른다는 것, 이는 간단히 할 수 있는 일이 아니었습니다. 통제욕은 인류의 본능 가운데 하나로 인간에게는 많든 적든 사물이나 다른 사람을 통제하고자 하는 욕구가 있습니다. 통상 마음에 안정감이 없는 사람이 통제욕이 더 강하고, 조그만 일에도 아주 신중하고 완전을 추구하느라 마음이 편안하지 않은 사람이 다른 사람을 통제하기를 더 좋아합니다.

여기서 한 가지 묻겠습니다. 휴대전화를 놓을 때 앞면을 위를 향하게 놓습니까, 뒤집어놓습니까? 대다수는 휴대전화를 뒤집어놓는다고 합니다. 왜 그런지 생각해보신 적이 있습니까? 휴대전화 안에는 중요한 정보나 연락처가 있기 때문에, 뒤집어놓는 것은 '이 중요한 자원을 통제해야 한다'라는 심리를 대표한다고 할 수 있습니다. 이는 본능적 통제욕구 가운데 하나입니다. 그래서 마음에 여유가 있고 특별히 자신감과 안정감이 있는 사람만이 휴대전화 앞면이 보이도록 놔둘 수 있다는 것입니다.

엘리베이터를 탔을 때 문 옆에 서는지 안쪽에 서는지를 관찰해보십시오. 많은 사람이 엘리베이터를 타면 층 버튼 옆에 서 있기를 원한다고 합니다. 다른 사람의 층 버튼을 대신 눌러주는 사람은 통제욕이 비교적 강한 사람에 속합니다. 통제욕은 다음 두 가지 요인에서 비롯된다고 합니다. 하나는 불안하기 때문이고 두 번째는 완전함을 추구하기 때문입니다.

통제욕구는 관리학에서 어떻게 표현될까요? 예를 들어보겠습니다. 어린 시절 엄마가 일기를 보거나 서랍을 뒤진 적이 있지요? 지금은 많은 엄마가 메신저나 SNS 등에서 자기 자식이 누구와 대화하는지, 평소 어떤 친구와 사귀는지 등을 알고자 합니다. 아이가 "엄마, 나 오늘 친구와 밥 먹고 들어갈게"라고 전화하면 "친구 누구와 만나니? 남자니, 여자니?" 등을 묻습니다.

이 모든 것도 통제욕구의 표현입니다. 통제욕구의 근원은 불안과 과한 걱정입니다. 적절한 통제욕구는 생활의 리듬감과 효율을 보증할 수 있지만 과도한 통제욕구는 인간관계에 영향을 주고 의사결정의 효율을 떨어뜨릴 수 있습니다.

과도한 통제욕구에 대응하는 방법은 아주 간단합니다. 불완전한 세계를 받아들이고 자신의 부족함을 인정하며, 타인의 자주권을 존중하고 다른 사람을 신임하고 합작할 수 있도록 정신을 단련하는 것입니다. 통제욕구가 과도해질 때 이것은 마음의 불안에서 비롯된 것이라고 자기 자신에게 이야기하는 것입니다.

지휘형에서 지원형으로 바뀐 리더는 어쩔 수 없이 통제욕이라는 관문을 넘어서야 합니다. 유비는 심리적인 시험을 견뎌내며 중요한 역할전환을 이루어냈습니다. 지원형 리더는 그야말로 큰일을 하는 근본입니다. 큰일이든 작은 일이든 끼어들어 흠집을 잡고 이러쿵저러쿵하는 것은 지원형 리더가 아닙니다. 유비의 관리양식은 더욱 성숙해졌습니다.

서서가 유비에게 의탁한 것은 상징적인 사건으로, 그것은 형주

본토의 인재들이 마침내 유비를 인정하고 수용했음을 의미합니다. 《삼국지》〈선주전〉에는 "유비에게 귀부하는 형주의 호걸이 날로 많아지자 유표는 선주의 마음을 의심해 은밀히 그를 방비했다"고 기록되어 있습니다. 이렇게 쌍방의 균열이 날로 커질 때 북쪽에서는 조조가 오환을 정벌하고 돌아온 후 언제든지 남쪽 형주로 진공할 준비를 하고 있었습니다. 이른바 "산중에 비가 오려 하니 바람이 먼저 누각에 가득 차네[山雨欲來風滿樓]"라는 것처럼 유비는 위기와 압력이 날이 갈수록 커지는 것을 분명하게 느끼고 있었습니다. 이와 같이 어려운 시기에 지극히 중요한 핵심인물이 출현했습니다. 그의 출현으로 모든 일이 전기를 맞이했습니다. 그는 누구였고, 또 그는 유비에게 어떤 건의를 했을까요? 다음 강의에서 살펴보겠습니다.

어렵게 얻어야
오래 남는다

구직자에게 인기가 많은 회사는 종종 관우의 오관참육장五關斬六將(관우가 다섯 관문을 지나며 여섯 장수를 벤 고사)처럼 겹겹이 쌓인 난관을 돌파하는 능력을 갖춘 인재를 구하기 때문에 지원자 가운데 도태되는 비율이 자못 높다. 이와 반대로 회사가 틱을 없애고 모든 구직자에게 문을 활짝 열었는데도 도전정신이 부족해 관심을 갖는 사람이 없는 경우도 있다. 이 속에 있는 수수께끼는 무엇일까?

어째서 유비는 사장의 신분으로서 몸을 낮추고 제갈량이라는 구직자를 직접 찾아가 자신을 위해 일해달라고 부탁했을까? 그들의 고사에서 구직자와 회사가 함께 배울 만한 규율로는 어떤 것들이 있을까?

《한비자韓非子》에 나오는 고사입니다. 위문후魏文侯가 잠잘 때 덮을 이불이 없었습니다. 이 일은 본래 의복을 관리하는 사람이 책임을 져야 했는데 모자를 관리하는 사람이 적극 나서 위문후에게 이불을 덮어주었습니다. 위문후는 깨어난 후 의복을 관리하는 사람에게는 마땅히 해야 할 일을 하지 않은 것을 책망하고, 동시에 모자를 관리하는 사람에게는 책임자가 책임을 지고 각자 본래 업무를 잘해야 한다고 일깨웠습니다. 다른 사람이 대신 해주는 것은 게으름을 피우라고 격려하는 것과 같다는 의미였지요. 이 고사는 업무분담과 책임은 일을 하는 전제라는 사실을 알려주고 있습니다.

만약 누군가가 해야 할 일을 소홀히 하면서 다른 사람의 영역에 신경을 쓴다면 그건 일 전체를 엉망으로 만들고 마는 것입니다. 해야 할 일을 하지 않는 것을 '제자리를 찾지 못했다'라고 하고, 하지 말아야 될 일에 끼어드는 것을 '자리를 잘못 찾았다'라고 합니다. 앞의 고사에서 전자는 제자리를 찾지 못한 것이고, 후자는 자리를 잘못 찾은 것이라 할 수 있습니다. 여기서 분업과 책임, 각자 맡은 바 업무를 하는 것은 관리의 기초이며 사회발전의 기초임을 강조하고자 합니다.

유비는 여러 우여곡절을 거친 후 분업과 책임의 중요성을 깊이 인식하게 되었습니다. 그는 주변에 문신과 무장이 적지 않지만 특별히 전략을 세우고 조직 전체를 관리하는 모사가 부족하다는 사실을 깨달았습니다. 이와 같이 모사 인선을 고려하고 있을 때 유비

방통(179~214)

자는 사원士元이며, 동한 양양 사람
이다. 처음 오나라 주유周瑜 휘하에
서 공조로 일하다 후에 유비의 신하
가 되었다. 뛰어난 책략으로 유비가
익주 땅을 얻는 데 일등공신 역할을
했으나 낙성雒城으로 진격하는 도
중에 매복병에게 화살을 맞고 낙봉
파落鳳坡에서 서른여섯의 젊은 나
이로 사망했다.

의 관심을 끄는 이야기가 들려왔습니다. 형주
로 내려온 이래 유비는 "와룡과 봉추鳳雛(방통龐
統) 두 사람 가운데 한 사람을 얻으면 천하를 안
정시킬 수 있다"는 말을 들었습니다. 유비는 이
에 어떤 방법을 써서라도 두 고인을 자신의 사
업에 참여시키기로 암암리에 결심했습니다.

내 곁에 있는 사람이
나를 말해준다

동한 건안 12년 한겨울 형주 신야현, 날은 매섭게 춥고 하늘은 먹장
구름이 잔뜩 낀 어느 날, 갑자기 삭풍이 몰아치더니 온 천지를 뒤덮
는 새하얀 눈이 내리기 시작했습니다. 그때 차가운 눈바람을 맞으
며 신야현의 관도에 세 필의 전마가 나타났습니다. 그 가운데 백마
위에 당당한 풍채로 단정하게 앉아 있는 사람이 7척 5촌의 키에, 큰
귀와 긴 팔이 특징인 유비였고, 양옆에는 관우와 장비가 따르고 있
었습니다.

세 사람은 융중의 제갈량을 만나러 그의 집에 두 번째로 가는 길
이었습니다. 머지않아 눈바람은 더욱 거세졌습니다. 이렇게 눈바
람을 맞아가며 융중을 방문했으나 제갈량은 집에 없었습니다. 그
러다 돌아오는 길에 유비는 한 고인을 만나게 되었습니다.

유비가 막 말에 올라 떠나려고 할 때 갑자기 동자가 울타리 밖에서

손을 흔들며 말했다.

"노 선생님이 오십니다."

유비가 보니 작은 다리 서쪽에서 어떤 사람이 나귀를 타고 오는 중
이었다. 머리에는 따뜻해 보이는 모자를 쓰고 몸에는 여우 가죽옷
을 걸쳤는데, 그 뒤에는 푸른 옷을 입은 아이 하나가 호로병을 든
채 따라오고 있었다. 눈길을 밟으며 오면서 입으로는 시 한 수를 읊
조리고 있었다.

밤새 북풍 차갑더니 먹구름 만 리에 두텁고,
하늘 가득 눈발 어지럽더니 온 강산을 덮는구나.
얼굴 들어 하늘을 살피니 옥룡들이 다투는 듯,
용비늘 어지럽게 날려 순식간에 우주를 덮는구나.
나귀 타고 작은 다리 건너며 매화 시들까 홀로 탄식하네.

[一夜北風寒, 萬里彤雲厚, 長空雪亂飄, 改盡江山舊, 仰面觀太虛, 疑是玉龍鬪, 紛紛鱗甲
飛, 頃刻遍宇宙, 騎驢過小橋, 獨嘆梅花瘦].

유비가 노래를 듣고 "이 사람이 정말 와룡이구나!" 하며 미끄러지
듯 말에서 내려 앞으로 가 인사했다.

"선생께서 추위를 무릅쓰고 고생이 많으십니다! 유비 등이 기다린
지 오래입니다!"

그 사람이 황망히 나귀에서 내려 답례했다. 제갈균諸葛均이 뒤에서
말했다.

"이분은 와룡 형님이 아니라 형님의 장인 황승언黃承彦 어르신입
니다."

유비가 말했다.

"제가 마침 들었는데 읊으신 시구가 극히 절묘합니다."

"늙은이가 사위 집에서 《양보음粱父吟》을 보고 한 편을 암기했다가, 마침 작은 다리를 건너다 울타리에서 매화가 지는 것을 보고 느낀 바가 있어 읊었습니다. 존귀한 손님께서 들으실 줄은 몰랐습니다."

"사위를 보지 않으셨습니까?"

"늙은이도 사위를 보러 오던 길입니다."

유비가 이 말을 듣고 실망해 황승언과 작별하고 말에 올라 돌아가는데, 마침 눈바람이 더욱 거세졌다. 고개 돌려 와룡강을 바라보는 유비의 마음은 무겁고 울적하기 그지없었다.

유비는 자신이 만난 형주 본토의 고인들, 고아한 풍채와 비범하고 청수한 자태를 지닌 사람들이 한결같이 제갈량을 칭찬하고 흠모하는 것을 보고 깜짝 놀랐습니다. 유비는 내심 생각했습니다.

'제갈량이라는 사람, 이름처럼 참 빛나는구나. 어쩌면 이렇게 훌륭한 사람들이 다 그에게 탄복할까?'

옛사람들은 "주변 사람이 어떤지를 봐야 그가 어떤 사람인지 알 수 있다[觀人觀交]"고 생각했습니다. 주위 사람을 통해 그의 소질과 수준을 판단하는 것이지요. 유비가 보기에 제갈량 주변 사람들은 하나하나가 다 신선 같은데, 그들 모두 제갈량의 실력을 인정하고 있으니 정말 대단한 인물이라고 생각했습니다. 그래서 유비는 무슨 수를 써서라도 그를 모시기로 결심한 것이었습니다.

거절당한 순간이
거래의 시작이다

삼고초려는 무엇보다 입소문의 중요성을 보여주는 고사입니다. 제 갈량의 뛰어난 평판은 그가 이미지를 만들고 주의력을 끄는 데 도움을 주었습니다. 이에 관해서는 이미 《마음을 움직이는 승부사 제갈량》에서 분석한 바가 있습니다.

이외에 삼고초려는 중요한 일에는 반드시 회합會合을 해야 한다는 사실을 증명하는 사례이기도 합니다. 만약 한 번 만나 간략하게 이야기를 나누었다면 심리적인 만족이 떨어지거나 심지어는 손해를 본 듯한 느낌이 생길 수도 있었습니다.

ⓒ 유비의 지혜

중요한 일은 반드시 회합을 해야 한다. 한 번 만나 간략하게 직접 이야기를 나누었다면 심리적인 만족이 떨어지거나 심지어는 손해를 본 느낌이 생길 수 있다.

중요한 거래에서는 몇 차례 밀고 당기는 협상이 필요한데, 이는 한 번에 거래가 이루어지는 것을 두려워하기 때문입니다. 두 가지 예를 들어보겠습니다. 첫 번째로 물건을 사고팔 때를 보겠습니다. 옷을 살 때 먼저 가격을 묻는 것은 한 번에 거래가 이루어지는 것을 피하기 위함입니다. 고객이 만약 "이 옷이 3만 원 맞지요"라고 했는데 주인이 바로 "좋습니다. 그 가격에 가져가세요"라고 한다면 그 고객은 분명 놀라 한 발 물러설 것입니다. 이러한 즉각적인 응답은 분명 옷을 비싸게 사서 손해를 보는 게 아닌가 하는 느낌이 들게 할 것입니다. 뛰어난 상인은 즉각 거래를 이루려 하지 않습니다. 이렇게 말하지요.

"아이참. 언니, 3만 원은 너무 적어. 5천 원만 더 주세요."

고객이 계속 3만 원이면 사겠다고 하면 주인은 "그럼 3천 원만 더 써요"라고 하겠지요. "아! 그럴 수 없어요" 아니면 "다른 데서 알아볼게요"라며 돌아섰을 때, "알았어요. 그냥 3만 원으로 하지요"라며 옷을 팝니다. 고객의 입장에서는 똑같이 3만 원을 주고 옷을 샀는데도 훨씬 싸게 산 것처럼 느껴지고 만족감도 더합니다.

두 번째로 구혼과정을 통해 밀고 당기는 회합이 얼마나 중요한지 살펴보지요. 남자가 여자에게 "나한테 시집와라"고 했다고 가정해봅시다. 이 말을 들은 여자가 너무 기뻐하며 "좋아! 어째서 일찍 말하지 않았니? 당장이라도 결혼하고 싶어!"라고 한다면 아마 남자는 한 발 물러나 "아, 너를 놀리려고 그랬다!"라고 말할지도 모릅니다.

중요한 일은 반드시 회합이 있어야 합니다. 여기서 여자의 정확한 대처법은 "나도 결혼하고 싶어. 하지만 결혼은 중대한 일이니 엄마와 잘 상의해볼게"라고 말하는 것입니다. 며칠이 지나 남자가 다시 물으면 "엄마가 출장을 갔으니 좀 기다려봐"라고 하는 것입니다. 그리고는 며칠이 지나 "좋은 소식이 있어. 엄마가 마침내 동의했어"라고 하면 남자는 비할 수 없이 기뻐할 것입니다. 이처럼 설령 말 한마디로 이루어질 수 있는 조건을 갖추었다고 해도 두세 번의 회합이 오고 간 후에 합의를 보는 것이 좋습니다.

유비와 제갈량은 둘 다 고수로 이러한 이치를 잘 알고 있었습니다. 그래서 세 차례 왕래한 것입니다. 유비 쪽에서는 제갈량의 가치를 확인하는 동시에 상대를 간절하게 원한다는 태도를 보여주기 위한 것이었고, 제갈량 쪽에서는 유비의 태도를 시험하는 동시에 자신이 희소가치가 있는 인재라는 명성을 얻기 위한 것이었습니다.

삼고초려는 유비의 사업이 작은 규모에서 큰 규모로 성장하면서 피동에서 주동으로 향하는 전환점이 되었습니다. 이 고사는 다시 한 번 우리에게 인재는 사업발전에서 가장 중요한 요소임을 알려주고 있습니다. 유비의 인재전략은 큰 성공을 거두었는데, 여기에는 우리가 관심을 갖고 귀감으로 삼을 만한 세 가지가 있습니다.

권위는 믿음을 낳는다

유비가 제갈량을 알게 된 것은 두 가지 추천을 통해서였습니다. 하나는 수경水鏡 선생 사마휘의 추천이었고, 두 번째는 서서의 추천이었습니다. 두 저명인사의 추천으로 유비는 무슨 방법을 써서라도 공명 선생을 군사로 삼으리라 결심했습니다. 유비는 왜 이렇게 제갈량의 재능을 믿었을까요? 사실 여기에는 기본 규율이 있습니다.

일을 할 때 가장 중요한 조건은 무엇일까요? 그것은 진실로 믿을 만한 정보입니다. 이러한 전제조건이 없으면 다른 모든 것은 거론할 필요조차 없습니다. 여기서 몇 가지 예를 통해 정보의 필요에 대해 분석해봅시다. 집을 사거나 세를 얻을 때 보통 부

사마휘(?~208)
자는 덕조德操이고, 후한 말기 영천 사람이다. 수경 선생으로 알려져 있다. 유비에게 제갈량과 방통을 소개했다.

동산중개소에 가서 정보를 구하지요. 여기서 부동산중개소가 다음과 같이 정보를 주었다고 가정해봅시다.

첫 번째, 순수목재 가구, 창문은 3미터 통유리창인 집. 두 번째, 주인이 교양 있는 대학 교수인 집. 세 번째, 고급스럽고 품격 있으며 호화로움을 줄이고 내용에 충실한 집. 네 번째, 멋지고 산뜻해 분명 만족하리라 보증하는 집.

여기서 어떤 정보가 더 관심을 끌까요? 연구는 첫 번째와 두 번째가 더 사람들의 관심을 끈다는 것을 밝혔습니다. 첫 번째 집은 구체적이고 정확하며, 두 번째 집은 주인의 소양과 믿음을 강조합니다. 두 가지는 사람들이 정보를 얻을 때 아주 좋아하는 내용입니다. 반면 세 번째와 네 번째 집 설명은 추상적인 형용사를 사용한 입에 발린 말들이므로 믿을 수 없다는 느낌을 줍니다. 정보에서 가장 필요로 하는 것은 구체적인 내용과 믿을 만한 출처입니다. 첫 번째와 두 번째 모두 이 기준을 만족시키기에 사람들의 관심을 쉽게 끌어들이는 것입니다.

어떤 출처에서 나온 정보가 정확하고 믿을 만하다는 것을 보증할까요? 바로 권위입니다. 권위 있는 통로를 통해야 그 정보를 정확하고 믿을 만하다고 생각합니다.

보통 부동산중개소에서 일하는 사람이 양복을 입는 이유는 전문가의 권위 있는 이미지를 만들어 자신이 제공하는 정보를 믿게 하기 위함입니다. 그러므로 부동산중개소가 파는 것은 집이 아니라 정보입니다. 우리는 보통 권위를 믿고 권위에 의지합니다. 그래서 광고에서 멋진 정장을 입고 안경을 쓴 박사나 교수가 전문용어를 쓰며 추천하면 그가 한 말을 믿게 되는 것입니다.

요즘과 같은 정보의 홍수 시대에는 권위를 믿습니다. 심지어 권위가 진짜인지 아닌지 깊이 생각하지도 않고 곧 믿어버리는 경향이 있습니다. 사람들은 권위라는 통로를 통해 믿을 만한 정보를 획득하는데 이는 저도 경험한 일입니다. 제 블로그에는 사적인 문제를 질문하는 글을 보내는 사람이 많습니다. 어떤 사람은 뜻밖에도 중앙연극학원 신입생 모집에 대한 정보를 묻기도 합니다. 무슨 이유로 그랬을까요? 그 연극학원이 제가 근무하는 학교 바로 옆에 있었기 때문입니다. 하지만 저는 거기에 가본 적이 없었습니다. 사실 이 정도는 당사자도 능히 할 수 있는 일이었습니다. 그런데 왜 제게 물었을까요? 제게 권위가 있고 제 신분과 안목을 믿을 수 있다고 생각했기 때문이겠지요.

똑같은 정보라도 그가 직접 찾아본 것이 아닌 제 입에서 나온 한마디를 믿는 것입니다. 사람들은 자신의 안목을 그다지 믿지 않습니다. 권위자를 찾아 그에게 의뢰한 연후에 정보를 획득하는 경향이 많습니다.

🔄 유비의 지혜

정보의 홍수 시대에는 권위를 통해 정보를 획득한다. 심지어 권위가 진짜인지 아닌지 깊이 생각하지도 않고 믿는 경향이 있다.

유비도 형주에서 이 규율에 좌우되었습니다. 형주는 사람도 많고 정보도 많았지만 유비는 이 지역에 내려온 지 얼마 되지 않아 기반이 없었기에 이들 사이의 관계나 배후의 정보를 이해하기 어려웠고, 정보를 찾으러 여기저기 돌아다니는 것은 오히려 위험만 커서 믿을 만한 권위자를 찾느니만 못하다고 생각했습니다. 그래서 유비는 권위라는 통로로 정보를 획득했던 것입니다. 형주에서 가장 중요한 인력자원 방면의 권위자는 수경 선생 사마휘였고 주변에서 가장 믿을 만한 권위자는 서서였습니다. 두 사람이 이구동성으로 제갈량이 뛰어난 사람이라고 이야기하고, 주위에서도 그를 칭찬만 하지 깎아내리는 사람이 없자 제갈량을 자기 사람으로 만들기 위해 고심했던 것입니다.

┃ 이성이 아닌
┃ 감성에 호소한다

유비가 자발적으로 제갈량을 찾아가는 것에 대해 측근들도 이해하지 못했습니다. 《삼국지연의》는 삼고초려 과정에서 장비가 세 번 분노한 이야기를 자세하게 묘사하고 있는데, 이는 이러한 문제를 잘 설명해줍니다.

첫 번째 분노는 두 번째 초려를 방문할 때 일어났습니다. 유비가 대설을 무릅쓰고 제갈량을 찾아갔지만 그가 없자 폭발했던 것입니다. 두 번째 분노는 유비가 이미 제갈량을 두 번이나 만나지 못했는데 다시 찾아가려 하자 관우가 말리면서 생겼습니다. 세 번째 분노는 제갈량이 집에 있다는 것을 확인했는데, 집에 도착한 유비를 제갈량이 영접은커녕 기본적인 인사도 없이 대낮에 한가롭게 잠을 잤기 때문에 생겼습니다.

사실 한 황실의 후예이자 좌장군이란 직함으로 세상에서 인정을 받던 유비가 촌구석에서 이름이 좀 알려진 제갈량이라는 사람을 처음부터 삼고초려할 생각은 없었을 것입니다. 처음 서서가 제갈량을 추천했을 때 유비는 서서에게 "그대가 데리고 오시오"라고 했습니다. 그때 서서가 "이 사람은 가서 만날 수는 있어도 억지로 오게 할 수는 없습니다. 장군께서 마땅히 몸을 굽혀 찾아가셔야만 합니다"라고 유비에게 힌트를 주었습니다.

처음 유비의 생각은 우리의 상식과 같았습니다. 사장이 전문경영인을 뽑는데 당사자가 면접을 보러 오지, 사장이 그를 만나러 직접 차를 몰고 가는 경우는 흔한 일이 아닙니다. 결국 유비는 제갈량을 직접 찾아가기로 결정했는데, 여기서 유비가 생각했던 것은 기본적으로 두 가지가 있었습니다.

첫 번째, 제갈량을 감동시켜야 한다는 것이었습니다. 그는 특별히 눈이 오는 날에 찾아가 진정성을 보여주었습니다. 또한 두툼한 솜옷을 입지 않고 추위에 얼어붙은 얼굴과 손을 보여 진정성을 극대화시켰지요.

두 번째, 유비는 최대한 많은 사람에게 자신이 인재에 목마르다는 사실을 알리려 했습니다. 유비가 제갈량 한 사람을 얻기 위해 세 번이나 찾아간 이유는 인재라면 누구라도 소중하게 대우한다는 것을 보여주기 위함입니다. 이는 일종의 이벤트였습니다. 인재를 구하는 과정을 진정성 있게 보여줌으로써 인재들이 스스로 찾아오게 하려는 것이었습니다.

인재를 찾는 것은 바닷속에서 바늘을 찾거나 풀숲에서 반지를 찾는 것처럼 어려운 일입니다. 그 많은 사람 속에 어떻게 인재를 알아볼 수 있겠습니까? 그래서 유비는 인재를 불러 모으기 위해 자신이 인재를 소중히 여긴다는 정보를 퍼트려 자발적으로 줄을 서게 하려는 노선을 채택했던 것입니다.

인재를 모으기 위해 정책을 제시하고 이미지를 빌리는 것과 관련해《한비자》에 나오는 '개가 사나우면 술이 쉰다'는 구맹주산狗猛酒酸 고사를 소개해보겠습니다. 옛날 송宋나라 사람 가운데 술을 파는 자가 있었습니다. 그는 술을 빚는 재주가 뛰어났고 손님들에게 양도 속이지 않고 정직하게 팔았습니다. 그럼에도 그의 술은 다른 집보다 잘 팔리지 않았습니다. 그는 영문을 알 수 없어 마을의 권위 있는 어른을 찾아가 이유를 물어보았습니다. 그 어른은 뜬금없이 "자네 집 개가 사나운가?"라고 물었습니다. "그렇습니다만, 개가 사납다고 술이 팔리지 않다니 이해할 수 없습니다"라고 하자 그 어른이 말했습니다.

"나도 자네 집 술을 사러 간 적이 있었네. 주막에 들어서자 집 앞에 커다랗고 사나운 개가 웅크리고 있는데, 내가 들어가려 하면 달려들 기세였네. 술이 팔리지 않는 이유는 사람들이 자네 집 개가 두려워 들어가려 하지 않기 때문이네. 어떤 사람이 어린 자식을 시켜 호리병에 술을 받아오라고 했는데 술집 개가 덤벼들어 그 아이를 물었다고 생각해보게. 그래서 자네 집 술은 팔리지 않아 점점 시큼해지는 것이오."

결국 이 고사는 다음 두 가지를 이야기해주고 있습니다. 첫째, 인사를 전반적으로 관리하는 사람은 직급이 높지 않아도 전략적 위치에 있는데, 만약 그런 사람의 성격이 급하고 사나워 다른 사람을 낮추어 대한다면 인재가 들어오는 길을 차단할 수 있다는 것입니다. 그래서 인사라는 직무에는 온화하고 겸손해 사람들과 잘 교류할 수 있는 사람을 배치해야 합니다. 둘째, 외부 사람들은 이미지나 태도를 통해 정책을 판단하는데, 이미지가 좋고 태도도 좋으면 정책도 좋다고 믿지만, 이러한 이미지가 없거나 태도가 좋지 않으면 정책이 좋아도 믿지 않는 경향이 있다는 것입니다.

그래서 유비는 온화하고 겸손하며 적극적이고 열정적인 이미지를 직접 보여줌으로써 가고자 하는 조직의 정책을 충분히 보여주었던 것입니다. 리더는 이미지로 말해야 합니다. 이미지는 호소력이고 흡인력입니다. 이 규율을 "이미지를 통해 자신의 정책을 전시한다"라고 합니다. 특히 인사부문에서 간부를 뽑을 때에는 이미지가 좋고 태도가 좋은 사람을 써야 할 것입니다.

삼고초려를 통해 유비는 제갈량과 같은 고인을 초빙하고 나아가 천하 인재들의 관심을 끌어모으고 자신의 이미지를 치켜세운 것이었습니다. 삼고초려는 가히 일석삼조의 계책이라고 말할 수 있습니다. 유비가 삼고초려에서 보여준 인재관리의 책략은 무엇이었을까요?

⚡ 유비의 지혜

리더는 이미지로 말해야 한다. 이미지가 호소력이고 흡인력이다. 태도가 정책의 가부를 결정한다.

나는 생각보다 작고
남은 생각보다 크다

《삼국지》〈제갈량전〉에는 제갈량이 세상에 나오면서 제시한 유명한 문장 〈융중대隆中對〉가 실려 있습니다.

> 이에 유비는 제갈량을 세 차례 찾아간 이후에야 마침내 만났다. 그리고 옆에 있는 사람들을 물리치고 말했다.
>
> "한왕실은 기울고 무너졌으며 간신들이 천명을 도적질해 황제는 몽진(임금이 난리를 피해 안전한 곳으로 떠남)에 오르게 되었습니다. 저는 스스로의 역량을 헤아리지 못하고 천하에 대의를 펼치려 했으나 지모가 부족해 오늘날 이 지경에 이르게 되었습니다. 그러나 뜻만은 아직 버리지 않았으니 장차 어떻게 하면 좋을지 말씀해주십시오."
>
> 제갈량이 대답했다.
>
> "동탁 이래로 호걸들이 잇달아 일어나 주를 차지하고 군을 병합한 자가 헤아릴 수 없을 정도입니다. 조조는 원소와 비교해 명성은 미미하고 병력은 적었지만, 끝내 원소를 이길 수 있었던 까닭은 오로지 천시 때문만이 아니라 인간의 지모에 의지했기 때문입니다. 지금 조조는 이미 100만 병력을 거느리고 천자를 끼고 제후들을 호령하고 있으니[挾天子而令諸侯], 실로 그와 싸우기는 어렵습니다. 손권은 강동을 웅거한 지 벌써 삼대가 지났으며, 나라는 험하고 백성들은 믿고 따르며 유능한 인재들이 쓰이고 있으니, 손권에게서 도움을 입을지언정 도모하려 해서는 안 됩니다.

형주는 북쪽으로는 한수와 면수沔水가 있어 남해로 통하는 이로움이 있고, 동쪽으로는 오군·회계군會稽郡과 연결되며, 서쪽으로는 파군과 촉군蜀郡으로 통하니 이는 용병에 유리한 전략적·지리적 요충지이나, 이곳의 주인(유표)은 지킬 수 없으니 이는 하늘이 장군을 도와주려는 것인데 장군의 뜻은 어떠십니까?

익주는 요새가 험하고 옥토가 1,000리나 되는 비옥하고 자원이 풍부한 땅이며, 한고조 유방은 여기를 기초로 제업을 이루셨습니다. 하지만 유장은 어둡고 나약하고 북쪽은 장로가 차지하고 있어, 인구는 많고 나라는 부유하지만 백성을 보살필 줄 모르니 지혜 있고 재능 있는 선비들은 현명한 주인을 고대하고 있습니다.

장군은 제실의 후예이고 신의는 사해에 떨치며 영웅을 거느리고 현명한 인재를 간절히 그리워하는 분입니다. 만일 형주와 익주를 차지해 그 험한 곳을 지키고, 서쪽으로는 여러 오랑캐와 화친하고, 남쪽으로는 이월夷越을 달래고, 밖으로는 손권과 동맹을 맺고, 안으로는 정사에 힘쓰고, 천하에 변란이 있기를 기다려 한 명의 상장에게 명해 형주의 군사를 완현宛縣과 낙양으로 진군하도록 하고, 장군 자신은 익주의 군사를 이끌고 진천으로 출격한다면, 백성들이 소쿠리 밥과 항아리 국을 마련해 장군을 환영하지 않겠습니까? 실로 이와 같다면 패업은 이루어지고 한왕실은 부흥할 것입니다.”

유비가 말했다.

“옳은 말씀이십니다!”

그때부터 유비는 제갈량과의 정이 나날이 깊어졌다.

세 번째 방문에서 유비는 마침내 제갈량을 만났습니다. 유비도 기뻤지만 제갈량도 기쁘기 그지없었습니다. 인재라고 해도 진정 자신을 알아주는 주인을 만나기는 쉽지 않은데, 드디어 기회가 생겼기 때문이었을 것입니다. 두 사람은 만나자마자 곧바로 일에 대해 이야기했습니다. 유비가 먼저 흥미로운 이야기를 꺼냈습니다. 그는 나라꼴이 말이 아니어서 간신들이 길목을 차지해 황제가 황제 노릇을 하지 못하는 상황을 설명한 후, 이어 "저는 스스로의 역량을 헤아리지 못하고 천하에 대의를 펼치려 했으나 지모가 부족해 오늘 이 지경에 이르게 되었습니다"라며 자신을 낮추고 있습니다. 이것이 어디 리더가 인재를 초빙하는 모습이라 할 수 있겠습니까? 누가 봐도 학생이 선생에게 가르침을 청하는 자세라 할 수 있었습니다. 이렇게 유비는 손을 모아 "장차 어떻게 하면 좋을지 말씀해주십시오"라고 청했습니다.

여기서 유비의 태도에 대해 생각해봅시다. 한 조직의 장으로서 인재등용 여부를 결정할 권한과 위치에 있던 그가 어째서 이처럼 저자세를 취했을까요?

이와 관련해 '소유효과Endowment Effect'라는 규율에 대해 설명하고자 합니다. 소유효과를 극복해야 권위를 내세우지 않고 낮은 자세를 취할 수 있습니다. 많은 리더가 널리 언로를 개방하지 않고 정확한 의견을 듣지 못하는 까닭은 바로 소유효과에 영향을 받았기 때문입니다.

소유효과란 자신이 어떤 대상을 소유하거나 소유할 수 있다고 생각하는 순간, 그 대상에 애착이 생겨 객관적인 가치 이상을 부여하는 심리현상을 말합니다. 이때는 소유하고 있는 물건을 내놓는 것을 손실로 여기게 됩니다. 미국의 한 대학에서 무작위로 학생을 두 그룹으로 나누고, 한 그룹에만 대학 로고가 그려진 머그잔을 선물했습니다. 그리고 머그잔을 가진 그룹과 가지지 않은 그룹 사이에 머그잔 경매를 벌였는데, 머그잔을 가진 그룹이 팔려는 금액은 가지지 않은 그룹이 사려는 금액의 약 두 배였다고 합니다. 가지고 있을 때는 1,000원에 팔려고 하지만, 가지려 할 때는 500원에 사려는 심리입니다.

이러한 현상은 물건뿐 아니라 인간관계에서도 존재합니다. 자기가 낸 주장은 가치가 있고 적절하고 정확하고 깊이가 있다고 여기지만, 다른 사람이 낸 주장은 별 가치가 없다고 여긴다는 것입니다.

예를 들어 다른 사람이 말을 할 때는 별것 아니라고 생각하고 심지어는 얕잡아보기까지 하지만 자신이 말할 때는 아주 적절하게 잘 말했다고 느끼는 것과 같습니다. 철학적으로 이를 표현하면, "모든 사람의 발밑은 지구의 중심이고, 사람들마다 자아를 중심으로 세계를 본다. 우리는 끊임없이 자신을 확대하면서 다른 사람은 작게 보려 한다"고 할 수 있습니다.

때문에 관리학에서는 사람들과 교류하는 과정에서 다른 사람의 의견은 2를 곱하고, 자신의 의견은 3으로 나누어야 진실에 근접한다고 말하고 있습니다. 자신을 낮추고 다른 사람을 높게 보는 생각이 성공적인 삶의 기본이라는 점을 특별히 강조하고자 합니다. 내 풍선에서는 바람을 조금 빼고 다른 사람의 풍선에는 바람을 더 넣어주어야 진실한 세계를 볼 수 있습니다. 인생은 많은 문을 지나야 합니다. 머리를 너무 높이 들면 머리가 문보다 높아져 지나갈 수가 없을 것입니다. 너무 거만하거나 잘난 체하고 자신을 낮출 줄 모르는 사람은 발전 여지가 없어 반드시 벽에 부딪치게 될 것입니다.

⚫ 유비의 지혜

성공적인 생활은 자신을 낮추고 다른 사람을 높게 보는 것이다. 스스로 거만하거나 잘난 체하고 자신을 낮출 줄 모르는 사람은 발전 여지가 없어 반드시 벽에 부딪치게 된다.

유비는 비록 우두머리를 자처하고 좌장군·의성정후宜城亭侯의 명함을 가진 한나라 황숙 신분이었지만 자신을 낮출 줄 알았습니다. 그는 사람들과 교류하면서 가장 먼저 허세를 버리고 자신을 낮추었는데, 이러한 태도는 본받을 만한 가치가 있습니다. 그래서 큰일을 하려면 우선 뜻을 가진 사람이 되어야 하고, 그런 연후에 다시 노력하는 사람이 되고, 이어 자신을 낮출 줄 알아야 합니다.

유비의 이러한 태도는 제갈량을 감동시키기에 충분했습니다. 그는 본래 명리를 다투는 싸움에 참여할 생각이 없었지만 유비의 태도가 그를 변화시켰습니다. 이에 제갈량이 자신의 기본적인 생각과 판세를 이야기한 것이 바로 역사적으로 유명한 〈융중대〉였던 것입니다. 〈융중대〉의 주요 내용은 다음 세 가지로 요약할 수 있습니다.

첫 번째는 천하를 삼분하고 두 길로 북벌을 꾀한다는 것으로 이는 앞으로 나갈 길을 말한 것입니다. 두 번째는 손권과 연합하고 북으로 조조에게 대항한다는 것으로 이는 연맹에 대해 말한 것입니다. 세 번째는 형주에 발을 내리고 서촉西蜀을 도모한다는 것으로, 이는 밑천과 근거지를 말한 것입니다.

이 세 가지는 유비의 인생과 사업 모두를 잘 안배한 것이었습니다. 그래서 후인들은 초려에 나오기도 전에 이미 삼분천하의 계책을 마련한 제갈량의 재능과 경지가 진정 감탄스럽다고 말하는 것입니다.

그런데 제갈량도 이 말을 할 때 아주 겸허했습니다. 유비와 제갈량은 서로 겸허했고 모두 공손하게 읍을 했습니다. 왜 그랬을까요? 두 가지 규율을 이야기하겠습니다. 첫째, '언제 겸허해야 하는가'입니다. 둘째, '왜 두 사람은 서로 겸허함을 겨루었는가'입니다. 언제 겸허해야 하는지는 아주 간단합니다. 사람들이 충분히 인정하고 있을 때는 겸허한 것이 가치가 있습니다. 《마음을 움직이는 승부사 제갈량》에서 "큰소리로 무대에 나서고, 낮은 목소리로 만나 이야기한다"는 규칙을 이야기한 적이 있습니다. 다른 사람이 충분히 인정해준다면 겸허하고 차분히 이야기할 수 있지만, 인정을 얻기 전에 겸허하게 목소리를 낮추는 것은 좋은 방법이 아닙니다.

왜 유비와 제갈량은 서로 겸허했을까요? 심리학 연구에 따르면 사람들은 교류를 하는 과정에서 상대를 모방하는 특수한 현상이 있다고 합니다. 사람들은 상대가 자신을 모방하면 만족하고 즐거워하기에 인정을 받고 상대를 즐겁게 하기 위해 자신도 모르게 상대의 억양·어조·표정을 모방하려는 본능이 있다고 합니다. 부부가 같이 살다보면 본능적으로 상대의 말투나 표정을 모방하는데, 이러한 행위가 계속 쌓여 어느 정도에 이르면 얼굴 근육의 움직임과 윤곽이 변하면서 점점 닮아간다는 것입니다.

동양에서도 전통적으로 다른 사람과 교류할 때는 먼저 상대의 생활과 소통방식을 이해해야 한다는 점을 특히 강조합니다. 적극적으로 적응하고 마음을 맞추다보면 교류의 효과는 아주 커질 것입니다.

상호모방은 피차 정을 쌓아가는 유효한 수단입니다. 상대의 자태·말투·표정을 적당히 모방하는 것은 빠르게 인정을 받는 효과적인 방법입니다. 이것이 유비와 제갈량이 만났을 때 서로를 모방하려 한 이유라고 할 수 있습니다.

ⓒ 유비의 지혜

상호모방은 정을 증가시키는 유효한 수단이다. 상대의 자태·말투·표정을 적당히 모방하는 것은 빠르게 인정을 받는 효과적인 방법이다.

삼고초려로 유비는 전략적 계획에 따라 움직이는 새로운 단계로 접어들었습니다. 이전에는 그때그때 임기응변으로 일을 처리하는 경우가 다반사였는데, 이제 제갈량이 나서 삼분천하를 이야기하며 서촉을 취하고 한중을 장악한 후 동쪽의 손권과 연합해 북쪽의 조조에 대항한다는, 유비가 믿고 실행할 수 있는 전략적 발전방향을 분명하게 제시했기 때문입니다. 이러한 장기적인 안목은 적어도 이론적으로는 유비 집단의 발전과 활로의 문제를 해결한 것이었고, 미망과 초조함에 쌓여 있던 유비에게 미래의 방향을 분명하게 제시한 것이었습니다.

일단 조직에 정확한 비전과 목표가 생기면 전체적인 일의 효율과 효과는 완전히 다르게 나타납니다. 일은 이론적인 가이드라인이 있어야 하며 이에 따라 일을 하면 효율이 상승합니다.

유비는 자신의 인생에서 처음으로 구름 속을 뚫고 나온 해를 보았습니다. 한편에서는 듣고 한편에서는 머리를 끄덕이며 찬탄하다 감개무량해 "내가 공명을 얻은 것은 물고기가 물을 만난 것과 같다"

고 했습니다. 이렇듯 제갈량의 등장으로 유비의 사업은 전략적 전기를 마련할 수 있었습니다.

하지만 호전의 계기가 마련된 바로 이 시기에 형세는 오히려 급전직하했습니다. 먼저 유표가 병사하자 형주 내부의 권력투쟁이 더욱 격렬해졌고, 곧바로 조조의 대군이 남하하자 후계자 유종이 싸우지도 않고 항복했기 때문입니다. 방금 전기를 마련했다지만 유비는 여전히 작디작은 신야에 머물고 있었고 세력도 빈약했습니다. 이러한 생사의 시험에 직면해 유비와 제갈량은 순조롭게 관문을 넘어설 수 있었을까요? 다음 강의에서 뵙겠습니다.

유종(?~?)
형주목 유표의 둘째 아들이다. 유표가 병으로 죽자 뒤를 이어 형주목이 되었다. 조조가 남하하자 항복하고 형주를 넘겼다.

입은 적을 만들고
귀는 동료를 만든다

최근 젊은이들 사이에 오늘날을 '부모의 능력을 다투는 시대'라고 원망하는 말이 자주 들리곤 한다. 돈과 배경, 권세 높은 집안의 자녀들이 각 영역에서 기회를 다 차지하는 것을 그저 멍하니 바라보는 것 외에 다른 방법이 없다는 한숨이다. 사실 이러한 논리는 옛날에도 마찬가지였지만 오늘날에는 더더욱 설득력이 없다. 앞서 서술한 바처럼 유비가 삼분천하할 수 있었던 것은 권세 높은 집 자녀나 돈 많은 집 자녀이기 때문이 아니었다.

한미한 출신 배경의 유비는 어떤 방법으로 사람들의 마음을 모을 수 있었을까? 오늘날의 사회환경에서 유비의 방식은 여전히 같은 효과를 보일 수 있을까?

이번 강의는 먼저 감각 혹은 느낌을 주제로 이야기해보겠습니다. 보통 호텔에 가면 세면대에 로션이 있는데, 검은색으로 포장한 로션은 본 적이 없습니다. 아마 여러분도 보지 못했을 것입니다. 이유는 아주 간단합니다. 검은색 병 안에 있는 내용물을 바르면 얼굴이 검게 변한다고 연상하기 때문입니다. 이러한 생각이 들면 좀 불편하겠지요. 같은 이유로 반점이 그려진 병도 만들지 않습니다. 병 안에 있는 내용물을 얼굴에 바르면 점이 생긴다는 생각이 연상되는데 이는 더 불편하기 때문이지요. 병을 포장하는 것은 작은 문제로 본질적인 문제는 아닙니다. 하지만 그것은 결정적인 작용을 합니다.

사람의 교류도 마찬가지입니다. 사람의 행동거지를 결정하는 것은 보통 이성이 아닌 비이성적인 요소입니다. 예를 들어 여름철에 효과가 아무리 좋은 선크림이라 해도 무좀약으로 유명한 브랜드의 제품을 바르려 하지 않을 것입니다. 이는 심리적 감각이 실질적인 성능이나 효과보다 더 중요하기 때문입니다. 이는 감각과 신념의 문제입니다. 이번 강의에서는 유비가 감각과 신념을 중심에 놓고 어떻게 일을 만들어갔는지 살펴보겠습니다.

오늘의 명성은
어제 행동의 결과다

동한 건안 12년, 조조는 10만 대군을 일으켜 남쪽 형주로 향했습니다. 이 중대한 시기에 형주를 책임지고 있던 유표가 병으로 좀처럼 일어날 기미를 보이지 않자, 형주 전체가 극도로 불안한 분위기에 휩싸였습니다. 그러던 어느 날 유표는 유비를 부중으로 불렀습니다. 유비는 유표를 보자마자 가슴이 덜컥 내려앉았습니다. 며칠 새에 유표의 모습이 딴판으로 변했기 때문이었습니다. 유표는 본래 남자답고 잘생겼다고 합니다. 《삼국지》〈유표전劉表傳〉에 유표는 "키가 8척 남짓으로 자태와 용모가 매우 건장하고 잘생겼다"고 기록되어 있습니다. 하지만 이 시기의 유표는 얼굴이 흙빛이고 두 눈은 움푹 들어갔으며 몸은 너무 수척해서 침대에 누워 있으면 마치 마른 낙엽이 바람에 떨고 있는 모습을 연상케 했습니다.

유비가 다가오자 유표는 겨우 그의 손을 잡고 눈물을 흘리기 시작했습니다. 《논어》〈태백泰伯〉에는 "새가 죽을 때에는 그 울음소리가 슬프고, 사람이 죽을 때에는 그 하는 말이 착하다[鳥之將死, 其鳴也悲; 人之將死, 其言也善]"라는 말이 있습니다. 처음 형주에 도착했을 때는 함께 정권의 잘못을 지적하고 천하대사를 논하며 의기가 왕성한 모습을 보여주었는데, 지금 눈앞에 병들어 위독한 유표를 보자 유비는 코끝이 시큰해지며 쏟아지는 눈물을 멈추지 못했습니다. 유표는 탄식하며 말했습니다.

"내 아이들은 재주가 없고 수하의 제장들은 모두 영락零落해 대임을 감당할 수 없으니 내가 죽거든 경이 형주를 맡도록 하시오."

이 말을 들은 유비는 황급히 거절하며 "아드님들이 각자 현명하니 그대는 병세나 걱정하십시오"라고 했습니다. 과거 서주를 거절할 때같이 유비는 다시 이 제안을 거절했습니다. 어떤 이가 유비에게 바람이 불 때 돛을 단다고 하는 것처럼 상대가 먼저 나서서 바치는데 어째서 형주를 접수하지 않느냐고 반문했습니다. 하지만 유비는 그만의 생각이 있었습니다. 《삼국지》〈선주전〉에는 유표의 말을 따를 것을 권하는 말을 듣고 유비가 한 말이 기재되어 있습니다.

"이 사람이 나를 후하게 대우했는데, 지금 내가 그의 말을 따른다면 사람들이 필시 나를 야박한 사람이라 할 것이니 차마 그럴 수는 없다."

형주를 준다고 해서 그냥 받으면 사람들이 자신을 정도 없고 의도 없는 사람으로 여길 것이기에 하지 않겠다는 말이었습니다.

유비는 정치와 관리의 경험이 풍부했고, 이미지와 명성의 중요성을 잘 알았습니다. 토지와 종자를 자원이라 한다면 이미지와 명성은 봄과 같습니다. 토지와 종자만 있고 봄이 없으면 여전히 세상은 황폐할 것입니다. 게다가 자원은 모으고 빌릴 수 있지만 이미지와 명성은 노력해서 쟁취해야 하는 것입니다. 토지와 종자는 빌릴 수 있지만 봄은 빌릴 수 없습니다. 이미지를 중시하지 않고 명성을 지키지 않는 사람들은 영원히 자신의 봄을 맞이할 수 없습니다.

🔅 유비의 지혜

자원은 모으고 빌릴 수 있지만 이미지와 명성은 노력해서 쟁취해야 하는 것이다. 토지와 종자는 빌릴 수 있지만 봄은 빌릴 수 없다. 이미지를 중시하지 않고 명성을 지키지 않은 사람은 영원히 봄을 맞이할 수 없다.

낙인은
진실의 눈을 가린다

사실 서주나 형주를 양보한 모습은 다 유비의 관리철학을 구체적으로 드러낸 사건이었습니다. 이 철학에는 주목할 만한 점이 있는데, 이를 잘 분석해 체득하기를 권합니다.

먼저 간단한 실험을 하나 해보지요. 여기에 두 개의 병이 있습니다. 하나에는 아무런 상표가 붙어 있지 않고 다른 병에는 '양질의 좋은 물'이라는 상표가 붙어 있다면 어느 것을 선택하시겠습니까? 대다수는 상표가 붙은 물병을 선택할 것입니다.

유사한 현상은 모터쇼의 레이싱 모델에서도 찾아볼 수 있습니다. 조사에 따르면 차 옆에 모델이 있는 경우에 사람들은 품질을 더 신뢰하고 운전할 때 훨씬 멋있다고 생각하는 경향이 있다고 합니다. 사실 모델의 아름다움이 차에 투사되어, 차에 아름다움이라는 꼬리표를 달자 사람들에게 훨씬 쉽게 받아들여진 것입니다. 그렇다면 누군가 이렇게 물을 수 있겠습니다.

"선생님, 우리 〈백가강단〉 프로그램도 시청률을 더 높이기 위해 강의하는 동안 좌우에 미인 두 명을 배치해 물을 따라주고 차트를 넘겨주는 등 이미지 쇄신을 해보면 어떨까요?"

그러나 이는 더 복잡한 기술적인 문제, 즉 '일치성'을 고려해야 하는 문제입니다. 강의를 하는데 옆에 두 명의 레이싱 모델이 서 있으면 분명 꼴불견일 테고, 모델이 예쁠수록 프로그램이 공격받을 가능성은 더욱 커지겠지요. 하지만 제 옆에 가야금과 매화가 있고 두 명의 정숙한 여성이 전통 복장을 하고 차를 달이는데 여기서 술잔을 들고 고금을 논하는 것은 예술적 정취가 다분하다 할 수 있겠지요.

그래서 꼬리표를 붙이기 전에 '일치성'의 문제에 신경을 써야 합니다. 자신과 일치하는 인물이나 사건을 빌려 꼬리표를 붙이는 것이 명성과 신망을 쌓는 가장 기본적인 방법입니다.

♻ 유비의 지혜

사물의 일치성을 고려해야 한다. 자신과 일치하는 인물이나 사건을 빌려 꼬리표를 붙이는 것이 명성과 신망을 쌓는 가장 기본적인 방법이다.

유비가 형주를 받지 않은 까닭은 유표라는 인물과 형주를 양보한 일을 빌려 '도의와 정을 중시한다'는 꼬리표를 붙이고자 했기 때문입니다. 이 무형자산은 그가 미래에 사업을 발전시키는 데 지극히 중요한 역할을 했습니다.

능력 있는 사람은 유형자산을 운용하고 뛰어난 사람은 무형자산을 운용합니다. 사람들은 좋은 꼬리표가 붙은 사물을 믿으려 할 뿐아니라 꼬리표를 붙이는 방법으로 사물을 분류하는 것에 익숙합니다. 좋은 꼬리표가 붙으면 미래가 밝을 것입니다. 이어 좋지 않은 꼬리표가 있으면 미래가 밝지 않다고 말하는 사람도 있을 것입니다. 사실 틀렸습니다. 좋지 않은 꼬리표는 근본적으로 미래가 없는 것입니다.

노이즈 마케팅이라는 말을 많이 씁니다. 일부러 문제를 일으켜 관심도와 지명도를 높이는 방식인데, 이는 그다지 좋은 방법이라고 할 수는 없습니다. 지명도는 단기간 내에 신속하게 오르겠지만 장기적으로 보면 분명 미래의 지속적인 발전에는 해가 되기 때문입니다. 하지만 요즘 많은 사람은 저의 이러한 관점에 동의하지 않지요. 네거티브 수단이 더 많은 관심을 불러일으킨다고 여기는 것 같습니다.

간단히 비유해보지요. 사람들이 화원에 자주 가는 이유는 아마도 꽃을 좋아하기 때문이겠지요. 그러나 변기가 좋아서 화장실에 가지는 않을 것입니다. 눈길을 끌고 관심도를 높이는 규율도 마찬가지입니다. 사람이 많은 것이 꼭 좋아하는 사람이 많은 것을 의미하지는 않습니다. 사람들은 한 떨기 꽃을 한시도 잊지 않고 생각하겠지만 누가 변기를 계속 기억하겠습니까? 그래서 네거티브 책략은 발전 가능성이 없는 것입니다. 사람의 눈길을 끌려면 반드시 원칙과 최소한의 조건이 있어야 합니다. 처신과 처세는 일시적인 영광이나 눈앞의 떠들썩함을 추구하는 것이 아니라 풍속을 존중하고 통속을 견지하며 저속[庸俗]을 이해하고 악속惡俗을 피해야 하는 것입니다.

♻ 유비의 지혜

노이즈 마케팅은 일시적인 효과를 일으킬 뿐이다. 장기적으로 보면 미래의 지속적인 발전에는 해가 된다. 눈길을 끌려면 반드시 원칙과 최소한의 조건이 있어야 한다.

유비는 줄곧 명성에 대해 많은 신경을 썼습니다. 역경에 처해 있을 때도 진지하게 무형자산을 유지하면서, 오히려 곤란을 단련의 기회, 자신을 향상시킬 수단으로 삼았습니다. 이야말로 영웅에 걸맞은 태도라 할 수 있었습니다.

유비는 본래 자신이 중시하던 정과 의리가 결국에는 좋은 결과를 가져오리라는 낭만적인 생각이 있었습니다. 그러나 현실은 뜻대로 되지 않았고 간절한 바람 또한 항상 현실이 되지 않습니다. 유표 사후 유종이 즉위하고 조조의 군사적 압력에 직면해서 유종 집단은 싸우지 않고 항복하는 전략을 택했습니다. 게다가 이에 대해 사전에 어떤 협의도 하지 않아 유비를 당황하게 만들었습니다.《한위춘추漢魏春秋》의 기록입니다.

유종이 항복을 청하고 감히 이 일을 유비에게 고하지 못했다. 유비 또한 이를 모르다 얼마 뒤 알게 되자 사람을 보내 유종에게 물었다. 유종은 송충宋忠을 보내 유비에게 자기 뜻을 알렸다. 이 무렵 조조가 완宛에 있어 유비는 크게 놀라 송충에게 말했다.

"경들은 이러한 일을 저질러놓고는 더 일찍 와서 말하지 않고, 이제 화가 닥쳐서야 비로소 고하니 또한 너무 심하지 않은가!"

칼을 뽑아 송충을 겨누며 말했다.

"지금 경의 목을 잘라도 분을 풀기에 족하지 않으나, 대장부가 헤어지는 마당에 경 같은 무리를 죽이는 것 또한 수치스러운 일이다!"

송충을 보내주고는 부곡을 모아 의논했다. 어떤 이는 유종과 형주의 관원·군사를 겁박해 이들을 거느리고 곧바로 남쪽의 강릉으로 갈 것을 권했다. 유비가 대답했다.

"유형주劉荊州(유표)가 죽을 때 고아를 맡겼으니, 신의를 저버리고 스스로를 구하는 것은 할 일이 아니오. 죽은 뒤 무슨 면목으로 유형주를 만나겠소!"

유비는 애초에 형주의 유표 집단과 동맹을 결성해 조조에게 공동으로 대항할 생각이 있었는데, 상대가 어떤 언질도 없이 몰래 조조에게 투항할 줄은 생각지도 못했던 것입니다. 하지만 그는 다시한 번 원칙을 지켰습니다. 그에게 남은 선택은 이제 철수하는 것밖에 없었습니다. 거침없이 남하하는 조조의 정예기병을 맞아 유비집단은 전군이 몰살될 위험에 직면해 있었습니다. 결정적인 순간에 유비는 어떻게 했을까요?

▌진정한 리더는 ▌사람을 버리지 않는다

다음은 훗날 연역되어 유명해진 조운이 장판파에서 크게 싸우고 장비가 큰소리로 당양교를 끊은 고사의 주요한 내용입니다. 《삼국지》〈선주전〉의 기록입니다.

> 유비가 당양當陽에 도착했을 당시의 무리가 10여 만에 이르고 치중
> 이 수천 량輛으로 하루에 10여 리밖에 가지 못하자, 따로 관우가 배
> 수백 척을 타고 와 강릉에서 합류하기로 했다. 어떤 이가 유비에게
> 말했다.
> "의당 신속히 행군해 강릉을 보전해야 합니다. 지금 비록 많은 무리
> 를 거느리고 있으나 갑옷을 입은 자는 적으니, 만약 조조의 군사가
> 도착한다면 이를 어찌 막으려 하십니까?"
> 유비가 말했다.

"무릇 큰일을 이룰 때는 필히 사람을 근본으로 삼는 법이오. 지금 사람들이 내게 귀부하는데 어찌 차마 버리고 떠나겠소[夫濟大事必以 人爲本, 今人歸吾, 吾何忍棄去]!"

유비가 계속 남쪽으로 후퇴하는데도 조직이 갈수록 방대해진 이유는 철수과정에서 백성이 끊임없이 대열에 합류했기 때문입니다. 유종과 함께 조조에게 귀순하기를 원하지 않던 군과 백성이 사방에서 몰려와 유비에게 의탁했습니다. 이 대열은 사서의 기록에 따르면 치중만 해도 수천 기에 이르고 노인과 아이가 10여만 명이라 하루에 10여 리 정도밖에 갈 수 없었다고 합니다. 이것은 철수라기보다는 그야말로 애벌레가 꿈틀거리는 속도와 같았습니다.

누군가 유비에게 치중과 백성을 내버려두고 빨리 철수하자고 건의했는데 이는 군사적으로 보면 맞는 말이었습니다. 여기서 유비는 아주 유명한 말을 하지요.

"무릇 큰일을 이룰 때는 필히 사람을 근본으로 삼는 법[以人爲本]이오. 지금 사람들이 내게 귀부하는데 어찌 차마 버리고 떠나겠소!"

저는 그동안 중국 고대 관리사상에서 뛰어난 관리자를 많이 연구해왔는데, 그 가운데 직접 "사람이 근본"이라는 말을 한 사람은 유비가 처음이었습니다. 백성이 나를 따르는데 그들을 버린다면 어찌 미래가 있겠느냐는 의미지요. 유비의 선택은 위험을 감당하면서 함께 가는 것이었습니다.

조조는 유비가 남쪽으로 향하고 있다는 말을 듣고 5,000명의 정예기병을 소집해 추격했습니다. 조조는 밤낮으로 300여 리를 달려 당양의 장판파에서 마침내 유비를 따라잡았습니다. 양군이 격전을 벌였지만 유비는 대패하고 단지 조운·장비·제갈량과 수십 명의 기병만 거느리고 탈출했습니다. 유비가 치중·처자식·조직·백성을 모두 포기했으니 조조의 완벽한 승리라 할 수 있었습니다.

유비는 왜 이렇게 많은 사람과 함께 천천히 행군했던 것일까요? 오랫동안 군대를 지휘한 군사 지도자로서 그가 설마 하루에 10리를 행군하면 조만간 패하게 되리라는 사실을 몰랐을까요? 유비는 분명히 알았을 것입니다. 당양의 패배는 일종의 '자아전시'였습니다. 그는 자신은 인의를 중시하고 백성을 보호하는 사람으로, 설령 위험을 무릅쓰는 한이 있어도 따르는 백성을 결코 쉽게 버리지 않는다는 믿음을 전파했던 것입니다.

설령 유비가 백성을 포기하지 않아도 전쟁에 패하면 자연스레 포기하는 형태가 될 텐데, 먼저 포기하는 것과 나중에 포기한 것에 어떤 차이가 있을지 생각해보십시오. 먼저 포기하는 것은 주도적인 행동으로, 백성의 생사를 신경 쓰지 않는 것을 의미합니다. 반면 나중에 포기한 것은 피동적인 행동으로, 이미 민심을 얻은 후 어쩔 수 없이 포기한다는 의미입니다.

패배를 당하는 위험을 무릅쓴 이 사건은 탄복할 만한 깊은 안목을 보여주었습니다. 주동적으로 성공을 선택하는 일은 쉽지만 주동적으로 실패를 선택한 것은 결코 쉽지 않은 일이었습니다. 유비는 후자를 택해 천하 사람들에게 자신은 인의를 중시하고 백성을 보호하며, 백성을 위해서라면 개인의 안위 정도는 신경 쓰지 않는다는 것을 보여주었던 것입니다.

이번 결정으로 유비는 향후 발전에 필요한 백성의 지지와 정치적 자본을 충분히 쌓을 수 있었습니다. 그래서 유비는 수준 있게 패했다고 할 수 있었습니다. 고수는 실패하고 넘어지면서도 자신의 강점을 보여줄 수 있는 사람입니다. 유비는 장판파의 실패를 빌려 '인의의 지도자'라는 이미지를 심는 데 성공했습니다.《삼국지》〈선주전〉주에는 최초로 촉한정통론을 제기한 습착치習鑿齒의 평가가 실려 있습니다.

> 선주는 비록 엎어지고 쓰러지는 곤란에 처했으나 신의를 더욱 밝히고, 형세가 궁핍하고 사정이 위급한데도 그 말이 도를 잃지 않았다. 유표의 고명을 따르니 삼군三軍이 진정으로 감복하고, 대의를 좇는 선비를 연모하니 그들이 기꺼이 패배를 함께했다. 그가 뭇 사람들의 마음[物情]을 얻은 까닭을 살펴보자면, 어찌 다만 술을 내버리고 백성의 빈함을 어루만지고[投醪撫寒] 풍성귀를 머금어 그 쓴맛을 감수하며 질병을 보살피는 데[含蓼問疾] 그치겠는가! 그가 끝내 대업을 이루었으니 또한 마땅하지 않은가!

우리는 이미지가 정말 그렇게 중요한지 물을 수밖에 없습니다. 유비는 생명의 위험을 무릅쓰면서까지 이미지 쇄신을 할 필요가 있었을까요?

일리도 있고 근거도 있는 대답을 위해 먼저 '신념소비'라는 개념을 소개하고자 합니다. 신념소비란 상품을 구매하는 행위는 물건을 구매하는 것이 아니라 그에 대한 신념을 구매한다는 말입니다. 사람들은 종종 감각을 위해 돈을 지불하지, 사실 때문에 지불하지는 않는다는 의미이지요.

ⓔ 유비의 지혜

패하는 과정에도 수준이 있다. 고수는 실패하고 넘어져도 그 과정에서 자신의 강점을 적극적으로 보여준다.

간단한 예로 여기 냉차가 있습니다. 만약 이 음료를 냉약冷藥이라 이름 붙인다면 마시겠습니까? 내용물이 냉차 같아도 냉약이라 부르는 순간 마시려 하지 않을 것입니다. 약은 환자가 먹는 것이라고 믿기 때문이지요. 건강한 사람은 약을 먹지 않는다고 생각하는 것이지요. 또 수이주위[水煮魚](중국식 매운탕)라는 요리를 자주 먹지요? 저는 처음 메뉴판에서 수이주위라는 단어를 보고 이 요리가 솥단지에 생선을 삶은 어탕과 비슷한 요리라고 생각했습니다. 그런데 식탁에 올라온 요리를 보고 당황했습니다. 수이[水]가 물이 아니라 기름을 의미했기 때문이지요. 만약 이 요리를 고추기름 정량 반 통에 생선을 담갔다는 의미로 여우주위[油煮魚]라고 이름 짓는다면 먹을 수 있겠습니까? 분명 기름이 너무 많아 느끼하고 건강에 좋지 않으리라 여길 것입니다. 단지 이름이 다를 뿐인데 이 때문에 건강에 대한 염려 없이 가볍게 음식을 즐기게 된 것입니다.

다시 한 번 신념소비의 위력을 강조해보지요. 사람들은 상품 자체를 선택하는 것이 아니라 상품의 신념을 선택한다고 앞서 말했습니다. 예를 들어 농민이 열정적으로 "이 오이와 토마토는 직접 재배한 것으로, 모두 천연 거름으로 키웠습니다. 신선하니 한 번 드셔보시지요"라고 권한다면 아마도 맛있게 먹을 것입니다. 그런데 농민이 "이 오이와 토마토는 직접 재배한 것으로, 모두 분뇨로 키웠습니다. 신선한데 한 번 드셔보시지요"라고 하면 듣는 순간 아마도 눈살을 찌푸릴 것입니다.

본질은 같은데 감각이 완전히 다른 것입니다. 신념소비의 효력은 우리 마음속 깊은 곳에 뿌리를 내리고 있어 흔들리지 않고 일생을 따라다닙니다. 연구는 신념소비의 현상이 상품거래에만 있는 것이 아니라 사람 사이의 교류에도 있음을 밝혀냈습니다. 사람들이 리더를 따르는 이유는 사실 리더 때문이 아니라 리더에 대한 신념 때문이라는 것입니다. 유비는 한미한 집안 출신으로 자원도 적고 출발도 늦었습니다. 권세 있고 돈 많은 집 자제인 조조나 손권과 비교할 때 유비는 일정한 자원을 축적하기 위해 훨씬 많은 영향력과 호소력이 필요했던 것입니다.

이 시기에 유비는 더 많은 정력과 시간을 투입해 어떻게 영향력을 확대할지 고민할 필요가 있었습니다. 신념소비의 원리에 비추어 흡인력과 영향력을 증가시키고자 한다면 반드시 이미지를 만들고 신념을 드러내야 했습니다. 바로 이러한 생각에 기인해 유비는 설령 실패하더라도 백성을 데리고 가야 한다고 생각했던 것입니다.

이를 "결정적 행위를 빌려 이미지를 형성하고 신념을 드러낸다"고 하는데, 이 일을 적절하게 해내면 사람들 사이에서 위신을 아주 쉽게 세울 수 있습니다. 유비의 노력은 눈에 보이는 효과로 나타났습니다. 천하를 얻기 전에 이미 그는 민심을 얻었습니다. 마음을 점령한 결과 사람들은 '유비'라고 하면 다음 다섯 가지를 즉각 떠올리게 되었습니다.

첫째, 대한 황숙이라는 특수한 품종. 둘째, 인의라는 기본 이미지. 셋째, 백성을 사랑하는 마음이라는 표준. 넷째, 백성을 위해 참패를 무릅썼다는 보편적인 이야기. 다섯 째, 나라를 안정시키고 한실을 보위한다는 원대한 사명.

　다른 사람의 마음을 품을 수 있는 사람이 미래를 점령할 수 있습니다. 이 다섯 가지 요소가 상품의 시장을 확대하는 길이었고 리더가 사업을 발전시키는 길이었습니다.

▍경험은 사람을 성숙하게 만든다

유비는 당양에서 계속 후퇴하던 길에 형주로 조문을 온 노숙魯肅을 우연히 만났습니다. 이때 두 사람은 아주 흥미로운 대화를 나누었습니다. 《강표전江表傳》의 기록입니다.

노숙(172~217)

자는 자경子敬이며, 임회臨淮 동성東城 사람이다. 208년, 조조가 하북을 평정하고 형주를 점령한 후 강동을 노렸다. 손권의 신하들은 모두 조조에게 항복해 오나라의 평화를 지키자고 했으나, 홀로 유비와 결탁해 형주를 점령하고 조조와 항전하자고 주장했다. 당양으로 가서 유비와 동맹을 맺고, 주유의 활약으로 조조를 적벽대전에서 대패시켰다. 210년, 주유를 이어 강동에 군권을 거느리게 되었다. 217년, 여몽을 후임으로 정하고 병사했다. 손권에게 천하삼분지계를 건의한 바 있다.

손권은 노숙을 보내 유표의 두 아들에게 조문하고 아울러 유비와 결친하도록 했다. 노숙이 미처 도착하기도 전에 조조가 이미 한진을 건넜으므로 노숙이 앞으로 나아가 당양에서 유비와 서로 만났다. 이에 손권의 뜻을 전하고 천하의 사세事勢를 의논하며 은근한 뜻을 드러냈다. 또 유비에게 물었다.

"유예주劉豫州께서는 이제 어디로 가려 하십니까?"

유비가 말했다.

"창오태수蒼梧太守 오거吳巨와 오랜 교분이 있으니 그에게 의탁하려 하오."

노숙이 말했다.

"손토로孫討虜(손권)께서는 총명하고 인혜仁惠해 현인을 공경하고 선비를 예우하니 장강 이남의 호걸들이 모두 그에게 귀부했습니다. 이미 여섯 군郡을 점거하고 군사는 정예하며 군량이 많아 족히 대사를 이룰 만합니다. 지금 그대를 위한 계책으로는, 심복을 보내 동쪽과 결친해 연합의 우호를 다지고 함께 세업世業을 이루는 것만한 것이 없습니다. 오거에게 의탁하신다 하나, 오거는 범상한 인물로 멀리 떨어진 군에 치우쳐 있어 장차 남에게 병탄될 것이니 어찌 족히 의탁할 수 있겠습니까?"

유비가 크게 기뻐했다. 진격해 악현鄂縣에 머물고는 제갈량을 보내 노숙을 따라 손권에게 나아가게 해 동맹의 서약을 맺었다.

사실 유비는 손권과 결맹할 의도가 분명했습니다. 그런데 직접 동맹을 말하지 않고 창오태수 오거를 이야기하고 있으니 무슨 의도였을까요? 바로 협상의 주도권을 강화하기 위한 것이었습니다.

예를 들어보지요. 날이 차가워지고 갑자기 큰 눈이 내렸습니다. 겨울이 다가오자 오리털 점퍼를 사기로 했습니다. 여기서 문제를 하나 내겠습니다. 점퍼를 사러 갈 때 오리털 점퍼를 입고 가는 것이 좋을까요, 얇은 가을옷을 입고 가는 것이 좋을까요? 누군가 "선생님, 없어서 사러 가지, 있으면 뭐하러 사러 가겠습니까?"라고 말하겠지요. 그렇지만 오리털 점퍼가 없다면 빌려서라도 입고 가는 것이 좋습니다. 여기에는 세 가지 이점이 있습니다.

첫 번째, '이 물건은 이미 있고, 그리 급하지도 않다. 내게는 있어도 그만 없어도 그만이다'라는 인상을 심어주는 것입니다. 이렇게 하면 가격협상의 주도권을 장악할 수 있습니다. 두 번째, 상대방에게 이미 점퍼의 시세를 알고 있으니 속일 생각은 그만두라고 상기시키는 것입니다. 세 번째, 입고 있는 점퍼와 품질과 가격을 대비하면 가격협상을 훨씬 편하게 할 수 있습니다.

유비가 노숙에게 오거에게 의탁하려 한다는 말을 던진 것은 이와 같은 생각이었습니다. 오거는 유비가 입고 있던 오리털 점퍼였지요. 유비가 전하고 싶었던 말은 "나는 퇴로가 있기에 합작할 수 있으면 하고, 조건이 맞지 않으면 발을 거둘 수도 있다"는 것이었습니다. 이러한 책략을 한마디로 개괄하면 "준비가 되고 방안이 있으면 협상의 우위를 점할 수 있다"는 것으로 일상생활에서 아주 유용하게 사용할 수 있는 책략입니다.

하지만 노숙은 최고결정권자가 아니었습니다. 초보적인 수준에서 의향을 전달한 이후 계속해서 손권과 협상을 진행해야 했습니다. 유비는 특별히 손권에게 군사 제갈량을 보내, 합의점을 찾아 공동으로 조조에게 대항하는 동맹을 추진하도록 했습니다. 당시 제갈량과 손권의 담판은 순조롭게 끝났지만 유비 쪽에서는 그 결과를 알 수 없었습니다. 그래서 유비는 안절부절못하고 종일 수하를 장강으로 보내 정찰하게 했는데, 고대하던 동오의 대군은 보이지 않았습니다. 그러던 어느 날 정찰병이 강위에 동오의 대군이 오고 있다고 보고했습니다. 유비가 신중하게 "어떻게 조조의 군대가 아닌 줄 아느냐"고 묻자 정찰병은 깃발에 크게 동오라는 글자와 주周 자가 크게 새겨 있다고 대답했습니

주유(175~210)

자는 공근公瑾이며, 여강廬江 서현舒縣 사람으로 문무에 두루 능했다. 젊어서 손책과 친구 사이였고, 손책이 죽은 뒤에는 손권을 도와 동오정권의 기틀을 잡고 대도독大都督에 올랐다. 조조가 남하하자 유비와 협력해 적은 수의 군대로 조조의 대군을 적벽赤壁에서 격파해 위·촉·오의 삼국정립 구도를 마련했다. 적대벽전이 일어난 지 2년 후 향년 서른여섯 살에 병사했다.

제9강

다. 유비는 그제야 안심하고 주유와 만나 합작과 관련해 이야기를 나누려 했습니다. 이렇게 유비와 주유 두 영웅이 역사적으로 처음 만났습니다. 하지만 만남의 결과는 유비를 아주 곤혹스럽게 만들었습니다. 이유는 주유가 너무 오만한 데 있었습니다.

유비가 사람을 보내 주유를 위로하자 주유가 말했다.

"군임軍任을 맡고 있어 직무를 벗어날 수 없으니 만약 위엄을 굽혀 방문해주신다면 실로 바라는 바에 부합할 것입니다."

유비가 관우와 장비에게 말했다.

"저들이 나를 오라 하는데, 내가 지금 동쪽과 결탁해놓고 가지 않는 것은 동맹의 뜻에 맞지 않다."

이에 홀로 배에 올라 주유를 만났다. 유비가 물었다.

"지금 조공을 막으려면 치밀하게 계책을 세워야 할 것이오. 싸울 병사들은 몇이나 되오?"

주유가 말했다.

"3만입니다."

유비가 말했다.

"너무 적은 것이 아니오?"

주유가 말했다.

"이 정도면 부리기에 충분합니다. 유예주께서는 저 주유가 적을 격파하는 것을 그냥 지켜보기나 하십시오."

유비가 노숙 등을 불러 함께 대화하려 했으나 주유가 말했다.

"명을 받았으니 함부로 직무를 떠날 수는 없습니다. 만약 노숙을 보려면 따로 가시면 될 것입니다. 또한 제갈량도 이미 함께 오는 중이니 2, 3일이면 도착할 것입니다."

유비는 비록 부끄러움을 느끼고 주유를 남다르게 여겼으나[深愧異瑜] 내심 반드시 조조군을 격파할 수 있다고 여기지는 않았다. 이 때문에 의외의 일에 대비해 뒤에 남아 관우·장비와 함께 2,000명을 이끌며 주유와 연계되지 않으려 했으니 아마도 진퇴進退의 계책을 생각했기 때문이다.

처음 주유가 유비에게 자신을 찾아오라고 요구하자 관우와 장비는 주유가 너무 오만하다고 생각했습니다. 당시 유비의 사회적 직위는 대한 황숙 예주목 의성정후로 손권과 지위가 대등했고 직급 또한 좌장군으로 당시 편장군偏將軍인 주유보다 높았습니다. 오늘날로 하면 유비는 최소 두 직급 높은 상사였습니다. 그런데도 유비는 주동적으로 찾아가 결맹의 성의를 표했습니다.

다음으로, 주유를 만나자 유비는 동오의 군사가 몇인지 물었습니다. 주유가 3만 명이라 하자 유비는 숫자가 너무 적다고 생각했습니다. 이에 대해 주유는 당당하게 "저 주유가 적을 격파하는 것을 그냥 지켜보기나 하십시오"라고 했습니다. 말 속에 유비에 대한 경시와 오만함이 들어 있었던 것이지요.

세 번째로 유비는 노숙을 만나 머리를 맞대고 형세를 상의하고자 했습니다. 그런데 또 주유가 거절했습니다. 군에 메인 몸이라 함부로 움직일 수 없으니 만나고 싶으면 다른 시간에 혼자 만나라고 한 것입니다. 이 세 가지 장면에서 우리는 주유의 기고만장함과 유비의 유연한 태도를 동시에 볼 수 있습니다. 주유를 만난 후 유비가 느낀 감정은 《삼국지》에 네 글자로 묘사되어 있습니다. 바로 심괴

이유深愧異瑜입니다. 심괴이유의 괴愧는 '부끄럽다'는 뜻입니다. 유비는 기고만장한 주유 앞에 비위를 맞추어야 하는 굴욕을 당한 느낌이 들어 부끄러웠던 것입니다. 이異는 주유가 젊지만 확실히 일반인과 다르다고 생각했다는 뜻입니다.

여기에는 모순이 있네요. 유비가 굴욕을 당했다면 원망하고 화를 내야 하는데 왜 주유를 남들과 다르다고 느끼는 일종의 칭찬하는 감정이 생겼을까요? 이유는 유비가 주유의 처지와 심리를 깊이 헤아렸기 때문입니다. 사실 주유의 오만함은 이유가 있었습니다. 주유는 손권이 임명한 수군대도독으로 동오의 정예부대를 지휘하고 있었습니다. 만약 주유가 밖에 나가 병력을 통솔하고 외부인에게 추파를 던지며 암암리에 결탁하거나 심지어 유비의 명령을 그대로 따랐다면 손권의 크나큰 의심과 시기를 불러일으켰을 것입니다.

손권의 시기심은 조조와 조금도 차이가 없었습니다. 손권이 나이가 들었을 때 시기심으로 많은 사람을 해쳤는데, 앞으로 손권에 대해 이야기할 기회가 있으면 모두 알게 될 것입니다. 손권은 당시 약 스무 살 나이에 막 실권을 장악했으므로 수하에 대한 경계심이 아주 강했는데, 주유는 이 점을 잘 알고 있었습니다. 주유가 오만하고 냉담한 태도로 유비를 대한 것은 성격이 아니라 직분에서 비롯된 것이었고, 그로서는 반드시 그렇게 해야 했던 것입니다. 주유는 '나 대도독은 손권이 임명한 사람으로서 오직 그의 지휘를 받을 뿐이고, 다른 사람이 이래라저래라 부릴 수 없다'는 것을 보여준 것이었습니다.

유비는 수년의 단련을 거쳐 세상물정에 밝았으므로 이 점을 아주 잘 이해하고 있었습니다. 전쟁에 져서 도움을 청하러 왔으니 자신보다 실력이 강한 상대가 주가 되는 것은 당연한 일이었지요.

여기서 주의할 것은 배경이 좋고 남보다 먼저 출발해 어린 나이에 뜻을 이룬 젊은 간부의 경우 보통 전문분야에 정통하기는 쉬워도 인간관계에서는 성숙하지 못해 다른 사람의 감정에 그다지 신경 쓰지 않는다는 점입니다. 이와 반대로 밑바닥에서 삶을 단련시키며 서서히 성장한 사람은 인간관계를 비교적 잘 처리하고 다른 사람의 감정에도 신경을 잘 씁니다. 세월이 무정하다고 말하는 사람도 있지만 사실 세월에도 인정은 있습니다. 세월은 우리에게서 상당한 것을 가져가지만 동시에 가져다주는 것도 있습니다. 성장과 성숙은 황금보다 더 소중한 것인데, 유비는 이러한 자질이 있어 많은 일을 꿰뚫어볼 수 있었던 것입니다.

유비는 주유와의 탐색성 접촉을 통해 신속하게 연맹에 대한 자신만의 관점을 만들었습니다. 그것은 바로 동오측을 주로 삼고 자신은 보조하고 호응하는 역할만을 맡기로 한 것입니다. 여기서 우리는 만일의 사태에 대비한 유비의 조심성을 엿볼 수 있습니다.

전부를 취하려 하면 전부를 잃는다

동한 건안 13년(208) 깊은 가을, 주유는 장강의 물결을 거슬러 올라 조조의 대군과 싸웠습니다. 동오의 군대는 첫 전투에서 작은 승리를 거두었습니다. 쌍방은 적벽 부근에서 강을 사이에 두고 대치했습니다. 이어지는 이야기는 모두 잘 아는 것처럼, 열세에 처한 상황에서 황개黃蓋와 주유가 고육계苦肉計·사항계詐降計·화공계火攻計 세 단계로 조조를 녹초로 만들었습니다. 조조는 자만심 때문에 황개의 거짓투항을 믿었다가 치명적인 패배를 당하고 말았습니다.

적벽대전에서 손권과 유비의 연합군은 대승을 거두고 휘황한 전과를 올렸습니다. 앞서 유비가 주유를 만나던 과정에서 손권과 유비 연합군은 사실 통합지휘가 아니라 서로 연락을 주고받으며 작전을 펼친 것임을 알 수 있습니다. 그뿐 아니라 군사가 많던 오군이 주가 되었고 유비는 2선에 있으면서 전투에 참여했다고 할 수 있습니다. 유비는 전체 전장을 이끌지도 않았고 연합군 부대의 지휘권도 없었습니다. 객관적으로 보면 주유가 전장을 지휘하고 대부분의 주요한 전투를 책임졌다고 할 수 있습니다.

이와 같이 연합은 했지만 부대를 합치지 않은 상황에서 유비는 조연을 맡아 실력을 보전할 수 있었습니다. 그렇다면 주도적으로 공헌을 한 측은 동오인데 승리의 성과를 유비가 가져갔음에도 왜 쌍방에 분기가 발생하지 않았을까요?

여기에는 기본적인 게임 법칙이 존재하고 있습니다. 여기서 '영리한 돼지 게임'이라 불리는 아주 고전적인 이론 하나를 소개하려 합니다. 우리에 큰 돼지와 작은 돼지 두 마리가 있는데 둘 다 영리했습니다. 이 돼지우리는 설계가 조금 독특해, 밖에서 벨을 누르면 우리 안에 자동으로 먹을 것이 나왔습니다. 우리 사이에는 작은 문이

> **황개(?~?)**
>
> 자는 공복公覆이며 영릉零陵 천릉泉陵 출신이다. 손견에서 손책·손권 형제까지 대를 이어 섬겼으며, 적벽대전에서 화공火攻을 건의해 조조의 군대가 승리를 거두는 데 큰 공을 세웠다. 소설 《삼국지연의》에서는 황개가 적벽대전 당시 조조를 속이기 위해 주유에게 살이 터지도록 곤장을 맞았다고 전해진다. 이 이야기에서 '고육책苦肉策'이라는 말이 비롯되었다.

있었습니다.

아침이 되자 작은 돼지는 배가 고팠습니다. 큰 돼지가 자고 있기에 밖으로 나가 먹이 벨을 눌렀습니다. 그런데 뜻밖에도 큰 돼지가 안에서 문을 잠그고 혼자 먹이를 다 먹어 치운 후 열어주었습니다. 작은 돼지는 더는 속지 않겠다고 결심했습니다. 정오가 되자 배가 고픈 큰 돼지는 작은 돼지가 잠이 든 것을 보고는 문을 나가 벨을 눌렀습니다. 이번에는 작은 돼지가 즉각 문을 잠그고 마음껏 먹은 다음 열어주었습니다. 하지만 작은 돼지는 위가 작아 먹이의 상당 부분을 남겼습니다. 큰 돼지는 남은 음식을 먹으면서 다음번에는 벨을 누르지 않겠다고 결심했습니다.

날이 어두워져 저녁이 되었습니다. 두 돼지 모두 배가 고팠지만 어느 누구도 움직이지 않았습니다. 두 돼지는 눈을 부릅뜨고 다음 날 정오까지 아무것도 먹지 않은 채 그대로 있었습니다. 저녁이 되어 더는 배고픔을 참을 수 없게 되었을 때 누가 먼저 벨을 누르러 나갔을까요? 맞추어보십시오.

답은 큰 돼지입니다. 큰 돼지는 식욕이 좋아 먹고 싶은 것이 많고 배도 더 고팠으며 설령 벨을 눌러 작은 돼지가 먼저 먹는다고 해도 그가 남긴 음식을 먹을 수 있지만, 벨을 누르지 않으면 아무것도 먹을 수 없기 때문이었습니다. 목마른 사람이 샘을 파는 것처럼 더 많이 갖기를 원하는 사람이 더 많은 책임을 지는 현상은 우리 생활에서 광범위하게 존재합니다. 여러분도 그런 경험들이 있을 것입니다.

이러한 현상은 두 가지 사실을 말해주고 있습니다. 첫째, 사회나 조직은 큰 돼지를 보호할 시스템을 마련해 그가 너무 많은 손해를 보지 않도록 해야 한다는 것입니다. 둘째, 만약 여러분이 조직 내에서 식욕이 강하고 욕구가 큰 사람이라면 스스로 주도적으로 공헌을 해야 한다는 것입니다. 다른 사람을 도와주어야 자신의 목적을 달성할 수 있기 때문입니다.

영리한 돼지 게임의 모형을 알게 되었으니 다시 손권과 유비의 연합으로 돌아가봅시다. 여러분은 조조에 대한 작전에서 동오가 큰 돼지이고 유비는 작은 돼지여서 동오가 자연스럽게 주도적으로 공헌했음을 똑똑히 알게 되었을 것입니다. 유비는 이 사실을 분명히 알고 있었습니다. 그는 이렇게 생각했을 것입니다.

'만약 조조와의 작전이 실패하면 내게도 손실이 있다. 하지만 6군 81주를 모두 잃어야 하는 손권의 손실이 훨씬 크다. 이 합작과정에서 나는 근본적으로 강하게 머리를 내밀 필요가 없고 일선에서 물러나 그들로 하여금 싸우게 하면 된다.'

유비는 충분히 전략적으로 생각하고 있었습니다. 그래서 손권과의 연맹에서 기꺼이 후방의 조연역할을 맡았던 것입니다. 위험은 적고 손실도 작지만 충분한 이익이 있는데 무엇 때문에 하지 않겠습니까? 적벽대전 후 유비의 형세는 크게 나아졌습니다. 주유는 남군을 점령했고 유비는 장강 이남의 넓은 지역을 점령했습니다.

이어서 유비에게는 땅을 얻는 것보다 훨씬 좋은 일이 생겼습니다. 유종을 따라 조조에게 투항했던 사람들이 이제는 유비에게 귀순한 것이었습니다. 이는 바로 당양의 장판파 싸움에서 유비가 심어준 좋은 이미지 때문이었습니다. 무형자산은 전략적 자원이고 장구한 발전에 매우 중요한 요소입니다. 지금 좋은 일을 하면 비록 당장은 좋은 점이 없을 수도 있습니다. 하지만 봄에 씨앗을 파종하지 않으면 가을에 어떻게 수확할 수 있겠습니까? 여러분도 인생의 봄날에 좋은 씨앗을 파종하면 가을에는 반드시 크게 수확할 수 있을 것입니다.

유비는 드디어 바라고 바라던 수확을 했습니다. 많은 인재가 유비를 따르게 된 것입니다. 이에 유비군은 크게 위세를 떨치고 형주에서 위풍당당하게 자리를 잡았습니다. 유비의 사업은 봄날을 맞이했습니다.

하지만 이러한 활기찬 상황에서 새로운 번뇌가 생겼습니다. 형주를 빌리는 문제에서 유비와 손권 사이에 모순과 분기가 발생해 동맹이 상당히 불안정해진 것이었습니다. 동맹을 안정시키기 위해 어떠한 조치를 취해야 할지가 유비의 고민이었습니다. 유비가 이와 같은 고민에 빠져 있을 때 손권 쪽에서 생각하지도 못한 좋은 소식을 전해왔습니다. 이는 유비를 당황하게 만들었습니다. 도대체 어떤 소식이었고, 유비는 또 이에 어떻게 대응했을까요? 다음 강의에서 뵙겠습니다.

없는 것이 아니라
보지 못한 것이다

인생은 복잡다단하다. 좋은 의도로 한 일이 좋지 않은 결과를 초래하기도 하고, 나쁜 의도로 한 일이 오히려 좋은 결과를 가져오는 일도 있다. 앞에서 유비가 좋은 소식을 들었다고 이야기했는데, 이는 어떤 소식이었을까? 누가 어떤 동기로 이와 같은 사건을 꾸몄을까? 갑작스러운 변고가 발생했을 때 유비의 사물을 다루는 각도와 일에 대응하는 방식을 살펴보고 오늘날 우리가 교훈으로 삼을 만한 것은 무엇인지 알아보자.

먼저 여러분과 이야기 하나를 공유해볼까 합니다. 철수가 산책을 나왔다가 호텔 앞 계단에서 뼈다귀와 1,000원짜리 지폐를 발견했습니다. 철수는 뜻밖에 1,000원짜리 지폐는 아랑곳하지도 않고 재빨리 뼈다귀를 주웠습니다. 왜 그랬을까요? 답은 철수가 강아지였기 때문입니다.

이 이야기는 하나의 관점에서 보면 중요한 문제도 다른 관점에서 보면 꼭 필요한 것이 아닐 수 있음을 말해줍니다. 관점이 태도를 결정하고 사고의 방향을 결정합니다. 사람들은 항상 하늘에서 떡이 떨어지기를 기다리지 말고 노력하라고 하지만, 만약 고양이였다면 떡이 아니라 생선을 말했을 것이고 개라면 뼈다귀를 기대하지 말라고 했을 것입니다.

사람들은 각자의 관점으로 태도를 표현하기 때문에 동일한 사건도 다르게 생각하기 마련입니다. 그래서 단순하게 자신의 관점에서만 문제를 보고 방법을 생각하면 종종 외통수에 빠질 수 있습니다. 반대로 매번 다른 관점으로 문제를 보면 시야가 넓어지고 영감은 배가될 수 있습니다. 이를 '관점을 바꾸어 생각한다'고 하는 것입니다.

이어 유비가 대국을 주재하는 과정에서 어떻게 관점을 바꾸어 문제를 생각했는지 살펴보겠습니다.

동정심이 있어야
애정도 생긴다

209년 기축년은 유비의 띠와 같은 소띠해였습니다. 예부터 "출생한 해의 띠에는 변화가 많다"고 하는데, 이해 과연 유비는 도화운桃花運(여자가 따르는 운)이 있었습니다. 하루는 유비가 강유구江油口에 새로 지은 관청에서 공무를 보고 있는데, 갑자기 동오의 여범呂範이 사자로 왔다는 전갈을 받았습니다. 유비는 응접실에서 친히 여범을 맞이해 자리를 잡았습니다. 여범 선생은 아무 말 없이 수염을 쓰다듬더니 위아래로 유비를 훑어보고 미소 지으며 머리를 끄덕였습니다. 이러한 상황에 유비는 괜히 어리둥절할 수밖에 없었습니다. 《삼국지연의》에 이에 관한 묘사가 나옵니다.

여범은 미소를 지으며 말했다.

"유황숙, 제가 좋은 소식 하나를 가져왔습니다. 저는 오후의 명을 받아 중매를 서러 왔습니다. 우리 주공에게 아름답고 지혜로운 누이동생이 있는데, 두 집안이 혼인을 맺으면 조적曹賊(조조)은 감히 동남쪽을 정시하지 못할 것입니다. 이 일은 집안과 나라 모두에게 좋은 일입니다."

유비가 말했다.

여범(?~228)
자는 자형子衡이며, 여남 세양細陽 사람이다. 삼국시대 동오의 중요한 장수이며 정치가로 대사마의 직위에 오르고 남창후南昌侯로 봉해졌다.

"내 나이가 이미 반백半百이라, 귀밑머리 털이 희끗희끗하오. 오후의 누이동생이라면 필시 묘령妙齡일 텐데 배우자로 알맞지 않을까 두렵소."

"오후의 누이는 비록 몸은 여자이나 뜻이 남아를

넘어섭니다. 늘 이야기하기를, '천하의 영웅이 아니면 섬길 수 없소'라고 했습니다. 이제 황숙의 명성이 사해에 알려져 참으로 숙녀의 배필이 될 군자이거늘, 어찌 나이의 많고 적음으로 마다하시겠습니까?"

쉰 살이 다 되어가는 사람에게 혼사를 이야기하는 것은 예상 밖의 기쁜 일이었습니다. 당시 손권은 스물일곱이었으니, 그의 여동생은 나이가 더 적었을 것입니다. 유비는 마흔여덟로, 적어도 유비와 20년의 나이 차가 있었습니다. 하지만 손권의 성의만 있다면 유비로서는 거절할 이유가 없었죠. 이 혼인에는 두 가지 이점이 있었습니다.

하나는 공적인 측면으로 손권과 유비의 동맹을 공고히 할 수 있었습니다. 쌍방이 맹우에서 친척이 되면 동맹에는 금상첨화였을 것입니다. 두 번째는 사적인 측면으로 유비는 부인을 잃어 새 부인이 필요하기도 했습니다. 그뿐 아니라 손권의 아리따운 여동생을 유비도 아주 좋아했습니다. 서로 원하는 일이니 빠른 속도로 진행되었습니다. 유비 쪽에서는 손건이, 손권 쪽에서는 여범이 중매를 서고 사주단자를 교환하고 예물을 보내고 날짜를 잡아 초롱을 달고 오색끈으로 장식해 화려한 혼례를 거행했습니다.

하지만 유비는 결혼 당일에 식은땀을 흘리게 될 줄은 생각지도 못했습니다. 유비는 천지신명과 부모, 그리고 상대와 맞절을 한 후 피로연을 열고, 금꽃을 머리에 두르고 붉은 옷을 입고 신방에 들어갔습니다. 그런데 원래 사랑의 보금자리여야 할 신방은 무기고가 되어 있었습니다. 잠시 《삼국지연의》를 살펴보겠습니다.

신방에 칼과 창이 수풀처럼 빽빽이 들어서 있고 스무 명 남짓한 여종이 일자로 늘어섰다. 모두가 허리에 번쩍이는 칼을 차고 있는 것을 보자 유비는 놀라서 한숨을 들이쉬다가 발에 힘이 빠졌다. 집안을 관리하는 여자가 말했다.

"귀인께서는 너무 놀라지 마십시오. 부인께서 어려서부터 무술을 좋아해 거주하면서 늘 시비들에게 격검擊劍을 시키는 것을 즐기느라 이렇습니다."

유비가 말했다.

"부인이 보고 즐길 일이 아니오. 내 몹시 마음이 떨리니 잠시 치우라고 하시오."

여인이 손부인孫夫人에게 아뢰었다.

"방 안에 병기를 늘어놓아 신랑께서 불안해하시니, 이제 치우는 게 좋겠습니다."

손부인이 웃으며 말했다.

"반평생을 싸움터에서 살아오신 분이 아직도 병기가 무섭다는 말씀이십니까?"

명을 내려 모조리 치우게 하고, 시비들에게도 검을 풀어놓으라고 하자 그제야 유비는 신방에 들었다.

손부인(?~?)

오군 부춘富春 사람이다. 원래 오나라 공주였는데 후에 유비에게 시집을 갔다. 어려서부터 무예를 좋아해 수하 시녀들 모두 칼을 차고 다니게 했고, 격검을 즐겼다. 뜻이 남자를 뛰어넘어 '효희梟姬'라고 불렸다.

이번 동오로 행차하는 것에 대해 유비도 마음의 준비를 하고 있었습니다. 이는 개인적으로는 위험을 감수해야 하는 것이었지만 유비는 손권이 감히 자신을 어찌할 수 없을 것이라 생각했습니다. 손권도 자신과 연합해 조조에게 대항하기를 바란다고 믿고 있기 때문에 두려워하지 않았던 것입니다. 하지만 유비는 손부인이 손씨 일가의 상무정신을 계승해 신혼방을 무기로 채울 줄은 생각하지 못했습니다. 꽃처럼 아름답고 여린 젊은 여자인줄 알았는데 알고 보니 여장부였던 것이지요.

《삼국지연의》에 묘사된 이 이야기가 예술적 허구는 아닐까요? 역사에서 손부인은 정말 그랬을까요? 다음은《삼국지》〈선주전〉의 기록입니다.

> 유기가 병들어 죽자 여러 부하가 선주를 추대해 형주목으로 삼고 공안을 다스렸다. 손권이 점차 이를 두려워해 여동생을 시집보내 우호를 굳건히 했다.

《자치통감》에도 이와 유사한 취지의 대목이 있습니다.

> 손권은 누이동생을 유비에게 시집보냈다. 누이동생은 생각이 민첩하고 성격이 강맹剛猛해 남자와 같은 기풍이 있어 100여 명의 시비 모두 칼을 잡고 시립하게 했는데, 유비는 매번 집에 들어갈 때마다 마음이 두렵고 불안했다.

이로 보건대《삼국지연의》의 내용이 근거가 없는 것이 아님을 알 수 있습니다. 손부인은 무예를 좋아하는 여걸이었습니다. 신방을 꾸미면서도 개인 취향을 버리지 않았던 것입니다.

여기서 하나 흥미로운 사실은 감정을 표현하고 확인하는 방식에서 남자와 여자는 분명한 차이가 있다는 것입니다. 손부인은 왜 신방을 창검으로 장식했을까요? 그녀는 자신의 평생을 바칠 사람에게 평소의 모습을 그대로 보여주고 상대의 감정을 확인하고자 한 것이었습니다. 여성들은 평소 모습을 통해 감정을 확인하려 하는 반면 남성은 평소와는 다른 모습을 표현함으로써 감정을 확인하려 합니다.

예를 들어 감정이 생기면 여성은 보통 "나는 지나치게 소심하고 잠도 많고 속도 좁은 평범한 사람인데도 좋아할 수 있느냐"라고 묻습니다. 하지만 남자는 대개 "나는 평범한 사람이 아니라 천하를 가슴에 품고 중대한 임무를 감당할 수 있으니 내가 못생겼다고 여기지 말라. 나는 아주 부드러운 사람이다. 이런 나를 좋아할 수 있겠느냐"고 말합니다.

게다가 여자는 청각의 동물이어서 감정을 교류하는 과정에서 항상 귀를 사용합니다. 그러니 남자들은 반드시 언어사용에 주의해야 합니다. 듣기 좋은 말을 준비해서 마음속에 있는 사람에게 말할 수 있어야 합니다.

반면 남자는 다릅니다. 남자는 시각의 동물로 감정을 교류하는 과정에서 항상 눈을 사용합니다. 그러니 여성분은 집안에서도 이미지에 신경을 써야 합니다. 많은 여성이 밖에서는 광채를 발하다가도 집에만 들어오면 편하게 지냅니다. 주말에는 머리도 빗지 않고 세수도 하지 않고 커다란 실내복을 입고 바쁘게 왔다 갔다 하며 얼굴에 얼룩을 묻히고 다닙니다. 그러면서 남편에게 "집에서 주말을 보내니 행복하다"고 말합니다. 이에 남자는 문 앞에 서서 "회사 일 때문에 특근을 해야 하니 먼저 나가보겠다"고 대답합니다.

남성과 여성의 감정 양식의 차이입니다. 이 차이를 잘 이해하면 많은 감정의 문제를 잘 이해할 수 있습니다. 우리가 받아들이지 못하는 일의 대부분은 이해가 부족하기 때문입니다. 감정은 기본적으로 쌍방의 감정양식에 대한 이해를 필요로 합니다.

손부인의 방을 보고 유비가 긴장하자 손부인은 이상하게 생각했습니다. 전장에서 생사를 넘나들던 사람이 이까짓 칼과 창을 무서워한다니 이해가 되지 않았습니다. 그러나 사실은 그렇지 않았습니다. 만약 그랬다면 유비를 영웅으로 칠 수 없었겠지요. 20대에 데뷔한 유비는 하북·산동山東·서주·백마·여남·적벽 등 크고 작은 전쟁터에서 수많은 참혹한 광경을 목격했으니 이러한 병기 몇 개 때문에 놀랄 리는 없었습니다.

유비는 왜 긴장한 모습을 보였을까요? 사실 핵심은 '보여주기'에 있었습니다. 이를 시약책략示弱策略이라 합니다. 사랑하는 사람 앞에서 약한 모습을 보여 애정을 증진시킨 것이었습니다. 우리 주변에서 행복한 남자는 기본적으로 약한 것처럼 보이고 겸손하다는 사실을 알 수 있습니다. 대체로 강한 척하고 미안함을 모르고 매번 이치를 따지는 사람의 감정은 반드시 문제가 생기게 마련입니다.

시약책략은 뛰어난 감정의 책략입니다. 동정심이 있어야 애정도 생기는 법입니다. 감정의 기교는 항상 잘난 척하고 시시비비를 따지는 것이 아니라 약한 척할 줄 알고 미안해할 줄 알아야 하는 것입니다. 예를 들어 오늘 부인이 스타킹과 낮은 부츠를 신고 집을 나서면서 "정말 춥다"라고 이야기한다고 절대로 그 자리에서 "봐라, 내가 뭐라 그랬니. 그렇게 입으니 춥지. 좋은 말을 해도 듣지 않더니만"이라고 하지 마십시오. 만약 그렇게 말한다면 앞으로의 생활이 만만치 않을 것입니다. 부인이 춥다고 말하면 즉각, "여보, 미안해.

다 내 잘못이다. 이렇게 추운 날 더 껴입으라고 알려주지 않았어. 어서 내 외투를 걸쳐. 가서 따뜻한 커피 한 잔 사올게"라고 말하면 상대의 마음속에는 분명 따뜻한 바람이 불 것입니다.

⚙ 유비의 지혜

시약책략은 뛰어난 감정의 책략이다. 동정하는 마음이 있어야 애정도 생기는 법이다. 감정의 기교는 항상 잘난 척하고 시시비비를 따지는 것이 아니라 약한 척할 줄 알고 미안해할 줄 알아야 하는 것이다.

사업도 그렇지만 생활에는 더욱 경영이 필요합니다. 관리학의 지식을 배우는 것은 꼭 사업을 크게 하거나 높은 관리가 되기 위해서인 것만은 아닙니다. 우리가 배운 지식을 생활 속에 적용함으로써 모두 행복하게 지내기 위한 것입니다. 이것도 큰 성공이라 할 수 있겠지요! 유비가 손부인의 면전에서 전전긍긍하는 모습을 보인 이유는 무엇보다 시약책략이었습니다. 자신보다 무려 스무 살이나 어린 신부로부터 친밀감을 얻고자 한 것이었습니다.

그리고 이 외에 보다 심층적인 이유가 있었는데, 이는 정말 유비를 긴장시킨 것이었습니다. 유비에게 이번 결혼은 실은 무척이나 고심한 일이었고 위기가 도처에 도사린 일이라고 개괄할 수 있습니다. 사실 강동 집단의 많은 사람이 이번 기회에 유비에게 손을 쓰고자 했습니다.

그렇다면 미녀 한 사람을 얻기 위해 유비는 왜 그렇게 큰 모험을 감수했던 것일까요? 게다가 주변 사람들은 왜 유비를 말리지 않았을까요? 여기서 우리는 유비의 연맹책략을 분석해보려고 합니다.

위험이 크면
수익도 크다

유비가 단지 500여 명만을 데리고 동오 깊숙이 들어간 것은 겉으로는 혼인을 위해서였습니다. 실제로 이 혼사에는 도처에 위기가 도사리고 있었습니다. 하지만 대체적으로는 별 탈 없이 이루어졌는데, 한마디로 유비의 강동행은 '호랑이굴에 들어가지 않고 어찌 호랑이 누이를 얻을 수 있겠는가'라고 총괄할 수 있을 것입니다.

《삼국지연의》에는 유비의 위험에 대응해 제갈량이 세 개의 금낭묘계를 준비했다고 묘사되어 있지만, 역사서에는 제갈량이 유비를 말렸다는 정보만 기록되어 있습니다. 훗날 유비와 방통과의 대화 속에 당시 형세가 얼마나 흉흉했는지 알 수 있습니다.《강표전》의 기록입니다.

> 선주가 방통과 조용히 술자리를 마련해 대화를 나누다 물었다.
> "경이 주유의 공조功曹였을 때 내가 오나라에 갔소. 듣기로 그대가 손권에게 나를 머물게 할 것을 권했다고 은밀히 알려준 사람이 있는데 실제로 그런 일이 있었소? 주인에 속해 있을 때는 그 주인을 위하는 법이니 경은 숨김없이 말해보시오."
> 방통이 그렇다고 대답하자 유비가 탄식하며 말했다.
> "내가 그때 위급해 응당 요청할 것이 있었기 때문에 갈 수밖에 없었는데, 하마터면 주유의 손을 벗어나지 못할 뻔했구려! 천하의 지모 있는 선비들은 그 소견이 대체로 같소. 그때 제갈량이 내게 가면 안 된다고 간언하며 그 뜻이 홀로 독실했으니 또한 이 일을 우려한 것

이었소. 나는 손권이 방비하는 곳은 북쪽(조조)이니 응당 내 도움에 의지해야 한다고 생각했기에 결심하고 의심하지 않았소. 실로 위급한 지경에서 벗어날 수 있었으나 만전의 계책은 아니었소."

이 글에서 몇 가지 정보를 얻을 수 있습니다. 첫째, 동오쪽에서는 주유를 대표로 한 많은 중요인사가 유비에게 손을 쓰자고 주장했습니다. 둘째, 제갈량은 주유 등의 생각을 사전에 파악하고 유비에게 조심할 것을 강력히 권했습니다. 셋째, 유비는 과감하게 결정하고 결연히 행동했습니다. 넷째, 방통은 주유의 계책에 참여했고 유비는 이를 이해했습니다.

유비는 왜 제갈량의 권고를 듣지 않았던 것일까요? 그는 조조가 비록 패했지만 실력이 상당하고 군사적 위협이 여전한 상황이므로, 유비의 도움이 필요한 손권이 모진 수단을 쓸 리가 없다고 생각한 것이었습니다.

유비의 판단은 정확했습니다. 비록 여범과 주유 등이 유비를 죽이든지 억류하든지 손권에게 손을 쓸 것을 권했지만 최종적으로 손권은 모진 수단을 쓰지 않고 유비가 온전히 몸을 보전한 채 돌아갈 수 있도록 했습니다.

산에서 늑대를 만났을 때는 당황하거나 도망가지 말아야 합니다. 애초에 늑대보다 빨리 달릴 수 없기 때문이지요. 대신 손에 든 옥수숫대를 한번 휘두르면 늑대가 겁을 먹어 감히 달려들지 못할 것입니다. 왜 그럴까요? 늑대가 가장 먼저 생각하는 것은 위험이기 때문입니다. 늑대는 무기에 의해 상처를 입게 될 것을 걱정하기 때문입니다. 위험이 크면 감히 손을 쓰려 하지 않는 것이지요. 사람도 마찬가지입니다. 누군가 음해하려 할 때 애초에 두려워할 필요가 없습니다. 단지 실력을 내보여 뒷일을 보여주기만 하면 됩니다.

유비와 손권의 결혼동맹에서 유비가 내건 것은 목숨이고, 손권이 내건 것은 사업과 미래였습니다. 이 때문에 유비가 과감하게 동오로 갈 수 있었던 것에는 일리가 있었습니다. 무엇을 용감하다고 말합니까? 상대가 나보다 두려워한다면 더는 내가 두려워할 필요가 없다는 의미입니다. 훌륭한 합작은 충분한 위협의 기초 위에 이루어지고 계약에는 반드시 징벌조항이 있어야 하며 천리마를 타려면 채찍이 있어야 합니다. 위협은 곧 보증이 됩니다.

⚡ 유비의 지혜

상대가 나보다 두려워한다면 더는 내가 두려워할 필요가 없다. 이것을 '용감'이라 한다. 훌륭한 합작은 충분한 위협의 기초 위에서 이루어지고 계약에는 반드시 징벌조항이 있어야 하며 천리마를 타려면 채찍이 있어야 한다. 위협은 곧 보증이 된다.

유비는 손권의 입장에 서서 위험을 자세히 평가했습니다. 손권의 이해관계를 정확히 계산해 감히 소수의 기병만 데리고 강동에 가 결혼한 것이었습니다. 두 사람 모두 연합해야 강적 조조에게 대항할 수 있음을 잘 알았던 것입니다. 결과적으로 유비가 무릅쓴 모험은 확실히 작다고 할 수 없었지만 그가 얻은 수확은 아주 컸습니다. 이 결혼동맹으로 유비는 단지 젊은 부인을 얻은 것에 그치지 않고 안정적으로 손권과 연맹하게 되었고, 이후 한 걸음 더 발전할 시간과 공간을 쟁취할 수 있었던 것입니다. 이른바 "목숨을 구하려면 먼저 목숨을 내놓아야 하고 위험이 크면 수익도 크다"는 말이 바로 유비의 결혼과정이었다고 할 수 있었습니다.

그렇다면 손권의 손안에 있는 칼을 전혀 무서워하지 않았던 유비는 왜 손부인 곁에 있던 시녀들이 든 칼에는 놀라서 떨었던 것일까요? 여기에는 또 하나의 작은 규율이 있습니다. 손권이 어떤 사람입니까? 손권은 대사를 도모하는 사람으로 이성과 전체 국면을 보는 안목을 갖춘 일대 영웅이었습니다.

유비는 손권이 사소한 일로 큰 것을 잃는 일을 하지 않으리라고 정확히 계산하고 있었습니다. 하지만 손부인은 꼭 그렇다고 할 수 없었습니다. 정말 화나게 하면 험한 수단을 쓸 수도 있었습니다. 그녀는 삼분천하나 항조연맹 같은 것은 안중에도 없었습니다. 유비는 오히려 상대가 속으로 미워하는 것은 두렵지 않았지만 비이성적으로 나오는 것이 두려웠던 것입니다. 손권이 비록 마음속에 원한, 그것도 큰 원한을 품고 있었지만 그에게는 이성이 있었기에 조치를 취하고 대응할 수 있었습니다. 그러나 손권의 누이는 깊은 원한은 없을지라도 응석받이로 자란 권세가의 딸이었기 때문에 아무리 사소한 일이라도 커다란 비극으로 자랄 수 있었습니다. 이것이 바로 유비의 논리였고 많은 고수들의 논리였습니다.

이성적인 사람들 면전에서는 첨예하게 대립하며 실력을 보여주어도 되지만, 비이성적인 사람은 적당히 회피하는 것이 상책입니다. 협상 테이블에서 상대가 아주 모질다면 정당하고 날카로우며 당당하고 위엄 있게 끌어내려야 하지만 지하철에서 술 취한 사람을 대할 때에는 피하는 것이 상책입니다. 대사를 도모하는 사람은 비이성적인 위협에 충분히 조심하고 대비할 필요가 있습니다.

♻ 유비의 지혜

아무리 사소한 일도 커다란 비극으로 자랄 수 있다. 이성적인 사람들에게는 첨예하게 대립하며 실력을 보여주어야 하지만 비이성적인 사람은 적당히 회피해야 한다.

의지할 만한 연맹은 모두 강력한 적이 만든 것입니다. 강대한 적은 믿을 수 있는 두 맹우를 만들어낼 수 있습니다. 그래서 역사에서는 적의 위협을 통해 내부의 단결을 꾀하는 예가 아주 많습니다. 조조가 사라지거나 실력이 떨어지기 전까지 손권과 유비의 연맹은 여전히 믿을 만했던 것입니다.

당나귀를 타는 방법으로
말을 타지 않는다

《삼국지》〈선주전〉에 기록된 내용입니다.

유비는 표를 올려 유기를 형주자사荊州刺史로 삼고 또한 남쪽으로 사군四郡을 정벌했다. 무릉태수武陵太守 금선金旋, 장사태수長沙太守 한현韓玄, 계양태수桂陽太守 조범趙範, 영릉태수零陵太守 유도劉度가 모두 항복했다. 여강의 뇌서雷緒는 부곡 수만 명을 이끌고 이마가 땅에 닿도록 절하며 투항했다. 유기가 병들어 죽자 뭇 부하들이 선주를 추대해 형주목으로 삼고 공안을 다스렸다. 손권이 점차 이를 두려워해 여동생을 시집보내 우호를 굳건히 했다.

유비가 손권의 존중을 받았던 이유는 사실상 강력한 실력에 기초한 것으로 이른바 "약소국에 외교는 없다"는 말처럼 실력이 존중받기 위한 전제였습니다. 유비의 실력은 두 가지로 개괄할 수 있는데, 하나는 인기였고 다른 하나는 인재였습니다. 적벽대전 이후 유비의 실력은 폭발적으로 성장했고, 선풍적인 인기로 인재들이 모여들었습니다. 문이면 문, 무면 무를 갖추고 호시탐탐 강동을 위협한 까닭에 손권은 감히 손을 쓰지 못했던 것입니다.

무엇보다 유비의 비약적인 발전은 제갈량을 중용한 것과 관계가 큽니다. 《삼국지》〈제갈량전〉에는 "조조는 적벽에서 패하고 군대를 이끌고 업으로 돌아갔다. 유비는 마침내 강남을 얻었고 제갈량을 군사중랑장軍師中郞將으로 임명해 영릉·계양桂陽·장사長沙 세 군을 감독하게 하고 부세를 거두어 군비에 충당토록 했다"고 기록되어 있습니다. 적벽대전 후 제갈량은 유비를 도와 장사 세 군을 관할하며 후방을 관리했습니다. 생산을 발전시키고 민생을 개선하고 군량을 모아 유비에게 강력한 물질적 기반과 후방보급을 보장해주었습니다. 유비는 제갈량을 마음먹은 대로 썼습니다. 제갈량은 삼고초려로 전략계획을 제공했고, 설전군유舌戰群儒를 통해 손권과의 연맹을 이끌어냈으며, 세 군을 관할함으로써 안정적인 물질기반을 확보하는 등 이 모든 일을 깔끔하게 수행했던 것입니다.

제갈량은 군사중랑장이 되어 크고 작은 역할을 수행했습니다. 앞에서나 뒤에서나 맡은 일을 잘 수행한 것입니다. 흔히 "금은 어디를 가도 빛이 난다"고 하는데 제갈량이 바로 이 말에 부합하는 사람이라 할 수 있었습니다.

리더에는 두 가지 기본유형이 있는데, 하나는 지지형 리더이고 하나는 통제형 리더입니다. 지지형 리더는 초원을 내주고 방향을 알려주고 박수로 격려하는 리더십으로 이는 천리마를 타는 방법이라 할 수 있습니다. 반면 통제형 리더는 자신이 기수가 되어 채찍을 들고 이리저리 소리치고 끊임없이 요구하는 것으로 이는 당나귀를 타는 방법이라 할 수 있습니다. 절대 당나귀를 타는 방법으로 말을 타지 마십시오. 혹은 말을 타는 방법으로 당나귀를 타면 안 됩니다.

제갈량은 금이어서 어디에서나 빛을 발했습니다. 사실 이는 아주 멋진 말이기는 하지만 함정이 있다는 것에 주의해야 합니다. 여기서 또 다른 인재 봉추 선생 방통에 대해 이야기하려 합니다. 《삼국지》〈방통전龐統傳〉의 기록입니다.

> 유비가 형주를 다스리게 되자 방통을 종사로 삼고 뇌양령耒陽令을 맡게 했는데, 현에 있으면서 제대로 다스리지 않아 면관免官되었다. 오의 장수 노숙이 유비에게 서신을 보냈다.
> "방사원은 백리재百里才가 아니니, 치중治中·별가의 임무를 맡겨야 비로소 뛰어난 재능을 충분히 펼칠 것입니다."
> 제갈량도 또한 선주에게 이를 말하자 선주가 방통을 만나 이야기를 나누어보고 크게 평가해 치중종사治中從事로 삼았다.

유비는 처음에 방통의 생김새를 보고 깜짝 놀랐습니다. 《삼국지》의 기록에 따르면 방통의 외모는 "작은 눈에 짙은 눈썹, 들린 코, 시커먼 얼굴에 짧은 수염을 가진 5척 단신"이었다고 묘사되어 있습니다. 유비는 방통이 형편없이 생긴 것을 보고 변경의 작은 현인 뇌양耒陽에 현령으로 발령을 냈습니다. 결국 방통은 종일 술만 마시며 지방을 엉망진창으로 다스렸습니다. 유비는 화가 나 방통을 해임했습니다. 결정적인 시기에 노숙과 제갈량이 유비에게 방통은 100리를 다스리는 인재가 아니라 1만 리를 다스리는 인재라며 그를 부군사·부총참모장에 임명해야 한다고 말했습니다.

금이 어디서든 빛을 발한다면 어째서 방통이라는 금은 빛을 발하지 않았을까요? 이유는 아주 단순합니다. 방통은 금이 아니었습니다. 인재에는 두 가지 유형이 있습니다. 하나는 제갈량과 같은 통재通才로 큰일이든 작은 일이든 깔끔하게 해내는 사람입니다. 그는 잡무를 맡겨도 잘하고, 정치·경제·군사 외교를 맡겨도 잘해냅니다. 큰일이든 작은 일이든 위에 있든 아래에 있든 잘해내는 사람입니다. 두 번째는 방통과 같은 전재專才입니다. 전문분야가 있어 특별히 일과 맞아야 잘하기 때문에 잘 안배하면 일을 잘하지만 잘못하면 성과를 내지 못하는 인재입니다.

통재는 금이라 어디서든 빛을 발하지만 전재는 동이기 때문에 잘하면 빛을 발하고 잘못하면 녹이 슬게 됩니다. 방통과 같은 유형의 인재는 신경을 써서 안배할 필요가 있습니다. 잘 쓰면 자원이지만 잘못 쓰면 쓸모없게 될 수 있습니다. 전재를 쓸 때 가장 중요한 사항은 먼저 안배한 후에 어떻게 하는지 보라는 것입니다. 잘못한다고 도태시키는 것이 아니라 안배가 잘못되지 않았는지 검토해보아야 하는 것입니다.

좋은 말은 능히 위험을 피할 수 있지만 밭에서는 소보다 못합니다. 오리를 몰아 홰에 오르게 하고 닭을 강가로 내모는 것처럼 할 수 없는 일을 강요하는 것은 옳지 않습니다. 개는 집을 지켜야 하고 고양이는 쥐를 잡아야 하는 것처럼 각자의 역할이 있는 법입니다. 이

것을 임무의 각도에서 인재를 살핀다고 하는 것으로, 적절히 안배를 잘하면 인재가 되지만 그렇지 않으면 장애가 될 수 있기 때문입니다.

⟳ 유비의 지혜

임무의 각도에서 인재를 살펴야 한다. 적절히 안배를 잘하면 인재가 되지만 그렇지 않으면 장애가 될 수 있다.

현대 관리학에서는 이 책략을 '능력과 업무의 궁합'이라고 묘사합니다. 사람에 따라 그에 맞는 일을 맡기고 일에 따라 사람을 쓰는 것으로, 절대적인 능력만을 보지 말고 업무와의 궁합을 중시하라는 것입니다.

유비는 제갈량의 귀띔을 받고 문득 이러한 이치를 깨달았습니다. 서둘러 방통을 뇌양현에서 불러들여 그와 천하대사를 이야기하다 그의 재능이 진정 출중하다는 사실을 알게 되었습니다. 이에 유비는 크게 기뻐하며 그를 부군사로 발탁했습니다. 훗날 방통은 유비가 서촉으로 들어갈 때 중요한 역할을 수행해냅니다.

이렇게 유비의 문무조직은 고루 갖추어졌습니다. 문에는 제갈량·방통, 무에는 관우·장비·조운이 있었으니 그야말로 물 만난 고기처럼 나날이 발전할 수 있었습니다. 이렇게 실력이 증가함에 따라 유비의 눈은 점차 서쪽 유장이 다스리는 익주로 향했습니다. "영웅이 보는 바는 대체로 같다"는 말처럼 손권의 눈 역시 익주를 향하고 있었습니다. 손권과 유비 두 사람의 안목이 일치한 것입니다.

하지만 일치가 있으면 합작이 이루어지는 경우도 있지만 충돌이야기되기도 합니다. 예를 들어 두 사람이 바둑을 좋아하면 이는 합작을 가져오겠지만, 한 여자를 좋아하면 바로 싸움이 시작되는 것과 같은 이치지요. 그렇다면 손권과 유비 두 사람의 안목이 가져온 결과는 어느 쪽이었을까요?

위험은 함께하고 이익은 나누어준다

우선 리더의 가장 중요한 소질은 '멀리 보는 안목'임을 특별히 강조하고자 합니다. 멀리 보는 안목이란 미래의 입장에서 현재를 보고 여러 가능성 속에서 적절한 발전의 길을 찾아내는 능력을 말합니다.

예를 들어 어떤 사람이 아이스크림 가게를 열려고 준비하고 있습니다. 가게를 여름에 여는 것이 좋을까요, 아니면 겨울이 좋을까요? 누군가는 여름에 수요가 많으니 당연히 여름에 내야 한다고 이야기할 것입니다. 사실 멀리 보는 안목이 있다면 겨울을 고려할 수도 있습니다. 이유는 다음과 같습니다.

첫째, 훈련하고 배울 수 있는 시간이 충분합니다. 업무량이 적을 때 충분히 연습하고 세세하게 적응할 수 있습니다. 둘째, 충성고객을 만들 수 있습니다. 겨울에 아이스크림 가게를 방문하는 사람은 분명 다음해에 충성스럽고 안정적인 고객이 될 수 있습니다. 셋째, 재고위험이 적으며 다 팔지 못해도 제품이 쉽게 변하지 않습니다. 넷째, 가장 중요한 것은 전투력 상승입니다. 겨울이 올 때마다 지난

겨울에 쌓은 경험이 이후의 겨울을 견뎌내게 합니다.

여름에 개점하면 기회를 잡을 수 있지만, 겨울에 개점하면 착실히 준비할 수 있습니다. 멀리 보는 안목이 있는 사람은 여기서 기회를 잡으면서도 착실히 준비도 할 수 있는 사람입니다. 생각해보십시오. 수많은 사람이 성공의 문턱에서 잠깐 나타났다가 바로 사라지는 까닭은 그가 여름을 만나지 못해서가 아니라 겨울이 부족했기 때문입니다.

창업의 도전에는 세 가지 유형이 있습니다. 첫 번째는 준비도 없고 기회도 없는 경우로 이 경우는 어쩔 줄 몰라 망연히 있는 것이고, 두 번째는 준비는 불충분한데 기회가 온 것으로 이 경우는 갈피를 잡지 못하고 허둥대는 것이며, 세 번째는 근본적으로 준비가 되지 않았는데 급하게 기회를 잡은 것으로 이 경우는 자살과도 같다고 할 수 있습니다.

♻ 유비의 지혜

멀리 보는 안목이 있는 사람은 기회를 잡으면서도 착실히 준비도 할 수 있는 사람이다. 수많은 사람이 성공의 문턱에서 잠깐 나타났다가 바로 사라지는 까닭은 기회를 만나지 못해서가 아니라 준비가 부족했기 때문이다.

준비된 사람이 초원에 가면 먹거리를 찾아낼 수 있지만, 준비되지 않은 사람은 오히려 남의 먹거리가 될 수 있습니다. 많은 사람이 성공은 빠를수록 좋다고, 일찍 일어난 새가 벌레를 잡는다고 말합니다. 그러나 다시 한 번 생각해보면, 일찍 일어난 벌레는 그만큼 빨리 새에게 먹히게 될 것입니다. 우리가 새가 아니라면 절대로 새의 사고방식으로 일을 해서는 안 됩니다. 우리 주변에는 빨리 성공하고 싶은 마음을 억제하지 못하는 사람이 결국 다른 사람의 먹잇감이 되는 경우가 아주 많습니다. 호랑이가 낮잠을 자고 있을 때 작은 사슴은 숨어서 달리기 연습을 하는 것이 가장 좋습니다. 만약 호랑이를 따라 낮잠을 자다가 길목에서 다른 호랑이가 나타난다면 그야말로 비극입니다.

요즘에 많은 사람이 성공의 경험을 전파하고 있는데, 우리와 같은 평범한 사람들은 정말 눈을 씻고 정신을 차려야 합니다. 아무 생각 없이 무조건 그들의 따라하다가는 돌이킬 수 없는 실패를 경험할 수 있으니 조심해야 합니다. 이는 다른 관점에서 문제를 보는 것입니다. 관점이 없으면 활로도 없고, 준비가 없으면 기회도 없습니다. 사업을 준비하는 사람이 꼭 생각해야 할 요소에는 두 가지가 있습니다. 하나는 반드시 봄이 온다는 믿음으로 미래를 준비해야 한다는 것이고, 다른 하나는 반드시 겨울이 오기 때문에 위기의식을 느끼고 사전에 준비해야 한다는 것입니다.

리더가 멀리 보는 안목이 있는지 여부에 대한 시험은 거의 매일 발생한다고 할 수 있습니다. 연합해 익주로 출병해야 하는지의 문제는 유비에게 커다란 시험이었습니다.

적벽대전 후 손권은 유비에게 연합해 서촉을 취하자는 제안을 했는데, 유비는 자신의 역량이 이 전략목표를 달성하기에 부족하다는 핑계를 댔습니다. 그렇다면 서촉을 얻기 위해서는 손권과 연합작전이 꼭 필요한 것이었을까요?

모든 합작은 위험이라는 시험을 거쳐야 하고 이익이라는 시험을 통과해야 합니다. 위험은 사람들을 함께하게 하지만 이익은 각자의 길을 가게 합니다. 맹우는 꼭 친구라고 할 수 없습니다. 맹우와 함께 늑대를 사냥할 수는 있지만 토끼를 사냥하기는 어렵습니다.

ⓒ 유비의 지혜

모든 합작은 위험이라는 시험을 거쳐야 하고 이익이라는 시험을 통과해야 한다. 위험은 사람들을 함께하게 하지만 이익은 각자의 길을 가게 한다. 맹우와 함께 늑대를 사냥할 수는 있지만 토끼를 사냥하기는 어렵다.

조조는 늑대였기에 유비와 손권이 함께 싸울 수 있었습니다. 하지만 유장은 토끼여서 함께할 필요가 없었던 것입니다. 똑같이 손권과 유비의 연맹은 조조와 싸울 때는 의지할 수 있는 전략이었지만 유장과 싸울 때는 불필요한 전략이었습니다. 이러한 전략적 판단에 기초해 유비는 손권의 합작요구를 거절했던 것입니다.《삼국지》주에 인용된《헌제춘추》에 기록된 내용입니다.

> 손권은 유비와 함께 촉을 취하고자 사자를 보내 유비에게 고했다. "미적米賊 장로는 파巴와 한중 땅에서 왕 노릇을 하며 조조의 눈과 귀가 되어 익주를 노리고 있소. 유장은 무력이 없어 능히 스스로를 지킬 수 없으니 만약 조조가 촉을 얻으면 형주가 위험해지오. 지금 먼저 유장을 취하고, 진격해 장로를 토벌하려 하니, 머리와 꼬리가 서로 이어지게 하고, 오와 초楚를 하나로 한다면, 비록 열 명의 조조가 있다 한들 근심할 일이 없을 것이오."
> 유비는 스스로 촉을 도모하고자 했으므로 이를 거절하며 말했다. "익주민은 부강하고 토지는 가파르고 험하니 유장이 비록 약하다

해도 스스로 지키기에는 족하고, 장로는 거짓으로 꾸미는 것으로 조조에게 충성을 다하는 것이 아니오. 지금 촉과 한중으로 무리하게 출병하면 전운轉運이 만 리에 이르니, 싸워서 이기고 공격해서 차지하고자 하면 비록 이익을 잃지는 않는다 하더라도, 이는 오기吳起라 해도 정하지 않을 계책이고 손무孫武라 해도 해낼 수 없을 것이오. 조조가 비록 무군지심無君之心을 품고 있으나 군주를 받든다는 명분이 있소. 의논하는 자들이 조조가 적벽에서 이익을 잃어 그 힘이 꺾이고 다시 멀리 올 뜻이 없다고 하나, 지금 조조가 천하의 3분의 2를 차지하고 장차 창해滄海에서 말에게 물을 먹이고 오와 회계에서 관병觀兵하려 하니 그가 어찌 가만히 앉아 늙기만을 기다리겠소? 지금 동맹 사이에 까닭 없이 서로 공벌攻伐해 조조에게 대세의 관건을 넘겨주는 것은 적들이 그 틈을 타도록 하는 것이니 장기적인 방책이 아니오."

손권이 이를 듣지 않고 손유를 보내 수군을 이끌고 하구에 주둔하게 했다.

유비는 (손유) 군이 통과하는 것을 허락하지 않으며 말했다.

"너희가 촉을 취하려 하면 나는 응당 머리를 풀어헤치고 입산入山할 것이다. 천하에 신의를 잃을 수는 없다."

관우를 강릉, 장비를 자귀秭歸에 주둔시키고, 제갈량은 남군에 의거하게 하고 유비 자신은 잔릉孱陵에 주둔했다. 손권이 유비의 뜻을 깨닫고 손유를 불러 돌아오게 했다.

처음 손권은 유비에게, 장로가 조조에게 투항해 둘이 서촉을 점령하려 하니, 함께 서촉을 차지하고 장로를 제거해 조조를 먼저 공격하는 것만 못하다고 말했습니다. 이러한 손권의 제안에 유비는 자신이 애초부터 촉을 도모하고자 했기에 거절했습니다. 유비가 손권의 제안을 거절하며 내세운 근거는 장로는 거짓말을 잘하기에 조조와 연맹할 리가 없고, 유장은 한실의 종친으로 익주를 잘 지키고 있으며, 지금 천하의 적은 조조이기에 우리가 연합해 조조를 상대해야 한다는 것이었습니다. 그런데도 눈앞의 주적을 내버려두고 맹우를 친다면 둘 다 망할 수 있기 때문에 적만 이롭게 하는 일은 할 수 없다는 것이었습니다. 유비가 제안을 거절하자 손권은 손유를 하구에 보내 독자적으로 행동하려 했습니다. 이에 유비는 관우와 장비, 제갈량을 보내 손유의 군대가 통과하는 것을 허락하지 않았습니다. 유비의 결심을 안 손권은 철군할 수밖에 없었습니다.

이 고사는 손권과의 연맹에 대한 유비의 태도를 아주 잘 보여주고 있습니다. 유비의 생각은 명쾌했습니다. 경우에 따라 연합해야 하는 일도 있지만 연합할 수 없는 일도 있다는 것이었습니다.

손권의 제안을 거절하는 과정에서 유비는 다방면의 의견을 들었는데, 사실 처음에 유비는 정말 손권과 연합해 서촉으로 들어갈 생각을 하기도 했습니다.

> 손권이 사자를 보내 함께 촉을 취하자고 하자 어떤 이가 의당 청을 받아들여 허락해야 한다고 했다. 오나라는 결국 형주 땅을 넘어 촉을 소유할 수 없으니 촉 땅은 가히 우리가 차지할 수 있다고 했다. 형주의 주부主簿 은관殷觀이 진언했다.
> "만약 우리가 오나라의 선봉이 된다면, 나아가서는 능히 촉을 이길 수 없고, 물러나면 오가 이를 틈탈 것이니 일이 어그러질 것입니다.

지금 다만 그들이 촉을 치는 것을 도와주는 것처럼 하되, 우리가 새로이 여러 군郡을 차지해 군사를 일으켜 움직일 수 없다고 하면, 필시 오는 감히 우리를 넘어 홀로 촉을 취할 수는 없을 것입니다. 진퇴지계進退之計를 이처럼 하면 가히 오와 촉의 이익을 거둘 수 있습니다."

선주가 이에 따르자 손권은 과연 (촉을 칠) 계획을 그만두었다. 은관을 승진시켜 별가종사로 삼았다.

주부 은관은 아주 중요한 제안을 했습니다. 우리가 그들과 연합해 앞으로 나아가도 서촉을 점거할 수 없고 후퇴하면 근거지를 공격당할 수 있으니 두 가지 다 의지할 만한 계책이 아니라고 한 것입니다. 은관이 문제의 본질을 지적하자 유비는 문득 깨닫고 결국 손권의 제안을 거절하기로 결심한 것입니다.

리더가 중요한 의사결정을 할 때에는 다음 네 가지 유형의 의견을 들어야 합니다. 첫 번째는 고인의 의견을 듣는 것으로 이를 통해 미지의 영역을 발견할 수 있습니다. 두 번째는 속인의 의견을 듣는 것으로 이를 통해 상식적인 잘못을 적게 범할 수 있습니다. 세 번째는 외부 사람의 의견을 듣는 것으로 편견을 없앨 수 있습니다. 네 번째는 적의 의견을 듣는 것으로 함정에 빠지거나 외통수에 걸릴 위험을 피할 수 있습니다. 종합하면 구체적인 책략에서 고인은 방법을 제시하고 속인은 엄격하게 골라내며 외부인은 척도가 되고 적은 거울이 될 수 있는 것입니다.

☯ 유비의 지혜

고인은 방법을 제시하고 속인은 엄격하게 골라내고 외부인은 척도가 되고 적은 거울이 된다.

큰 기업에서 중요한 규정을 제정할 때 수위·보안·운전수·경비원 등의 의견을 듣는 경우가 많은 이유는 무엇일까요? 바로 속인의 의견을 수렴해, 상식적인 잘못을 저지를 위험을 방지하기 위한 것입니다. 이른바 "여러 방면의 의견을 들으면 사리분별이 밝아지고, 한쪽 말만 일방적으로 믿으면 사리분별이 어두워진다[兼聽則明, 偏聽則暗]"라는 말처럼 뛰어난 리더가 되려면 자신의 주장만 하지 말고 반드시 여러 방면의 목소리를 경청해야 합니다. 만장일치의 방안은 속임수이거나 편견일 수 있습니다. 사람들이 다 엄지손가락을 올리고 동의한다면 그것이 오히려 중대한 문제가 될 수 있습니다. 중대한 결정이 한 사람의 말로 이루어지면 종종 겉으로 드러나지 않은 폐해가 묻힐 수 있습니다.

만약 다른 의견이 없다면 똑똑한 몇 사람에게 다른 의견을 내는 반대파의 역할을 맡겨 어리석은 선택을 방지할 수 있습니다. 유비는 경청을 잘하는 사람으로 결정적인 순간에 정확한 길을 선택했습니다.

유비는 형주를 장악한 후 한편으로는 인재를 널리 모으고 생산력을 발전시키며, 다른 한편에서는 병사와 말을 모으고 군량을 축적해 실력을 키웠고, 이에 따라 그의 집정력과 의사결정 능력은 현저하게 상승했습니다. 서주가 유비 사업의 성장단계였다면 형주는 성숙단계였습니다.

실력이 증진되고 근거지가 안정됨에 따라 유비는 더 큰 전략을 구상하기 시작했는데 그것은 바로 서촉으로 들어가 촉을 취하는 것이었습니다. 정말 절실하게 생각하면 이루어진다는 말처럼, 유비가 돌파구를 찾지 못해 고심하고 있을 때 결정적인 인물이 나타나 서촉으로 들어가는 대문을 활짝 열어주었습니다. 그는 누구였고, 유비는 또 어떻게 자신의 전략적 의도를 실현했을까요? 다음 강의에서 뵙겠습니다.

마음을 사로잡아
스스로 움직이게 만든다

사회규범에 따라 운영되는 오늘날 세계에서 성공하려면 인간관계를 잘 관리하는 것이 매우 중요하다. 유비는 줄곧 인간관계를 대단히 중시했는데, 자신의 실력을 한 단계 더 확대할 필요가 있을 때마다 어떻게 인간관계를 운용했을까? 그의 행동은 과연 좋은 효과를 거둘 수 있었을까? 사람과 관계를 맺는 유비의 책략에서 오늘날 우리가 참고할 만한 점은 어떤 것이 있을까?

먼저 질문을 하나를 해보겠습니다. 처음 사람을 만나면 적극적으로 나서서 악수를 하는 것이 좋을까요, 그렇지 않을까요? 악수를 하는 것과 하지 않은 것은 미래의 관계발전에 어떤 영향을 미칠까요? 같은 식당에서 일해도 팁을 많이 받는 사람과 별로 받지 못하는 사람이 있습니다. 한 걸음 더 나아가 팁을 많이 받는 사람에게는 효과적인 책략이 있음이 밝혀졌습니다. 그 책략은 다름 아닌 계산서 등의 물품을 건네주면서 아주 자연스럽고 가볍게 고객의 팔과 접촉하는 것이었습니다. 단순한 신체접촉으로 동질감을 증가시켜 고객이 팁을 줄 확률을 높이는 것이지요. 그러므로 처음 만났을 때는 반드시 먼저 악수를 청하라고 충고하고자 합니다. 손의 온기가 전해지면서 상호간에 동질감이 생겨 관계를 좋은 방향으로 이끌어갈 것입니다.

이렇게 말하는 이유는 여러분과 한 가지 규율을 공유하기 위해서입니다. 교류는 기교와 주의가 많이 필요한 사항입니다. 유비는 사업을 발전시키는 과정에서 어떻게 관건이 되는 인물을 붙잡고 짧은 시간 내에 상대와 신뢰를 세울 것인가에 관한 문제에 계속 마주쳤습니다. 유비가 이 방면에서 보여준 방식들에는 분석·토론할 만한 내용이 있는데 다음 인물부터 이야기를 시작해보겠습니다.

자만은
진실의 눈을 가린다

이야기는 유표의 아들 유종이 조조에게 투항한 시기에 시작되었습니다. 조조는 형주를 접수한 후 기고만장해 매일 모사를 모아 다음 행보에 대해 토론을 벌였습니다. 그러던 어느 날 서촉의 유장이 파견한 사절이 뵙기를 청한다는 통보를 받았습니다.

조조는 언뜻 이해가 되지 않았습니다. 얼마 전 유장이 파견한 사신이 공납을 바치겠다고 해서 광한태수廣漢太守의 직함을 준 것이 엊그제인데, 또 사람을 보냈다고 하니 혹시 촉에 변고가 생긴 것은 아닌가 생각이 들었기 때문이었습니다. 조조는 전령을 보내 사자를 만나보기로 했습니다.

의전 담당의 인도로 이 서촉의 사자가 당상에 올랐습니다. 그 생김새가 이마는 호미날처럼 좁고 머리는 뾰족한데다 뻐드렁니에 코는 납작하고 키도 5척이 안 되는 단신에 목소리는 마치 동종이 울리는 듯했습니다.

이 사람은 익주별가益州別駕 장송張松이었습니다. 조조는 장송의 외모를 보고 불쾌한 마음이 생긴데다 그의 태도 또한 공손하지 않고 말도 당돌하게 하자 도중에 퇴장해버렸습니다. 조조는 마음속으로 장송을 업신여겼습니다. 장송은 조조가 이렇게 형편없는 대접을 하리라고 예상하지 못했기에 매우 불쾌했습니다. 본래 그는 조조 앞에서 재능을 보여주면 한 지역을 주재하는 고위관리로 임명되리라 기대하고 왔는데, 조조가 이야기를 나누

장송(?~212)
자는 자교子喬이며, 동한 말기 촉군 성도 사람이다. 익주자사益州刺史 유장을 섬겼으며, 별가까지 올랐고, 후에 유비가 촉에 들어오는 것을 돕다가 도중에 발각되어 참수되었다.

는 것조차 귀찮게 여기리라고는 생각하지도 못했던 것입니다. 한껏 부풀었던 꿈이 한순간에 찬물을 뒤집어쓴 것처럼 사라지고 말았습니다.

여기서 인간관계의 원칙 하나를 제안하고자 합니다. '낮은 무대에서는 출중한 사람을 주목해야 하고 높은 무대에서는 눈에 거슬리는 사람을 주목해야 한다'는 것입니다.

낮은 무대에서 사람을 선발할 때에는 출중한 사람을 주목해야 합니다. 서울역 광장에서 비서 한 명을 선발하려면 시선을 들고 전체를 둘러보며 그 가운데 호리호리하고 의젓해 보이는 사람을 선택하면 분명 잘못될 리가 없을 것입니다. 아마 그는 특별한 능력이나 자원을 갖추고 있을 것입니다. 하지만 높은 무대에서는 반드시 거슬리는 사람에게 주목해야 합니다. 예를 들어 기업가나 고위관리자 모임에서 400여 명의 사람과 함께 식사하며 현장에서 새로운 사람을 사귀려면 어떻게 하는 게 좋을까요?

제 경험으로는 가장 볼품없는 사람과 사귀는 것이 좋습니다. 이유는 두 가지가 있습니다. 하나는 분명 볼품없는 그를 신경 쓰는 사람이 없을 테니 그는 반드시 상대를 소중하게 여길 것이기 때문입니다. 두 번째로 겉모습과 달리 고위관리자 모임에 참석한 것을 보면 분명 일반 사람보다 세 배의 능력, 다섯 배의 자원, 열 배의 재능을 갖춘 특별한 사람일 것이기 때문입니다.

♻ 유비의 지혜

낮은 무대에서는 출중한 사람을 주목해야 하고 높은 무대에서는 눈에 거슬리는 사람을 주목해야 한다.

양수(175~219)

자는 덕조德祖이고, 후한 말기 홍농
弘農 화음華陰 사람이다. 여섯 재
상을 낸 명문 출신으로 박학하고 견
식이 넓으며 언변이 좋았다. 승상
조조의 주부로 일했다. 조식曹植의
문우로 지내면서 그를 태자로 만들
려 했지만 실패했다. 그의 지략이
남다른 것을 우려한 조조에 의해 살
해되었다.

장송은 일반인이 감당하기 어려운 익주별가의 벼슬을 하고 있었습니다. 인재가 많은 지역인 사천에서 두각을 나타냈기에 그에게는 분명 남보다 세 배의 능력과 열 배의 재능이 있었습니다. 하지만 당시 조조에게는 이와 같은 민감함이 없었습니다. 보통 조조가 인재를 좋아하고 사람을 보는 눈도 뛰어났다고 하는데, 왜 이 시기에는 그것을 보여주지 못했을까요? 성공으로 자만에 빠져 인재에 대한 민감성이 떨어졌기 때문입니다. 그래서 겸허함을 일종의 전략적 자원이자 전략적 소질이라 하는 것입니다. 성공했다고 떠벌이거나 잘난 척하지 않고 겸허한 마음으로 처신해야 우세를 계속 유지할 수 있습니다. 잘난 척하는 순간 사람은 무감각해지게 마련입니다.

조조가 옷소매를 뿌리치고 가버리자 그 자리에 있던 주부 양수楊修가 장송을 접대했습니다. 《삼국지연의》에는 이렇게 기록되어 있습니다.

양수가 좌우를 불러 상자에서 책 한 권을 꺼내 장송에게 보였다. 장송이 제목을 읽으니, 《맹덕신서孟德新書》다. 처음부터 끝까지 쭉 읽어보니 열세 편인데 모두 용병의 핵심을 다루고 있었다. 장송이 다 읽고 물었다.
"공께서 이것이 무슨 책이라 여기시오?"
양수가 말했다.
"이것은 승상께서 고금을 참작하시고 《손자孫子》 열세 편을 본받아

지으신 게요. 공께서 승상을 재주 없다 깔보시지만 이 책은 후세에
전할 만하지 않소?"

장송이 크게 웃으며 말했다.

"이 책은 촉 땅의 삼척동자라도 능히 암송하거늘 어떻게《맹덕신
서》라 하겠소? 이것은 전국시대 무명씨의 저작인데 조 승상께서
베껴 자기 것으로 삼았소. 다만 그대를 기만했을 뿐이오!"

"승상께서 비장한 책이라 비록 한 질帙을 만들었으나 아직 세상에
전하지 않았소. 공께서 촉 땅의 아이들도 줄줄이 암송한다고 말씀
하시다니 어찌 속이려 하시오?"

"공께서 믿지 못하시겠다니 암송해보리다."

곧《맹덕신서》를 처음부터 끝까지 쭉 낭송하는데 한 자도 틀리지
않았다. 양수가 크게 놀라 말했다.

"공께서 과목불망過目不忘하니 참으로 천하의 기재이시오!"

  여기서 한번 보면 잊지 않는다는 과목불망의 성어가 생긴 것입
니다. 이는《삼국지연의》에 기재된 장송이 조조를 만나는 상세한
과정입니다.《삼국지》의 기록에는 앞서 말한 과목불망에 관련된 구
체적인 이야기는 없습니다. 하지만 조조의 냉담함이 장송의 자존
심을 자극했다는 점은 소설과 일치합니다. 장송은 단지 형 장숙張肅
같이 중앙정부로부터 관직을 받기를 기대했지만 그러지 못하자 원
망하는 마음이 생겼던 것입니다. 장송은 촉으로 돌아온 후 유장에
게 조조와의 관계를 단절하고 유비와 우호관계를 맺도록 설득했습
니다.

  사서에 장송은 "키가 작고 방탕해 절조를 익히지는 못했으나, 식

견이 뛰어나고 영리하며 결단력이 있고 재간이 있었다"고 기록되어 있는데, 여기서 '방탕'이라는 단어를 사용한 것으로 보아 장송이 격식과 상식을 넘어서는 행동을 하는 간부임을 충분히 알 수 있습니다. 이러한 간부에게 중요한 관리직책을 맡겼으니 이 또한 유장이 사람을 쓰는 데 잘못이 있었음을 알 수 있습니다.

▌존중해야
▌존중받는다

장송은 목적과 욕심이 있는 사람인데, 조조는 그의 요구를 만족시키기는커녕 자존심에 상처를 주었습니다. 이와 같은 외교상의 마찰은 장송이 창을 거꾸로 돌려 유비의 입천天을 돕는 직접적인 계기가 되었습니다.

일상에서 사람들과 교류할 때에도 상호존중의 문제가 존재합니다. 사람의 자존심은 두 가지 부분으로 구성되는데, 하나는 관계자존으로 '나는 사람들이 좋아하는 사람이다'라는 것이고, 다른 하나는 능력자존으로 '나는 능력이 많다'는 것입니다. 이 두 가지 요소가 서로 균형을 이루면 비교적 안정된 심리를 유지하지만, 하나는 높고 하나가 떨어지는 현상이 생기면 사람의 자존심은 곧 균형을 잃어버리게 됩니다.

이러한 불균형에는 두 가지가 있는데 하나는 '나는 아주 매력적이지만 능력이 없다'는 것이고, 다른 하나는 '나는 능력은 있는데 매력적이지 않다'는 것입니다. 이러한 불균형 상태가 계속되면 대인관계에 지나치게 민감해지고 비정상적인 행동을 초래할 수 있습니다.

예를 들어보겠습니다. 며칠 전 저는 우리 학교 강연 콘테스트의 심사위원으로 참여했던 적이 있습니다. 그중 몇몇 학생과 함께 사진을 찍기로 했습니다. 사진을 찍는데 한 예쁘장한 여학생이 들어오더니 자신도 함께 찍고 싶다고 말했습니다. 막 사진을 찍으려는데 갑자기 휴대전화가 울렸습니다. 급하게 처리할 일이었는데, 주변에 기다리는 사람이 많기에 "우리 단체사진을 찍어서 각자 나누어 가지자"고 제안했습니다.

그렇게 사진을 찍은 후 바로 나가서 전화를 받았습니다. 연구실로 돌아가 문 안으로 들어서려는데 아까 그 여학생이 앞에서 기다리고 있었습니다. 눈 주위는 붉게 물들었고 얼굴에는 언짢은 기색이 서려 있었습니다. 저로서는 무슨 일인지 가늠할 수 없었지요. 그녀는 제 쪽으로 오더니 "선생님, 제게 무슨 감정 있으신가요?"라고 따지듯이 물었습니다. 저는 아니라고 말했지요. 그러자 그녀는 방금 다른 사람과는 사진을 찍었으면서 자신과는 왜 찍지 않는지 물었습니다. 겨우 사진을 찍는 일 때문에 그렇게 민감했던 것입니다. 내가 몇 마디로 위로했지만 그녀는 뾰로통한 채 돌아갔습니다.

이는 그 여학생이 유달리 자존감이 낮아서 생긴 문제라고 생각합니다. 전형적인 자존불균형 현상입니다. 예를 들어 그녀는 좋은 인상 덕에 반에서 반장으로 임명되었고, 콘테스트에 참가할 때도 부전승으로 직접 결선에 진출했습니다. 이렇게 주위 동료와 선생의 특별한 배려는 그녀에게 오히려 '나는 아주 사랑스러운데 능력이 없다'라는 인상을 더욱 강화한 것이었습니다. 그래서 그녀는 아주 민감하고 연약해져 조그만 일에도 과도하게 반응했던 것이었습니다.

주변에 예쁘거나 잘생긴 사람들에게 항상 이미지만 좋으면 된다고 강조하지 말아야 합니다. 이미지만 강조하면 그들이 균형을 잃게 될 수도 있습니다. 만약 우리 집 아이가 호감형이라고 상상해봅시다. 그런 아이에게는 인상이 좋은 것은 중요한 강점이 될 수 있지만, 그에 따른 능력도 있어야 된다는 점을 강조해주어야 심리적으로 균형을 유지할 수 있을 것입니다.

또 다른 유형이 바로 장송과 같은 형으로 인상은 좋지 않지만 능력이 뛰어난 유형입니다. 어려서부터 '나는 능력이 있지만 매력적이지 않아서 좋아하는 사람이 없다'는 생각이 마음 깊숙이 뿌리내린 경우입니다. 이와 같은 생각은 스트레스를 달고 다니며 상대방에 대해 유달리 민감하게 반응할 수 있습니다. 이러한 균형상실의 상태는 최종적으로 조조와 장송의 충돌로 이어졌습니다. 심리상태가 균형을 잃은 사람은 존중을 받기 위해서라면 아주 극단적인 일을 벌이기도 하는데 장송이 바로 그러했습니다.

이렇게 이미지와 능력이 대비되는 사람은 종종 심리적 균형을 잃기 쉽습니다. 커뮤니케이션과 관련된 업무책임자를 인선할 때에는 이와 같은 요소를 고려해야 합니다. 예를 들어 협상대표나 외교사절, 대변인, 고객관리 팀장은 심리적 균형을 잃은 사람을 안배해서는 안 됩니다.

개인의 자존과 자신감은 인생과 사업에서 지극히 중요한 것입니다. 한 연구는 아이에 대한 성인의 태도, 특히 부모와 스승의 태도가 아이의 자존 정도를 결정한다는 것을 밝혔습니다. 심리학 연구에 기초해 다음 네 가지를 건의하고자 합니다.

첫째, 적극적인 언어로 아이를 평가합니다. 아이를 평가하는 용어에 따라 아이의 모습이 변합니다. 만약 어린이가 어른에게 항상 칭찬과 찬사 등 긍정적인 말을 듣고 자라면 그 어린이는 자신이 능력 있는 사람이라고 생각해 적극적으로 행동하고 자신감 있게 표현하게 됩니다. 반대로 아이가 항상 꾸중을 듣거나 폄하되면 자신이 무능하다고 느끼고 위축되어 의존성이 강해지고 자신감이 결여됩니다.

둘째, 민주적인 교육과정을 유지합니다. 리더는 직원에게, 부모는 아이에게 발언할 기회를 주어야 합니다. 설령 그들이 틀렸다고 해도 발언권을 주어야 합니다. 이렇게 해야 자존심이 충분히 발달할 수 있습니다.

셋째, 아이 일을 도맡아 처리하지 않아야 합니다. 밥을 먹을 수 있다면 먹여주지 말고 스스로 먹게 하며, 걸을 수 있다면 신발끈을 대신 매주지 말고 혼자 걷게 해야 합니다. 오늘날은 엄마·아빠·할머니·할아버지·외할머니·외할아버지가 각자 아이를 둘러싼 모든 일을 해주는 경우가 많습니다. 다 큰 아이들이 아무것도 하지 못한다고 모든 일을 도맡아 해주는 것은 결코 좋은 방법이 아닙니다. 이는 마치 아이들에게 '너는 능력이 없다'고 말하는 것과 같습니다. 이는 결국 아이의 자존심을 깎아먹어 '나는 사랑스럽지만 무능력하다'고 느끼게 하는 것입니다. 그래서 이와 같은 아이들은 일을 할 때마다 균형을 잃고 항상 어딘가 기댈 지팡이를 찾게 됩니다.

넷째, 과도하게 요구하지 않습니다. 과도한 요구는 매번 달성할 수 없기 때문입니다. 이러한 장기적인 좌절은 자신감에 타격을 주고 결국 자아부정과 위축을 만들어냅니다. 합리적인 목표를 제시해 자주 성공을 체험하도록 배려하고 하나하나 성공의 자부심을 쌓아 안정된 자존과 자신감을 형성할 수 있도록 도와야 합니다.

▌인정과 지지로
▌호감을 산다

장송 이야기로 다시 돌아오겠습니다. 못생긴 얼굴에 콤플렉스가 있는 그의 성장과정에는 칭찬과 지지는 없고 좌절과 상처만 있었을 것입니다. 이는 그를 유달리 외부평가에 민감한 사람으로 성장시켰습니다. 이처럼 심리적으로 민감하고 자존심의 균형을 잃은 사람에게 외교를 맡긴 것은 옳지 않았습니다.

외교의 본질은 사람과 사람이 교류하는 것이므로 균형적이고 안정된 사람에게 맡겨야 합니다. 제갈량은 《융중대》에서 유장을 '암약暗弱'이라고 평가했는데, 정말 그는 사람 보는 눈이 어둡고 사람을 쓰는 일에 약했습니다. 하지만 장송의 민감함이 유비에게는 자신의 목적을 달성할 기회였습니다. 유비는 조조와 완전히 다른 책략으로 장송을 자기편으로 끌어들였는데, 이것이 바로 '호혜를 운용해 지지를 얻는다'는 책략입니다.

장송이 유비를 만나는 과정은 멀리까지 마중 나가 가까이에서 영접하는 것[遠接近迎]이었습니다. 유비와 제갈량은 장송이 조조에게 퇴짜를 맞고 형주로 오고 있다는 소식을 듣고 조운과 관우를 멀리까지 나가 직접 데리고 오게끔 했습니다. 장송이 도착하자 관우와 조운은 성심성의껏 장송을 맞이하고는 숙소에 풍성한 주연과 함께 뜨거운 목욕물을 준비했습니다. 장송이 이튿날 아침 유비가 있는 성으로 들어갔는데, 말을 타고 3리도 가지 못하고 서둘러 달려오는 유비와 제갈량을 만났습니다. 유비는 친히 나와 북과 꽹과리 소리 가득한 부중으로 장송을 영접했습니다. 이어 유비는 장송에게 매우 낯간지러운 태도를 표하며 말했습니다.《삼국지연의》의 기록입니다.

> 대부의 높은 명성을 우레처럼 들은 지 오래입니다. 구름과 산으로 가로막혀 머나먼지라 가르침을 듣지 못해 한스러웠습니다. 듣자니 성도로 돌아가신다기에 오로지 이렇게 맞이할 뿐입니다. 만약 저를 버리지 않으신다면 저희 보잘것없는 고을이나마 방문해 잠시 쉬어가십시오. 저의 목마르게 우러르는 마음을 풀어주신다면 참으로 천만다행이겠습니다!

유비가 말을 마치자 모두 열렬하게 박수를 쳤습니다. 장송은 이 광경에 마음이 흐뭇해졌습니다. 조조와 유비의 태도를 비교해보십시오. 한 사람은 고자세에 냉랭했고 한 사람은 낮은 자세에 따뜻했습니다. 장송은 유비에게 완전히 다른 느낌을 받았습니다.

유비의 은근한 대접에 장송은 더할 나위 없이 감동해 서촉의 중요 정보를 유비에게 바쳤습니다. 이를 표지로 삼아 유비가 서촉에 들어가 패업을 달성하는 이야기의 서막이 서서히 열리게 된 것입니다. 이 서막을 열어젖힌 사람이 다름 아닌 못생긴 장송이었습니다.《삼국지》배송지 주에 인용된《오서》에 기재된 내용입니다.

유비는 예전에 장송을 만났고 그 후 법정法正을 얻었는데, 그들 모두를 은의恩意로 후대하고 은근하게 환대했다. 이에 촉 땅의 넓음과 좁음[閣狹], 병기, 부고府庫, 인마의 많고 적음, 여러 요충지, 길의 멀고 가까움을 묻자 장송 등이 모두 말해주었다. 또한 산천과 처소의 지도를 그려주니 이로 말미암아 익주의 허실을 모두 알게 되었다.

유비와 장송의 사귐은 인간관계의 중요한 소통의 원리, 서로 이익을 주고받는 호혜책략을 체현하고 있습니다. 이 원리는 비록 간단하지만 인간관계에 기초가 되는 것입니다. "인정은 톱과 같이, 오는 것이 있으면 가는 것이 있다", "서로 주고받으면 물방울처럼 아주 작은 은혜도 샘물처럼 서로 보답한다"는 속담은 기본적으로 '네가 편의를 베풀면 나는 반드시 더 많은 편의로 보답한다'는 말입니다. 옛사람의 외교만이 아니라 오늘날의 시장에서도 호혜의 원리는 그대로 적용됩니다. 시장에 가면 손님들에게 먹어보고 입어보고 사용해보게 합니다. 손님이 일단 사용해보는 순간 호혜 메커니즘이 발동해 상품을 살 가능성이 높아집니다. 누군가 맛만 보고 사지 않고 일단 해보고 거절해도 되는 것이 아니냐고 말할 수 있습니다.

법정(176~220)

자는 효직孝直이며, 동한 우부풍右扶風 미현郿縣 사람이다. 동한 말, 명문 법씨의 후손이자 삼국시대 촉한의 중신이다. 원래 유장의 부하였으나 후에 유비에게 귀순해 익주를 탈취하고 한중을 점령하는 데 여러 차례 계책을 내어 유비의 깊은 신임을 받았다. 시호는 익후翼侯다.

여기서 제가 겪은 한 가지 사례를 통해 호혜책략의 위력이 얼마나 큰지 분석해보고자 합니다. 과거 사스 때문에 학교가 폐쇄된 지 거의 반년이 지난 후 물건을 사러 시장에 간 적이 있었습니다. 가까스로 외출한 것이어서 기분이 아주 좋았습니다. 마트에 들어가자 정문에 기둥

이 있고, 기둥 양옆에 키가 크고 유니폼을 입은 두 명의 미녀가 서 있었습니다. 문으로 들어서자 두 미녀가 나를 향해 미소를 지었습니다. 저도 분수를 아는 사람으로, 생긴 게 이런데 거리에서 두 미녀가 동시에 저를 보고 기뻐할 리 없다는 것 정도는 알고 있었습니다. 저는 잠시 망설였습니다. 두 미녀도 잠시 머뭇거리다 곧바로 다가와 절도 있게 인사하고는 무료로 구두를 닦지 않겠냐고 물었습니다.

이 두 사람이 누구인지 맞추어보십시오. 그들은 고가의 구두약을 파는 영업사원들이었습니다. 그러면 물어보지요. 그녀가 구두를 닦아준다면 닦겠습니까, 그냥 가겠습니까? 학생들은 구두를 닦는 것이 무슨 대단한 일이냐며, 닦은 후 일어나 그냥 가버리면 절대로 마주칠 일이 없다면서 닦으라고 했습니다. 미인계를 쓰면 미인만 취하고 계책에 당하지 않으면 된다는 것이었습니다.

하지만 상황은 결코 생각한 대로 진행되지 않습니다. 이 책략이 얼마나 강력한지 알기 위해 몸소 한번 시험해보기로 했습니다. 말이 떨어지기 무섭게 한 여성이 마술을 부리는 것처럼 뒤에서 접이의자를 가져와 저를 앉혔습니다. 그러고는 양옆에 딱 붙어서 물건들을 꺼낸 뒤 과장된 몸짓으로 제 구두를 닦아주었습니다. 사람들이 오고가는 마트 입구 앞에서 두 미녀가 한 남자를 붙잡고 무엇을 하는지 호기심이 생긴 사람들이 주위를 둘러싸고 지켜보았습니다. 게다가 카메라로 이를 찍는 사람들도 있어 부끄러워 고개를 숙일 수밖에 없었습니다.

구두를 닦고 난 후 두 미녀가 눈짓을 교환하다가 한 명이 곧 뒤쪽으로 갔습니다. 뭐하러 갔을까요? 바로 고가의 구두약을 가지러 갔습니다. 그들은 제가 반드시 살 것이라 믿고 있었겠지요. 남아 있던 미녀는 일어나 "선생님, 만족하셨습니까?"라고 물었지요. 감히 만족하지 못했다고 말한다면 만족할 때까지 무릎을 꿇고 다시 구두를 닦을 기세였습니다. 그래서 서둘러 만족한다고 대답할 수밖에 없었지요.

뒤쪽으로 간 미녀가 돌아오자 두 사람이 저를 마주보며 섰습니다. 두 미녀는 다시 한 번 허리를 구부리고는 말했습니다.

"선생님, 이 무더운 여름날 구두를 닦느라 고생이 많으셨습니다. 저희도 쉽지 않았습니다. 저희는 구두약 공장에서 해직된 직원으로 경기가 좋지 않고 수입도 없어 여기서 무료로 구두를 닦아주고 있습니다. 어려운 사정을 살펴서 구두약 두 개만 사주시면 고맙겠습니다."

말을 마치고는 다시 큰 절을 하고 앞에서 가련한 눈빛으로 눈을 깜빡거렸습니다. 본래는 일어나서 그냥 가려고 했는데 몸을 돌려보니 발이 떨어지지 않았습니다. 두 가지 이유가 있었습니다.

하나는 주위 사람들이 지켜보고 있었기 때문입니다. 편의를 다 보고 그냥 가버리는 사람이 될 수 없었지요. 두 번째는 그들이 정말 구두를 잘 닦았기 때문입니다. 무더운 여름날이었으니 확실히 쉽지 않은 일이었지요. 서비스만 받고 가버린다면 양심상 꺼려지지 않았겠습니까?

어리석게도 양심과 체면의 이중작용으로 구두약을 살 수밖에 없었습니다. 이 고가의 구두약은 앞뒤가 보이지 않을 정도로 작았습니다. 마치 호텔에서 제공하는 일회용 치약 크기와 같았습니다. 이 구두약을 판 여성들이 사용한 책략이 바로 호혜책략이었습니다.

그들은 대중 앞에서 존중하고 관심을 갖고 진지하게 서비스를 제공했습니다. 그 서비스를 제공받은 사람은 반드시 함정에 빠지게 됩니다. 이것이 호혜책략의 위력입니다. 그래서 두 가지 건의를 하겠습니다.

첫째, 중대한 거래와 비즈니스 교섭에서는 선물이나 식사 대접을 받지 마십시오. 호혜의 기제가 발동하면 분명히 교섭력이 떨어집니다. 둘째, 아직 살 것인지 말 것인지 결정하기 전에 가능한 한 무료시식이나 사용을 줄이십시오. 일단 시도한 순간에는 어리석게 전부를 받아들이는 것이 호혜책략의 위력입니다.

여기서 호혜책략의 원리를 분석해봅시다. 사실 호혜는 본질적으로 인성의 욕구입니다. 사람에게는 세 가지 기본적인 욕구가 있는데, 관심을 받고 존중을 받고 인정을 받고자 하는 욕구입니다. 그런데 호혜책략은 바로 이 세 가지 욕구를 모두 만족시킬 수 있는 것입니다. 일단 호혜 기제가 발동하면 생각하지 못한 효과를 만들어낼 수 있습니다.

유비는 진지하고 성실하게 장송이 기대했던 존중과 인정을 주었고 이에 더해 장송이 얻고자 했던 풍성한 재물을 주었습니다. 호혜 원리에 따라 장송도 은혜에 보답하기 위해 적극적으로 공헌을 했는데, 서촉의 주요정보를 유비에게 넘겨주는 것과 더불어 유비가 서촉으로 들어가는데 중요한 사전 정지작업을 해냈습니다.

《삼국지》〈유장전〉에는 유비와 헤어지고 돌아온 장송이 세 가지 계책을 내놓은 이야기가 실려 있습니다. 첫 번째 헌책은 유장에게 북쪽 조조에게 저항하라는 건의였습니다. 두 번째 헌책은 유장에게 동쪽 유비와 동맹하라는 건의였습니다. 세 번째 헌책은 유장에

황권(?~240)

자는 공형公衡이며, 삼국시대 촉나라 파서巴西 낭중閬中 사람이다. 처음에 익주 유장의 주부로 있었다. 유장이 항복하자 투항해 편장군이 되었다. 오나라를 정벌하려 할 때 진북장군鎮北將軍이 되어 북으로 수군을 통솔하면서 위나라의 공격에 대비했다. 유비가 육손의 반격으로 대패하고 퇴로도 막혀 사면초가에 몰리자 위나라에 항복했다.

게 유비가 서촉으로 들어오는 것을 영접하고 서촉의 북쪽 방어 업무를 맡기라는 건의였습니다.

물론 주부 황권黃權과 종사 왕루王累같이 성문에 거꾸로 매달려 유비의 입천을 받아들이지 말 것을 필사적으로 간언한 사람도 있었습니다. 하지만 유장은 장송의 건의를 믿고 유비가 익주로 들어오는 것을 받아들이기로 결정했습니다. 이것은 어린 양이 호랑이를 보모로 삼는 것과 마찬가지였습니다. 애초에 조조가 장송을 잘 대해주고 호혜의 방식을 써서 존중과 인정을 주었다면 삼국의 형세는 완전히 달라졌을지도 모릅니다. 정말 "사람을 얻으면 천하가 편안해지고 사람을 잃으면 천하를 잃는다"는 말이 꼭 들어맞는 상황이라 할 수 있겠습니다.

이번 사건은 또 다른 방면에서 우리에게 깨우침을 주는데, 설령 사업이 성공해 순풍에 돛을 단 듯이 만족스럽고, 대권을 손에 쥐고 있는 상황이라 해도 교만하거나 잘난 척해 다른 사람을 무시하지 말라는 것입니다. 성공한 사람에게는 중요한 자질이 있는데, 항상 다른 사람을 흡족하게 하려는 마음이 있어야 한다는 것입니다. 다른 사람의 일을 이루게 해주는 것이 바로 자신이 성취하는 길이기 때문입니다.

비교라는 칼날은
상대와 나를 동시에 겨눈다

장송은 유비가 익주로 들어오는 일에 협력하기로 결심하고 이 목
표를 실현시키기 위해 강력한 조력자를 끌어들였는데 그가 바로
친구 법정이었습니다.《삼국지》〈법정전法正傳〉에는 다음과 같이 기
록되어 있습니다.

> 장송이 형주에서 조조를 만나고 돌아와서는 유장에게 조조와의 관
> 계를 끊고 직접 유비와 관계를 맺으라고 권했다. 유장이 말하기를
> "누가 사신으로 갈 만하오?"라 하니, 장송이 이내 법정을 천거했다.
> 법정은 사양했지만 어쩔 수 없이 가게 되었다.

두 사람이 연극을 하는 모습이 보이지요. 장송은 법정을 형주로
보낼 사자로 추천하고 법정은 짐짓 거절하는 체하다가 마침내 어
쩔 수 없이 명을 받드는 것처럼 꾸몄습니다. 이렇게 한 것은 당연히
유장의 의심을 피하기 위해서였습니다.

법정 역시 장송과 마찬가지로 형주에서 유비의 열렬한 환대를
받았습니다. 그래서《삼국지》〈법정전〉에는 "법정이 돌아와서는 장
송에게 선주가 웅대한 재략이 있음을 칭송하며 은밀히 협력해 틈
을 볼 것을 모의하고 같이 (선주를) 받들고자 원했지만 아직 인연이
닿지 않았다"고 기록되어 있습니다. 이렇게 법정과 장송은 유비의
열렬한 지지자가 되어 기회를 보아 유비가 서촉으로 들어오는 것
을 도와주기로 상의했던 것입니다.

법정은 자신을 위해 유비를 도운 것이라 할 수 있었습니다. 당시 법정의 처지는 결코 좋지 않았습니다. 이 점이 장송과 구별되는 점이었습니다. 장송이 요직에 있으니 유장은 그의 말을 듣고 계책을 따랐습니다. 황권이 잠시 다른 의견을 내놓다가 곧바로 강등되어 시골로 쫓겨난 것은 장송의 권세를 증명해주는 사건이었습니다. 하지만 법정은 그렇지 못했습니다. 그는 유장 집단에서 찬밥 신세였습니다. 《삼국지》〈법정전〉의 기록입니다.

> 건안 초 천하에 기아와 흉년이 들자, 법정은 같은 군 출신의 맹달孟達과 함께 촉으로 들어가 유장에게 의탁했다. 얼마 안 있어 신도新都 현령이 되었고, 이후 군의교위軍議校尉로 배치되었다. 그러던 동안 임용되지 않고 주읍州邑 사람들로부터 타향살이하는 빈객으로서 행실이 바르지 않다는 비방을 받아 뜻을 얻지 못했다. 익주별가 장송과 서로 잘 지냈는데, 유장이 더불어 무언가를 이루기에는 부족한 인물이라는 것을 헤아리고는 항상 남몰래 탄식했다.

당시 법정이 처한 상황은 세 가지로 개괄할 수 있습니다. 첫째, 직위가 미약해 능력을 발휘하지 못했습니다. 둘째, 인간관계가 좋지 않아 늘 동료들로부터 공격을 받았습니다. 셋째, 유장과 사업을 하는 것에 미래가 없음을 느끼고 있었습니다.

맹달(?~228)
자는 자경子敬이며, 동한 말년에서 삼국시대까지의 인물이다. 촉의 신하였다가 후에 위에 투항했고, 그 후 다시 촉한에 투항하려 했으나 사마의에 의해 죽임을 당했다.

이때 장송의 도움으로 법정은 유비와 친교를 맺게 되었습니다. 유비가 법정에게 느낀 것은 완전히 달랐습니다. 먼저 유비는 법정을 존중하고 인정했습니다. 마음에서 우러난 말이나 행동으로 법정을 좋아한다는 것을 드러내어 그의 마음을 따뜻하게 만들었습니다. 지식인이 가장 먼저 필요로 하는 것은 충분한 존중입니다. 모든 지식인은 나를 깔볼 수 있지만 재능과 학문은 존중해주어야 한다고 기대합니다. 게다가 유비는 법정의 학문을 존중할 뿐 아니라 사람 자체도 좋아해주었습니다. 법정의 차가운 마음이 따스함을 얻게 된 것이지요. 다음에 유비는 법정에게 말과 행동으로 미래를 보여주고 자신을 따르면 미래가 밝다는 점을 느끼게 해주었습니다.

"사람은 비교하다가 잃고, 물건은 비교하다가 버리게 된다"는 말이 있습니다. 비교가 없으면 우수함도 없습니다. 유장만 보면 그런대로 괜찮은 리더였지만 유비와 비교하자 정말 천양지차였던 것입니다. 형주에서 유비와 함께한 며칠 동안 법정은 커다란 심리적 충격을 받고 결국 유비 진영에 합류하기로 결정했던 것입니다.

오늘날 인력자원을 관리하는 간부들이 직업만족도를 이야기하곤 합니다. 법정은 직업만족도가 아주 낮은 직원으로, 유장에서 유비라는 회사로 옮기기로 결심했을 뿐 아니라 유비가 서촉이라는 시장의 대문을 활짝 열어젖히는 데 결정적인 도움을 주었습니다.

현대 관리학연구는 만족도란 객관적인 사실이라기보다는 비교에서 만들어진 일종의 느낌이라고 설명합니다. 예를 들어보겠습니다. 어떤 기업이 제게 하루 강의료 100만 원을 주겠다며 강의를 요청했습니다. 이렇게 많은 금액을 받은 적이 없으니 기쁜 마음으로 100만 원을 받고 나왔습니다. 그때 마침 동료 하나가 내려오는 것을 보았습니다. 그는 마대 세 포대를 등에 지고, 또 다른 세 포대를 목에 걸고 헐떡이며 걸어가고 있었습니다. 무슨 일인지 물었더니 그는 투덜거리며 말했습니다.

"여기서 강연을 하면 강연료 200만 원을 주는데 모두 동전으로 주네. 이러다 동전에 눌려 죽겠소!"

멀어지는 그의 등을 보며 저는 곧 화가 났습니다. '무슨 근거로 그에게는 200만 원을 주고 내게는 100만 원을 주었을까? 너무 불공평하다'라는 생각 때문이었습니다. 생각할수록 화가 나고 불만스러웠습니다.

비교할 비比 자는 비수 비ヒ 자 두 개를 합쳐 이루어진 단어입니다. 그래서 비 자는 두 개의 칼이라 타인과 자신을 해친다고 합니다. 비교하기 좋아하는 사람은 매일 아침 눈을 뜨자마자 한 칼로는 타인을 겨누고 다른 칼로는 자신을 겨누다 상처를 입곤 합니다. 그래서 일상의 만족도와 공정함을 관리할 때 '비교'라는 두 글자에 주의해야 한다고 말하고자 합니다. 만약 수하의 직원이 일에 만족하지 못하고 다른 생각이 있다면 다음 두 가지를 해야 합니다.

첫 번째, 그가 정확한 비교대상을 찾도록 도와주십시오. 두 번째, 그가 단지 수입만 보지 말고 투자를 비교하도록 하십시오. 자신은 100만 원을 버는데 다른 사람이 200만 원을 버는 것이 불공평하다고 느낀다면 다른 사람이 얼마를 투자했는지 물어보십시오. 상대는 태평양을 투자하고 서호西湖를 얻었는데, 자신은 물 한 병을 투자하고 다시 한 병을 얻었다면 불만이 있을 이유는 없습니다. 투자한 것을 먼저 보고 나중에 얻은 것을 보는 방법은 심리적 균형을 유지하는 지혜입니다.

《이솝우화》에 아주 재미있는 이야기가 있습니다. 양 떼가 겨울에 마른풀을 찾아 멀리까지 나갔다 돌아오느라 기진맥진했습니다. 그런데 해가 기울어 마을에 돌아오니 돼지들은 우리 안에서 배불리 먹고는 진흙탕에서 뒹굴며 아주 행복하게 놀고 있었습니다. 어린 양들이 화를 내며 나이 든 양에게 말했습니다.

"정말 불공평하다. 우리는 그렇게 먼 길을 가서 별로 좋지도 않은 풀을 먹었는데, 저 돼지들은 너무 잘 지내지 않는가?"

나이 든 양은 조용히 말했습니다.

"우리가 먼 길을 가서 다 말라버린 풀을 먹어도 해가 지나 털만 바치고 끝나지만, 저 살찐 돼지들은 즐겁게 지내는 것 같아도 해가 지나면 목숨을 바쳐야 한다."

수입만 보고 대우를 비교하는 것은 이치에 맞지 않습니다. 만족도 관리에서는 우선 비교대상을 정확히 선택하고, 그다음 먼저 투자한 것을 본 뒤 수입을 비교하는 것이 필요합니다.

법정은 유장 집단에서 자신이 재능과 능력을 갖춘 사람이라고 생각했습니다. 그런데 다른 사람들은 모두 잘 지내는 데 비해 자신은 그렇지 못한데다가 들인 공에 비해 돌아오는 것이 없다고 느꼈던 것입니다. 게다가 유비는 자신을 잘 대해주었지만 유장은 그렇지 못했고, 앞뒤로 재고 비교한 끝에 유장과 사업을 하는 것은 유비와 같이하는 것만 못하다는 결론을 내린 것입니다. 이렇게 법정은 유비를 따라 패업을 성취하기로 결심했습니다.

이익에 급급하면
미래를 놓친다

장송과 법정이 유비를 도울 방법을 찾느라 고심하고 있을 때 기회가 찾아왔습니다. 이때 조조는 서량의 강력한 상대 마초馬超를 제압한 후 한중의 장로를 향해 진격했습니다. 한중이 점령되면 서촉으로 가는 문이 활짝 열려 조조가 한달음에 성도로 진격할 수 있었습니다. 이 소식이 성도로 전해지자 조야가 진동했고 유장은 긴장해 서둘러 장송을 불러들였습니다. 장송은 현재 천하에서 유일하게 의지할 수 있는 사람은 유비라고 말하며, 유비는 인의와 정을 중시하며 능히 조조를 물리칠 수 있기에 그를 불러들여 도움을 청하는 것이 낫다고 말했습니다.《삼국지》〈선주전〉의 기록입니다.

건안 16년(211), 조조가 종요鍾繇 등을 보내 한중으로 향하자 유장이 내심 두려움을 품게 되었다. 장송이 이에 유장을 설득했다.
"조조의 군사는 천하에 대적할 자가 없으니 만약 장로의 물자를 이용해 촉 땅을 취하려 한다면 누가 능히 막겠습니까? 유예주는 사군의 종실이며 조조와는 오랜 원수이고, 용병을 잘합니다. 만약 그로 인해 장로를 치게 한다면 필시 그를 격파할 것입니다. 장로가 격파되면 익주가 강성해지니 비록 조조가 온다 해도 어쩔 수 없을 것입니다."
유장이 이를 옳게 여기고, 법정을 보내 4,000명을 이끌고 선주를 맞이하도록 했다.

제11강

이렇게 유장은 법정을 다시 형주로 파견해 유비를 만나게 했습니다. 이에 법정은 유비를 만나 상의했습니다. 유장은 서촉을 지키기에 부족하고, 성도는 기름진 들이 1,000리에 이르고 정병과 양식이 충분하니, 안에서 장송이 내응하고 밖에서 자신이 아이디어를 내어 호응하면 서촉을 취하고 패업을 이룰 수 있으리라고 설명했습니다. 이 말은 유비의 마음에 딱 들었습니다. 그뿐 아니라 이는 과거 제갈량이 《융중대》에서 제시한 전략이기도 했습니다. 유비는 서촉으로 들어가기로 결정하고 충분히 준비했습니다. 관우·장비·조운·제갈량을 남겨 근거지 형주를 지키게 하고 방통과 나머지 사람들을 데리고 서촉으로 들어갔습니다.

유장도 부하들을 거느리고 유비를 마중 나와 두 사람은 역사적인 만남을 이루었습니다. 유비는 2만여 명을 거느렸고 유장은 3만여 명을 데리고 왔습니다. 이렇게 많은 사람을 거느리고 만난 이유가 무엇일까요? 그 만남은 열병이었습니다. 자신의 실력을 상대에게 보여주기 위한 것이었습니다.

두 사람이 만난 후 유비의 집단에서는 격렬한 논쟁이 발생했습니다. 장송·법정·방통 세 사람은 유비에게 이구동성으로, 이 만남을 기회로 유장에서 손을 써서 일거에 대국을 결정하고 서촉을 취할 것을 건의했습니다. 오늘날의 눈으로 보아도 이러한 전격적인 방식은 좀 위험하지만 간단하고 효과가 빠른 것이었습니다. 하지만 유비는 간단하게 처리해서는 안 된다고 직접 말했습니다. 왜 그랬을까요? 아직까지 민심을 얻지 못했고 서촉 사람들에게 인기가 부족한데, 무턱대고 유장에게 손을 썼다가 오명을 뒤집어쓰면 정세가 불안정해질 수 있기 때문이었습니다. 민심을 얻기 전에는 모진 수단을 써서는 안 됩니다.

여기서 눈앞의 이익과 장기적인 목표 사이에 모순이 생겼을 때 유비는 장기적인 목표를 선택했음을 알 수 있습니다. 그는 전략적으로 문제를 고려한 것이지 전술적으로 고려한 것이 아니었습니다. 눈앞의 일 때문에 장기적인 발전에 장애가 있어서는 안 된다는 말이었습니다.

한 가지 예를 들어보겠습니다. 탐험대가 어두운 동굴에서 길을 잃자 모두 초조한 마음으로 나갈 곳을 찾아 나섰습니다. 동굴은 지형이 복잡해 넘어지지 않기 위해 횃불에 불을 붙였습니다. 하지만 노련한 길잡이는 불을 끌 것을 엄중하게 요구했습니다. 이유는 단순했습니다. 작은 동굴에 빛이 희미하게라도 들어오는데 불을 켜면 눈앞의 밝기가 동굴로 들어오는 빛을 덮어버려 평생을 가도 동굴에서 나갈 수 없기 때문이었습니다.

동굴에서 길을 찾을 때에는 횃불이나 전등을 꺼야 합니다. 비록 여기저기 부딪치고 넘어지더라도 그렇게 하는 것이 출구를 찾는 데 유리하기 때문이지요. 이 책략을 한마디로 개괄하면 '일을 할 때에는 거시적인 관점으로 보고 장기적으로 계산해야 한다. 눈앞의 이익이 미래의 발전에 악영향을 끼쳐서는 안 된다'는 것입니다.

❦ 유비의 지혜

일을 할 때에는 거시적인 관점으로 보고 장기적으로 계산해야 한다. 눈앞의 이익이 미래의 발전에 악영향을 끼쳐서는 안 된다.

관리학에서도 종종 이와 같은 상황이 연출되곤 합니다. 눈앞의 작은 문제를 해결하기 위해서나 일시적인 통쾌함을 도모하다가 도리어 대국을 망가뜨리는 경우가 있습니다. 멀리 보는 안목이 뛰어난 관리자는 장기적인 발전을 위해 지름길이나 편안함만을 구하지 않고, 주도적으로 눈앞의 책임과 위험을 떠맡습니다. 이는 보통사람이라면 하기 힘든 일입니다. 유비는 이러한 관리자였습니다. 그는 유장을 베어 민심을 잃는 것은 장기적인 발전에 아주 불리하다고 생각했고, 대신 자신의 입지를 굳건히 하고 천천히 역량을 쌓으며 백성들에게 널리 은혜를 베풀어 이윽고 조건이 성숙했을 때 다시 성도를 점령할 기회를 노렸던 것입니다. 《삼국지》〈선주전〉에는 다음과 같이 기록되어 있습니다.

> 장송이 법정을 통해 선주에게 고하고 아울러 모신 방통이 만난 자리에서 유장을 습격하도록 권했다. 선주가 말했다.
> "이는 대사이니 창졸간에 할 수 없소."

《삼국지》〈방통전〉에는 이러한 기록이 있습니다.

> 익주목 유장이 유비와 부涪에서 만났다. 방통이 계책을 올렸다.
> "지금 이 모임을 틈타 유장을 붙잡는다면 장군께서는 용병의 수고로움 없이 앉아서 한 주를 평정할 수 있습니다."
> 선주가 말했다.
> "이제 막 다른 나라로 들어와 은혜와 신의를 아직 드러내지 못했는데 그리할 수는 없소."

유비와 유장은 화기애애한 분위기에서 백일 연회를 마친 후 평화롭게 헤어졌습니다. 유장은 인마를 거느리고 성도로 돌아갔고 유비는 군마를 정돈하고 북진해 가맹관葭萌關에 이르렀습니다. 이곳은 유장의 세력과 장로의 세력이 맞닿은 최전선이었습니다. 그런데 가맹관에 이르자 유비는 전투를 하지 않고 생산을 발전시키고 널리 은혜를 베풀며 민심을 수습했습니다. 이는 앞서 말했던 '큰일을 처리할 때 사람을 근본으로 한다'는 유비의 업무방식이었습니다. 유비는 큰일을 할 때는 인재를 찾고 인품을 쌓으며 인기를 모으는 것, 인심·인성·인간관계에 관심을 기울이는 자세가 가장 중요하다는 믿음을 줄곧 견지해왔습니다. 사람을 중심에 놓고 일을 도모하는 전략은 언제 어디서나 매우 뛰어나다 할 수 있는데, 유비는 이 전략을 훌륭하게 수행해냈습니다.

　속담에 "집에 앉아 있으면 재앙은 하늘에서 온다"라는 말이 있습니다. 유비는 전쟁을 준비하지 않았지만 전쟁이 그에게 찾아왔습니다. 가맹관에서 경천동지할 힘들고 어려운 싸움이 기다리고 있었습니다. 근거지 형주에서는 멀리 떨어져 있고 관우·장비·조운도 없이 타향에서 작전을 수행해야 하는 유비는 이 시련을 이겨내고 중요한 싸움에서 결정적인 승리를 얻을 수 있었을까요? 이에 관해서는 다음 강의에서 살펴보겠습니다.

사람을 잃지 않아야
명성도 잃지 않는다

유비는 "악은 아무리 작아도 행하지 말고, 선은 아무리 작아도 행하라"는 명언을 자식에게 유언으로 남겼다. 역사의 기록은 물론이고《삼국지연의》의 묘사로 보아도 유비는 명예와 절의를 매우 중시한 사람이다. 일을 하면서 시종일관 도의의 기치를 높이 들어올렸다. 그는 어째서 그토록 이미지에 신경을 썼을까? 거짓된 마음으로 연기를 한 것일까, 아니면 다른 계산이 있어서였을까? 이미지를 지키는 방면에서 유비는 잘못을 저지를 때가 없었을까? 또 위기에 대응해 어떤 책략과 관리방식을 사용했을까? 그의 방법에서 따를 만한 요소는 무엇이 있을까?

먼저 '평판'을 화제로 이야기하고자 합니다. 지난여름, 동창과 함께 수박을 사러 학교 남문 밖으로 나갔습니다. 그곳에 있는 가게에서 수박은 1만 2,000원인데 남문 입구의 노점에서는 1만 원에 팔았습니다. 여기서 수박을 살지 아니면 좌판에서 살지 생각해보십시오. 저는 가게에서 사는 것을 선택했습니다. 왜 그랬을까요?

이것은 게임 이론의 규율, 즉 일회성 게임과 반복 게임Repeated Game이라는 두 종류의 게임에서 서로 다른 전략을 채택한다는 것을 반영하고 있습니다. 분석해보면 노점에서 일어나는 거래는 일회성으로, 오늘은 여기에 있지만 내일은 어디에 있을지 알지 못합니다. 설령 문제가 있어도 시시비비를 가릴 방법이 없는 경우입니다. 하지만 가게라면 상황은 다르지요. 문제가 생기면 다시 찾아가면 됩니다.

가게 주인은 장기적인 이익을 유지하기 위해 좋은 상품과 서비스를 제공할 것입니다. 이 때문에 저는 설령 돈을 좀더 지불하더라도 고정된 장소에서 파는 가게를 선택한 것입니다. 반복 게임에 근거하면 가게가 장기적으로 명성을 소중히 여기고 더 믿을 만하다는 것입니다.

어떤 사람은 유비가 명성에 신경을 쓴 태도는 위선적이고 거짓된 인의라고 말하기도 합니다. 사실 앞서 서술한 분석에 따르면 유비는 서촉에서 뿌리를 내리고 장기적인 발전을 준비하고 있었기 때문에 자주 옮겨 다닐 생각은 없었습니다. 그는 백년대계로 자신의 기업이 길이길이 빛나기를 기대했습니다.

　그래서 그가 명성과 민심에 신경을 쓴 것은 아주 현명한 행위였고, 그의 장기적인 이익에 부합했던 것입니다. 유비가 명성에 신경을 쓴 것은 위선이 아니라 장기적인 발전을 위해 전략적으로 멀리 내다본 선택이었다고 할 수 있습니다. 바로 이러한 생각에 기초해 그는 유장에 대해 성급하게 선수를 치지 않고, 먼저 작은 근거지를 경영한 다음 시기를 기다리며 다시 나아가 취하는 전략을 세웠습니다.

안을 다스린 후 밖을 대한다

동한 건안 17년(212) 겨울, 성도는 태평한 모습이었습니다. 유장은 성도에 머물며 매일 주연을 베푸는 즐거운 나날을 보내고 있었습니다. 성도는 한가롭게 먹고 놀기에 좋은 지방이었습니다. 특히 최근 2년 동안 서촉은 태평무사하고 날씨가 좋아 작황도 괜찮았습니다. 단지 그가 걱정한 것은 북쪽의 장로였습니다. 유장이 장로와 반목한 이래 장로도 방의를 파견해 수차례 싸움을 걸었으나 군사만 잃고 성과 없이 돌아갔습니다. 다행히 지금 유비가 가맹관에 주둔하고 있어 유장은 완전히 마음을 놓고 있었습니다. 유비라는 큰 호랑이가 있으니 장로가 거칠게 구는 것은 두렵지가 않았습니다. 유장은 멀리 떨어진 중원에서 벌어지는 봉화를 구경하다 자신의 모습을 보고 싱글거리며 좋아 어쩔 줄 몰랐습니다.

그는 내심 자신의 부친 유언劉焉이 안목이 있어서 성도처럼 좋은 지역에서 사업을 발전시킨 것에 탄복하는 동시에 그 자신도 유비에게 북쪽의 장로를 상대하도록 한 것에 대해 스스로 만족하고 있었습니다. 이는 다른 사람의 기와를 빌려 자기 집의 담을 수리하는 것으로, 걱정을 덜면서 힘과 돈을 절약할 수 있으니 얼마나 흐뭇했겠습니까?

바로 그때 홀연 북쪽의 유비로부터 긴급한 서신이 왔다는 보고가 들어왔습니다. 유장은 약간 긴장했습니다. 북쪽에서 무슨 일이 생긴 것은 아닐지 걱정하며 편지를 열어보고는 한편에서는 안심하면서도 조금은 걱정이 되기 시작했습니다.

안심한 이유는 북쪽은 장로가 경거망동하지 않아 평화롭다는 것이었고, 걱정한 이유는 편지에서 유비가 떠나고자 한다고 했기 때문입니다. 조조가 강동과 형주를 공격해, 형주를 구원하기 위해 눈앞의 적을 놔두고 돌아가겠다는 것이 이유였습니다. 이는 유장이 유비를 동쪽으로 돌아가도록 해야 할지 말아야 할지 헛갈리게 했습니다.

그런데 이때 유장보다 훨씬 혼란스러운 사람이 있었는데 그는 바로 장송이었습니다. 유비가 돌아가겠다고 한 편지에 유장이 전전반측했다면 장송에게는 마치 바늘방석에 앉은 것이나 다름없었습니다. 유비가 서촉으로 들어온 이래 장송은 확실히 황홀한 꿈을 꾸었습니다. 그는 유비를 불러들여 안과 밖에서 호응해 서촉을 탈취하고, 자신이 개국공신이 된다면 부와 권력이 바로 눈앞에 있다는 계산을 하고 있었습니다. 그런데 뜻밖에도 유비가 아무 행동도 하지 않고 동쪽 형주로 돌아가리라고는 결코 생각하지 않았던 것입니다. 장송은 생각할수록 마음이 급해지고 심지어 화가 나기도 했습니다. 유비가 중대한 기회를 잃어버릴 뿐 아니라 자신의 미래도 망치고 있다고 생각했기 때문입니다. 장송은 유비를 설득하리라 결심을 굳히고 붓을 들어 편지를 쓰기 시작했습니다.

그가 편지를 다 마치지 않았을 때 장송은 형 장숙이 왔다는 전갈을 받고 서둘러 맞으러 나갔습니다. 장숙과 장송은 비록 형제였지만 외모는 확실히 달랐다고 합니다. 장송은 키가 작고 못생겼지만 장숙은 키가 크고 외모가 출중했다고 합니다. 간혹 장송은 정말 자신의 형을 질투하곤 했습니다.

두 형제가 식사를 하며 자유롭게 천하의 정세를 논의했습니다. 그런데 장송은 중요한 일을 소홀히 했습니다. 유비에게 보낼 편지를 책상에 그냥 놔두어 장숙이 보게 되었던 것입니다. 장숙은 그 편지 윗머리에 "유황숙, 지금 대사가 거의 이루어지려는데, 어찌 이를 내버려두고 떠나려 하십니까!"라고 쓴 글을 보고 깜짝 놀랐습니다.

장숙은 동생이 유비와 내응해 서촉을 탈취하려 한다는 계획을 바로 알아챘습니다. 보아하니 황권과 왕루가 걱정한 바가 옳았던 것입니다. 그런데 늑대를 집으로 끌어들인 반역자가 하필이면 자신의 친동생이었습니다. 만약 이 일이 들통 나면 온 집안이 멸문의 화를 당할 처지에 있었던 것이지요. 장숙은 대의를 위해 부모 형제라도 봐주지 않겠다는 모진 마음을 먹었습니다.

그날 밤 장숙은 유장을 찾아가 장송을 고발했습니다. 유장은 진노했습니다. 그는 자신이 신임하던 사람이 외부와 내통하리라고는 한 번도 생각한 적이 없었습니다. 장송은 몇 마디 변명을 생각했으나 그런 기회를 얻지도 못하고 즉각 참형에 처해졌습니다.

제12강

권력을 뺏기는 쉽지만 민심을 얻기는 어렵다

사실 장송은 아주 억울한 죽임을 당했습니다. 그의 억울함은 근본적으로 유비의 생각을 이해하지 못했다는 데 있습니다. 장송·법정·방통 세 사람은 이른바 "도둑을 잡으려면 먼저 우두머리를 잡아야 한다"는 속담처럼, 서촉으로 들어와 유장과 만나는 기회에 그를 납치해 통제하면 손쉽게 서촉을 손에 넣을 수 있다는 점에서 생각이 일치했습니다. 이 방법이 가장 간단하고 직접적이며 시간과 일을 절약하는 효과적인 방법이라 생각했던 것입니다. 하지만 유비는 한사코 손을 쓰지 않았습니다. 몇몇이 참지 못하고 유비에게 너무 오래 기다렸으니 빨리 패를 보이자고 계속 권했습니다.

사실 유비는 패를 보이지 않은 것은 물론, 장송의 목숨이 달려 있음에도 아무런 조치를 취하지 않았습니다. 어떤 사람들은 유비가 동종同宗의 기업을 빼앗는 일을 차마 할 수 없었기 때문이라고 이야기합니다. 이는 보통 소설에서 유비의 긍정적인 이미지를 심기 위해 말하는 내용입니다. 하지만 생각해보십시오. 동종의 기업을 빼앗지 않으려면 유비는 왜 법정·장송과 교류했고, 또 서촉에는 무엇하러 들어왔을까요? 유비가 서촉을 얻고자 하는 바람은 장송·법정·방통보다 훨씬 강했습니다. 하지만 그에게는 멀리 내다보는 안목과 거시적인 관점이 있었습니다.

방통 등이 유장을 붙잡아 서촉을 얻자고 하는 것에 대해 유비는 "이제 막 다른 나라로 들어와 은혜와 신의를 아직 드러내지 못했는데 이는 불가한 일이오"라며 아직 손을 쓸 수 없다고 생각했습니다.

유비는 훨씬 멀리, 또 깊이 있게 이 문제를 고민했습니다. 그는 유장을 붙잡는 것은 쉬워도 서촉을 얻는 것은 어렵기에, 만약 경솔하게 유장을 잡았다가는 서촉을 얻지 못할 수도 있고, 최종적으로 서촉을 얻는 데 훨씬 장애가 많을 것이라 생각했습니다. 이것이 유비의 전략적 안목이었습니다.

그는 권력을 뺏기는 쉽지만 민심을 얻기는 어렵다는 사실을 알았습니다. 유비는 자신이 경솔하게 행동해 갑작스럽게 공격을 하면 서촉의 군사와 백성이 연합해 반대하게 될 것이고, 그때가 되어 그들을 치면 실력이 있어도 통제하기 어려운 국면을 맞이할 것을 염려했던 것입니다.

유비로서는 반드시 군과 백성, 지방 실력자의 지지와 인정을 먼저 획득해야 했습니다. 이와 같은 자원을 갖추고 있어야 적절한 시기가 되면 방향을 바꿔 유장에게 손을 쓸 수 있었습니다. 그래서 유비는 가맹관으로 가는 것을 선택했습니다. 그런데 가맹관에 간 유비는 장로와는 싸움을 벌이지 않고 오히려 훨씬 중요한 또 다른 싸움을 시작했습니다.

《삼국지》〈선주전〉에는 "선주는 북쪽으로 가맹관에 도착하고, 즉시 장로를 토벌하지 않고 은덕을 후하게 베풀어 뭇 사람의 마음을 거두었다"고 기록되어 있습니다. 유비는 가맹관 지역을 작은 경제특구로 만들어 생산을 발전시키고 민생을 개선하며 널리 은혜를 베풀어 이미지를 심고 착실하게 민심을 수렴했습니다. 유비는 이것이 서촉을 확보하기 위한 가장 중요한 전투라고 생각했습니다. 누군가 "서촉이 얼마나 큰데, 단순히 가맹관 주변의 작은 땅덩이를 잘 다스려보아야 그 지역의 몇 사람만 만족시킬 뿐인데 그것이 얼마나 가치가 있겠는가"라고 물을 수 있습니다. 이 문제의 배후에는 '전시효과'라는 하나의 중요한 관리책략이 숨어 있습니다.

전시효과란 무엇인지 한 가지 예로 설명해보겠습니다. 2,000여 마리의 닭을 키우는 한 농장주인이 달걀의 생산량이 급속히 줄자 닭 전문가를 초청해 자문을 구했습니다. 전문가는 농장을 한 바퀴 둘러보고는 윤기가 흐르는 건장한 수탉 한 마리를 가져오라고 하고 암탉 두 마리를 닭장에서 꺼내 함께 자유롭게 놀게 했습니다. 그러고 나서 전문가는 내일부터 암탉들이 다시 알을 낳기 시작할 것이라고 말했습니다. 농장주인이 영문을 몰라 묻자 전문가가 대답했습니다.

"이치 하나를 말해주겠소. 어둡고 습한 닭장에서 2,000여 마리의 암탉이 매일 알을 낳는 것은 쉽지 않았을 것이오. 당신도 그들에게 신경을 쓰지 않았으니 닭으로서도 희망이 없었소. 그래서 튼실한 수탉 한 마리가 두 암탉과 사랑을 나누는 일을 닭들의 앞에서 보여주었소. 닭장에 있던 암탉이 모두 자신도 그런 행복을 누릴 수 있다는 정보를 주는 것이오. '비록 대우를 받지 못했어도 희망을 보았다'는 말이 이를 이르는 말이오. 희망을 보았기 때문에 태도가 개선되고 효율이 제고된 것이라 할 수 있소."

조직을 격려하는 기본규율은 바로 '눈앞에 아무것도 없는 것보다 미래가 없는 것을 걱정하라'는 것입니다. 대우가 좋지 않은 것이 아닌 희망이 없는 것을 걱정해야 합니다. 자원과 시간 모두 제한된 상황이라면 몇몇 대표성을 띤 사람을 잘 대우해주고 행복하게 하면 됩니다. 나머지 사람들이 이를 본다면 '노력하기만 하면 기회가 있다'고 여기게 됩니다. 이를 '대우보다는 희망을 주고, 몇몇에게 관심을 기울여 전체를 따뜻하게 한다'는 것입니다. 한 점으로 한 면을 격려하는 시범효과의 위력은 이렇게 무궁합니다.

☯ 유비의 지혜

눈앞에 아무것도 없는 것보다 미래가 없는 것을 걱정해야 한다. 대우가 좋지 않은 것이 아닌 희망이 없는 것을 걱정해야 한다.

유비는 아직 서촉 전체를 다스릴 조건을 갖추지 않았고 그곳 사람들의 생활을 개선할 만한 자원도 충분하지 않았습니다. 하지만 유비는 큰 것을 버리고 작은 것을 취해 자신의 모든 역량을 가맹관 주변 지역을 다스리는 데 집중했습니다. 가맹관은 시범지구였고 이를 잘 다스림으로써 유비는 짧은 시간 안에 그곳 사람들이 따뜻함을 느끼고 희망을 보고 방향을 찾게 만들었습니다. 당시 성도의 저잣거리에서 유행했던 동요가 이를 증명합니다.

"새로운 밥을 먹고 싶으면 선주가 오기를 기다릴 필요가 있다."

저잣거리의 어린아이조차 유비를 따르고자 했으니 시범의 위력이 얼마나 큰지 상상할 수 있을 것입니다.

▌나비의 날갯짓 하나가 ▌태풍을 몰고 온다

이후 사태는 어떻게 발전했을까요? 《삼국지》 〈선주전〉에는 다음과 같이 기록되어 있습니다.

유장은 관문을 지키는 여러 장수에게 문서를
보내, 다시는 유비와 결탁하거나 관계하지 말
도록 명했다. 유비가 대로해 유장의 백수군독

황충(?~220)
자字는 한승漢升이며, 남양南陽 사
람이다. 장사태수 한현 밑에서 토로
장군討虜將軍·정서장군征西將軍·
후장군後將軍을 지낸 바 있다.

白水軍督 양회楊懷를 불러 무례함을 질책하며

참수했다. 이에 황충黃忠·탁응卓膺을 시켜 군을 이끌고 유장에게 향

하도록 했다. 선주는 곧바로 관關 안으로 들어가 제장·사졸의 처자

를 인질로 잡고, 황충·탁응과 함께 군을 이끌고 부현涪縣으로 진격

해 그 성을 점거했다.

　모든 일이 순조롭게 진행되니 유비는 기뻐서 어쩔 줄 몰랐습니
다. 그런데 기뻐한 것은 문제될 것이 없었지만 곧이어 조그만 사건
이 발생했습니다. 유비와 방통이 다툰 것입니다. 예의 바르고 성격
좋은 유비는 어째서 군사 방통과 충돌했던 것일까요?《삼국지》〈방
통전〉의 기록입니다.

　유비는 양회와 고패高沛를 참수하고 군사를 되돌려 성도로 향했고
지나는 곳마다 번번이 이겼다. 부현에서 모임을 크게 열고 주연을
베풀며 방통에게 말했다.
"오늘 모임이 가히 즐겁구려."
방통이 말했다.
"남의 나라를 치고 즐거워하는 것은 어진 이[仁者]의 군대가 아닙니
다."
술에 취한 유비는 노해서 말했다.
"무왕武王이 주紂를 치며 그 앞뒤로 노래 부르고 춤추었는데 그도

어진 이가 아니었단 말이오? 경의 말이 맞지 않소. 속히 일어나 나가시오!"

이에 방통이 머뭇거리며 물러났다[逡巡引退].

유비는 곧 깊이 후회하고는 방통에게 되돌아오도록 청했다. 방통이 다시 예전 자리로 왔으나 돌아보고 사죄하지 않으며 태연자약하게 먹고 마셨다. 유비가 말했다.

"조금 전의 논의에서 누가 잘못한 것이오?"

방통이 대답했다.

"군君과 신臣이 함께 잘못했습니다."

유비가 크게 웃으며 처음처럼 술자리를 즐겼다.

승리를 축하하는 연회에서 술을 마신 유비는 그답지 않게 예의에 벗어난 행동을 했습니다. 그가 득의양양해 곁에 있던 방통에게 오늘은 정말 즐거워할 만한 날이라고 하자 방통이 "남의 나라를 치고 즐거워하는 것은 어진 이의 군대가 아닙니다"라고 했습니다. 유비의 심기를 건드리는 말을 한 것이지요. 그러자 유비는 주무왕의 고사까지 거론하며 화를 내고 방통에게 나가라고 했습니다.

유비의 이와 같은 태도는 두 가지 문제를 설명해줍니다. 하나는 그의 스트레스가 아주 오래되었다는 사실이고, 하나는 자신이 바라던 것이 실현되자 매우 흥분했다는 사실입니다.

방통은 나가라는 소리를 듣고 물러날 수밖에 없었습니다. 《삼국지》는 "머뭇거리며 물러났다"라고 표현했는데, 이는 유비가 격하게 반응할 줄은 방통도 미처 생각하지 못해 무척 당황했음을 설명해줍니다. 누군가는 아마 방통이 별것 아닌 일을 크게 만드는 데 소질이 있다고 생각할 수도 있겠습니다. 승리를 거둔 이후 술을 좀 마시며 놀면서 그동안의 스트레스를 푼다는데 안 될 것이 뭐가 있겠습니까?

하지만 이번 경우는 방통이 유비보다 멀리 보는 안목이 더 뛰어났다고 할 수 있습니다. 리더는 이미지로 살아가기에 그에 걸맞은 모습을 보여주어야 호소력을 띨 수 있습니다. 조심하지 않고 추태를 부린다면 곧바로 호소력을 잃을 것입니다. 일단 호소력을 잃으면 다시 회복하기는 쉽지 않은 일입니다.

송나라 인종仁宗 연간의 유명한 재상 여이간呂夷簡의 고사가 이 문제를 잘 설명해줍니다. 언젠가 황제가 감기 같은 작은 병에 걸려 며칠 동안 업무를 보지 못하는 일이 생겼습니다. 이에 조정의 업무가 너무 방치되고 있다고 생각한 황제는 긴급한 일 몇 가지를 상의하고자 여이간과 몇몇 대신을 불렀습니다. 그런데 여이간은 황제의 부름을 받는데도 황급히 뛰어가지도 않고 만면에 미소를 띠며 느긋하게 산책하듯이 궁에 들어갔습니다. 기다리던 황제와 다른 대신은 그를 오만하다고 생각했습니다. 마침내 여이간이 들어오자 기분이 상한 황제는 왜 이렇게 늦었는지 물었습니다. 여기서 여이간은 아주 중요한 도리를 이야기했습니다.

"모두 황제가 병이 났다는 것을 아는데, 재상인 신이 황망히 숨을 헐떡거리며 황궁으로 달려오면 사람들은 황제의 병이 중해 곧 무슨 일이 일어났다고 생각할 것입니다. 그러면 저의를 헤아릴 수 없는 사람들은 이 기회를 이용해 난을 일으킬 것이고, 음험하고 간사한 사람들이 선동하면 진상을 모르는 사람들은 동요할 텐데, 이는 작은 병이 큰 난리를 일으키는 것이라 할 수 있습니다. 지금 신이 조급해하거나 당황하지 않고 천천히 걸어온 것은 백성에게 아무 일도 없다는 정보를 준 것입니다. 이렇게 해야 백성의 마음과 정국이 안정되어 천하가 태평할 것입니다."

이미지가 곧 영향력이고 호소력입니다. 주위 사람들은 대국을 좌우하는 사람이 보여주는 모습에 근거해 형세를 판단하기에 중요한 일일수록 행동거지에 조심해야 하는 것입니다.

♻ 유비의 지혜

이미지가 곧 영향력이고 호소력이다. 사람들은 윗사람이 보여주는 모습에 근거해 형세를 판단하기에 중요한 일일수록 행동거지에 조심해야 한다.

대국을 관리해야 하는 리더는 희노애락의 시험을 견뎌내고 사업의 오르막과 내리막을 감당할 수 있어야 합니다. 어떤 상황이 발생하더라도 낙관적이고 적극적인 태도로 차분히 집중하고, 가치관과 책임감을 충분히 보여주어야 합니다.

유비는 결국 유비였습니다. 그는 곧바로 자신의 잘못을 알아챘습니다. 이에 유비는 방통을 다시 불렀습니다. 여기서 방통의 태도 또한 뛰어났습니다. 이러쿵저러쿵 따지거나 사죄하지 않고 처음 자리로 돌아가 태연자약하게 먹고 마셨습니다. 일을 하다 리더에게 굴욕을 당한 후 가장 우려스러운 일은 시시콜콜 따지는 것입니다. 상대가 진정으로 사과했는데도 트집을 잡는 것은 쌍방 모두의 탈출구를 없애 종종 상황을 더 악화시키기 쉽습니다. 유비는 방통에게 감격한 동시에 한 가지를 배웠습니다. 앞으로 리더의 이미지를 유지하기 위해 특별히 더 신경을 쓰기로 결심한 것이었습니다.

퇴로가 막히면
반항이 물꼬를 튼다

유비의 민심 공략은 두둑한 보답을 얻었습니다. 성도로 진군하는 길마다 백성의 지지를 받았을 뿐 아니라 유장의 장수들 또한 분분히 귀순했습니다. 유장이 첫 번째로 파견한 다섯 명의 장수 유괴劉 璝·냉포冷苞·장임張任·등현鄧賢·오의吳懿는 모두 유비에게 패했고 그 가운데 오의는 유비에게 투항까지 했습니다. 이는 작은 사건이 아니었습니다. 오의는 유장의 친척이었는데도 앞장서서 유비에게 귀순한 것이었습니다. 이어 유장은 면죽綿竹에 방어선을 치고 남양의 이엄李嚴과 강하의 비관費觀 두 장수를 파견했습니다. 두 장수는 두말없이 전선에서 유비에게 귀순했습니다. 유장의 군심은 이미 흩어져, 병사들은 투지를 잃고 장수들은 싸울 마음이 없었습니다.

이 국면은 유비가 순조롭게 서촉을 장악할 만한 유리한 조건을 만들어냈습니다. 돌이켜보면 유비가 성급하게 눈앞의 이익을 추구해 오자마자 유장을 공격했다면 이렇게 많은 사람이 귀순했을 리 없었을 것입니다. 오히려 다수가 반기를 들었을 것이고, 그때가 되면 다시 서촉을 점거하려 해도 어려웠을 것입니다. 조건이 갖추어졌을 때 눈앞의 성공과 이익에 급급하지 않고 높은 곳에 서서 멀리 바라보며 기다리는 것, 이것이 바로 유비의 전략이고 능력이었습니다.

우리는 조급한 시대에 살고 있습니다. 모두가 무슨 일이든 빨리하는 것이 좋다고 생각합

이엄(?~234)

자는 정방正方이며, 후에 이평李平으로 개명했다. 삼국시대 형주 남양 사람이고 촉한의 장수이며 중신이다. 북벌시 군량운송을 지체한 책임으로 서민으로 강등되었으나 유비의 임종 전에 제갈량과 함께 고명대신이 되었다. 후에 제갈량이 병사하자 이제 자신을 다시 기용할 사람이 없음을 알고 울분으로 병사했다.

니다. 여기서 멀리 돌아가는 방법을 추천하고자 합니다. 차가 빨리 달릴 때 급하게 돌면 사고가 날 가능성이 큽니다. 천천히 크게 돌아야 합니다. 같은 이치로 모든 것이 활기차게 발전하고 아주 순조롭게 진행될 때 중요한 전략적 전환을 해야 한다면 조금 천천히 할 필요가 있습니다. 이렇게 해야 위험을 낮추고 안정성을 높일 수 있습니다.

유비를 예로 들면, 서촉으로 들어갈 때에는 유장과 맹우였고, 서촉을 빼앗을 때에는 유장의 적수였습니다. 맹우에서 적수로 변하는 과정에서 처음부터 끝까지 조급해하지 않고 받아들이는 정도를 고려하며 결정적 순간을 고려했습니다.

전략상의 전환, 제도상의 변혁, 역할상의 조정은 모두 돌아가는 판을 보고 지혜롭게 사용해야 합니다. 느림은 태도이고 능력이며 경지입니다. 이렇게 역량을 축적한 유비의 거침없는 기세는 아무도 감당할 수 없었습니다. 《자치통감》은 "유장이 수하의 장수들을 보내 유비를 막게 했으나 모두 패해 면죽으로 물러나 지켰다. 오의가 항복하자 유장은 다시 호군 남양 이엄과 강하 비관을 보내 면죽의 제군을 지휘하게 했으나, 이엄과 비관 또한 무리를 이끌고 유비에게 항복했다"고 했습니다. 또한 "이후 유비의 군은 더욱 강성해지고 제장들을 나누어 보내 속현들을 평정했다. 유괴·장임과 유장의 아들 유순劉循이 낙성으로 물러나 지키자 유비는 군사를 이끌고 그들을 포위했다. 장임이 군대를 이끌고 안교에서 싸웠으나 패하고 죽었다"고 기록하고 있습니다.

낙성전투雒城戰鬪는 유비가 서촉을 점거하는 결정적인 전투였습니다. 《삼국지연의》의 낙봉파가 바로 이곳이었습니다. 실제로 유비의 집단과 유장의 집단이 생사존망의 총력전을 벌였을 때, 이 중요한 시기에 유비는 멀리 돌아가는 지혜를 발휘해 다시 한 번 템포를 늦추고 유장에게 기회를 제공했습니다.

여기서 먼저 서로 격렬하게 대치하는 와중에 상대에게 퇴로를 남겨둘 것인지 아닌지에 대한 문제를 토의할 필요가 있습니다. 병법에서는 이 원칙을 위삼궐일圍三闕一이라 하는데, 적을 포위할 때 한쪽은 열어주라는 뜻입니다. 왜 이렇게 해야 할까요? 상대를 막다른 길로 몰지 않으면 목숨 걸고 싸우지 않을 것입니다. 나아가 상대가 퇴각하는 길목에 복병을 두고 공격하면 비교적 쉽게 승리할 수 있기 때문입니다.

집에 들어온 호랑이를 몰아내야 할 때면 반드시 문 하나를 열어두어야 합니다. 만약 문을 다 닫고 잡으려 한다면 호랑이는 분명 집 안에 있는 사람 하나 정도는 물어 죽일 것입니다. 활로를 열어주어야 자신이 막다른 길에 내몰리지 않을 수 있는 것입니다.

게임 이론의 관점에서 분석하면 만약 상대가 퇴로가 없어 반드시 죽으리라는 사실을 알면 결사항전으로 싸울 결심을 할 것이고, 이렇게 되면 승리를 얻기가 어려워지며, 설령 승리한다 해도 그에 따른 대가가 클 것입니다. 만약 여지를 남겨두면 위험을 낮출 수 있고, 승리를 위해 지불해야 할 대가도 줄일 수 있습니다.

☯ 유비의 지혜

적을 포위할 때는 반대쪽을 열어두어야 한다. 상대에게 퇴로를 남겨주면 자신이 막다른 길에 몰리지 않는다.

이러한 사고에 기초해 유비는 전면적으로 진공을 개시하기 전에 먼저 법정으로 하여금 유장에게 서신을 보내 선의를 표하는 동시에 상대의 의사를 타진하게 했습니다. 하지만 법정의 서신은 응답을 얻지 못했습니다. 낙성전투가 시작되어 유순이 필사적으로 성을 사수하자 유비는 병사를 잃고 2년의 시간을 쓴 이후 비로소 낙성을 함락시켰습니다. 이 전투에서 모사 방통이 전사하고 말았습니다. 설령 상황이 이러해도 유비는 유장에게 항복을 권하는 것을 잊지 않았습니다. 그뿐 아니라 후에 유순이 항복한 후에도 방통의 죽음에 대한 책임을 추궁하지 않고 봉거도위奉車都尉의 관직에 임명했습니다.

낙성을 함락한 후 유비는 병사를 모아 성도를 포위했습니다. 이때 서둘러 성을 공격하지 않고 계속 유장에게 기회를 주었습니다. 북쪽은 유비가 황충과 위연魏延을 거느리고, 남쪽은 제갈량이 조운을 거느리고, 동쪽은 장비가 성을 철통같이 방비했습니다. 이렇게 전략적 우위를 점한 상황에서도 싸우는 소리는 들리지 않았습니다. 변함없이 멀리 돌아가는 유비의 방안을 한마디로 말하면 '처음에는 놀라게 하고 두 번째는 권고하며 세 번째는 편안하게 했다'라고 할 수 있습니다.

첫 번째는 옛사람들이 말하는 "싸우지 않고 적을 굴복시키는 병법[不戰而屈人之兵]"으로 싸워서 쓰러뜨리는 것이 아니라 적군이 놀라서 쓰러지게 해 승리를 얻는 것입니다. 일종의 심리전이지요. 유비는 먼저 이를 통해 성도를 지키는 군사를 두려움에 떨게 했습니다. 유비는 이 임무를 서량의 장수 마초에게 맡겼습니다. 마초는 서남과 서북에서 명성이 혁혁하던 장수로, 원래는 장로가 유비를 공격하기 위해 보낸 용병이었지만 이회李恢의 설득으로 유비에게 투항했습니다.

여기서 또 유비의 뛰어난 한 수가 빛을 발휘했습니다. 마초가 귀순했을 때는 신변에 수십 명의 친병만을 거느리고 있어 성도를 두려워 떨게 하기는 부족했습니다. 그래서 유비는 도중에 특별히 마초에게 군사를 주고는 "이는 그대의 본부대로 준비한 것이네"라고 했습니다. 이 군대가 서량병의 갑옷과 투구를 쓰고 마초의 깃발을 든 후 당당하게 성도를 향해 진군했습니다. 그뿐 아니라 성을 한 바퀴 돌고 성도 근처에 주둔했습니다. 이는 전투의 포성이 울리기 전에 먼저 성대한 열병식을 벌이는 것과 같았습니다. 군사들이 선명한 갑옷을 입고 발을 맞춰 행진하며 구호를 외치고 성을 한 바퀴 돈 것입니다.

이 효과는 너무 뛰어났습니다. 《자치통감》은 "마초가 도착해 군사를 이끌고 성 북쪽에 주둔하자 성안은 두려움에 떨었다[震怖]"라고 기록되어 있습니다. 마초가 많은 군대를 이끌고 왔다는 소식을 들은 병사들은 싸울 마음을 잃고 민심이 동요를 하기 시작했던 것입니다.

♻ 유비의 지혜

싸우지 않고 적을 굴복시키는 것이 최상이다. 싸워서 쓰러뜨리는 것보다 적군이 놀라서 쓰러지게 해 승리를 얻는 것이 낫다.

이러한 상황에서 유비는 여전히 싸우지 않고 두 번째로 권고책략을 사용했습니다. 유비는 간옹에게 성에 들어가 평화 사자의 신분으로 유장에게 활로가 있음을 보여주고 선의를 드러냈습니다. 유장이 정말 투항한 후에 유비는 세 번째로 안심시키는 책략을 사용했습니다. 추궁이나 보복 없이 유장에게 진위장군振威將軍의 인신을 주고 자신의 측근과 금은보화를 가지고 바로 공안으로 가게 했습니다.《자치통감》에는 이와 같이 기록되어 있습니다.

> 유비가 성도로 진격해 수십 일 포위하고 종사중랑從事中郎 탁군 간옹에게 성에 들어가 유장을 설득하게 했다. 당시 성중에는 여전히 정예병 3만 명이 있고 남은 곡식과 비단으로 1년을 지탱할 수 있으니, 관리와 백성은 모두 죽기를 각오하고 싸우고자 했다. 유장이 말했다.
> "우리 부자가 20여 년 동안 이 주에 있으면서, 은덕을 백성에게 베푼 적이 없다. 백성은 3년이나 전쟁하느라 시체가 벌판에 널렸다. 이 모든 것이 나 유장 때문인데, 어찌 마음을 편히 할 수 있겠는가!"
> 마침내 성문을 열고 간옹과 함께 수레를 타고 나와 항복하니, 눈물을 흘리지 않는 자가 없었다. 유비는 유장을 남군의 공안으로 옮기고, 그의 재물과 예전에 차던 진위장군의 인수를 모두 돌려주었다.

역사는 유비가 상대에게 활로를 열어준 책략이 매우 현명했음을 증명합니다. 정탁鄭度은 유장에게 유비군이 본거지에서 멀리 떠나왔고 군사물자가 별로 없는 것을 이용해 파서와 자동梓潼의 백성을 옮기고 성 바깥의 곡식을 불태운 다음 보루를 공고히 해 농성할 것을 제안했습니다. 패수 동쪽의 모든 양초와 물자를 태우고 백성을 옮기면 유비의 1만여 명의 병사는 먹을 것이 없고 보급이 원활하지 않아 결국 형주로 돌아갈 것이므로, 돌아가는 길을 차단해 공격하자는 제안이었습니다. 진격할 때에는 유비가 강자일 수 있지만 후퇴할 때에는 약자일 수밖에 없었습니다. 이 책략은 유비를 깜짝 놀라게 했습니다. 관련된 기록에 따르면 놀라서 잠을 이루지 못할 정도였다고 합니다. 하지만 법정은 유장이 이 책략을 채택하지 않을 것이라 말하며 유비를 안심시켰습니다.

법정은 왜 그렇게 생각했을까요? 유장 자신의 성격 요인만이 아니라 또 다른 중요한 원인이 있었습니다. 바로 유장에게 퇴로가 있었기 때문입니다. 유비가 유장에게 안정제를 주었기에 성도 주변을 불태우는 지경까지는 가지 않으리라 판단했습니다. 그래서 이번 경우도 상대에게 퇴로를 남겨야 자신이 막다른 골목으로 몰리지 않는다는 이치를 증명해주었습니다. 유비의 대국관은 조금 느린 것처럼 보였지만 사실상 신속하게 정권을 취하는 데 도움을 주었습니다.

우리는 습관적으로 매사가 너무 느리다고 생각하지만, 사실은 봄에 씨앗을 뿌리고 가을에 수확하는 것, 10년이면 나무를 심고 100년이면 사람을 심는 것이 정상입니다. 가장 느린 것이 가장 빠른 법입니다. 우리는 너무 빠른 행동이 오히려 발묘조장의 재난이 된다는 사실을 종종 잊곤 합니다.

능력에 따라 일하고
필요에 따라 나눈다

유비는 정권을 잡은 이후 이전에 자신을 반대했던 사람들에게 보복하지 않고 관용을 베풀어 받아들였습니다. 과거 유장의 수하였던 많은 인재를 흡수해 조직에 편입시키고 심지어 중요한 직책을 맡겼는데, 이 또한 유비의 관점이 거시적이었기에 가능했습니다. 유비가 핵심조직을 만든 책략을 정리해보지요. 그는 덕성과 재주를 똑같이 중시하고, 공에 따라 상을 주며, 능력에 따라 직책을 부여하고, 중하게 여기는 것과 쓰는 것을 나누는 인사정책을 실시했습니다. 이와 관련해 이야기하고 싶은 두 사람이 있는데, 바로 동화董和와 미축입니다.

동화에게는 두 가지 장점이 있는데 하나는 청렴결백한 것이었습니다. 동화는 관직에 올라 봉록을 먹은 이래, 밖에서는 먼 지역의 장관이 되었고, 안에서는 정치의 중추를 담당하며 20여 년을 지냈지만, 죽었을 때 집에는 쌀 한 섬의 재산조차도 없을 정도로 검소했습니다. 이러니 그가 백성의 존경을 받은 것은 당연한 일이었습니다. 두 번째 특징은 백성을 자식처럼 사랑해 그들을 부유하게 만든 점입니다. 백성이 동화와 함께 잘 지낼 수 있었기에 그들 사이에 위신이 아주 높았던 것입니다.

214년 유비가 촉을 평정한 후, 동화를 장군중랑장으로 임명하고, 군사장군軍師將軍 제갈량과 함께 좌장군과 대사마의 일을 담당하도록 했는데, 동화는 제갈량의 조수로서 20여 년 동안 군

동화(?~221)
자는 유재幼宰이며 남군 지강枝江 사람이다. 후한 말의 정치가로, 유비가 촉을 평정한 후 장군중랑장掌軍中郎將으로 임명하고, 제갈량과 함께 유비의 일을 담당하도록 했는데, 옳은 것은 아뢰고 옳지 않은 것은 폐지하도록 진언해 제갈량의 존경을 받았다.

국대사에 참여해 중요한 역할을 수행했습니다.

두 번째는 미축입니다. 미축은 앞서 유비가 서주에서 곤경에 처해 있을 때 수하 2,000여 명과 전 재산을 유비에게 주고, 나아가 누이까지 주었습니다. 이는 매우 큰 공헌이며 유비에 대한 절대적인 지지를 보여준 것이라 할 수 있었습니다. 그래서 유비는 성도에 들어온 후 미축을 안한장군에 봉했는데, 이는 제갈량보다 높은 직급이었습니다. 하지만 미축은 조직을 거느리지 않고 군사에도 밝지 않았기에 실권을 맡도록 하지는 않았습니다. 이를 "논공행상하고 능력에 따라 직을 수여했다"라고 하는 것입니다. 《삼국지》〈선주전〉의 기록입니다.

> 동화·황권·이엄 등은 본래 유장이 임용했고, 오의·비관 등은 유장의 인척이며, 팽양彭羕은 또한 유장에게 배척되었고, 유파劉巴는 예전에 미워하고 원망했던 자이나, 이 모두를 요직에 임명해 그 기량과 재능을 다하게 했다.

유비의 이처럼 정확한 전략과 정책으로 서촉은 전에 없는 안정을 찾을 수 있었습니다. 이를 《자치통감》에서는 "뜻있는 선비치고 다투어 힘쓰지 않는 이가 없었고 익주의 백성은 이로써 크게 화합할 수 있었다"라고 썼습니다. 이렇게 할 수 있었던 이유는 확실히 유비의 높은 수준의 관리능력과 리더로서의 안목을 체현한 것이라 할 수 있습니다. 하지만 유비는 어디까지나 지금처럼 큰

유파(186~222)

자는 자초子初이며, 형주 영릉 증양烝陽 사람이다. 제갈량이 그의 재능을 인정해 천거하면서 "계책을 세우는 일이라면 자신도 미치지 못한다"고 했다. 제갈량과 《촉과蜀科》를 제정했고, 상서령尚書令에 임명되었다. 유비가 황제가 되었을 때 문고책명文誥策命은 모두 그의 손에서 나왔다.

사업과 많은 자원을 가진 적이 없었습니다. 조그만 소도시의 작은 회사에서 편안히 지내던 사장이 하루아침에 세계 500대 기업의 사장이 되자 유비는 정신을 차리지 못했고, 그에 따라 그의 전반적인 사유방식은 커다란 시험에 직면했습니다.

유비는 이렇게 커진 사업과 그에 따른 책임의 시험을 견뎌낼 수 있었을까요? 다음 강의에서 알아보겠습니다.

제13강

내가 나를 낮추면
세상이 나를 높인다

맨손으로 어렵게 사업을 일으킨 사람이 어느 정도 성공했을 때 기존의 경직된 사고방식에서 벗어나지 못해 더는 발전하지 못하는 경우를 종종 목격하게 된다. 유비는 서촉을 얻은 후 한 번의 잘못된 결정으로 인해 하마터면 모든 것을 다 잃고 미래를 망칠 뻔했다.

이 결정적인 순간에 그는 어떻게 사고방식을 전환해 자아를 지켜내고 성장할 수 있었을까? 우리는 이 과정에서 어떤 깨우침을 얻을 수 있을까?

먼저 '사유방식'이라는 개념에 대해 이야기하고자 합니다. 간단한 예를 들어봅시다. 한 카페의 사장이 손님을 더 끌어모으기 위해 가격을 올리지 않고 컵만 큰 것으로 바꾸려다 한 가지 문제에 직면했습니다. 큰 컵에 음료를 담으면 원가가 높아져 손해를 볼 수 있고, 물을 탄다면 소비자를 기만하는 행동이기 때문이지요. 고민 끝에 이 사장은 한 경영 전문가에게 자문을 구했습니다. 전문가는 물 대신 얼음을 넣으라고 제안했습니다. 물을 타는 것은 소비자를 기만하는 행동이지만 얼음을 넣는 것은 양질의 서비스를 제공하는 것이라는 이유였지요. 본질은 같지만 관점을 바꾸자 모든 난제가 순조롭게 해결된 것입니다.

이 사례는 한 가지 사실, 대부분의 경우 생각의 방식을 바꾸면 해결책이 생긴다는 점을 깨우쳐주고 있습니다. 그럼 차이는 무엇인가요? 동일한 자원에 동일한 계산을 하고 있어도 어떤 사람은 고정된 사고방식 때문에 일을 이루지 못하지만 다른 사람은 사고방식을 전환해 새로운 방법을 만들어내는 데 차이가 있습니다.

앞서 이야기했듯이 유비가 탁주에서 처음 사업을 일으켰을 때는 집안형편도 좋지 않았고 밑천도 없는 빈곤형 창업자에 속했습니다. 이후 형주에 와서 마침내 기반과 근거지를 얻었는데, 이 시기는 먹고살 만한 최저생계형 창업자였습니다. 이후 서촉을 점거한 후 상황은 완전히 달라져 유비는 한순간에 최저생계형에서 부유·호화형으로 변해 많은 땅을 거느린 명실상부한 토호가 되었습니다. 이러한 급작스러운 변화는 그를 어찌할 바를 모르게 만들었습니다.

사실 사유방식이 변하지 않으면 자원의 증가는 오히려 커다란 문제를 초래하거나 나아가 재앙이 될 가능성이 높습니다. 사람은 누구나 심리적으로 성숙해야 자원과 기회를 통제할 능력이 생깁니다. 튼튼한 날개가 자라기 전에 넓은 하늘을 날다가는 떨어져 죽기 십상입니다.

관리자로서 유비는 아직 충분한 준비가 되지 않은 상황에서 대량의 자원과 밑천을 갖게 되었는데, 이러한 상황에서 그의 사유방식에는 어떤 전환이 일어났을까요?

⟳ 유비의 지혜

튼튼한 날개가 자라기 전에 넓은 하늘을 날다가는 떨어져 죽기 십상이다. 자원과 기회가 심리적으로 성숙하지 않은 사람에게는 때때로 재앙을 초래할 수 있다.

세 치의 혀는
100명의 병사보다 강하다

동한 건안 19년(214), 유비의 삼로대군은 성도를 철통같이 포위했습니다. 특히 서량에서 위맹을 떨친 마초가 합류한 것은 유장 측의 저항의지를 꺾을 정도로 위협적이었습니다. 관우·장비·조운·마초·황충, 이상 오호장군 가운데 관우만 형주에 남고 나머지는 이곳에 운집해 있었으니 유비쪽 진영의 군세는 족히 성안의 군심을 동요시킬 만했습니다. 마지막 고비에서 누군가 손을 뻗어 성도의 커다란 대문을 열기만 하면 되는 상황이었습니다. 이때 유비는 유장의 항복을 촉구하는 사자로 모사 간옹을 선택했습니다.

《삼국지》〈간옹전簡雍傳〉에 기록된 바에 따르면, 간옹은 유비가 탁주에 거병했을 때부터 고난과 위험을 피하지 않고 생사를 같이한 사람이었습니다. 간옹은 기지가 넘치고 말솜씨가 좋아 그가 있는 곳에서는 항상 웃음이 끊이지 않았다고 합니다. 간옹은 말솜씨 덕분에 유비 막하의 유세객이 되었습니다. 과거 형주에서 유표와 결맹할 때 간옹이 사자로서 중요한 역할을 했고, 익주에 와서 유장과 결맹할 때에도 또다시 소통능력을 발휘했습니다.

사람을 때려눕히는 것은 낮은 수준입니다. 말로 사람을 눕히는 것이야말로 높은 수준입니다. 비록 간옹이 군사적인 방면에서는 이렇다 할 공적은 없지만 뛰어난 외교인재였습니다. 건안 6년, 유비가 형주에 이르렀을 때 간옹은 미축·손건과 함께 좌장군 종사중랑에 임명되어 항상 유세객의 직무를 수행했습니다. 건안 16년, 유비가 익주로 들어올 때 간옹도 동행했는데, 유장은 그를 한 번 보고 오랜 친구처럼 의기투합했습니다. 결정적인 시기에 유비는 간옹의 말재주와 유장과의 인간관계를 이용해 유장에게 성문을 열고 투항하도록 설득하게 한 것입니다.

간옹은 과연 기대를 저버리지 않았습니다. 성에 들어갈 때에는 홀로 말을 타고 갔지만, 나올 때에는 유장과 함께 수레를 타고 나왔습니다. 유장이 간옹의 말을 듣고 함께 수레를 타고 나와 항복했던 것입니다. 진정으로 세 치의 혀가 100만 명의 병사에 필적했습니다. 훗날 논공행상에서 간옹은 소덕장군昭德將軍으로 임명되었습니다. 이후 간옹이 사천을 다스릴 때에도 자못 업적이 있어 오늘날 사천성의 뇌간산賴簡山·뇌간지賴簡池·간양簡陽과 같은 지명은 모두 간옹에게서 유래한 것으로 알려져 있습니다.

간옹의 활약으로 유장의 항복을 받아낸 유비는 제갈량 등의 건의를 듣고 유장의 옛 부하들이 변고를 일으킬까 우려해 유장의 재물과 진위장군의 관인을 그대로 주고 공안으로 보내 후환을 없앴습니다. 이렇게 일을 마무리하고 유비는 들뜬 마음으로 대군을 이끌고 성안으로 들어갔습니다.《삼국지》의 기록입니다.

> 유비는 성에 들어가 주연을 베풀어 사졸들을 크게 대접했다. 촉성蜀城 중의 금은을 취해 제장들에게 나누어주고 곡식과 비단은 돌려보냈다.

이 장면은 크게 떠들고 마시면서 승리의 잔치를 벌이고 그곳에 있던 재물을 공평하게 나눈 장면입니다.《자치통감》은 이 일에 대해 더욱 상세한 기록을 전하고 있습니다.

> 성도를 포위하고 유비는 병사들에게 약속했다.
> "만약 일이 이루어지면 창고의 모든 물건에 대해 관여하지 않을 것이다."
> 성도를 점령한 후 병사들은 모두 무기를 버리고 창고로 달려가 다투어 보물을 취했다.

이 구절은 유비의 부대가 질서정연한 대오를 갖추고 선명한 기치를 내걸며 위풍당당하게 성도로 진입한 것이 아니었음을 알려주고 있습니다. 그들이 성도에 어떻게 들어갔는가에 대해 사서는 당시의 상황을 매우 진실하고 충격적으로 묘사하고 있습니다. 유비는 성에 들어가기 전에 수하들에게 "성도를 함락하면 창고의 금은보화 등 돈이 될 만한 것은 모두 마음대로 가져도 좋다"고 말한 것입니다. 그래서 성안에 들어가자마자 병사들이 무기를 내던지고 벌 떼처럼 정부의 곳간으로 달려가 성도의 안팎이 혼란에 빠지게 되었습니다.

식견이 있는 사람들은 유비의 이 명령이 결코 합당하지 않음을 바로 알 것입니다. 유비의 이와 같은 조치는 직접적으로는 치안을 혼란스럽게 했고, 그가 이끄는 정부와 군대, 백성 사이에서의 위망을 크게 훼손했습니다. 특히 정부의 곳간을 빼앗은 일은 신정부에게는 심각한 재정상의 어려움을 초래했습니다. 창고의 재물을 병사들이 모두 가져간 것은 자신을 강탈하는 것과 같았습니다. 앞으로 새로운 정부를 정상적으로 운영하기 위한 충분한 재원이 남지 않게 된 것입니다.

더욱 심각했던 것은 마치 승리에 취해 이성을 잃은 사람처럼 유비는 문제의 심각성을 전혀 깨닫지 못했다는 점입니다. 그는 도를 훨씬 넘어서는 명령을 내렸습니다. 성안의 좋은 집과 땅을 수하들에게 상으로 내린 것이었습니다. 수하들이야 좋아했겠지만 그곳의 백성은 어떠했겠습니까?

결정적인 순간에 유비에게 어리석은 일을 하지 말라고 간하는 사람이 아무도 없었을까요? 다행히도 있었습니다. 그는 바로 조운이었습니다. 그래서 우리는 특별히 조운을 좋아하고 그에게 탄복

합니다. 그는 무예만 강할 뿐 아니라 젊은 나이임에도 생각이 깊고 안목이 넓으며 결정적인 순간 그렇게 많은 문신 무장이 침묵하고 목소리를 내지 않을 때 백성을 대신해 유비를 바로잡았기 때문입니다. 《자치통감》의 기록입니다.

> 익주가 평정된 뒤 당시 사람들이 의논해 성도의 가옥과 성 바깥의 과수원과 뽕밭을 제장들에게 나누어주고자 했다. 조운이 이를 반대하며 말했다.
> "(한무제가 집을 하사하자) 곽거병霍去病은 흉노匈奴를 아직 멸하지 못했으니 집이 쓸모없다고 했습니다. 지금은 국적國賊이 비단 흉노만이 아니니 아직 안락을 구해서는 안 됩니다. 천하가 모두 평정될 때를 기다리고 각자 고향으로 돌아가 본래 땅에서 농사짓는 것이 마땅합니다. 익주의 인민들은 처음 전란을 겪었으니 땅과 집을 모두 돌려주어 편안히 생활하며 생업에 복귀하게 한 뒤에 부역과 세금을 거두어 그들의 환심을 얻는 것이 옳은 일이지, 그것을 빼앗아 사사로이 하는 것은 마땅하지 않습니다."
> 유비가 이를 따랐다.

아직 승리자가 아니며, 백성이 편안하게 생업을 즐기게 해 기업을 안정시킨 다음 천하를 취해야 한다는 것이었습니다. 좋아하는 것을 빼앗으면 이후 누가 섬기겠습니까? 유비는 이때 비로소 명령이 타당하지 않음을 인식하고 조운의 권고를 받아들였습니다. 성도를 차지한 이후 유비는 절실하게 사고방식을 바꿀 필요가 있었습니다. 파괴자에서 건설자로 사고의 전환이 필요했습니다.

자신을 드러낼수록
상대를 잃는다

유비가 성도에 들어간 후 보여준 행위는 흔히 말하는 벼락출세한 사람들의 방탕한 행위를 연상시킵니다. 보통 벼락출세한 사람들은 앞뒤를 재지 않고 돈을 물 쓰듯 쓰며 허영심을 만족시키기 위해 무진 애를 씁니다. 오늘날 언론에 보도된 내용들을 보면, 관직에 있는 사람만이 아니라 일반인 가운데서도 부를 과시하다 곤경에 빠지고 나아가 그 일에 다른 사람까지 연루시키는 경우를 심심치 않게 볼 수 있습니다.

한 가지만 생각해봅시다. 부를 과시하다 생기는 뒤탈이 상상할 수도 없이 심각한데 왜 사람들은 부를 과시하고 싶어 할까요? 심리학자들은 과시의 배후에는 종종 과거의 상처받은 마음이 숨어 있다고 진단합니다. 결핍이 있으면 그것을 생각하게 마련이므로, 과시는 존중받고 인정받고자 하는 갈망을 의미합니다. 그래서 누군가가 존중받기를 간절히 바란다고 말하는 것은 오랫동안 존중받지 못했다는 사실을 설명합니다. 부를 과시하는 사람은 대체로 오랫동안 홀시를 받았거나 주위의 존중과 인정을 얻지 못한 사람일 것입니다.

과시행위는 그간의 억압과 열등감, 그리고 안정이 결여되었음을 드러내는 행위입니다. 사는 것이 뜻대로 이루어지 않고, 심지어 무시를 당하며, 살다가 운 좋게 돈이나 권력을 얻게 되면 그동안 억압된 욕구가 폭발하겠지요. 그래서 흥청거리며 돈을 써 열등감과 불안정한 마음을 해소하고자 하는 것입니다. 하지만 마음대로 되지 않는 것이 세상살이입니다. 과시 자체로는 억압과 열등감을 치료할 수 없을 뿐 아니라 과시할수록 오히려 더 큰 공허와 낙담을 초래하게 됩니다.

🔁 유비의 지혜

과시행위는 그간의 억압과 열등감, 그리고 안정이 결여되었음을 드러내는 행위다. 하지만 과시 자체로는 억압과 열등감을 치료할 수 없을 뿐 아니라 오히려 더 큰 공허와 낙담을 초래하게 된다.

어떻게 해야 할까요? 정신세계가 더욱 풍부하고 충실해져야 존엄과 자신감을 찾을 수 있습니다. 이것이 우리 모두가 알고 있어야 하는 자아를 구제할 좋은 방안입니다. 이후 낭비를 일삼고 부를 과시하는 사람을 만나면 그의 마음속에 분명 억압과 열등감이 있음을 알고, 간곡하게 "이것은 병이고 치료가 필요하다"라는 사실을 깨우쳐주어야 할 것입니다.

유비가 뒤탈을 고려하지 않고 수하들에게 성도의 재물을 마음대로 약탈한 것 자체는 자신이 얻은 승리를 과시한 행위라고 볼 수 있었습니다. 그의 마음속에 오랫동안 누적된 억압과 열등감에서 정신적으로 벗어날 수 없었음을 보여준 사례라 할 수 있습니다. 다행히 조운 등이 적시에 그를 깨우쳐 유비는 더는 큰 잘못을 범하지 않았고 성도의 백성들도 다행히 재앙을 피할 수 있었던 것입니다.

유비가 저지른 일련의 잘못된 결정은 또한 아직까지 앞으로의 일에 대해 충분히 준비하지 않았음을 설명해줍니다. 그의 사유방식은 여전히 파괴자·쟁탈자에 머물고 있었고, 아직 통치자·집정자의 역할에 진입하지 않았던 것입니다.

하지만 그에게는 제갈량·조운 등 균형감 있는 문신 무장들로 구성된 엘리트 집단이 있었습니다. 그들의 노력으로 유비는 세 가지 차원에서 신속하게 사유방식을 전환시켰습니다.

조직의 문제는
제도의 문제다

유비는 도원결의를 기반으로 사업을 일으켰습니다. 그가 사업을 일으킬 때는 붕우 사이의 정적인 유대에 의존했습니다. 하지만 관리학에서는 이러한 정적인 관계만으로 큰 사업과 국면을 지탱하기 어려움을 일찍이 증명한 바 있습니다. 이러한 원리를 설명하기 위해 일곱 명이 죽을 나누어 먹는 이야기를 해보겠습니다.

작은 섬에 일곱 명이 표류했습니다. 그들은 매일 솥 하나에 죽을 끓여 나누어 먹었는데, 항상 똑같이 먹기에 충분하지 않았습니다. 그렇다면 누가 죽을 나누어야 모두가 배불리 먹을 수 있을까요? 다 같이 머리를 맞대고 상의한 끝에 경험자에게 맡기기로 결정했습니다. 그런데 그는 죽 나누는 솜씨가 빠르고 깔끔하나, 이상하게도 매번 죽을 나누어준 뒤 바로 화장실로 갔습니다. 사람들이 살펴본 결과, 그는 열 그릇의 죽 가운데 여섯 그릇만 주고, 남은 네 그릇을 몰래 먹은 후 화장실에서 버틴 것이었습니다. 이 이야기는 감독이 없는 권력은 탐욕과 부패의 온상임을 설명해줍니다.

다시 사람들은 인품이 바르고 평소 열성적인 모습을 보여준 사람에게 죽 당번을 맡기기로 했습니다. 그는 처음에는 매우 진지하게 일을 처리했지만 이후에는 상황이 변하고 말았습니다. 그가 죽 당번이 되었다는 이야기를 들은 친구들이 찾아온 것입니다. 앞서 "가난하면 번화한 도시에 있어도 묻는 사람이 없고, 부유하면 깊은 산속에 있어도 멀리서 친구가 찾아온다"고 말한 것처럼, 모두가 그의 이름을 빌리고 친분과 관계를 내세우는 바람에 죽을 나누는 일이 뒤죽박죽되고 말았습니다. 사람의 본질은 사회적 관계에 있는데, 권력자가 사회적 관계를 관리하지 못해 하지 말아야 할 일을 하게 된 것입니다.

열정적인 사람조차 부정행위를 한 것을 알게 된 사람들은 이제 각자 돌아가면서 죽 당번을 맡기로 했습니다. 한 사람이 하루씩 권력을 쓰면 공평하고 합리적인 것 같지만, 이 단순하고 직접적인 방안이 가져온 결과는 기대와는 달랐습니다. 죽 당번이 된 자는 혼자 배불리 먹고 나머지 엿새 동안은 굶었습니다. 굶는 날은 각자 담벼락 아래 웅크리고 앉아 이를 악물면서 당번이 되는 날 전부 다 먹겠다고 다짐하는 것이었지요. 죽을 잘 분배하지 않더라도 문제될 것이 없다고 여긴 것입니다. 이렇게 예비 간부의 문화 또한 부패하고 만 것입니다.

결국 그들은 방법을 찾지 못해 전문가에게 도움을 청했습니다. 전문가는 아주 간단한 해결책을 제시했습니다. 바로 죽을 분배하는 과정을 합리적으로 제도화시킨 것입니다. 첫 번째는 죽을 분배하는 책임을 진 사람이 마지막에 남은 죽을 가져가는 것입니다. 이것은 이익의 순서를 말하는 것입니다. 두 번째는 죽을 개방된 곳에서 분배하고 감독하는 정책입니다. 이는 과정을 공개하는 제도입니다. 세 번째는 누구나 불공평한 분배자를 고발할 수 있고, 고발자에게 부정행위자를 대신해 분배할 자격을 주는 것입니다. 이는 기회를 균등하게 주는 것입니다. 네 번째는 공평하게 분배한 사람에게는 보너스를 주는 것입니다. 이는 적절한 행위에 보상을 하는 것입니다.

이렇게 제도를 시행하자 그간 사심으로 문제를 일으킨 사람들도 이후 죽을 분배하는 일에 문제를 만들지 않게 되었습니다. 그래서 관리이론에서 "제도를 구축하는 것이 모든 관리의 시작이다"라고 강조하는 것입니다. 한 사람의 문제는 개인의 문제이지만 몇몇 사람의 문제는 리더의 문제이며, 한 집단의 문제는 제도의 문제입니다. 만약 좋지 않은 현상 혹은 좋지 않은 행위가 만연하는 경향이 있다면 반드시 제도부터 손을 보아야 근본적으로 문제를 해결할 수 있습니다. 좋은 관리는 반드시 제도의 구축을 발판으로 삼아야 합니다. 사람이 적을 때는 감정을 중시해야 하지만 사람이 많으면 제도에 의지해야 하는 것입니다.

⚜ 유비의 지혜

좋지 않은 현상 혹은 좋지 않은 행위가 만연한다면 반드시 제도부터 손을 보아야 문제를 근본부터 해결할 수 있다. 좋은 관리는 반드시 제도부터 구축해야 한다. 사람이 적을 때는 감정을 중시해야 하지만 많으면 제도에 의지해야 한다.

유비는 성도의 정권을 장악한 후 제도의 중요성을 심각하게 인식하게 되었고, 긴급하게 각 방면에서 제도를 구축했는데, 가장 전형적인 사례가 바로 촉나라의 법률인《촉과》를 제정한 것이었습니다.

《촉과》는 삼국시대 촉한의 법률이었습니다. 《삼국지》〈이적전伊籍傳〉에는 이적이 "제갈량·법정·유파·이적·이엄과 함께 《촉과》를 만들었다. 《촉과》의 체제는 이 다섯 명이 만든 것이다"라고 기록되어 있습니다. 《촉과》의 내용은 지금으로서는 알 수 없지만, 《삼국지》〈제갈량전〉에 "촉나라의 법집행이 비록 엄격했지만 공정해 백성의 원망을 사지 않았다"고 기록되어 있는 것을 볼 때, 이를 통해 유장이 집정하던 시기의 좋지 못한 현상을 많이 바로잡았음을 우회적으로 알 수 있습니다.

《삼국지》의 저자는 유언과 유장 부자가 촉을 다스리던 것에 대해 "덕정이 베풀어지지 않고 형집행에 위엄이 서지 않았다"고 했고, 〈법정전〉에는 더욱 분명하게 "유장이 촉 지역을 다스릴 때 사대부 대다수가 그 재물과 세력을 끼고 백성을 괴롭혀 백성의 10분의 8은 난을 일으킬 생각을 품었다"고 지적했습니다. 이러한 난국을 헤쳐나가기 위해 제갈량은 '선리강先理强, 후리약後理弱' 책략을 시행했습니다. 리강理强은 법치에 힘써 권력을 제멋대로 행사하는 관료와 토호를 규제하고 단속하는 것이고, 리약理弱은 농민을 육성하는 데 힘써 생산을 발전시키는 것이었습니다.

법제와 교화를 결합해 위엄과 덕을 함께 보여주고 촉국 관원과 군사들을 타이르고 훈계하기 위해 팔무八務·칠계七戒·육공六恐·오구五懼 등 집행조항을 제정했습니다. 이러한 법치 혁신운동을 거치면서 촉한정권의 업무효율이 크게 높아졌고, 관리의 품행도 점차 투명해졌습니다.

이 과정에서 유명한 논쟁이 있었는데, 바로 제갈량과 법정의 법·제도 구축과정에서 어느 때에 관대하고 엄격할 것인지에 대한 토론이었습니다. 법정은 과거 한고조가 관중에 들어갔을 때 약법삼장約法三章을 통해 민심을 얻은 고사를 들어 성도에서는 먼저 형벌과 금령을 완화할 것을 주장했는데, 제갈량은 법정에게 서신을 보내 맹목적으로 한초의 법도를 따를 것이 아니라 시대에 따라 적절한 제도를 만들어야 한다고 강조했습니다.《답법정서答法正書》에 따르면 제갈량은 다음과 같은 말을 했습니다.

"그대는 하나만 알고 둘은 모르십니다. 진나라가 무도해 가혹한 정치로 백성이 원망해 필부조차 천하가 무너진다고 크게 탄식했으므로 고조 유방께서 이를 널리 구제하신 것입니다. 유장은 어둡고 나약해 여러 대에 걸쳐 은혜를 베풀어 서로 받드나 덕정을 펴지도 못했고 형벌은 엄숙하지 못했습니다. 촉의 선비들은 권력을 전횡하고 자만해 군신의 도리가 점점 문란해졌습니다. 총애받는 자가 벼슬을 얻어 벼슬이 높아질수록 남을 업신여겼고, 거스르지 않고 순종하는 자가 은덕을 얻어 은덕을 얻을수록 교만해졌습니다. 유장이 오늘 망한 것은 실로 이 때문입니다. 이제 저는 법으로 위엄을 세워 법을 지키면 은덕이 됨을 알게 하고, 벼슬에 한도를 두어 벼슬이 오른 자는 이것이 영예임을 알게 할 것입니다. 영예와 은덕으로 다스리면 위아래에 절도가 생길 것이고 이로써 다스리는 도리가 뚜렷해질 것입니다."

제갈량의 회신을 본 법정은 탄복할 수밖에 없었습니다. 그가 한 말이 모두 옳았기 때문입니다. 제도의 관대함과 엄격함은 응당 때와 장소에 따라 다르니 절대 한 가지 방식에 얽매어서는 안 됩니다. 폭정을 겪은 후에는 관대하고 어진 정치를 행해 백성이 쉬면서 원기를 회복하게 해야 하지만 덕정이 베풀어지지 않는 난국에는 반드시 법제를 엄격하게 다루어야 합니다. 그래야 백성이 법을 두려워해 감히 멋대로 행동하지 않아 어지러움을 다스릴 수 있는 것입니다.

유비가 촉을 다스리는 것을 보좌한 제갈량은 비록 법과 제도를 엄격하고 분명하게 할 것을 주장했지만 구체적인 문제를 처리하는 과정에서는 관대함을 동시에 보여주었습니다. 즉 엄격함으로 관대함을 보완하거나 관대함으로 엄격함을 보완했지, 일률적으로 엄격한 제도나 법으로 다스린 것은 아니었습니다. 결국 제갈량 등의 보좌로 유비는 새로 얻은 촉 지역에서 '감정적 유대 구축'에서 '제도 구축'으로 전향할 수 있었습니다. 이것은 유비가 비로소 큰 사업을 시작했다는 표지이자 성숙의 표지였고 아울러 유비의 사유방식이 과거 뺏는 것에서 지키고 다스리는 것으로 성숙했음을 설명해줍니다.

하지 않는 말은
묻지 않는다

유비는 정권을 장악한 후 또 다른 중요한 일을 했습니다. 그것은 바로 유파를 보호하고 황권을 잘 대우해주어 주도적으로 유장의 구신들을 끌어모은 것입니다. 유파에 대해 《삼국지연의》에서는 다음과 같이 묘사하고 있습니다.

유비가 촉으로 들어올 때 유장이 군마와 전량을 제공하려 하자 유파가 강력하게 불가하다고 진언했다. 후에 성도가 포위되었을 때 초주가 항복을 주장하자 유파와 황권이 이 말을 듣고 대로해 그를 죽이려 했다. 이후 유장이 항복하고 유비가 성도에 들어오자 유파는 문을 걸어 잠그고 나오지 않았다. 여러 장수가 분개해 그를 찾아가 죽이려 했는데, 유비가 직접 유파의 집을 찾아가서 청하자 비로소 이에 감명받아 관직을 수락했다.

실제로 유파의 직업 생애는 이보다 훨씬 기복이 심했습니다. 유파는 형주 출신으로 어릴 때부터 재주가 뛰어나 이름을 얻고 여러 차례 유표의 부름을 받았지만 나가지 않았습니다. 유표가 죽고 조조가 형주를 정벌하러 왔을 때 형주의 수많은 선비가 구름처럼 유비를 따라갔지만, 유파는 조조에게 귀순해 명을 받고 장사·영릉·계양 사람 들을 귀순시키는 임무를 맡았습니다. 하지만 적벽의 승리로 유비가 이 세 군을 점령하자 유파는 조조에게 복명復命할 수 없게 되었습니다. 이때 유비에게 귀순하라고 권하는 제갈량의 제안을 유파는 거절했습니다. 이 때문에 유비는 그를 좋아하지 않았습니다.

이후 유파는 형주를 떠나 촉으로 들어갔습니다. 후에 유장이 유비를 촉으로 들어오도록 하자 유파는 "유비는 영웅입니다. 들어오면 반드시 해가 될 것이니 안으로 들여서는 안 됩니다"라고 결연히 반대했습니다. 또 유비가 장로를 토벌하게 하자 "이는 호랑이를 숲에 놔주는 것과 같습니다"라고 말했습니다. 유장이 충언을 듣지 않자 유파는 병을 핑계로 물러났습니다. 장송이 암암리에 유비와 내통한 것이 드러난 후에야 유장은 유파가 제기한 의견이 맞았음을 알게 되었습니다.

유비가 성도를 포위했을 때 유파는 강경한 주전파였습니다. 그러므로 유파는 유비의 일관된 반대자이며 적이었다고 할 수 있습니다. 하지만 유비는 리더에게 응당 있어야 하는 모습을 보여주었습니다. 성도에 들어간 후 유비는 가장 먼저 절대로 유파에게 해를 가하지 말라고 명을 내렸습니다. 만약 유파를 해치면 삼족을 멸하리라고도 선언했습니다. 이후 유파에게 손을 내밀고 제갈량의 건의에 따라 그를 좌장군서조연左將軍西曹掾에 임명했습니다. 유비가 자립해 한중왕이 된 이후 유파는 상서가 되었고 후에 법정을 대신해 상서령을 맡았습니다. 유파는 청렴하고 검소했고 다른 사람과 교류하려 하지 않고 공적인 일만 중시했습니다. 유비가 황제의 존호를 칭했을 때 문장이나 임명서는 모두 유파의 손에서 나온 것이었습니다.

황권의 상황도 유파와 비슷했습니다. 그 또한 충성스럽게 유장을 지키기 위해 처음부터 유비를 적대시했습니다. 건안 16년, 장송이 유비를 불러들여 장로를 토벌하게끔 하자고 건의하자 황권이 간했습니다.

"유비는 용맹해 명성을 떨치고 있습니다. 지금 이곳으로 불러들여 부하로서 그를 대우한다면 그의 마음을 만족시키지 못할 것이고, 빈객으로 접대한다면 한 나라에 두 임금이 있는 꼴이 됩니다. 만약에 새로 온 손님이 눌러앉아서 돌아갈 생각을 하지 않는다면, 주인은 계란을 쌓아놓은 것 같은 위험을 안게 될 것입니다. 단지 국경을 폐쇄하고 시국이 안정되기를 기다릴 수밖에 없습니다."

유장은 황권이 말을 듣지 않고 유비를 맞이하고는 황권을 광한현廣漢縣의 장에 임명해 밖으로 내보냈습니다. 결국 유비는 익주로 쳐들어왔고, 그의 장수들이 나누어 군현을 공격하자 군현은 그림자가 형체를 따르듯 유비에게 귀순했습니다. 황권은 성을 닫고 견고하게 수비하다가 유장이 항복하자 비로소 유비에게 귀순했습니다. 이에 유비는 더는 지난 일을 추궁하지 않고 황권을 편장군에 임명했습니다.

유비는 정권을 잡은 후 유파와 황권을 대표로 하는 유장의 옛 부하 대부분을 계속 임용하고 발탁하는 방법을 채택했습니다. 이들에 대한 유비의 태도는 '관용'과 '주동' 두 단어로 개괄할 수 있습니다.

관용이란 지난날의 잘못을 묻지 않고 과거의 은원을 따지지 않으며 지날 일을 들추지 않는다는 것입니다. 주동이란 승리자의 위세를 버리고 적극적으로 호의를 보이고 열정적으로 평화의 손을 내밀어 진정으로 사업에 동참할 것을 요청하는 것입니다.

여기서 유비가 승리한 후 우세한 상황에 있었으면서도 왜 이렇게 낮은 자세로 먼저 손을 내밀었는지 분석해봅시다. 일반적인 경우라면 패한 쪽이 나서서 비위를 맞추겠지요.

사실 유비는《수호지》의 송강처럼 승리할 때마다 주동적으로 적군의 장수에게 호의를 표시했습니다. 송강의 방식이 더 '과분'했을 뿐입니다. 그는 작은 영웅에게는 읍하고 위대한 영웅에게는 머리를 조아리고 걸핏 하면 무릎을 꿇었습니다. 어떤 사람들은 이를 근거로 송강을 비웃기도 합니다. 그들은 그가 "송공명宋公明(송강)이 아니라 송공공(내시)"이라고 말합니다. 이렇게 말하는 사람은 주동적인 선택을 하는 오묘한 점을 모르는 사람입니다.

여기에는 아주 재미있는 규율이 있습니다. 예를 하나 들어보겠습니다. 미녀가 함께 춤출 파트너를 찾는 것과 당백호가 추향을 간택한 것[唐伯虎点秋香]을 예로 진일보한 설명을 하려 합니다. 과거 게임 이론을 배울 때 제 스승이 문제를 하나 내신 적이 있습니다. 같은 문제를 여러분에게 내보겠습니다. 만약 지금 우리가 체육관으로 가 성대한 무도회를 연다면 어떤 여학생이 파트너를 찾기 가장 어려울까요?

답은 가장 예쁜 여학생이 가장 찾기 어렵습니다. 이를 "우위에 있는 자원은 뒤에 선택된다"는 규율입니다. 정보의 비대칭 상황 아래에서는 우위에 있는 사람이 오히려 시간을 허비하기 쉽습니다. 그렇다면 어떻게 해야 할까요? 해결방안은 바로 당백호가 추향을 간택하는 것처럼 주동적으로 행동하는 것입니다. 추향은 당백호에게 아주 기본적인 동작, 바로 세 차례 미소를 보냅니다. 이 규율이 바로 우위에 있는 사람이 주동해야 한다는 말입니다. 주동적으로 행동하면 기회를 놓칠 리가 없기 때문입니다.

☯ 유비의 지혜

우위에 있는 사람이 주동적으로 행동해야 한다. 주동적으로 행동하면 기회를 놓칠 리가 없기 때문이다.

추향은 주동적으로 행동했기에 사랑을 얻었습니다. 마찬가지로 송강과 유비는 우세한 상황에서 주동적으로 행동해야 함을 알았기에 우수한 인재를 얻을 수 있었습니다. 앞서 이야기한 것처럼 유비는 작은 성공에 본분을 잊고 멋대로 재물을 나누어주다 곳간을 텅 비게 만들어 결국 신정부의 재정을 곤란하게 했습니다. 이러한 피동적인 국면에서 유파는 유비에게 액면 가격이 큰 화폐를 주조할 것을 건의해 유비가 위기에서 벗어날 수 있도록 했습니다. 《삼국지》〈유파전劉巴傳〉의 기록입니다.

> 창고가 다 약탈되어 군용물품이 부족하자 유비가 심히 우려했다. 유파가 말했다.
> "쉬운 일입니다. 단지 백전百錢의 가치에 해당하는 돈을 주조해 여러 물건의 값을 균등하게 하고 관리에게 관시官市를 관리하게 하십시오."
> 유비가 이를 따르자 수 개월 만에 관부의 부고가 충실해졌다.

유비는 유장의 수하 대부분과 깊은 교류나 소통이 없어 정보의 비대칭 상황에 처해 있었습니다. 만약 장기간 경계하고 대치한 상태에서 주동적으로 호의를 보이지 않고 유장의 수하 가운데 능력 있는 사람들과 친교도 맺지 않았다면 어떻게 조직을 안정적으로 통합해 단결된 조직을 만들어낼 수 있었겠습니까? 그래서 유비는 자신을 반대했지만 능력과 충성심이 뛰어난 대표적인 인물에게 적당히 몸을 낮추는 방식을 택했던 것입니다. 역사적 사실은 이 방식이 매우 주효했음을 증명하고 있습니다.

친하면 가까이하지 않고, 가까우면 친하게 굴지 않는다

유비가 서촉을 취하는 과정에서 가장 신임한 두 모사는 방통과 법정이었습니다. 그중 법정은 기묘한 계책을 잘 만들어내 유비에게 높은 평가를 받았습니다.

  성도를 얻은 후 법정은 중임을 맡게 되었습니다. 《삼국지》 〈법정전〉에 유비가 "법정을 촉군태수蜀郡太守 양무장군揚武將軍으로 삼고 밖으로는 도성과 경기지역을 통솔케 하고, 안으로는 모주謀主로 삼았다"고 기록된 것을 보면 당시 법정의 지위가 매우 높았음을 알 수 있습니다. 하지만 이어 사서에는 당시 법정의 사람됨과 그에 대한 평가가 실려 있습니다.

> (법정이) 한 끼 밥의 은덕이나 아주 작은 원망이라도 보복하지 않은 바가 없고, 자기를 해한 자를 마음대로 죽인 것이 여러 번이었다. 어떤 사람이 제갈량에게 "법정이 촉군태수로서 마음대로 행하고 있으니, 장군께서 마땅히 주공에게 알려 위압과 복덕으로 눌러야 합니다"라고 하자 제갈량이 대답했다.
> "주공이 공안에 계실 때, 북으로는 조조의 강성함을 두려워하고 동으로는 손권의 핍박에 떨었으며, 가까이는 손부인이 바로 옆에서 변고를 일으킬까 두려워했소. 그 당시에도 진퇴가 어지러웠소. 법정이 잘 보좌해 빠르게 비상해 더는 휘둘리지 않게 되었는데 어찌 법정이 뜻대로 행하지 못하게 금하겠소!"

법정은 왜 공적인 일로 사적인 원한을 푸는 행동을 했을까요? 여기서 재미있는 이론 하나를 소개하고자 합니다. 인간관계에 대한 중요한 이론으로 사람 사이의 거리에 관한 것입니다. 사람은 자아를 중심으로 주위를 확장하는데 양팔 정도의 거리는 낯선 사람이고, 한 팔 정도는 잘 아는 사람이며, 반 팔 정도는 친한 사람이고, 한 뼘 거리는 아주 친밀한 사이라는 것입니다. 낯선 사람이 친한 사람 거리 안으로 들어오면 바로 불편함을 느낍니다.

예를 들어 공부할 때 기본적으로 좌석 몇 개를 사이에 두고 앉아 있는데 만약 모르는 사람이 옆에 딱 붙어 앉는다면 매우 어색할 것입니다. 왜 그럴까요? 그가 공간과 영역을 침범했기 때문입니다. 이와 같은 현상을 '기포현상'이라 합니다. 사람이 자리를 잡고 서 있으면 주위에 큰 기포가 생기고 그 기포 안에는 사람이 없기를 희망한다는 것입니다.

이는 여러분도 잘 알고 있을 것입니다. 혼잡한 지하철을 불편해하는 이유는 각자의 공간이 다른 사람에게 침범당했기 때문입니다. 아주 가까운 거리에 전혀 모르는 사람이 존재하기 때문에 불편한 것입니다. 그래서 사람들 중에는 좌석에 앉아 눈을 감고 있는 경우가 있는데, 이는 침범이 야기한 긴장과 불편을 감소시키고자 하는 행동입니다. 기차나 전철 혹은 엘리베이터 공간이 너무 혼잡하면 조용히 눈을 감으십시오. 아마도 조금은 더 편안할 것입니다. 사람 사이의 거리 이론에 근거해, 아주 친밀한 관계라면 응당 거리를 좁혀야 합니다. 하지만 일반적인 관계라면 너무 가까운 것은 예의 바른 일이 아닙니다.

식당에 들어갔을 때 테이블에 이미 다른 사람이 있으면 다른 곳에 앉으려 하는 심리는 다른 사람과의 거리를 침범하지 않고자 하기 때문입니다. 특히 주위에 빈 좌석이 아주 많은데도 곧장 그 사람 바로 옆에 앉는다면 아마도 상대가 매섭게 쳐다보며 신호를 보낼 것입니다.

당연히 거리는 물리적인 거리만이 아니라 심리적인 거리도 포함하고 있습니다. 이 개념은 특히 사람 사이의 동질감이라 합니다. 일반적으로 동질감은 세 부분으로 구성되어 있습니다. 바로 감정의 동의, 가치관의 동의, 이익의 동의입니다. 이 세 가지 요소를 구비한 사람의 심리적인 거리는 비교적 가깝습니다. 만약 유비를 예로 들면 관우·장비·조운은 심리적인 거리가 매우 가까운 사람이었습니다.

생활 속에서 자각하지 못하는 것이 있는데, 바로 심리적 거리가 가까운 몇몇 사람을 찾아 곁에 두어야 쓸쓸하거나 괴롭지 않다고 느끼는 것입니다. 이백李白의 시 〈월하독작月下獨酌〉에 "꽃밭 사이 술 한 병, 친한 이 없어 홀로 마시네[花間一壺酒, 獨酌無相親]"에서 말하는 것처럼 술을 마실 때 주위에 심리적으로 가까운 사람이 없다면 얼마나 괴로운 일이겠습니까!

하지만 관리학자들은 심리적으로 가까운 사람과 물리적인 거리가 가까운 것은 결코 좋은 일이 아니라고 주장합니다. 예를 들어 연말에 대가족이 가까스로 한자리에 모였는데, 만나지 않았을 때에는 특별히 그리워하다가 일단 만나면 며칠 가지 못하고 여러 갈등과 미움이 표출되는 경우가 있습니다. 이것은 너무 가까이 있어 생겨난 것입니다. "잠깐의 이별은 신혼보다 낫지만 오랜 이별은 이혼을 초래한다"라는 말은 아주 생생하게 물리적인 거리와 심리적인 거리의 변증법적 관계를 묘사하는 말입니다. 척도를 파악하는 것에 신경을 쓰고 적당하게 물리적 거리를 조정해야 심리적 거리를 좁힐 수 있습니다.

여기서 관리학 규율 하나를 추천해보겠습니다. 사업이 커진 후에는 친한 사람을 너무 가까이하면 안 된다는 것입니다. 너무 가까우면 위로는 원망이 생깁니다. 가까운 사람과 너무 친하면 안 됩니다. 너무 친하면 아래로는 화가 생깁니다.

첫째, 친밀한 사람이 곁에 있으면 마찰이 생기기 쉽습니다. 사업을 키운 후 친한 사람을 조수나 보좌관으로 쓰면 그가 임의대로 행동하고 심지어는 말과 행동이 오만해질 수 있습니다. 남들 앞에서 오만하게 굴면 제도의 엄격함뿐 아니라 리더의 이미지에도 영향을 끼칠 수 있습니다. 또한 그의 행위를 다른 사람이 배울 수도 있습니다.

친밀한 사람은 따로 떨어진 곳에서 전체를 관리하도록 할 필요가 있습니다. 그래서 많은 사람이 사업을 키운 후 가까운 사람을 자회사나 사업부의 책임자로 삼는 것입니다. 시간이 오래 지나면 작은 마찰이나 분기가 그동안의 친밀한 감정을 다 갉아먹을 수 있습니다.

둘째, 리더와 측근이 너무 친밀해서는 안 됩니다. 너무 친밀하면 아랫사람이 본분을 잃기 쉽고, 그것이 말단까지 가면 격에 벗어난 행동을 하기 쉽습니다. 요즘 현실에 비추어보면 어느 회장의 운전기사나 비서같이 리더 주위의 말단들이 하지 말아야 할 일들을 하는 경우가 종종 있습니다. 리더는 측근을 잘 관리하기 위한 규정을 만들어, 그들이 제멋대로 행동해 잘못을 저지르는 것을 방지해야

합니다. 인간관계는 모래를 움켜쥐는 것처럼 너무 힘을 많이 주어
도 안 되고 힘을 주지 않아도 안 됩니다. 느슨하지도 않고 너무 꽉
쥐지도 않는 적당한 정도를 잘 알아야 아름답고 안정적으로 오래
갈 수 있는 관계가 되는 것입니다.

♻ 유비의 지혜

리더는 측근을 잘 관리하기 위한 규정을 만들어, 그들이 제멋대로 행동해 잘못을
저지르는 것을 방지해야 한다. 인간관계는 모래를 움켜쥐는 것처럼 너무 힘을 많이
주어도 안 되고 힘을 주지 않아도 안 된다. 느슨하지도 않고 너무 꽉 쥐지도 않는
적당한 정도를 잘 알아야 아름답고 안정적으로 오래갈 수 있다.

규율에 대해 이야기를 다했으니 이제 본론으로 돌아가 유비가
어떻게 했는지 살펴봅시다. 정권을 잡은 유비는 장비를 파견해 북
쪽을 방어하게 하고 관우를 형주에 남아 지키게 했습니다. 가장 신
뢰하는 두 사람을 멀리 떨어진 전선에 보내 일도 성사시키고 아름
다운 관계도 유지했던 것입니다.

그 다음으로, 유비 주변 핵심조직의 한편에는 허정許靖·유파·팽
영·요립廖立과 같은 비교적 심리적으로 거리가 먼 사람들이 있었습
니다. 이들은 친하지 않을 뿐더러 고분고분하지도 않았습니다. 유
비는 측근과 적당히 거리를 유지하고 경솔하게 친밀한 관계로 발
전시키지 않았습니다. 이러한 방식으로 측근들이 말단에서 온갖
나쁜 짓을 저지르는 것을 방지했습니다.

"친하면 가까이하지 않고, 가까우면 친하게 굴지 않는다[親而不近,
近而不親]"는 사고방식은 조직을 관리하는 아주 효과적인 수단입니

다. 이 시기에 유비와 친하면서도 가까운 사람은 오직 법정 한 사람 뿐이었습니다. "밖으로는 도성과 경기지역을 통솔케 하고, 안으로는 모주로 삼았다"고 하지만, 법정도 그런 공적인 지위를 이용해 사사로운 복수를 한 것은 확실히 지나친 일이었습니다. 제갈량도 이 문제를 알고 있었기에 유비에게 "친한 사람을 너무 가까이하거나 가까운 사람을 너무 친하게 하면 종종 통제할 수 없는 상황이 출현할 수 있다"고 에둘러서 말했던 것입니다.

유비는 과거 창업시절의 격의 없고 정에 따르는 인간관계를 가능한 빨리 변화시켜 적절한 거리를 두고 어느 정도 권위를 갖추고 제도와 규범에 의지하는 관계를 수립해야 했습니다. 이러한 사유방식의 전환이야말로 사업의 지속적인 발전을 돕는 받침대 역할을 할 수 있습니다.

전체적으로 유비는 사유방식의 전환 방면에서 높은 점수를 받을 만큼 뛰어났고 비교적 성공했습니다. 그는 동분서주하며 다른 사람을 위해 일을 했고, 현성에 뿌리를 내리고 작은 회사를 세웠으며, 이어 서촉을 장악하고 천하의 한 부분을 차지한 커다란 회사를 만들었습니다. 그는 매번 성장하면서 그에 상응해 사유방식과 업무방식을 변화시켰습니다. 사업과 함께 관리자인 자신도 성장한 것입니다. 요즘 말로 유비와 그의 조직은 시대와 더불어 발전했다고 할 수 있습니다.

유비가 서촉을 점거하고 실력을 계속 키워나가는 모습을 보고 북쪽의 조조와 동쪽의 손권이 가만히 있을 리가 없었습니다. 유비가 넓은 땅과 풍부한 자원이 있는 서촉에서 승승장구하는 것은 그들이 쇠약해지는 것을 의미했습니다. 그래서 손권과 조조는 약속이나 한 듯이 신속하게 군사행동을 개시했습니다. 그들은 어떤 조치로 유비의 안전을 위협했을까요? 유비는 또 어떻게 두 강력한 상대의 도전을 동시에 응대했을까요? 다음 강의에서 뵙겠습니다.

얻으려면
내려놓아야 한다

골치 아픈 일을 당하면 누구나 정서적으로 동요하게 마련이지만, 큰일을 도모하는 사람에게 이러한 정서적인 동요를 다스리는 능력은 매우 중요하다. 침착하고 냉정해야 갑작스러운 변고에 대응할 수 있기 때문이다. 서촉을 탈취한 이후 유비는 조조와 한중을 사이에 두고 치열한 각축을 벌여 한차례 대승을 거두었지만 이후 곧바로 대패를 당하게 된다. 이렇게 기복이 심한 상황에서 줄곧 침착하고 냉정하기만 했던 유비는 순간 냉정을 잃고 마음을 추스르지 못했다. 이와 같은 상황에서 그와 그의 조직은 난관을 돌파할 수 있었을까? 유비에게서 우리가 배울 가치와 정서관리 방법에는 무엇이 있을까?

이번 강의는 자신감과 관련된 이야기로 시작하겠습니다. 1952년 7월 4일, 영국인 플로렌스 채드윅Florence Chadwick이라는 마흔네 살 여성 수영선수는 로스앤젤레스에서 멀지 않은 곳에 있는 카타리나 섬에서 캘리포니아 해변까지 헤엄치리라 선언했습니다. 이 선언은 굉장한 화제가 되었고 텔레비전에서는 전국에 이 광경을 방영했습니다. 그날은 안개가 가득했고 차가운 바닷물은 그녀의 온몸을 무디게 만들었습니다. 그녀는 차가운 바닷물 속에서 무려 15시간 55분 동안 수영을 계속했습니다. 그러다 문득 고개를 들어 보니 짙은 안개 외에는 아무것도 보이지 않았습니다. 갑자기 피로가 몰려왔고 물은 더욱 차갑게 느껴지기 시작했습니다. 힘이 다한 플로렌스는 결국 절망하고 도전을 포기했습니다. 그런데 자기를 따라오던 구조선에 승선한 후에야 그녀는 목적지까지 거리가 불과 500미터도 남지 않았음을 알게 되었습니다.

개인이나 조직이 설정한 목표를 향해 달려갈 때 종종 두 가지 기본적인 문제, 자신감 부족과 정서적 동요라는 문제에 직면하곤 합니다. 이 두 가지 문제를 잘 처리한다면 성공은 그리 멀지 않은 곳에 있을 것입니다. 하지만 이를 잘 처리하지 못하면 종종 성공에 가장 근접했을 때 기회를 놓치고 실패하곤 합니다.

우리가 일하면서 마주치는 어려움 가운데 임무에 대한 도전이 한 부분이라면 정서와 자신감에 대한 도전은 또 다른 부분입니다. 사람이 정서적 동요를 겪고 자신감을 상실하면 성공을 눈앞에 두고도 포기할 가능성이 있습니다. 옛사람의 "100리를 가려는 사람은 90리를 가고서 이제 절반쯤 왔다고 여긴다[行百里者半於九十]"는 말은 임무에 대한 도전이 거의 끝나려 할 때 정서와 자신감에 대한 도전이 매우 까다롭게 변할 수 있다는 뜻입니다. 예나 지금이나 진정 대업을 이룬 사람은 반드시 정서와 자신감에 대한 문제를 적절하게 해결한 사람이었습니다.

현대 관리학이론은 '마지막 1킬로미터'에서 자신감이 충만하고 정서적으로 안정되어 있어야 한다고 강조합니다. 한중으로 진군하던 과정에 유비는 이 문제에 직면했습니다. 유비는 서촉을 점거한 후 의기양양하게 대업을 이루기 위한 준비를 하고 있었습니다. 그런데 곧이어 아주 골치 아픈 일이 찾아왔습니다. 먼저 동쪽의 손권이 동맹을 배신하고 형주로 출병해 공공연히 무력으로 위협하며 영토를 요구했습니다. 북쪽의 조조는 한중을 점거하고 호시탐탐 기회를 노리며 한중에 주둔하던 장합에게 달현達縣 경내 깊숙이 쳐들어가게 했습니다. 이 양쪽의 위협에 직면한 유비는 먼저 동오와의 전선을 정치적으로 안정시킨 후 군사를 한중으로 보내 북쪽 방면의 위협을 제거하기로 결정했습니다.

지나친 것은 부족한 것만 못하다

건안 24년(219) 봄, 유비의 군대는, 하후연夏侯淵·장합이 이끄는 조조군과 양평관陽平關 부근에서 대치했습니다. 몇 차례의 정면공격으로도 목적을 이루지 못하자 모사 법정은 적군의 주장 하후연이 싸움을 좋아하는 특성을 이용한 책략을 제시했습니다. 이 책략은 먼저 측면의 장합을 급습해 하후연이 병력을 나누어 그를 구원하도록 유인하고는, 다시 소규모 부대를 하후연 본영에 보내 목책에 불을 질러 하후연이 싸움에 나서도록 하는 것이었습니다.

하후연은 이것이 유비의 올가미인 줄 모르고 소수의 부대만을 데리고 목책을 지키러 나왔습니다. 주위의 산머리에는 이미 촉군의 정예기병이 매복하고 있었습니다. 하후연이 나타나자 천지를 뒤흔드는 함성이 울렸습니다. 산꼭대기에는 '대한 토로장군'이라 써 있고 중간에 황黃 자를 크게 새긴 깃발이 솟아올랐습니다. 그때 깃발 아래에서 청총마靑驄馬를 탄 노장군이 금빛 투구와 갑옷을 입고 가슴에 희끗한 수염을 흩날리며 나타났는데, 바로 그가 황충이었습니다. 황충은 정예기병을 이끌고 산 위에서 파죽지세로 내려와 하후연이 정신을 차리기도 전에 커다란 호통과 함께 단칼에 베어버렸습니다.

주마곡走馬谷에서 하후연을 벤 이 전투는 법정의 지모, 황충의 용맹, 유비의 용인과 계책이 적절하게 어우러졌기에 승리할 수 있었습니다. 반면 하후연 측은 적을 경시해 무모하게 덤벼들다 패하고 말았습니다. 쉽게 말하면 용기만 있고 계책이 없었기 때문에 패한 것입니다. 사실 이러한 하후연의 결점을 잘 알던 조조는 일찍이 하후연에게 무턱대고 용기만 과시하지 말라고 경고한 적이 있습니다.《삼국지》〈하후연전〉의 기록입니다.

장수는 마땅히 겁을 내고 나약해야 할 때가 있는 법이니 오로지 용맹에만 의지해서는 안 되오. 장수는 본래 용맹을 근본으로 삼으나 이를 실행할 때에는 지모와 계책을 써야만 하는 법이오. 오직 용맹만을 알고 그것에만 의지한다면 일개 필부만을 대적할 수 있을 뿐이오.

이 말은 장수란 응당 약점과 퇴각의 시기를 알아야 하고 무력에만 의지해서는 안 된다는 의미였습니다. 물론 장수란 용맹을 기본으로 해야 하지만 모략이 없는 용맹은 의미가 없고, 단지 무력에만 의지하는 것은 필부를 대적할 뿐이라는 말입니다. 조조는 아주 냉정하게 '이기려는 마음이 지나쳐 무력을 과도하게 사용하지 말라'고 경고한 것이었습니다. 그런데 조조가 가장 우려하던 일이 마침내 발생하고 말았던 것이지요. 하후연은 자신의 장점인 용맹함을 과도하게 사용한 데 문제가 있었습니다. 그래서 여기에서는 '적절함을 알아야 뛰어남이 있다'는 말을 특별히 강조하고자 합니다. 장점이 너무 지나치게 발휘되면 뛰어난 다른 모든 면은 오히려 재앙으로 변할 수 있기 때문입니다.

과거의 성공은 과거일 뿐이다

사람은 모두 자신이 잘하는 일을 하다가 실패에 빠집니다. 그래서 잘하는 일을 할 때에는 항상 여지를 남겨두어야 합니다. 하후연은 적수를 찾기 힘들 정도로 용맹해, 한중에 오기 바로 전에는 싸울 때마다 승리하며 농우隴右를 평정했습니다. 그래서 한중전투漢中戰鬪에서도 그 성공방식이 똑같이 되풀이될 것으로 생각했던 것입니다. 그는 상대가 농우의 그저 그런 군벌이 아닌 유비라는 사실을 등한시했던 것입니다. 토끼를 잡는 방법으로 사자를 잡으려 했으니 문제가 생기는 것은 당연했지요. 이는 나룻배 관련 고사가 생각나게 합니다.

⚡ 유비의 지혜

사람은 모두 자신이 잘하는 일을 하다가 실패에 빠진다. 자신이 잘하는 일을 할 때 항상 여지를 남겨두어야 하는 이유다.

한 여행자가 홀로 먼 길을 가다가 강도를 만났습니다. 여행자는 앞에서 죽기 살기로 도망가고 강도는 뒤에서 죽을힘을 다해 쫓았습니다. 다행히 도망가던 여행자는 큰 강가에 이르러 근처 갈대숲에 숨은 작은 나룻배를 발견했습니다. 그는 신속하게 배에 올라 힘껏 노를 저어 위험에서 벗어날 수 있었습니다. 강도도 강가에 도착했으나 다른 배를 찾지 못해 할 수 없이 먼 길을 돌아 강을 건넜습니다. 여행자는 배를 저어 맞은편 강가에 도달했습니다. 뭍에 오른 뒤 그는 생각했습니다.

'이 작은 배가 이토록 중요하구나. 다시 강을 만났을 때 분명 쓸모가 있을 터이니 버리면 안 되겠다.'

그는 배를 끌면서 계속 길을 갔습니다. 그런데 배의 무게 때문에 속도가 느려져 얼마 가지 않아 길을 돌아온 강도에게 따라잡히고 말았습니다. 죽기 전에 여행자는 이 나룻배를 보고 탄식했습니다.

"일찍이 나를 구해주었던 것이 이제는 오히려 나의 목숨을 빼앗는구나!"

이 고사는 '과거는 우리를 성공으로 이끌었지만 우리를 해칠 수도 있다'는 사실을 말해줍니다. 우리는 과거를 넘어설 용기와 패기가 있어야 합니다. 예나 지금이나 모든 성공한 사람에게는 딱 한 가지 공통점이 있는데, 그것은 바로 끊임없이 과거를 부정하고 넘어섰다는 것입니다. 요즘에는 여러 직종에서 성공한 사람을 볼 수 있는데, 그들은 이미 휘황찬란한 성공을 이루었고 계속해서 정해진 길을 견지하며 누적된 우세를 발휘하고 있습니다. 하지만 그들도 한 가지 도전에 직면하게 될 것입니다. 사람과 실정에 따라 적절히 다른 대책을 세우면서 시대의 변화와 더불어 전진하는 도전이 바로 그것입니다. 모든 것은 변하기 때문에 과거의 방식으로는 생존할 수 없습니다.

중국식 민영기업의 성장과정은 종종 이러했습니다. 첫 번째 성장에서는 기회 혹은 자원에 의지했고 두 번째 성장은 인맥과 무대에 의지했는데, 인생에서 처음 큰돈을 번 이후에는 인화·인맥·인기만 있다면 계속해서 돈을 벌 수 있었습니다. 세 번째 성장은 제도화·규범화·표준화·공정화에 의존하는 것으로, 이는 인치人治가 법치로 바뀐 것이었습니다. 네 번째 성장은 조직과 기업문화에 의존하고 있습니다. 이렇게 한발 한발 앞으로 가다보면 매 걸음 핵심과 주제가 생깁니다.

성공한 조직의 리더는 전진하는 길 위에서 끊임없이 '과거의 성공을 부정하는 법'을 배워야 합니다. 우리의 사업은 다섯 살 아이를 돌보는 방식으로 열다섯 살 아이를 돌보는 것이 되어서는 안 됩니다. 아이의 성장에는 부모의 성장도 함께 필요한 법입니다. 기업이 성장할 때 기업가는 더욱 성장해야 합니다. 과거의 것을 지키기만 해서는 안 됩니다. 성공한 사람은 과거의 성공을 부정하고, 과거에 목매지 않는 사람입니다. 발전하고자 한다면 끊임없이 시기와 형세를 잘 살피고, 절대로 과거의 성공방식 혹은 다른 사람의 성공방식을 무조건적으로 복제하지 말아야 합니다.

건안 24년 봄은 유비의 인생에서 또 하나의 중대한 시기였습니다. 하후연을 제거하고 장합을 물리쳐 한중에서 막 입지를 굳히려 하던 이해에 조조의 대군이 도착해 한중전투가 시작된 것입니다. 한중전투는 유비와 조조의 인생에서 최후의 군사적 교전이었고, 유비의 군사 생애에서 유일하게 동맹군 없이 독립적으로 조조와 치른 전투였습니다. 유비는 어떤 책략으로 기세등등한 조조의 대군을 상대했을까요?

♻ 유비의 지혜

성공한 사람은 과거의 성공을 부정하고, 과거의 성공에 목매지 않은 사람이다. 발전하고자 한다면 끊임없이 시기와 형세를 잘 살피고, 절대로 과거의 성공방식 혹은 다른 사람의 성공방식을 무조건적으로 복제하지 말아야 한다.

억지가 판을 치면 직언은 침묵한다

유비와 조조의 한중 쟁탈전은 매우 힘들게 진행되었습니다. 조조가 맹렬하게 공격하면 유비는 완강하게 방어해, 모두 커다란 대가를 치렀습니다. 한중전투에서 유비는 제갈량을 대동하지 않았는데, 이 점은 사서와 《삼국지연의》의 기록과 조금 차이가 있습니다. 사서는 유비가 제갈량에게 성도의 후방보급과 장비를 엄호하도록 맡기고, 자신은 모사 법정과 조운·황충·위연을 거느리고 정면에서 조조의 진공을 저지했다고 기록하고 있습니다.

유비는 지키기만 하지 않고 조조의 공세에 강력한 반격을 시도했습니다. 하지만 반격이 신통치 않아 공격한 부대가 순식간에 조조에게 궤멸되고 전황은 급전직하하고 말았습니다. 유비 주변의 문신 무장 모두 이러한 상황에는 반드시 후퇴해야 한다는 것을 알고 있었습니다. 그런데 이 결정적인 순간에 유비의 황소고집이 튀어나왔습니다. 유비는 대로해 후퇴하려 하지 않고 도무지 어떤 간언도 듣지 않았습니다.

생각해봅시다. 줄곧 침착하기만 했던 유비는 왜 이성을 잃고 고집을 부렸던 것일까요? 과거에는 위험에 직면할 때마다 항상 즉각 몸을 돌려 재빨리 도망가는 책략을 썼던 유비가 왜 이번에는 도망가려 하지 않았을까요? 여기에는 우리가 일상에서 사용할 수 있는 기본규율, '사람마다 풍파라는 인생의 시련을 거쳐야 한다'는 규율이 숨어 있습니다. 이 규율을 설명하기 위해 '마귀와 도박'이라는 짧은 이야기를 준비했습니다.

인생을 평탄하게 살아가던 한 남자가 있었습니다. 그의 마음은 항상 즐거움과 행복으로 충만했는데, 이것이 마귀 형제의 질투를 불러일으켰습니다. 마귀 형제는 이 남자를 두고 내기를 했습니다. 이 남자의 생활방식 가운데 어떤 것도 바꾸지 않고, 또 그 무엇도 빼앗지 않는 상황에서, 누가 먼저 그를 고통스럽게 만드냐는 것이었습니다. 마귀 형제는 수만 가지 방법을 생각해냈지만 모두 성공하지 못했습니다. 결국 형제는 사부인 대마왕을 찾아갔습니다. 경험이 풍부한 대마왕은 자신의 행동을 그냥 지켜보라 했습니다. 다음 날, 그 남자에게 생각지도 못한 재물과 지위를 주었습니다. 그러자 평온하던 생활은 하룻밤 사이에 완전히 변해버렸습니다. 그는 뜻밖의 행운으로 기뻐 어쩔 줄 몰랐습니다.

"이렇게 많은 보물과 좋은 무대, 큰 영예라니!"

이 남자가 뜻밖의 기쁨에 젖어 있을 때 대마왕은 재물과 명예와 지위를 도로 가져가버렸습니다. 다음 날 아침, 남자의 얼굴은 온통 눈물로 범벅이 되어 있었고 마음은 고통으로 가득 차 보였습니다. 그 모습에서 과거 행복했던 흔적은 하나도 찾아볼 수 없었습니다. 대마왕은 두 제자에게 의기양양하게 말했습니다.

"보아라, 저 남자의 처지는 며칠 전과 전혀 변한 것이 없다. 보태거나 뺀 것 하나 없이 그대로인데 그는 이제 행복을 느끼지 못하는 사람으로 변했다!"

이 짧은 이야기는 인생에서 가장 큰 시련은 부귀나 가난이 아니라 과거에 부자였는데 지금은 가난한 것이고, 돋보이거나 평범한 것이 아니라 과거에 돋보였는데 지금은 평범한 것임을 말해주고 있습니다. 이러한 풍파를 짊어질 수 있는 사람은 그리 많지 않습니다. 진정 큰일을 성취하려는 사람은 평생 이러한 풍파를 몇 차례 겪은 후에 마지막에 성공할 수 있는 것입니다.

ⓒ 유비의 지혜

사람마다 풍파라는 인생의 시련을 거쳐야 한다. 진정 큰일을 성취하는 사람은 평생 이러한 풍파를 몇 차례 겪은 후에 마지막에 성공하는 사람이다.

그러면 본론으로 돌아가 유비에 대해 말해보지요.《삼국지》〈법정전〉에 기재된 내용입니다.

> 유비와 조조가 싸웠을 때 형세가 마땅치 않아 마땅히 퇴각해야 했으나, 유비가 대로하며 퇴각하려 하지 않자 감히 간언하는 자가 없었다. 화살이 빗발처럼 쏟아졌다. 이에 법정이 유비 앞으로 나가자 유비가 "효직은 화살을 피하시오"라 했다. 법정이 "명공께서 친히 화살과 돌을 당해내고 계신데 하물며 소인이 피하겠습니까?"라고 하자, 이에 유비는 "효직, 나는 당신과 함께 가겠소"라고 하고는 마침내 퇴각했다.

일찍이 도망가는 데 일가견이 있던 유비가 이처럼 마음이 어지러워진 원인은 아주 간단했습니다. 가까스로 하후연을 물리치고 어렵사리 양평관을 점령해 전장의 주도권을 획득했는데, 바로 이 한 번의 싸움으로 인해 그간의 우세를 다 잃고 또다시 무너지려 하기 때문이었습니다. 이것이 바로 이전에는 있었으나 지금은 없는, 오르락내리락하는 상황에 동요되어 이성을 잃고 마음을 추스르지 못했던 것입니다.

　이때 적군의 기병과 보병이 계속해서 공격하고 화살이 비처럼 쏟아지자 유비의 상황은 위급해졌습니다. 그 순간 법정이 유비의 면전을 몸으로 막아서자 유비는 놀라 그에게 빨리 피하라고 말했습니다. 이때 법정이 한 말은 "당신이 떠나기를 원치 않는다면 우리 함께 여기서 죽으면 되겠습니까?"라는 의미였습니다. 유비는 물러날 수밖에 없었습니다. 결국 법정 덕택에 전군이 치명적인 재앙을 입는 일은 면할 수 있었습니다.

　후인들은 이 전투를 총결할 때 기본적으로 세 글자로 사용하곤 합니다. 첫 번째 글자는 친할 친親 자입니다. 유비는 법정을 매우 좋아해 법정의 안위를 자신의 안위보다 더 신경을 썼다는 것입니다. 두 번째 글자는 지혜 지智 자입니다. 법정은 아무도 유비를 저지하지 못하던 상황에서 기지를 발휘해 위험을 무릅쓰고 온몸으로 간언해 마침내 전군이 궤멸될 위험을 막아냈습니다. 세 번째 글자는 급할 급急 자입니다. 이 글자가 우리가 중점적으로 분석해볼 부분입니다.

　유비는 소의 기질이 있어 조급해지면 아무리 정확한 의견이라도 들으려 하지 않고 궁지에 몰리면 모험을 하는 경향이 있었습니다. 이번 경우도 이성을 상실한 행동으로, 이로 인해 하마터면 모든 것을 잃을 뻔했습니다.

　유비가 왜 그렇게 조급했는지 분석해봅시다. 첫째, 기회를 다시 얻기 어렵다고 생각했기 때문입니다. 조조는 한중을 점령한 후 서쪽으로 들어오지 않고, 용맹하지만 지모가 부족한 하후연에게 한중을 지키게 하고는 군대를 이끌고 허창으로 되돌아갔습니다. 이

때가 유비가 한중을 칠 절호의 기회였습니다. 둘째, 대가가 아주 컸기 때문입니다. 조조의 위협에 적극적으로 대응하기 위해 유비는 동쪽 전선에서 잠깐의 평화를 대가로 형주의 절반을 손권에게 떼어주었기 때문입니다. 셋째, 형세가 좋아보였기 때문입니다. 유비의 군대는 처음 전투를 시작했을 때는 패배를 거듭하며 피동적인 국면에 빠졌지만, 법정의 계책으로 하후연을 유인해 벤 후 마침내 전장의 주도권을 확보하게 되었습니다.

그러나 형세가 호전될 기미가 보일 때 조조의 대군이 도착해 상황은 원점으로 돌아가고 말았습니다. 커다란 대가를 치르고 얻은 승리의 성과가 또다시 물거품이 되려는 것을 눈으로 보게 되자 유비도 조급해질 수밖에 없었습니다. 그래서 정서를 통제하지 못하고 조조와 필사적으로 싸우려 하는 무모한 생각에 휩싸였던 것입니다.

모든 것은 결국 지나간다

정서를 통제하지 못하는 상황은 어떻게 발생하고 우리에게 어떤 해를 끼칠까요? 이에 관해 야생마의 죽음이라는 짧은 이야기를 소개하겠습니다. 아프리카 초원에는 흡혈박쥐라는 볼품없는 동물이 있습니다. 몸집은 아주 작지만 야생마의 천적입니다. 이 박쥐는 동물의 피를 빨아 생존하는데 야생마를 공격할 때 항상 예리한 이빨로 민첩하게 뒷다리를 물어뜯은 후에 뾰족한 입으로 피를 빱니다.

야생마는 이러한 공격을 받으면 바로 뛰어오르며 미친 듯이 달리지만 박쥐를 쫓아내지는 못합니다. 박쥐는 오히려 태연하게 말에 달라붙어 피를 빨다 배가 부르면 날아가버립니다. 하지만 야생마는 분노에 휩싸여 미친 듯이 달리다 피를 흘리며 어찌할 줄 모르고 죽어갑니다.

동물학자들에 따르면 박쥐가 빤 피는 무시해도 좋은 만한 양이라고 합니다. 야생마의 죽음은 흡혈박쥐가 피를 빨자 미친 듯이 달린 것 때문입니다. 야생마에게 흡혈박쥐는 단지 외부의 작은 자극일 뿐이었는데 이에 정서적으로 지나치게 반응해 결국 죽게 된 것입니다.

정서를 통제하지 못하는 상황은 아주 우려할 만한 일로, 이런 사람은 이성을 잃고 충동적인 행동을 보이곤 합니다. 울며불며 매달리거나 책상을 탁 치며 눈을 부라리고 큰소리를 지르는 것은 다 정서를 통제하지 못한 사람들의 반응입니다. 이런 상황에서는 종종 보통 때와 다른 사람이 되기도 합니다. 사람의 행위는 목적과 계획이 있고, 의식적이어야 합니다. 인간은 고차원의 동물로, 이성적인 행동은 다른 동물과 구별되는 가장 큰 특징이라고 할 수 있습니다. 그런데 정서적인 행동의 주요한 특징 가운데 하나는 종종 이성을 결핍하고 있는 점입니다. 이 때문에 정서를 통제하지 못하고 감정을 그대로 노출할 경우 큰 문제를 일으킬 수 있는 것입니다.

그렇다면 이렇게 정서를 통제하지 못하는 상황을 어떻게 피할수 있을까요? 가장 중요한 것인 심경心境, 즉 마음상태를 수련하는 것입니다. 마음상태란 개인의 안정적이고 지속적인 정서적 경향을 반영합니다. 심경은 주변으로 퍼지는 경향이 있습니다. 특정 관계에서 체현되는 것이 아니라 모든 상황을 똑같은 태도로 대하는 것입니다.

지금 길가에는 꽃이 만개해 있고 개울에는 졸졸 물소리가 들리며 푸른 하늘에는 제비가 봄소식을 안고 돌아왔습니다. 이러한 정경이 개인의 심정에 영향을 미칠까요? 분명 끼치겠지요. 길가에 꽃이 만개하고 부드럽고 따스한 봄바람이 살랑살랑 불어오면, 길가에 늘어선 목련꽃을 사진에 담으면서 "봄이 저물어가는 음력 3월, 강남 풀들은 온 들에 널려 있고, 나무들은 온갖 꽃을 피우고, 무리 지은 꾀꼬리 여기저기 날아오르네[暮春三月, 江南绿草遍野, 树上各种花朵盛开, 成群的黄莺到处飞翔]"라고 읊조리면 이때의 심경은 아주 좋은 것이겠지요.

이러한 희열을 느끼면 뭘 해도 즐겁고 누구를 만나도 흡족할 것입니다. 설령 모르는 사람을 만나도 입가에 미소를 지을 수 있는데, 이것이 바로 심경입니다. 심경이란 정서의 경향이고 배경입니다. 조금만 좋은 일이 있어도 며칠 동안 유쾌했던 경험이 있을 것입니다. 하지만 아침에 기분 나쁜 일이라도 당하면, 그날은 아마도 어느 누구도 마음에 들지 않고 뭘 해도 기운이 없을 것입니다. 이 때문에 계속 정서적으로 안정을 느끼려면 심경관리에 특별히 신경을 써 외부의 좋지 않은 정서에 쉽게 휘말리지 않아야 합니다.

저는 경극 무대에 나오는 제갈량 대사 가운데 하나를 아주 좋아합니다.

"나는 본래 와룡강에서 한가롭고 자유로운 사람이었다."

이것이 바로 심경입니다. 만약 마음속에 항상 새가 지저귀고 향기로운 꽃이 만발한 와룡강과 문 앞의 작은 다리와 대나무 숲, 그리고 초가집 탁자 위의 맑은 차 한 잔을 담고 있으면, 설령 만장의 홍진, 공명과 관록, 인생의 부침과 마주해도 능히 평온한 상태를 유지할 수 있고 통제력을 잃지 않을 것입니다. 눈앞에 놓인 일을 어느 정도까지 할 수 있는지는 마음속에 어떤 정경을 담고 있는지에 달려 있습니다. 일을 할 때는 태도상으로는 몰입해야 하지만, 심경상으로는 초탈한 마음을 유지해야 하는데, 이것이 긴장을 동반한 도전적인 임무를 완성하는 관건입니다.

♻ 유비의 지혜

계속 정서적으로 안정을 느끼려면 심경관리에 특별히 신경을 써 외부의 좋지 않은 정서에 쉽게 휘말리지 않아야 한다. 일을 할 때 태도상으로는 몰입해야 하지만 심경상으로는 초탈한 마음을 유지해야 하는데, 이것이 긴장을 동반한 도전적인 임무를 완성하는 관건이다.

정서를 통제하는 방법으로 심경을 수련하는 것 외에 흔히 사용하는 방법은 음악을 듣는 등 자신이 좋아하는 환경으로 바꾸어 일을 하는 전이법, 결점과 부족함을 인정하고 강한 상대를 존중하는 승인법, 적합한 운동으로 해소하는 운동법, 소통의 대상을 찾아 마음을 털어놓는 내려놓기 등이 있습니다.

한중전투에서 유비는 차단법을 사용했는데, 이 또한 매우 효과적인 관리방법 가운데 하나라 할 수 있습니다. 즉 정서가 정상적인 상태가 아닐 때 주위에 항상 훈계하고 깨우쳐주는 사람을 두어 좋지 않은 정서에서 신속하게 벗어날 수 있었습니다.

"여산의 참모습을 알기 어려운 것은 다만 내 몸이 이 산중에 있음이라네[不識廬山眞面目 只緣身在此山中]"라는 문장은 당사자가 풀 수 없는 웅어리와 내려놓지 못하는 짐이라도 외부에서 보면 '이것은 일도 아니다'라고 느낄 수 있다는 점을 잘 표현하고 있습니다.

큰일을 이루는 사람은 태산이 무너져도 얼굴빛 하나 바뀌지 않는 사람입니다. 정서안정은 성공한 사람이라면 당연히 갖추고 있는 우수한 자질입니다.《장자》〈외편外篇, 달생達生〉에 있는 태약목계 呆若木鷄라는 고사는 이러한 이치를 잘 설명하고 있습니다.

주선왕周宣王은 투계를 좋아해, 싸움닭을 만들기로 유명한 기성 자記性子에게 닭 훈련을 지시했습니다. 열흘이 지나 선왕이 "이제 대충 되었는가?"라고 묻자 기성자는 "아직 멀었습니다. 지금 한창 허장성세를 부리고 있는 중입니다"라고 대답했습니다. 열흘이 지나자 왕이 또 물었습니다.

"대충 되었는가?"

"아직 멀었습니다. 다른 닭의 울음소리나 그림자만 봐도 덮치려고 난리를 칩니다."

다시 열흘이 지나 왕이 또 물었습니다.

"아직도 훈련이 덜되었습니다. 오직 적을 노려보기만 하는데 여전히 지지 않으려는 태도가 가시지 않았습니다."

그리고 또 열흘이 지나 묻자 기성자가 대답했습니다.

"거의 된 것 같습니다. 상대 닭이 아무리 소리를 지르고 덤벼도 조금도 동요하지 않습니다. 멀리서 바라보면 흡사 나무로 만든 닭처럼 모든 덕을 다 갖추었습니다. 다른 닭들이 감히 대응하려 하지 않고 그냥 가버립니다."

이 이야기는 즉 우리에게 평온한 마음상태가 진정한 실력이고,

제14강

격렬한 충돌 혹은 투쟁 상황에서도 정서적으로 평온한 것은 전투력의 원천이며 승리의 기초라는 의미심장한 이치를 알려주고 있습니다.

사람이 정서적 소용돌이에 깊이 빠져 스스로를 통제할 수 없을 때, 주위 사람이 확실히 결정적인 도움과 깨우침을 줄 수 있습니다. 법정의 강력한 저지로 유비는 마침내 정서적 동요의 함정에서 벗어날 수 있었습니다. 유비는 야전에서 정면으로 공격하는 방식을 버리고 요충지를 점거해 방어선을 치고 장기적인 소모전을 준비했습니다.

마음이 평온해야 지혜가 생겨나는 법입니다. 유비는 한중에 들어와 조조와 교전하면서 이번 전투에서 최종 승리를 얻으려면 반드시 조직 내부의 사기가 고양되어 있어야 하고 필승의 신념을 세워야 한다는 사실을 잘 알았습니다. 이를 위해 유비는 어떤 방법을 사용했을까요?

아랫사람의 사기가 흥망을 좌우한다

유비가 시행한 구체적인 책략은 이전의 승리를 선전하며 필승의 미래를 보여주는 것이었습니다. 사실 한중전투에서 유비는 조조가 전장에 도착하기 전에 승리결과를 예측했습니다. 유비는 이전에는 한 번도 이처럼 명확한 예측을 한 적이 없었습니다. 이전에는 늘 싸우지 않고 도망가거나 싸우다 불리하면 도망갔습니다. 그런데 이번에는 오히려 조조가 도망가리라 예측한 것이었습니다. 《삼국지》 〈선주전〉의 기록입니다.

> 유비가 멀리서 이를 헤아려 말했다.
> "비록 조조가 온다 해도 어쩔 수 없을 것이니 내가 반드시 한천漢川을 차지할 것이다."

유비가 자기편의 승리를 예측한 것은 군심을 안정시키고 사기를 증강시키기 위한 상용수단이었습니다. 우리는 이 책략을 필승의 미래를 보여주는 '희망계획'이라 부를 수 있습니다. 이와 관련된 실험인 '볼링 실험'을 살펴보겠습니다.

홍팀과 청팀이 볼링 게임을 했습니다. 본래 두 팀의 수준은 비슷했습니다. 팀원들이 경기장에 오르기 전, 실험 연구원들이 몰래카메라를 설치하고는 선수에게 각각 열 번씩 연습하게 했습니다. 그러고는 사전에 관중이 홍팀 선수들을 열렬히 응원을 하게 했습니다. 청팀 선수에게는 그들이 설령 스트라이크를 기록해도 아무 일도 아닌 것처럼 반응하고, 실수를 했을 때는 큰소리로 야유하도록 했습니다. 관중이 환호하고 야유하는 장면을 카메라로 기록하고, 정식 시합이 열리기 전에 휴게실 시시티브이CCTV에서 이 모습을 계속 틀어주었습니다. 그들은 경기에 나서기 전 방영된 짧은 영상에 큰 영향을 받는 모습을 보였습니다.

홍팀은 자신만만하게 경기를 아주 잘 마쳤습니다. 반면 청팀은 완전히 달랐습니다. 선수들은 침울한 기색을 띠고 풀이 죽어 고개를 숙이며 입장했습니다. 결국 세 번의 시합 모두 청팀은 큰 점수 차이로 지고 말았습니다.

홍팀의 머릿속에는 승리의 장면이 담겨 있고, 마음은 필승의 신념으로 충만했습니다. 청팀의 머릿속에는 실패의 장면이 담겨 있고, 마음은 실패를 걱정하느라 심지어 풀이 죽어 있었습니다. 승부는 결국 홍팀의 승리로 결정되었습니다. 이것은 아주 재미있는 심리학 현상으로, '사전에 승리한 모습을 본 사람이 훨씬 쉽게 승리를 얻는다'는 이론입니다. 미래의 성공을 묘사하고 과거의 성공을 돌아보는 것 모두 현재의 성공에 유리합니다. 이른바 '사기'는 승리에 대한 믿음으로 충만하고 반드시 승리하리라 믿는 사람들의 소유입니다. 사기가 높아야 성공의 기회를 얻을 수 있습니다.

유비는 중요한 전투 전에 효과적으로 사기를 고무하는 방법에 정통했습니다. 유비는 이렇게 성공을 예측하는 동시에 자신의 승리를 널리 전파해 병사들의 자신감을 끌어올렸습니다. 한중전투에서 유비 부대의 가장 전기적인 승리는 조운의 교묘한 공성계보다 뛰어난 것이 없었습니다. 《삼국지》〈조운전〉의 기록입니다.

하후연이 패하자 조조가 와서 한중 땅을 다투었다. 조조가 북산北山 아래에 군량을 운반하자 황충이 병사를 거느리고 이를 탈취하고자 했으나 기한을 넘기고도 돌아오지 않았다. 익군장군翊軍將軍 조운이 수십 기騎를 거느리고 영채를 나가 살펴보는데, 때마침 조조군이 군세를 떨치며 대거 출전했다. 조운은 창졸간에 이들과 마주치자 적진을 향해 돌진하고 한편으론 싸우며 한편으론 물러섰다. 조조군이 흩어졌다 다시 합쳐 영채 아래까지 추격해오자 조운이 영채에 들어가 문을 활짝 열어젖히고 깃발을 내리고 북치는 것을 멈추었다. 조조군은 조운이 복병을 두었을까 의심해 군을 이끌고 물러났다. 그러자 조운이 하늘을 뒤흔들 듯 북을 울리며 뒤에서 조조군에게 융노戎弩를 쏘아대니 조조군이 놀라고 어지러워져 자기들끼리 서로 짓밟았고 한수漢水에 떨어져 죽은 자가 매우 많았다. 유비는 다음 날 아침 조운의 영채로 친히 와 전날 싸운 곳을 둘러보고 말했다.

"자룡은 일신이 모두 담덩어리로다."

음악과 술자리를 베풀어 저녁까지 이어졌고, 군중에서는 조운을 일컬어 호위장군虎威將軍이라 했다.

유비는 조운이 한수에서 싸워 이긴 이 전투를 크게 치하하며 군에 선전했습니다. 유비는 정군산에서 하후연을 벤 일과 조운이 군영을 비워 적을 물리친 승리를 널리 선전한 후 말했습니다.

"우리는 분명 이 전쟁에서 승리할 것이다!"

이 일과 볼링 실험에서 홍군이 승리한 사고방식은 전적으로 일치합니다. 이번 일을 통해 우리가 결론 내릴 수 있는 심리학 규율은 마음으로 승리하는 순간을 그려보고 사전에 승리한 사람을 보면 훨씬 쉽게 이길 수 있다는 것입니다. 왜냐하면 승리는 신념의 일종이기 때문입니다.

🔄 유비의 지혜

마음으로 승리하는 순간을 그려보고 사전에 승리한 사람을 보면 훨씬 쉽게 이길 수 있다. 승리는 신념의 일종이기 때문이다.

법정의 계책으로 유비는 이전의 진공책략을 대치책략으로 바꾸었습니다. 조조와 대치한 한 달여 동안 유비는 병력을 거두어들여 요충지를 지키며 시종 정면으로 교전하지 않았습니다. 이 책략은 과연 주효했습니다. 시간이 흐를수록 조조 군대에 도망자가 늘어나고 군심이 흩어져 대체로 통제력을 상실해갔습니다. 결국 조조가 한중에 진군한 대규모 군대를 거느리고 장안으로 철수하자 유비는 마침내 한중을 점거했습니다. 조조와 유비의 마지막 교전은 결국 유비의 승리로 끝맺음을 고했습니다.《삼국지》〈선주전〉에 기록된 내용입니다.

> 조조가 도착하자 유비는 군사를 모아 험고한 곳을 지키고 끝내 교전하지 않았다. 조조는 여러 달이 지나도 이를 함락하지 못하고 사망자는 날로 많아졌다. 여름, 조조가 결국 군을 이끌고 돌아가니 유비는 마침내 한중을 차지했다.

유비는 조조와 오랜 세월에 걸쳐 싸워왔는데, 그 싸움 가운데 한중전투는 유비가 얻은 가장 완전하고도 중요한 승리였습니다. 한중에서 성도로 돌아가는 길에 유비는 400여 곳에 행궁을 짓고 기세를 높이며 쉬엄쉬엄 걸어 백성의 환영을 받으며 개선했습니다. 유비는 30여 년의 힘겨운 분투 끝에 마침내 승리의 단맛을 보았습니다.

유비가 한중에서 대승을 거둔 후 동쪽 전선에서도 좋은 소식이 들려왔습니다. 유봉劉封과 맹달이 칼에 피 한 방울 묻히지 않고 상용上庸을 점거했고, 조위의 장수와 군대가 투항했다는 소식이었습니다. 이는 정말 경사에 경사가 겹친 격이었습니다. 좋은 소식은 마치 날개를 단 듯이 전군에 퍼졌고 줄곧 침착했던 유비도 참지 못하고 우쭐거렸습니다. 대군이 성도로 개선한 후 모두 승리의 기쁨에 들떠 있을 때 유비는 문무 군신의 지지하에 오래전부터 기대하던 대사를 계획했습니다. 이는 무엇이었을까요? 다음 강의에서 이야기하겠습니다.

제15강

마음을 훔치면
권위는 따라온다

"새로 부임한 관리는 세 개의 햇불처럼 기세등등하다"라는 말처럼 새로운 리더가 가장 먼저 신경을 쓰는 문제는 조직 내에서 위신을 세우는 일이다. 서촉에 이어 한중을 접수한 유비도 이와 같은 과제에 직면하게 되었다. 형주와 비교해서 서촉과 한중은 규모가 훨씬 컸고, 유비에게 새로운 땅이었다. 이 새로운 기반에서 좋은 관리자가 되기 위해 하루 빨리 위신을 제고할 필요가 있었다. 하지만 이제 막 큰 전투를 끝낸 그는 투항한 모든 사람의 속사정을 알지 못했다. 이처럼 복잡한 국면에서 유비는 어떻게 권위를 수립하고 다른 사람의 인정을 받을 수 있었을까?

간단한 질문을 하나 드리겠습니다. 여러분은 신호등이 빨간색에서 초록색으로 변했는데 앞차가 출발하지 않으면 그를 재촉할 것입니까? 앞차가 움직이지 않으면 참지 못하고 반복해 경적을 울릴 건가요? 많은 사람이 당연히 그렇게 한다고 말할 것입니다. 그러면 다시 묻겠습니다. 여러분이 기다리는 시간이나 화를 내는 정도는 앞에 있는 차가 어떤 브랜드인지와 관계가 있습니까? 앞에 벤츠와 영업용 택시가 있다면 어떤 차에게 더 먼저 화를 낼까요?

이와 관련된 재미있는 심리 실험이 있습니다. 연구자는 사람들이 명차에 더 참을성을 발휘한다는 사실을 발견했습니다. 낡은 차가 신호등이 초록색으로 변했는데도 출발하지 않을 경우 뒷차 운전사는 곧바로 경적을 울렸지만, 고급 승용차인 경우에는 조금 더 오래 기다린다는 것입니다.

대다수는 급이 낮은 차에는 계속해서 경적을 울렸고, 심지어 차 바로 뒤에 차를 붙이는 사람도 있었습니다. 하지만 고급 승용차의 경우는 달랐습니다. 뒷차 운전자의 절반 정도는 경적을 울리지도 않고 앞차가 출발할 때까지 조용히 기다렸습니다. 이 연구는 명차는 하나의 기호이며, 그 기호만으로 충분한 권력을 보여주고 사람들에게 쉽게 순종과 복종을 만들어낸다는 사실을 설명하고 있습니다. 이러한 권력기호 현상은 생활 속에 널리 존재합니다.

유비는 한미한 집안 출신으로 어려서부터 돗자리와 신을 만들었고 몇 차례 오르막과 내리막을 거치며 마침내 익주를 점거하고 강적 조조의 수중에서 한중을 탈취했습니다. 유비는 왕을 칭하며 패업을 이루려 했습니다. 이를 위해서는 사전에 먼저 권위를 높이 세워 인정을 받는 것이 필요했습니다. 그렇다면 유비는 어떻게 권력 기호를 세우고 새로운 도전을 시작했는지 살펴보겠습니다.

은근하게 장악해야 위신이 오래 간다

동한 건안 24년 가을 7월, 조조는 한중에서 철군해 방어선을 진창陳倉 부근으로 물렸고, 유비는 기세를 몰아 한중을 점령했습니다. 유비는 이 시기에 의기양양하고 격양되어 있었습니다. 과거 조조와의 싸움에서 이처럼 휘황찬란한 전과를 얻은 적이 없었고, 또한 천하 영웅이라고 불리던 사람들도 조조를 상대로 이긴 경우가 몇 되지 않았기 때문입니다. 유비는 곧바로 왕을 칭하는 작업에 착수했습니다. 왕을 칭하고 패업을 이루려는 것은 예나 지금이나 천하를 종횡하는 영웅이라면 모두가 꿈꾸는 일이었습니다.

그렇다면 유비는 왜 다른 왕이 아닌 한중왕을 칭하려 했을까요? 이미 성도를 점령했다면 왜 성도왕이라고 칭하지 않았던 것일까요? 여기에 오묘함이 있습니다. 한고조 유방이 한중에서 한중왕을 칭한 후에 한나라 천하를 세웠기 때문입니다. 그래서 유비는 한중에서 왕을 칭해 자신의 권위와 합법성을 증대시키고자 한 것이었습니다. 이는 유비가 입버릇처럼 말했던 '한실을 부흥시켜야 한다'는 명분과도 일치한 것으로, 유비는 천하 사람들을 향해 '나는 국가가 법으로 정한 계승자로서 고조와 같은 사업을 할 것이다'라는 메시지를 던진 것이라 할 수 있었습니다.

유비는 면양沔陽에 성대한 의식을 거행했습니다. 《삼국지》는 한 문장으로 당시의 장면을 묘사하고 있습니다.

> 군사와 백성이 도열하고, 뭇 신하들이 배위陪位한 상태에서 상주문 읽기를 마친 후 선주에게 왕관을 씌웠다[陳兵列衆, 群臣陪位, 讀奏訖, 禦王冠於先主].

유비는 봉왕의식을 위해 면수 강변에 제단을 높이 쌓고 깃발을 내건 뒤 일제히 풍악을 울려 분위기를 조성했습니다. 그리고 식장 앞에는 군사들이 질서정연하게 도열해 있고 군신들은 무릎을 꿇고 천세千歲를 외쳐댔습니다. 유비는 금으로 용을 수놓은 왕복을 입고 허리에는 한중왕의 인수를 차고 머리에는 민간에서 만든 왕관을 썼습니다. 전체의식이 진행됨에 따라 참여한 사람들의 더운 피가 끓어올랐고, 유비 본인도 감정이 격해져 눈물이 그렁그렁했습니다.

의식에서는 120명의 대신이 연명해 한헌제에게 유비를 한중왕으로 추대하는 〈권진표勸進表〉를 낭독했습니다. 《삼국지》 〈선주전〉에는 이 전문이 실려 있습니다. 원문은 비교적 긴데 그중 한 구절만 보겠습니다.

> 신 등이 보건대, 유비는 황실의 먼 일족으로 종실의 울타리와 기둥으로서 국가를 염려하고 난을 그치게 하려는 마음이 있습니다. 조

조를 한중에서 격파한 이래 나라 안의 영웅이 명망을 우러르며 개미가 달라붙듯 많은 이가 귀부하고 있으나, 작호가 높지 않고 구석九錫이 더해지지 않으니 사직을 보위해 그 빛을 만세에 밝히지 못하고 있습니다.

오늘날 말로 하면 대체적인 의미는 '우리는 좌장군 유비는 대 한나라 황실의 일족으로 자나 깨나 국가를 보위하고 동란을 제거하고자 한다. 그리고 유장군이 한중에서 국적 조조를 물리치자 나라 안의 영웅들이 분분히 투항하기를 마치 개미가 큰 나무에 오르는 것과 같다. 그는 단지 의성정후로 직위가 높지 않아 천하를 호령해 사직을 보위할 수 없어 우리는 그를 한중왕으로 추대하고자 한다'는 것입니다.

여기서 알 수 있듯이 유비는 왕을 칭하기 전에 사전에 권진勸進, 즉 정식으로 등극할 것을 권하는 준비작업을 진행했습니다. 제갈량·허정·법정·관우·장비·마초 등 120명의 대신이 연합해 유비를 한중왕으로 삼아줄 것을 상주한 것이었습니다. 이 권진의 과정은 조조가 칭왕을 할 때에도 거쳤던 과정입니다. 그렇다면 조조나 유비는 왜 여러 신하의 권진이 필요했을까요?

이는 주로 세 가지 장점이 있었습니다. 첫째, 천하에 그간의 공훈을 공표하는 것으로 〈권진표〉의 주요한 지면은 공적을 묘사하는 데 할애됩니다. 유비도 예외는 아니었습니다. 전통 중국인의 가치관에서는 자화자찬을 좋게 여기지 않았습니다. 대신 스스로 결점을 말하면 그 결점이 반감되고 다른 사람이 장점을 말하면 그 장점은 배가 된다고 여겼습니다. 권진의 양식은 이러한 가치관에 부합되었습니다.

둘째, 뭇 사람의 지지와 인정을 드러내는 것이었습니다. 〈권진표〉 끝머리에는 군신의 입으로, 중앙정부와 정보가 통하지 않고 정황 또한 긴급해 일시적인 대책으로 좌장군을 한중왕으로 추대한 것은 선례를 따른 것이라고 이야기하고 있습니다.

셋째, 한중왕의 자리에 오른 것의 합법성을 더하기 위해서입니다. 만약 혼자 자신을 왕으로 봉했다면 조롱을 면하기 어려울 것입니다. 하지만 기회를 기다리기만 할 수 없는 상황이기에 어쩔 수 없이 뭇 사람의 명의를 빌렸습니다. '나는 스스로 왕을 칭하는 것이 아니라 수하들이 추대했다'고 말하는 것이 민심을 얻고 민의를 따르는 일이었기 때문입니다. 권진은 신하들의 입을 빌려 자신의 업적과 한중왕이 된 이유를 세상에 발표한 것이라 할 수 있었습니다.

권진을 마무리한 후 두 번째로 유비가 준비한 일은 더욱 주목할 가치가 있습니다. 유비는 단을 쌓고 한조 건립 초기의 규격에 따라 예기禮器와 대례복을 준비했습니다. 왜 이렇게 했을까요?

▌호소력으로
▌마음을 흔든다

왜 항공사 승무원들은 모두 유니폼을 입어야 하는지, 그리고 왜 승무원의 유니폼·신발·화장 등 겉모습에 대한 요구가 유사한지를 생각해보시기 바랍니다. 이와 같은 것이 필요할까요? 다른 스타일로 바꾸면 안 될까요? 예를 들어 승무원이 청바지와 셔츠를 입고 간

편한 운동화를 신고 나온다면 아마도 노동강도를 경감시키고 활동성과 안전성을 증가시키기에 좋지 않을까요?

이러한 현상을 '의식화儀式化 과정'이라 합니다. 사업을 하는 과정에서 장면연출과 의식은 아주 중요한데, 적절한 의식은 관중과 참여자를 포함한 모든 사람의 만족도와 동질성을 증가시킬 수 있습니다. 유비가 한중왕에 오르며 제단을 쌓고 예복을 입는 것은 승무원의 유니폼과 본질이 같습니다. 이는 모두를 만족시키고 동질성을 제고하기 위한 것이었습니다.

조직행동학에서는 적절한 의식 그 자체는 거대한 호소력임을 밝혀냈습니다. 그래서 설령 오늘날과 같은 정보화 시대라고 해도 전통적으로 민족의 역사와 문화를 체현하는 의식들은 여전히 보존되고 선양되어야 하는 것입니다. 단오·추석·설 등 많은 명절은 문화공동체 의식과 민족의 응집력을 증가시킬 수 있습니다. 의식은 구체적인 형상이고 역량인 것입니다.

⚡ 유비의 지혜

적절한 의식 그 자체는 거대한 호소력이고, 문화공동체 의식과 민족의 응집력을 증가시킬 수 있다. 의식은 구체적인 형상이고 역량이다.

앞서 언급한 것처럼 명차는 기호가 되어 타인의 인정과 순종을 증가시킬 수 있습니다. 복장, 개인용품, 연출된 의식과 명함은 모두 유사한 작용을 합니다. 우리는 이러한 권력을 증가시키는 데 영향을 끼치는 기호를 통칭해 '권력기호'라고 합니다.

그러므로 새로운 환경에서 업무를 시작하는 리더는 공개적으로 모습을 드러내기 전에 자신에 대한 직원들의 인지도나 인정이 어느 정도인지 진지하게 고려해보아야 합니다. 만약 일찌감치 명성이 자자해 사람들이 존경하는 분위기라면, 행차를 간소하게 하고 다정다감하게 다가가는 것이 가장 좋은 방법입니다. 이러면 위신도 서고 친근감도 생기게 됩니다. 그런데 직원이나 대중의 인지도나 인정이 아주 낮거나, 심지어 부정적이며 사람들의 마음에 의혹이나 좋지 않은 정보, 인상이 남아 있다면, 이와 같은 상황에서는 권력기호를 강화할 필요가 있습니다.

이 때문에 잘 아는 사람이 조직의 장으로 갈 때에는 가장 먼저 새 옷을 입거나 머리를 다듬는 등 이미지에 확실한 변화를 주어야 한다고 충고합니다. 말과 행동거지도 주의해야 합니다. 공식적인 언어를 자주 사용하고 업무에 대한 이야기를 많이 해 전문지식을 보여주어야 합니다.

처음 모습을 보일 때에는 반드시 기본적인 의식을 치르는 것이 좋습니다. 예를 들어 대중이 인정하는 원로나 윗사람을 초청해 그들이 먼저 새로 온 리더의 능력과 업적을 인정하고 치켜세워 이전에 잘못 알려진 이미지를 바꾸어나가는 것도 좋은 방법입니다. 이 방법이 '무등 태우기' 전략으로 모두가 믿고 따르는 사람을 이용해 자신을 치켜세우는 방법입니다.

의식 외에도 두 가지 권력기호가 더 있는데, 그 가운데 하나는 '칭호나 직함'입니다. 사람들은 권위 있는 직함을 단 사람에게는 맹종하는 반면, 직함이 없는 사람은 기계적으로 배척합니다. 1982년 미국의 한 심리학자는 다음과 같은 실험을 한 적이 있습니다.

그들은 최근 12~18개월 사이에 발표된 유명 대학의 저자가 쓴 논문 열두 편을 추려, 저자의 이름과 소속을 "○○ 인력자원센터"라는 보잘것없는 이름으로 바꾼 후 이전에 발표했던 학술지에 다시 투고했습니다. 학술지 측은 이 논문 가운데 아홉 편을 식별하지 못하고 정상적인 심사과정에 들어갔습니다. 사람들을 놀라게 했던 것은 그 이후의 결과였습니다. 얼마 전 실렸던 논문에서 이름만 바꾸었을 뿐인데 심사에 들어간 아홉 편의 논문 가운데 여덟 편이 거절된 것이었습니다. 이는 직무에서 직함이라는 기호의 위력이 얼마나 강력한지 생생하게 말해주는 사례입니다.

또 다른 권력기호는 복장과 개인용품입니다. 많은 상황에서 몸에 딱 맞는 양복은 낯선 사람의 존경을 어느 정도 얻어낼 수 있습니다. 미국 텍사스 주의 한 실험에서 연구자는 서른한 살의 남자에게 여러 장소에서 교통신호를 위반해 길을 건너게 했습니다. 그 가운데 절반은 매끈하게 다린 양복과 넥타이를 매게 했고 나머지 절반은 편한 옷을 입게 했습니다. 연구자는 멀리서 길을 건너려고 기다리는 사람들의 행동을 관찰하고, 남자를 따라 신호를 위반한 사람들의 숫자를 세어 통계를 냈습니다. 실험 결과는 놀랍게도 그가 양복을 입었을 때 그를 따라 교통법규를 위반한 사람이 셔츠를 입었을 때보다 3.5배나 많았다는 점입니다.

비록 이러한 권위의 상징을 입는 것이 직함에 비해 더 잘 파악할 수 있지만, 그와 동시에 위조도 손쉽습니다. 그래서 기호로 만든 권위를 이용해 사기를 벌이는 일이 자주 발생하는 것입니다. 사기꾼들은 카멜레온과 같이 잠시 의사의 백색으로 변했다가, 조금 있다가는 목사의 흑색으로 변하고, 또 잠시 후에는 군인의 녹색으로 변합니다. 그들은 유리하다고 생각하면 곧바로 그 복장을 바꿔 입습니다. 피해자가 권위를 상징하는 복장이 외투 속에 있는 권위의 실질을 보증하지 못한다는 것을 의식했을 때는 이미 늦은 경우가 많습니다.

　이러한 규율에 근거해 우리는 유비가 면양에서 제단을 쌓고 성대한 의식을 거행해 한중왕의 자리에 오른 것은 권력기호를 사용해 권위를 증가시키는 책략에 속하는 것임을 알 수 있습니다. 연출된 의식과 한중왕이라는 직함 등 쓸 수 있는 기호는 모두 사용했을 뿐 아니라 효과 또한 뛰어났습니다. 유비는 한중왕에 오른 후 관례에 따라 공신들에게 상을 내렸습니다. 이 명단에서 가장 사람들을 놀라게 한 인사가 바로 한중을 관리하는 책임자로 신참내기 장수 위연을 임명한 것이었습니다.

희망을 보여주고
전망에 답한다

위연은 원래 형주목 유표의 부장이었지만 후에 유비에 귀순한 장수입니다. 유비를 따라 서촉으로 들어오면서 여러 차례 전공을 세워 아문장군牙門將軍으로 임명되었습니다. 이후 위연은 아문장군의 신분으로 한중 탈취를 위한 싸움에 참가했습니다. 위연의 신분은 같은 시기의 황충·조운 등보다 아주 낮았고, 관우·장비와는 비교할 수 없는 위치였습니다. 그런데 건안 24년, 유비는 면양에서 한중왕이라 칭하고 곧이어 군사를 거두어 성도로 돌아갔습니다. 그런데 유비는 누구에게 한중을 지키게 했을까요? 당시 대다수 사람은 당연히 장비가 한중태수漢中太守가 되리라 여겼고, 장비도 내심 그 직위를 바라고 있었는데, 유비는 의외로 위연을 한중도독·한중 태수로 발탁하고, 위연을 아문장군에서 진원장군으로 승진시켰습니다. 이렇게 위연이 "평지에서 우레가 울듯 갑자기 대장군이 되자" 전군이 이 소식을 듣고 경악했습니다.

《삼국지》〈위연전魏延傳〉에는 이렇게 기재되어 있습니다. 유비가 신하들을 모아놓고 연회를 열고 몇 차례 술잔을 돌린 후 특별히 위연에게 자신의 실력을 선보일 기회를 주기 위해 물었습니다.

"이제 경에게 한중태수라는 중임을 맡겼는데 경은 어찌 임하겠소?"

이에 위연은 그 자리에서 큰소리로 대답했습니다.

"만약 조조가 나라의 모든 힘을 모아 쳐들어온다면 대왕을 위해 이를 막아내겠습니다. 하지만 조조의 장수가 10만의 군사를 거느리고 쳐들어온다면 대왕을 위해 그들을 집어삼키겠습니다."

위연이 자신의 견해를 밝히자 만족한 유비는 그를 칭찬했고, 신하들 또한 위연의 영웅적인 호기를 장하게 여겼습니다. 촉나라 역사의 새로운 별은 이렇게 서서히 떠올랐습니다.

여기서 묻겠습니다. 왜 유비는 장비에게 한중태수를 맡기지 않고 파격적으로 위연을 발탁했을까요? 이 문제는 사람을 선발할 때 그 사람의 능력과 태도뿐 아니라 그의 대표성을 보아야 한다는 사실을 말해주고 있습니다.

당시 위연의 위치는 적어도 세 개의 집단을 대표하고 있었습니다. 첫 번째, 그는 형주의 투항한 장수로 도중에 유비의 집단에 가입한 사람이었습니다. 두 번째, 위연은 지위가 낮았지만 묵묵히 분투하고 노력하는 하급간부를 대표했습니다. 세 번째, 위연은 무예가 뛰어나고 전공이 탁월해 유비의 집단 중에서 두각을 나타내는 신진 역량을 대표했습니다. 이 세 가지 특징이 있었기에 유비가 위연을 발탁한 것은 실은 그 배후에 있는 사람들을 격려하고 각자가 인정받았다는 느낌을 갖도록 해 미래의 희망을 품도록 하기 위함이었습니다. 모두들 지금은 보잘것없어도 앞으로 분투하고 노력한다면 크게 빛날 기회가 있으리라는 정보를 준 것이었습니다.

이외에도 위연은 장비와 다른 한 가지 장점이 있었습니다. 장비는 아랫사람을 그다지 아끼지 않고 항상 술만 마시면 수하를 학대하고 입만 열면 욕하고 때리기 일쑤였습니다. 위연은 그렇지 않았습니다. 사서에는 위연이 병사를 잘 키우고 수하를 아끼며 싸움에 임할 때 용맹스러워 조직 내에서 위망이 높았다고 기록되어 있습니다. 이러한 리더십은 한중을 지키는 데 꼭 필요한 것이었습니다.

앞선 강의에서 사람들은 희망을 보아야 열심히 일한다고 했습니다. 이것이 시범효과입니다. 위연을 전격 발탁한 것은 유비의 남다른 안목과 리더십을 보여준 사례라 할 수 있습니다.

여기서 인재등용과 관련한 고대 중국의 저명한 이야기 하나를 소개하려 합니다. 제환공齊桓公에게 좋은 말이 많았는데 한번은 말을 구경하러 갔다 온 후 관중管仲에게 물었습니다.

"중부仲父, 듣자 하니 전에 말을 길렀다고 하던데, 말을 기르려면 씻겨주고, 먹이를 주고, 물을 주고, 산책도 시켜야 하는데, 어떤 일이 가장 어려웠소?"

관중이 대답했습니다.

"말의 울타리를 매는 것이 가장 어려웠습니다."

제환공이 말했습니다.

"말의 울타리를 매는 것이 뭐가 어렵소?"

관중이 설명했습니다.

"울타리의 막대를 선택하는 것이 매우 중요합니다. 만약 첫 번째 막대가 곧으면 두 번째 또한 곧고, 세 번째도 곧아야 울타리를 튼튼하게 할 수 있습니다. 만약 첫 번째 막대는 굽은데 두 번째 막대가 곧아 서로 다르면 튼튼하게 엮기가 어렵습니다."

이어 관중이 말머리를 돌려 말했습니다.

"국가의 용인도 마찬가지입니다. 한 사람을 적합하지 않게 쓰면 이후에 다른 사람을 적합하게 써도 소용이 없습니다."

이를 '선두주자 현상'이라 합니다. 유비가 위연을 한중태수로 안배한 까닭은 위연의 바름[正]을 한중 조직 전체의 기초를 견고히 다지는 데 사용하고자 했기 때문입니다.

유비는 관례를 타파하고 과감하게 위연을 발탁해 중대한 임무를 맡기고, 자신의 권위를 최대한 높인 동시에 기층 장병이 희망을 보고 최선을 다하도록 고무했던 것입니다.

지나친 자신감은 자멸을 부른다

한중 문제를 처리한 유비는 성도의 인사를 진행했습니다. 허정을 태부, 법정을 상서령, 관우를 전장군前將軍, 장비를 우장군, 마초를 좌장군, 황충을 후장군, 나머지는 등급에 따라 모두 승진시켰습니다. 그런데 핵심조직을 임명하는 과정에서 새로운 문제가 생겨났습니다.

실제 업무를 하다보면 새로 업무를 맡은 직원이 여러 이유로 공개된 장소에서 분별없는 말이나 행동으로 리더의 권위에 영향을 끼치는 경우를 종종 마주하게 됩니다. 이와 관련된 이야기가《삼국지주》〈산양공재기山陽公載記〉에 실려 있습니다. 그 진실성은 고증이 필요하지만 그 속에는 음미할 만한 도리가 들어 있습니다.

마초는 유비가 후대하는 것을 보고 유비와 더불어 말하며 늘 유비의 자字를 부르니 관우가 노해 그를 죽일 것을 청했다. 유비가 말했다. "사람이 궁해져 내게 귀의했소. 내 자를 불렀다 해서 경 등이 분노하며 그를 죽이자 하니, 천하 사람들에게 어떻게 보이겠소!" 장비가 말했다.

"그렇다면 응당 예禮를 보여야지요."

다음 날 회의를 크게 열고 마초를 청했다. 관우와 장비가 함께 칼을 쥐고 곧게 서 있었다. 마초는 앉을자리를 둘러보느라 관우와 장비를 보지 못했다가 그들을 보고 크게 놀라 마침내 다시는 유비의 자를 부르지 않았다. 다음 날 탄식하며 말했다.

"내가 이제야 패망한 이유를 알게 되었다. 인주人主의 자를 부르다 하마터면 관우·장비에게 죽임을 당할 뻔했구나."

이후로 유비를 존중하며 섬겼다.

유비는 미천한 신분으로 기회를 엿보다 유장에게서 슬쩍 서촉 땅을 취해 마침내 황제에 올랐으니 마음속에 꺼림칙한 부분이 있었을 것입니다. 취임한 날부터 그는 자신의 위신이 견고하게 뿌리 내리지 못할까 걱정했고, 이러한 상황에서 수하 마초로부터 받아야 할 존중을 받지 못했으니 내심 울적했을 것입니다. 장비가 "예를 보여주어야 한다"고 한 말은 리더가 자신을 얼마나 존중하고 칭찬하는지와 상관없이, 신하된 자로서 응당 분수와 위치를 파악해 언행에 신경을 써야 한다는 것입니다. 특히 여러 사람 앞에서 과분한 행동을 하지 말아야 한다는 의미였습니다. 도를 넘는 표현은 리더를 궁지에 빠뜨리고 직접적으로 그의 권위를 손상시키는 것과 같기 때문입니다. 리더는 아랫사람을 존중할 만한 도량이 있어야 하고, 아랫사람은 삼가고 조심해 당연히 힘써 책임을 다해야 합니다. 쌍방이 해야 할 일을 하는 것입니다. 공교롭게도 마초가 이러한 이치를 이해하지 못하고 말과 행동을 멋대로 하자 유비가 씁쓸하게 여겼던 것입니다.

하지만 유비는 직접 벌하지 않고 권력기호의 기교를 통해 에둘러 이 문제를 해결했습니다. 이 기교는 자신에 대한 관우와 장비의 복종을 빌려 권위를 보여준 것이었습니다. 마초는 본래 유비에 대해 크게 신경을 쓰지 않았는데, 그 이름도 쟁쟁한 관우와 장비가 유비의 면전에서 공손을 다하는 모습을 본 후 유비의 권위를 새롭게 인식하고 이전의 오만한 언행을 바꾸었습니다. 이는 자신의 아이에게 벌을 세우는 모습을 다른 아이가 보게 해, 그 아이가 겁은 먹지만 마음에 상처는 받지 않게 하는 전략으로, 확실히 뛰어난 관리기술이라 할 수 있습니다.

마초의 문제를 막 처리하자 오호장군 사이에 또 말썽이 일어났습니다. 《삼국지》〈황충전黃忠傳〉에 기재된 내용입니다.

유비가 한중왕이 되어 황충을 후장군으로 임명하려 하니 제갈량이
유비를 설득하며 말했다.

"황충의 명망은 본래 관우·마초와 동등하지 않았는데 이제 곧바로
동렬에 두려 하십니다. 마초·장비는 가까이에서 그의 공을 직접
보았으므로 그 뜻을 이해할 수 있으나 관우는 멀리서 이를 들으면
필시 달가워하지 않을 것이니 이는 불가한 일이 아니겠습니까?"

유비가 "내가 직접 이해시키겠소"라 말하고는 마침내 관우 등과 더
불어 나란한 지위에 두고 관내후關內侯의 작위를 내렸다.

제갈량의 예상대로 황충이 후장군으로 임명되자 전장군 관우가
발끈했습니다. 《자치통감》에는 "관우는 황충의 지위를 자신과 나
란히 한다는 것을 듣고 노해 말하길, '대장부는 결코 노병老兵과 같
은 대열에 있지 않겠다!'고 하며 관직을 받으려 하지 않았습니다.
다행히 유비는 관우가 불복할 것을 미리 예상하고 특별히 비시費詩
를 보내 관우를 설득하게 했습니다. 《삼국지》〈비시전費詩傳〉에 따르
면 비시는 관우에게 이렇게 말했습니다.

"왕업을 세우는 자는 그 쓰는 바가 하나일 수 없습니다. 옛날 소
하蕭何와 조참曹參은 전한의 고조와 어린 시절부터 교분이 있었습니
다. 진평陳平과 한신韓信은 초나라에서 도망쳐 한나라에 도착했지만
관직의 순서를 정하는 논의에서는 한신을 가장 높은 지위에 있게
했고, 이 때문에 소하와 조참이 원망했다는 말은 듣지 못했습니다.
지금 한왕漢王(유비)은 일시적인 공로에 근거해 황충을 높은 신분이
되게 했지만, 마음속의 경중이 어찌 군후君侯와 같겠습니까! 게다가
한중왕과 당신은 비유컨대 한 몸처럼 기쁨과 슬픔도 함께하고 화

와 복도 같이합니다.

제가 당신을 위해 생각해보면, 관호官號의 높고 낮음이나 작위와 봉록의 많고 적음을 계산해 마음에 두는 것은 옳지 않습니다. 저는 일개 관리로 명령을 받아 시행하는 사람이지만, 만일 당신이 임명장을 받지 않아 돌아가면 이와 같은 거동을 애석해하고 후회하시게 될 것입니다!"

비시의 설득으로 관우는 마침내 임명장을 받아들였습니다.《삼국지》를 아는 사람은 다 알듯이, 관우는 충성심과 용맹은 어느 누구와 비할 바가 없었지만, 너무 도도하고 오만하다는 결점이 있었습니다.

이 결점은 훗날 관우 본인과 촉한 정권의 발전에 치명적인 타격을 주었습니다. 유비는 한중에서 조조를 물리친 후 자신감으로 충만해 과거《융중대》에서 정한 생각대로 관우에게 형주에서 출병해 번성에 주둔하고 있던 조인을 공격하도록 했습니다.《삼국지》〈관우전〉의 기록입니다.

건안 24년, 유비는 한중왕이 되자 관우를 전장군·가절월假節鉞로 삼았다. 이해에 관우가 군사를 이끌고 번樊에서 조인을 공격했다. 조조가 우금于禁을 보내 조인을 돕게 했다. 가을, 큰 장맛비가 내려 한수가 범람하니 우금이 이끌던 7군軍이 모두 물에 잠겼다. 우금은 관우에게 항복했고, 관우는 또 장군 방덕龐德을 참수했다. 양梁·겹郟·육혼陸渾의 뭇 도적이 혹 멀리 와서 관우의 인수와 명호를 받아 그의 지당支黨이 되니 관우의 위세가 화하華夏를 진동했다.

관우의 이번 진공은 전 중국을 진동시켰습니다. 관우가 북상하자 조조는 수도인 허도를 옮길 생각까지 할 정도였습니다. 이렇게 모든 것이 승리를 향해 나아갈 때 잠재해 있던 위기가 폭발했습니다. 중요한 손권과의 연맹을 등한시하고 거기에 관우의 지나친 오만으로 동오와의 외교관계가 긴장됨에 따라 관우는 양쪽에서 작전을 수행해야 하는 상황에 처하고 말았습니다. 조조가 이 틈을 이용해 손권과 밀약을 맺고 관우를 양쪽에서 공격하기로 한 것입니다. 육손이 편지로 관우를 속여 여몽이 백의도강白衣渡江해 형주를 습격하는 데 성공하자 관우는 하룻밤 사이에 앞뒤에서 적을 맞아야 하는 국면에 빠져들었고, 결국 전군이 붕괴되어 형주를 잃고 자신도 목숨을 잃었습니다. 관리학은 항상 성격이 운명임을 강조하는데, 관우의 지나치게 오만한 성격이 결국 촉한정권에 헤아릴 수 없는 손실을 끼쳤습니다.

유비와 관우는 본래 생사를 함께한 형제로 관우의 죽음은 유비에게 심각한 타격을 주었습니다. 게다가 유비가 정신을 차리기도 전에 또 다른 흉보가 전해졌습니다. 상용의 맹달이 조위정권에게 투항했다는 것이었습니다.

당초 유비는 한중을 손에 넣은 후 의도태수宜都太守 맹달을 보내 방릉房陵을 공격하도록 했습니다. 맹달은 방릉을 점령하고 방릉태수房陵太守 괴기蒯祺를 살해하고 계속 상용을 공격하려 했습니다. 이에 유비는 맹달이 독자적으로는 승리하기 어려울 것이라고 내심 걱정해 특별히 자신의 양자인 부군중랑장府君中郎將 유봉을 보내 맹달과 함께 상용을 공격하도록 했는데, 당시 상용태수上庸太守 신탐申耽은 싸워보지도 않고 곧바로 투항했습니다. 이후 상용은 유봉과 맹달의 관리하에 놓이게 되었습니다.

이후 관우가 조인을 공격하던 과정에서 관우는 유봉과 맹달에게 원군을 보내줄 것을 여러 차례 요청했는데, 두 사람 모두 거절했습니다. 결국 관우는 고립무원 상태에서 맥성에서 전사하고 말았습니다. 유봉과 맹달은 형주를 잃고 떠돌던 관우가 죽는 것을 눈으로 보면서도 죽음이 두려워 군대를 움직이지 않았던 것입니다. 이 사건은 유비의 분노를 일으키기에 충분했습니다. 그런데 유비가 두 사람을 처벌하려 할 때 맹달이 먼저 조위에게 투항해버렸습니다. 유봉이 유비의 양자라는 특수한 신분을 이용해 맹달을 능욕하고 병권을 빼앗으려 했기 때문입니다. 유봉은 관우가 죽는 것을 보고도 구하지 않았고 맹달과 권력을 다투다가 상용을 잃게 만들었습니다. 분노한 유비는 이제 유봉을 어떻게 처리할지 고민하기 시작했습니다.

특별한 사람일수록
엄하게 다룬다

유봉은 유비와 특별한 인연이 있습니다. 여기에서 잠시 그에 관한 일을 이야기해보겠습니다. 《삼국지》 〈유봉전劉封傳〉의 기록에 따르면 그는 원래 유씨가 아니라 구씨寇氏였습니다. 그런 그가 어떻게 유비와 관계를 맺게 되었을까요? 유봉은 어머니가 유씨로, 유씨 집안의 외손자였습니다. 유비가 막 형주에 도착했을 때 친척 집의 외손자 유봉을 보고 매우 기뻐하며 양자로 삼은 것이었습니다. 후일 유봉은 강건하고 무예에 뛰어난 소년으로 성장해 유비를 따라 서촉에 들어가 여러 차례 전공을 세웠습니다. 성도를 평정한 후 유비는 유봉을 부군중랑장에 임명했습니다.

유봉은 성도에서는 일을 잘했는데 어찌해서 훗날 맹달과 함께 지내게 되었을까요? 여기에는 조금 특별한 이유가 있었습니다. 맹달은 법정과 잘 알고 지내던 친구로 법정과 함께 각자 2,000여 명의 병사를 거느리고 유비가 서촉에 들어오는 것을 맞이한 사람입니다. 유비가 서촉에 들어오게 된 것으로 보면 그는 일등 공신 가운데 한 사람이었습니다. 유비는 법정을 성도로 데리고 온 후 병사 사천을 맹달에게 주고 의도태수로 임명한 뒤 자귀에 주둔하게 했습니다. 맹달은 그곳에서 작은 제후였다고 할 수 있습니다.

훗날 유비는 맹달에게 방릉을 공격하라고 했는데《삼국지》에는 맹달이 방릉을 점령하는 과정에서 "방릉태수 괴기를 해쳤다"고 기록하고 있습니다. 여기서 "해쳤다"는 의미에 주목하십시오. 사관들은 늘 신중하게 단어를 선택하기에 모든 단어는 다 사용한 이유가 있습니다. 우리가 적을 제거할 때 해친다는 말을 씁니까? 그렇지 않습니다. 여기에는 폄하하는 뜻이 내포되어 있습니다. 이를 이해하기 위해서는 내부의 특수한 인간관계를 분석할 필요가 있습니다.

괴기는 바로 제갈량의 매형이었습니다. 제갈량에게는 두 명의 누이가 있었는데, 한 사람은 괴씨 집안에 시집을 갔고 한 사람은 방씨 집안에 시집을 갔습니다. 이로써 두 집안은 인척 관계를 맺었습니다. 그런데 맹달이 괘씸하게도 분위기 파악을 하지 못하고 가자마자 괴기를 죽게 한 것입니다. 그러므로 사관들이 "해쳤다"고 쓴 것입니다.

이 일이 일어난 후 모두 '맹달은 종잡을 수가 없고 지시를 따르지도 않으며 대국을 돌아보지도 않는다'는 정보를 얻게 되었습니다. 거들먹거리는 맹달을 통제하기 위해 제갈량은 유비와 상의해 양아들 유봉을 파견하기로 결정했습니다. 그런데 결과는 생각한 것과는 판이했습니다. 유봉은 맹달보다 훨씬 거들먹거렸습니다. 상황은 통제할 수 없는 재앙으로 변해버렸습니다. 유봉은 본래 감독자로 파견되었는데, 뜻밖에도 도착한 후 맹달의 병권을 빼앗아버렸습니다. 맹달은 본래 조직과 군대가 있는 사람이었는데 관우의 죽음에 대한 질책과 유봉의 간섭이 심해지자 급한 나머지 수하를 거느리고 조위정권에 투항해버린 것이었습니다. 이렇게 유비는 방릉과 상용을 얻었다가 다시 잃어버리고 말았습니다. 이로써 유비는 동쪽 전선에서 전적으로 피동적인 국면에 처하게 되었습니다.

여기서 우리는 간단하게 분석할 것이 있습니다. 일반적으로 임무를 완성하는 직원에는 세 가지 유형이 있습니다. 하나는 능력도 있고 태도도 좋은 직원으로 이와 같은 사람은 천리마형 인재에 속합니다. 이들은 무대를 주고 신임을 보내면 천리를 달리는 탁월한 업적을 성취합니다. 제갈량이 바로 이러한 유형으로, 그에게는 권한과 신임을 주면 되었습니다. 천리마형 인재에게는 "당신이 전문가이기에 당신 말을 따르겠다"고 하면 그만입니다.

두 번째 유형은 능력은 있지만 태도가 보통이고 일에 대한 열정이 부족한 유형입니다. 이와 같은 직원은 타조처럼 다리가 길어 멀리 뛸 수는 있지만 머리를 모래 속에 처박고는 미동도 하지 않는 유형입니다. 이러한 유형에게는 적당히 대우해 만족을 주면 됩니다. 요구를 만족시키면 자연히 앞으로 나갈 것입니다. 맹달은 타조로 능력에 대한 대우를 바랐는데, 상용을 얻은 전투에서 승리한 후 유비는 맹달에게 상을 내리지 않았습니다. 그래서 그에게는 사직하고 다른 곳으로 옮기려는 마음이 싹텄던 것입니다.

세 번째 유형은 능력이 별로거나 평범하지만 그 태도는 지극히 열정적이고 일에 대한 동기 또한 강렬하며 매우 적극적인 사람입니다. 이와 같은 직원은 원숭이형에 속합니다. 원숭이는 열정적으로 여기저기 돌아다니지만 기본적으로는 소란을 피우는 유형입니다. 이 경우에는 그 열정을 보호하고 재주를 키워주어야 합니다. 유봉은 원숭이형으로 단독으로 한 국면을 통솔할 능력이 부족했는데도 열정과 동기만으로 권력과 이익을 다투다가 결국 아무것도 하지 못하고 자신까지 화를 입고 말았습니다. 게으른 바보는 용인할 수 있지만 부지런한 바보는 다른 사람은 물론 자신도 해칠 수 있습니다.

♻ 유비의 지혜

게으른 바보는 용인할 수 있지만 부지런한 바보는 다른 사람은 물론 자신도 해칠 수 있다.

결국 유비는 상용을 잃고 돌아온 유봉을 처리하기로 했습니다. 《삼국지》〈유봉전〉의 기록입니다.

싸움에서 진 유봉은 달아나 성도로 돌아왔다. 유비는 유봉에게 맹달을 압박하고 침해한 것과, 또 관우를 구원하지 않은 것에 대해 문책했다. 제갈량은 유봉이 강맹強猛한 인물이므로 유비가 세상을 떠난 이후에는 제어하기 어려울 것으로 생각했다. 이 때문에 유비에게 그를 제거할 것을 권했다. 그래서 유봉에게 자진하도록 했다.

유봉은 강맹하고 싸워서 권력을 잡기를 좋아했는데, 이 일로 유비와 제갈량은 그를 경계하게 되었고 결국 유봉에게 자진을 명해 후환을 제거했습니다.

두 번의 패배로 촉한정권은 중원을 탈취할 기회를 놓치고 말았습니다. 유비는 이 결과를 쉽게 받아들이려 하지 않고 다시 힘을 모아 동오를 토벌할 준비를 했습니다. 첫 번째는 형제 관우의 복수를 위한 것이었고 두 번째는 다시 형주를 탈취해 전략상의 피동국면을 전환시키고자 한 것이었습니다. 동오 출정에 대해 주위의 문무 대신이 나서서 반대했지만 유비는 자신감으로 가득했고, 여전히 한중전투의 흥분에서 벗어나지 못하고 있었습니다. 더욱 위험했던 것은 전투경험이 있던 부하들을 모두 후방에 남겨두고 친히 5만 대군을 통솔해 기세등등하게 손권을 향해 돌진한 것이었습니다. 그런데 동오의 손권은 일찍부터 전쟁에 대비해 5만 대군을 수륙으로 파견하고, 대본영을 특별히 건업에서 무창으로 이전한 뒤, 총사령관으로 신예 육손을 임명했습니다.

삼국 후기의 기본 형세를 결정한 대 결전이 막 시작되었을 때 이제 한창 물이 오른 청년 장수 육손과 산전수전 다 겪은 유비 가운데 누가 최종 승리자가 되었을까요? 다음 강의에서 뵙겠습니다.

신뢰를 얻고 싶다면
먼저 믿어준다

신구 리더의 교체는 늘 있는 일이지만 그 과정이 항상 순탄한 것만은 아니다. 인수인계가 잘 이루어져야 기업은 평온한 과도기를 거쳐 순조로운 발전을 꾀할 수 있다. 전임 리더가 어떻게 후계자를 선택해야 핵심 직원들이 이전처럼 새 리더를 지지하게 할 수 있을까?

223년, 일생을 분투하며 살아온 유비는 곧 생명이 다하는 마지막 순간에 이르렀다. 이때 그가 가장 마음을 놓을 수 없던 사람이 아들 유선이었다. 유비는 어떻게 자신과 함께 천하를 일군 형제들이 진심진력으로 유선을 지지하도록 했을까?

많은 사람이 지갑 안에 가족사진이나 카드 혹은 신분증 등을 넣어두곤 합니다. 한번 물어보지요. 만약 지갑을 잃어버렸다면 그 안에 보기 좋은 사진이 있다는 이유로 지갑을 주운 사람이 돌려줄까요? 다시 묻겠습니다. 아름다운 여성의 사진이 있는 지갑과 포동포동한 아이 사진이 있는 지갑 가운데 어느 쪽이 더 돌려받기 쉬울까요? 이 문제에 대해 전문가들이 아주 꼼꼼히 연구했습니다. 결론은 지갑 안에 귀여운 아이 사진이 있을 경우 돌려받을 확률이 더 높습니다. 왜 이와 같은 현상이 일어날까요?

연구는 절대다수가 귀여운 아기를 즐겁고 사랑스럽게 느끼는 감정이 생겨나, 연약한 아이를 보호하고 돌보아야 한다고 생각하게 되고, 이러한 심리가 지갑을 돌려주도록 유도한다는 것을 밝혀냈습니다. 그래서 전쟁에서 포로가 되었을 때 적들에게 막 한 달이 된 아이의 사진을 보여주는 것은 실제로 자신을 보호하는 효과적인 책략인 것입니다. 만약 여러분이 보호본능을 자극하거나 즐거운 마음을 불러일으킬 수 있다면 더 많은 지지와 도움을 얻을 수 있을 것입니다.

다른 사람의 관심과 지지를 얻으려면 상응하는 기교를 운용해야 합니다. 유비는 다른 사람의 관심과 지지를 얻는 데 매우 뛰어났는데, 이와 같은 기교는 분석해볼 만한 가치가 있습니다. 동오로 출정하기 전에 유비는 미래에 대한 자신감으로 충만했습니다. 그는 동오 출정이 재앙을 초래해 다시는 성도로 돌아오지 못하고, 그의 사업과 이상, 그리고 가족 모두를 보살펴달라고 부탁해야 할 줄은 꿈에도 생각하지 못했습니다.

영안궁永安宮의 병상에서 미약한 숨소리를 내쉬며 유비는 자신의 사랑스러운 아들을 제갈량의 면전에 불러놓고 제갈량을 상부相父라고 부르게 했습니다. 이러한 방식은 지갑 안의 귀여운 아이 사진 같이 상대의 동정과 지지를 불러일으킬 수 있었습니다.

하지만 어떻게 진일보한 책략으로 아들이 더 많은 지지와 도움을 얻을 수 있게 했을까요? 유비가 생각했던 방법으로 이야기를 시작해보겠습니다.

▌침착함을 잃으면
▌인생을 잃는다

서기 221년 7월, 유비는 황제를 칭한 후 곧바로 동오를 토벌하는 전쟁에 착수했습니다. 당시 양국의 국경은 이미 서쪽 무산巫山 부근으로 옮겨와, 유비는 오반吳班·풍습馮習·장남張南에게 3만의 군사를 주어 선봉으로 삼아 협구峽口를 탈취하고 오나라 경내로 쳐들어가 무현에서 오군 이이李異·유아劉阿의 부대를 격파하고 자귀를 점령했습니다. 조위가 이 기회에 기습하는 것을 방비하기 위해 유비는 진북장군 황권을 장강 북쪽에 주둔케 하고 시중 마량馬良을 무릉에 보내 그 지역의 부족 수령 사마가沙摩柯에게 군사를 일으켜 촉한의 대군에 호응하도록 했습니다.

손권은 촉군의 전략적 진공에 직면해 분연히 응전했습니다. 그

는 우호군 진서장군 육손을 대도독으로 임명하
고 주연朱然 · 반장潘璋 · 한당韓當 · 서성徐盛 · 손환
孫桓 등 5만여 명의 군사를 이끌고 전선으로 달
려가 촉군을 막았습니다. 동시에 조비曹조에게

조비(187~226)
자는 자환子桓이며, 시호는 문제文
帝로, 삼국시대 위나라의 초대 황제
다. 조조의 적장자로 조조 사후 헌제
에게 양위받는 형식으로 위나라 황
제가 되었다.

사자를 보내 신하를 칭하며 우호관계를 맺어 양쪽 전선에서 전쟁
을 벌이는 것을 피했습니다.

육손은 대도독이 된 후 쌍방의 병력, 사기 및 지형 등 제반조건에
대한 자세한 분석을 통해 우선 촉군의 예봉을 피하고 난 후 기회를
보아 적을 물리치자고 오군의 장수들을 설득했습니다. 그는 과감
하게 전략적인 후퇴를 감행해 이도夷道 효정猇亭 일대까지 물러났습
니다. 그러고 난 후 퇴각을 멈추고 전력을 집중해 반격의 기회를 엿
보며 결전을 준비했습니다. 이렇게 오군은 험난한 고산준령 지대
를 벗어났고 병력을 전개하기 어려운 수백 리의 산지에 촉군을 남
겨두었습니다.

222년 정월, 촉한의 오반 · 진식陳式의 수군은 이릉에서 장강을 끼
고 동서 연안에 주둔했습니다. 2월, 유비는 친히 주력을 이끌고 자
귀에서 진군해, 산을 따라 고개를 넘어 이도 효정에 이르러 대본영
을 구축했습니다. 이때 촉군은 이미 오나라 국경 200~300리 깊이
들어와 이로 인해 오군의 통제된 저항과 마주해 동진의 기세가 잠
시 답보상태에 놓이게 되었습니다. 오군이 요지를 지키며 피하기
만 하면서 싸우지 않는 상황에서 촉군은 부득이하게 무협巫峽 · 건평
建平에서 이릉 일대의 수백 리에 수십 개의 영채를 세웠습니다.

정월부터 6월까지 양군은 계속 대치만 할 뿐 결전을 벌이지 않았
습니다. 유비는 빨리 결전하기 위해 빈번하게 오군 진영 앞에 사람

을 보내 욕하며 도전했지만 육손은 화를 억제하고 상대하지 않았습니다. 육손은 견고히 지키기만 하면서 싸우지 않음으로써 우세한 병력에 의지해 속전속결을 기도하는 유비의 전략을 무너뜨렸습니다. 이에 촉군의 병사들은 점차 투지가 분산되고 해이해져 초기에 주동적인 진공의 우세를 잃어버렸습니다.

6월의 강남은 혹서기에 접어들어 찌는 듯이 무더웠습니다. 유비는 군영을 깊은 산속에 세우고 계곡에 기대어 군사를 정돈하며 가을이 오기를 기다려 다시 진공할 준비를 했습니다. 촉군은 오나라 국경 200~300리에 달하는 험난한 산길이라 후방과 멀리 떨어졌고 보급에도 어려움이 있었습니다. 게다가 유비가 100리에 걸쳐 영채를 세우는 바람에 병력이 분산되어 육손이 전략적 반격을 실시할 기회를 제공했습니다. 《삼국지》〈육손전陸遜傳〉의 기록입니다.

육손이 말했다.
"유비는 교활한 적이며, 경험이 많기에 그의 군대가 처음 집결했을 때, 그의 생각이 조밀하고 전일했으므로 침범할 수 없었다. 지금은 오랫동안 출병하고서도 우리보다 우위를 차지하지 못했고, 병사들은 피곤하고 사기는 떨어졌으며, 또 새로운 계책은 없다. 앞과 뒤에서 협공해 적을 잡을 때는 바로 오늘이다."
제장들이 병력을 헛되이 소모할 뿐이라고 반대하자 육손이 말을 했다.
"나는 이미 유비 진영을 격파할 방법을 알고 있다."
곧 병사 각각에게 띠 풀을 하나씩을 갖고서 화공으로 격파시키도록 명령했다.

육손이 적을 물리친 방법은 과거 주유가 조조를 물리쳤던 책략과 같은 화공이었습니다. 육손은 곧 오군의 사졸들에게 명령해 각자 풀 더미를 들고 밤을 이용해 촉군의 영채를 야습해 불을 지르라고 명했습니다. 일순간에 불기운이 맹렬하게 번져 촉군은 큰 혼란에 빠졌습니다. 육손은 기세를 몰아 촉군을 서쪽으로 퇴각하도록 압박했습니다. 오나라 장수 주연이 5,000명을 이끌고 먼저 촉군의 선봉을 돌파해 맹렬하게 후미까지 쳐들어갔고, 한당의 부대는 촉군을 탁향涿鄕에서 포위하고 퇴로를 끊어버렸습니다. 반장의 부대는 촉군 풍습을 맹공해 대파했습니다. 제갈근·낙통·주윤의 부대는 육손의 주력에 호응해 효정에서 촉군을 향해 공격을 개시했습니다. 이도를 지키던 손환도 공세로 전환해 전투에 뛰어들었습니다. 오군은 순조롭게 전진해 곧 촉군의 영채 40여 개를 공파했습니다. 촉군 장수 장남·풍습·사마가 등이 전사하고, 두로豆勞·유녕油寗 등은 무기를 버리고 투항했습니다. 유비는 전선이 붕괴되자 이릉 서북의 마안산馬鞍山으로 도주했고 촉군에게 산을 둘러싸고 험한 곳에 의지하며 지킬 것을 명했습니다.

육손이 병력을 집중해 사면에서 촉군을 포위·공격함으로써 거의 1만여 명을 섬멸했습니다. 이로써 촉군은 궤멸하고 대부분 죽거나 도망갔고, 수레와 배, 기타 군용물자를 거의 다 잃어버렸습니다. 유비는 밤을 틈타 포위를 뚫고 도주해 석문산石門山에 이르렀는데, 오나라 장수 손환이 추격해 거의 사로잡힐 뻔했으나, 마지막에 역참관리에 의지해 패잔병이 버린 장비를 불태워 산길을 막고서 겨우 추격병을 따돌리고 영안으로 달아날 수 있었습니다.

유비가 영안으로 도망간 후 오군에서는 승세를 타고 전과를 확대할 것을 주장하는 자도 있었지만, 이 시기 유비가 흩어진 병사를 수습하는 동안 조운의 후군이 도착해 영안에는 2만 명에 가까운 군사가 주둔하고 있었습니다. 게다가 조위 쪽에서 두 나라가 싸우는 기회를 틈타 오나라 후방을 공격하는 것을 두려워한 육손이 자진해서 철군하고 돌아갔습니다.

이릉전투夷陵戰鬪로 유비군은 거의 전멸하고 유비 스스로도 치명적인 타격을 입었습니다.《삼국지》〈육손전〉의 기록입니다.

> 유비군의 배·병기·수군·보병의 물자는 한번에 거의 손실되었고, 병사들의 시신은 장강에 둥둥 떠 하류로 내려갔다. 유비는 매우 부끄럽고 분해 다음과 같이 말했다.
> "내가 육손에게 좌절과 모욕을 당했으니, 어찌 하늘의 뜻이 아닌가?"

다음해 4월, 유비는 이릉의 참패로 부끄럽고 분해 병에 걸려 일어나지 못하고 백제성에서 세상을 떠났습니다. 이릉전투는 이렇게 마무리되었습니다.

이릉전투에서 육손은 정확하게 군사적인 상황을 분석해, 대담하게 후퇴를 결정하고, 적을 유인해 기회를 기다렸습니다. 또한 병력을 집중해 상대가 피로한 틈을 타 기세등등한 촉군을 화공으로 일거에 물리쳤습니다. 그는 방어에서 반격으로 전환한 성공적인 사례를 만들어냈고, 그 과정에서 출중한 군사지휘 능력과 오나라의 대도독으로서의 자질을 보여주었습니다.

반면 유비의 실패는 우연이 아니었습니다. 그는 분노로 군사를 일으켜, 힘만 믿고 무모하게 전진하는 병가의 금기를 범했습니다.

구체적으로 지리를 고려하지도 않은 채 주력부대를 전개하기 어려운 숲이 무성한 험한 산길에 배치했고, 또 중심 없이 곳곳의 영채를 잇는 방법을 택해 마침내 피동적인 상황에 떨어져 처절한 실패를 맛보았습니다. 이쯤에서 누군가 물을 것입니다.

'동오전투의 시작도 잘못이고 진공 과정도 잘못이라면 유비 수하의 문신 무장 가운데 출전을 반대한 사람이 없었단 말인가?'

그 반대자가 바로 조운이었습니다.

정세가 급박할수록
한발 물러난다

《자치통감》 기록된 내용을 살펴보겠습니다.

> 유비는 관우가 죽자 대로해 손권을 치려 했다. 조운이 간언하며 말했다.
>
> "국적은 조조이지 손권이 아닙니다. 게다가 먼저 위魏나라를 멸하면 오나라는 저절로 복종할 것입니다. 조조는 비록 죽었으나 그의 아들 조비가 한나라를 찬탈했으니 응당 뭇 사람들의 마음에 따라 조속히 관중關中을 도모해야 합니다. 황하와 위수 상류를 점거해 흉역한 자들을 토벌하면 필시 관동의 의사義士들이 양식을 싸매고 말을 채찍질해 달려와 천자의 군대[王師]를 영접할 것입니다. 위를 내버려두고 먼저 오와 싸워서는 안 됩니다. 병세가 한번 교전하면 급히 풀 수 없으니 이는 상책이 아닙니다."

조운은 손권이 아닌 조조를 공격해야 한다고 주장했습니다. 하지만 유비는 조운의 권고를 들으려 하지도 않고 그를 강주에 남게 해 전장에서 제외시켰습니다. 그가 동정을 지지하지 않았기 때문입니다. 여기서 유비의 군사 생애의 한 가지 법칙을 발견할 수 있습니다. 그가 다른 사람을 지지하고 고무하며 권한을 주었을 때는 성공했고, 그가 대권을 잡고 스스로 "돌격 앞으로"를 외칠 때는 실패했다는 것입니다.

유비의 가장 뛰어난 성공 노선은 지지형 리더십을 발휘하는 것이었지, 통제형 리더십이 아니었습니다. 도전적인 임무는 영웅호걸이 완성하도록 하고, 자신은 후방을 지탱하며 각종 지지를 제공하는 것으로 충분했습니다.

오늘날 많은 가장도 이와 같은 시험에 직면해 있습니다. 아이들은 아주 빠르게 성장하고, 시야도 부모에 비해 넓고 지식도 많으며, 컴퓨터나 휴대전화를 다루는 것도 부모보다 능숙합니다. 심지어 초등학교 4학년 문제 가운데 부모가 풀 수 없는 것도 있습니다. 이와 같은 상황에서 우리 부모는 전통적인 통제형에서 새로운 지지형으로 리더십 방식을 바꿀 필요가 있습니다.

구체적으로는 세 가지 변화가 있어야 하는데, 첫째, 명령하지 않고 상의하는 것입니다. '어떻게 하라'가 아닌 '어떻게 했으면 좋겠다'라고 건의하는 형태로 말하는 것입니다. 둘째, 질책하지 않고 격려하는 것입니다. '어째서 이렇게 못하느냐'고 하지 말고 '힘내라, 좀더 노력하면 더 나은 결과를 얻을 것이다'라고 말하는 것입니다. 셋째, 비평하지 않고 깨우치게 하는 것입니다. '어째서 그렇게 꾸물거리느냐'고 말하지 말고, '시간에 신경을 쓰거라. 조금만 더 빨리

하면 성공할 것이다'라고 말하는 것입니다. 유비의 장점은 대부분 지지형 리더로서 일을 잘 수행했다는 점이었습니다.

그렇다면 왜 이번 동정에서는 평소와 다르게 행동했을까요? 근본 원인은 그가 또다시 정서적인 동요를 겪었다는 데 있습니다. 흥분해 있었기 때문에 가장 기본적인 판단능력을 잃어버린 것이지요. 여기서 정서상태가 판단력에 미치는 영향에 관한 실험 하나를 살펴보겠습니다.

전문가들이 학생을 두 개조로 나누어 한 가지 실험을 했습니다. 한 조는 서정적이고 평온한 노래를 부르게 하고, 다른 조는 리듬이 빠른 격정적인 노래를 부르게 했습니다. 두 조의 학생이 노래를 마친 후 가격에 문제가 있는 제품에 대해 분석하도록 했습니다. 그 결과, 조용한 노래를 부른 조 학생들은 곧바로 문제가 어디에 있는지 발견했지만, 격동적인 노래를 부른 학생들은 반나절이 지나도 문제를 발견하지 못했습니다. 우리는 여기서 흥분한 상태에서는 판단력을 잃고 사실을 바로 보거나 좋고 나쁜 것을 잘 구별하지 못한다는 결론을 얻을 수 있습니다. 그래서 여러분에게 건의하고자 합니다.

첫 번째, 흥분했을 때는 아무렇게나 말하지 말아야 합니다. 하지 말아야 할 말을 하기 쉽고 사람에게 상처를 주기 쉬울 뿐더러 자신도 상처를 받기 쉽기 때문입니다. 두 번째, 흥분했을 때는 아무렇게나 인터넷에 글을 올리거나 댓글을 달지 말라는 것입니다. 좋지 않은 정서가 과도하게 표출되기 쉽습니다. 이는 나중에 후회에도 소용이 없습니다. 세 번째, 흥분했을 때는 중요한 결심이나 중대한 선택을 하지 말아야 합니다. 이러한 때에는 좋고 나쁨을 잘 구별할 수 없기 때문입니다.

개인이 인생과 일상생활에서 내린 선택은 그의 정서상태와 특별한 관계가 있습니다. 판단력에 영향을 끼치는 정서에 흥분만 있는 것은 아닙니다. 피로할 때는 쉽게 주견을 잃어버리고, 상심했을 때는 가격에 민감하지 않게 됩니다. 그래서 기분이 좋지 않을 때는 물건을 사지 말고, 기분이 좋지 않은데다가 흥분까지 했을 때는 더 신중해져야 합니다. 만약 그런 상황에서 물건을 사면 확신컨대 기본적으로 후회할 일만 있을 것입니다.

일시적인 격동으로 유비는 한사코 대부대를 거느리고 동정을 떠났다가 한순간에 수습하기 힘든 참패를 당했습니다. 영안으로 돌아온 후 유비는 회한이 교차해 병들어 누었습니다. 예순 살 유비는 곧 후사를 준비하기 시작했습니다.

▌계란을 한 바구니에
▌담지 않는다

유비는 먼저 이엄을 곁으로 불렀습니다. 《삼국지》 기록입니다.

장무章武 2년(222)에 유비는 이엄을 불러 영안궁까지 오도록 해 상서령으로 임명했다. 장무 3년(223)에 유비의 질병이 악화되자, 이엄은 제갈량과 함께 어린 유선을 보좌하라는 유조遺詔를 받았다. 이엄을 중도호中都護로 임명하고 안팎의 군사를 통솔하며 영안에 주둔하도록 했다.

이엄은 형주 출신이며 익주 창업과정에서 유
비에게 투항한 자로, 문과 무에 능한 소장파 장
수였습니다. 과거 유비가 한중에서 조조와 싸
울 때 후방에서 반란이 일어난 적이 있었는데,
유비에게는 파견할 장수와 병사가 없었습니다.
이때 젊은 이엄이 자신의 수하 4,000~5,000명

유선(207~271)
자는 공사公嗣이며, 아명은 아두阿
斗로, 유비의 장자이자 촉한의 후주
다. 모친은 소열황후昭烈皇后 감씨
甘氏(감부인甘夫人)다. 촉한의 2대
황제로 223년부터 263년까지 재위했
다. 263년 촉한이 멸망하자 조위에게
투항해 안락공安樂公에 봉해졌다.

을 데리고 한 번의 싸움으로 반군을 소멸시켰는데, 이로 인해 보한
장군輔漢將軍 작위를 받았습니다. 이와 같은 칭호는 그에 대한 유비
의 특별한 관심과 애정을 드러내고 있습니다.

훗날 유비가 한중왕에서 황제를 칭하는 과정에서 이엄도 적극
적으로 뛰어다니며 계책을 내고 충성심을 충분히 보여주었습니다.
유비가 이엄을 중용한 기본적인 생각은 바로 제갈량이 민정을, 이
엄이 군사를 관할하게 하는 것으로, 문文과 무武, 베테랑과 소장파,
이렇게 서로 보완하면서 견제하는 역할을 할 수 있게 한 것이었습
니다.

이와 같은 안배만으로는 충분하지 않았습니다. 유비는 일문일무
一文一武 외에 이를 제어할 끈, 즉 문과 무를 통제할 수단을 생각했습
니다. 인재는 천리마인데, 게다가 뛰어난 천리마라면 단단한 밧줄
로 묶어두어야 합니다. 인재는 연과 같은데, 게다가 하늘 높이 나는
연이라면 강력하게 제어할 끈이 있어야 합니다.

많은 사람이 대담하게 권한을 주어, "사람을 쓸 때는 의심하지 말
고, 의심하면 쓰지 말라"고 이야기하지만, 이와 같은 이야기의 배후
에는 여전히 많은 사람이 놓치는 한 가지가 있습니다. 바로 문제가
생기면 그 끈을 잡아당길 수 있어야 한다는 것입니다. 유비가 선택

한 끈은 누구였을까요? 바로 조운이었습니다.

조운은 무공도 뛰어나고 공적도 아주 컸으며 태도도 지극히 충성스러웠습니다. 하지만 그는 줄곧 중요한 위치에 임용되지 않았습니다. 공적에는 어가를 구하는 것보다 높은 것은 없다고 하는데, 조운은 유비를 구했고, 또 유비의 아들을 구한 적도 있었습니다. 과거에 조운이 군대를 지휘할 때 위연·황충과 같은 사람은 모두 하층 간부였습니다. 그런데 훗날 이엄의 지위조차도 조운보다 더 높았습니다. 조운은 줄곧 유비에 의해 더 높은 지위로 발탁이 되지 못했습니다.

그렇지만 유비는 조운에게 가장 중요한 임무를 맡겼는데, 바로 자신의 가족을 안전하게 보호하도록 부대를 주고 성도 부근에 주둔하게 한 것입니다. 천하에 변고가 생겼을 때를 대비해 유비의 가족을 보호할 책임을 맡긴 것입니다. 이는 조운에게 특수한 권력을 주어 전체 국면을 감독·통제하게 한 것이었습니다. 왜 조운에게 이와 같은 권력을 주었을까요? 그가 충성스럽고 용감했기 때문이고 유비가 그에게 애정이 있었기 때문이며 그가 유비에게 친형제와 같았기 때문입니다. 이는 유비가 후계구도를 세심하게 준비했음을 보여주는 것입니다.

그들을 안배한 후 유비는 멀리 성도에 있는 제갈량을 영안으로 불러들였습니다. 제갈량을 보자 유비는 특별히 한 젊은 간부에 대해 이야기를 나누었습니다. 그 사람이 바로 마속馬謖이었습니다. 《삼국지》에는 마속에 대해 이와 같이 기록되어 있습니다.

마속(190~228)

자는 유상幼常이며, 형주 양양 의성 宜城 사람이다. 시중 마량의 동생이다. 어려서부터 재주로 이름이 나 형들과 함께 마씨오상馬氏五常으로 불리었다. 마속은 형 마량과 함께 형주에서 종사로 있으면서 유비를 따라 서촉으로 들어가 면죽·성도의 영 승과 월수태수越嶲太守를 역임했다. 북벌 당시 가정을 잃은 일로 인해 제갈량에게 참수되었다.

마속은 일반 사람을 뛰어넘는 걸출한 재능이 있고, 군사전략에 관한 논의를 좋아해, 승상 제갈량은 그를 높이 평가했다. 유비는 임종할 무렵, 제갈량에게 말했다.

"마속은 말이 실질을 넘고 있어 크게 사용할 수 없소. 그대는 그를 잘 살펴보시오!"

제갈량은 그렇지 않다고 생각했다. 마속을 참군으로 임명해 불러서 담론을 하면 항상 대낮부터 밤까지 이어졌다.

유비는 왜 먼저 정치·경제·군사·외교·민생·천하대사나 각 부문의 수장·장수와 같이 중요하게 여기는 일을 이야기하지 않고, 지위가 낮은 부장급 간부인 마속의 문제를 거론했을까요? 제갈량이 장래에 마속을 중점적으로 키우려 한다는 것을 알고 있었기 때문입니다. 유비는 제갈량이 마속을 후계자로 삼을 것을 걱정했습니다. 유비는 마속에게 참모로서 이론연구를 맡기는 것은 가능하지만 독자적으로 어느 한 부분을 담당하기에는 적합하지 않음을 우려한 것이었습니다. 그래서 특별히 제갈량에게 "마속은 말이 실질을 넘고 있어 크게 사용할 수 없소. 그대는 그를 잘 살펴보시오!"라고 말했던 것입니다. 유비의 사람을 보는 안목은 확실히 탄복할 만한 부분입니다.

유비는 영안에 머물며 1년도 지나지 않아 인사배치를 마무리하고, 장무 3년 봄, 건강이 급속도로 나빠지자 정식으로 국가대사를 제갈량에게 부탁했습니다.

스스로 움직이고
스스로 통제한다

《삼국지》에는 다음과 같이 기재되어 있습니다.

유비가 제갈량에게 이르렀다.

"그대의 재능은 조비의 열 배에 이르니, 틀림없이 국가를 안정시키고 끝내는 대업을 완성시킬 수 있을 것이오. 만일 내 아들이 보좌할 만한 사람이라면 보좌하고, 재능이 없다면 그대가 스스로 취해도 좋소."

제갈량이 눈물을 흘리며 말했다.

"신은 결연히 온 힘[股肱之力]을 다해 충정의 절개를 본받아 죽을 때까지 계속하겠나이다."

유비는 또 조서를 내려 후주 유선에게 말했다.

"너는 승상과 함께 일을 처리하고, 그를 아버지처럼 섬겨라."

유비는 죽음을 앞두고 제갈량과 국가의 앞날과 운명에 관한 중대한 이야기를 나누는 자리에서 승낙일치라는 매우 효과적인 책략을 사용했습니다. 승낙일치란 무엇을 말하는 것일까요?

관리학 분야에 유명한 사례가 있습니다. 부대에 일군의 신참이 들어왔습니다. 이들은 군기가 빠져 지휘관의 말을 듣지 않고 제멋대로 행동했지만, 하필 긴 시간 훈련시킬 기회도 없었습니다. 이들을 데리고 곧 전쟁터에 나가 싸워야 하는 지휘관은 가능한 빨리 전투력을 끌어올릴 방안을 고민하다 결국 심리전문가에게 자문을 구했습니다. 전문가가 권고한 방법은 아주 간단했습니다. 신병 개개인에게 집에 편지를 쓰도록 하면 상태가 개선될 것이라고 한 것입니다. 지휘관은 믿을 수 없었습니다. 전문가가 이어 말했습니다.

"단, 편지를 다음 기준에 따라 쓰게 하시오."

전문가가 준 양식에 따라 신병들은 지금 군대에서 어떻게 규율을 준수하며 생활하고 있는지, 그리고 앞으로 어떻게 훌륭한 군인이 될 것인지에 대한 내용을 써 보냈습니다. 시간이 흐르자 기적이 일어났습니다. 신병들이 정말 규율을 잘 준수하고 적극적으로 행동하기 시작한 것입니다. 지휘관은 심리전문가에게 이유를 물었습니다. 전문가가 말했습니다.

"원리는 아주 간단합니다. 개인은 지휘를 따르지 않을 수 있습니다. 그러나 본인이 한 번 말한 내용은 그대로 행하려 합니다. 가족이나 잘 아는 사람, 혹은 세상 사람들 앞에서 했던 말이라면 그는 반드시 자신이 한 말을 저버리지 않을 것입니다. 그가 만약 말을 어긴다면 설령 다른 사람은 아무렇지 않다고 해도 스스로가 먼저 괴로울 것이기 때문입니다."

이렇게 대중 앞에서 한 자아승낙은 개인의 행위를 규범화할 수 있습니다. 이는 한 번 승낙하면 평생 약속을 이행해야 할 정도로 그 위력이 무궁합니다. 유비는 이러한 방식으로 자신의 수하를 인도했고, 특히 제갈량을 타율적인 태도에서 자율적인 행동으로 인도했습니다.

말한 바를 준수할 동기가 강력한 사람은 상황이나 형세가 변할지라도 자신이 한 말을 지키려 할 것입니다. 승낙일치의 묘미는 상대가 대중 앞에서 인정하기만 하면 설령 훗날 원하지 않더라도 하게 된다는 것으로, 이 책략은 관리·영업 혹은 아동교육에서 매우 유용하게 사용할 수 있는 책략 가운데 하나입니다.

한번 예를 들어볼까요? 저는 예전에 유년기를 연구하기 위해 유치원에서 얼마간 아이들을 관찰하며 지낸 적이 있는데, 그중 가장 인상 깊었던 것이 바로 승낙일치와 관련이 있는 내용이었습니다. 유치원에서는 매일 낮잠을 자기 전에 아이들에게 동화책을 읽어줍니다. 이때 한 말썽꾸러기 친구가 소란을 피우며 여기저기 뛰어다니고 다른 친구들을 방해하거나 소리를 지르면 어떻게 해야 할까요? 먼저 제가 선생이라면 미소를 띠고 말썽꾸러기 아이에게 일어나라고 하고는 물을 것입니다.

"선생님이 한 가지 물어볼게. 선생님이 동화책을 읽을 때 우리 친구는 어떻게 해야 되는지 말해보겠어요?"

그는 바로 "조용히 해야 한다"고 말할 것입니다. 그러면 그를 격려하며 큰소리로 말해보라고 하면, 그 아이는 다시 한 번 "조용히 해야 합니다!" 하고 말할 것입니다.

그러면 다른 친구들을 보며 "여러분, 우리 친구가 한 말이 맞습니까?"라고 묻습니다. 분명 모두가 "맞습니다"라고 대답하겠지요. 그러면 저는 "좋습니다. 그러면 우리 친구에게 박수를 한 번 쳐줍시다"라고 합니다. 박수를 받은 장난꾸러기 아이는 어찌할 바를 모를 것입니다. 그러면 "선생님이 다시 하나 더 물을게요. 우리 친구는 착한 아이처럼 동화책을 읽을 때 조용히 하기를 원합니까?"라고 묻습니다. 그가 원한다고 하면 다시 말합니다.

"좋습니다. 우리 친구가 착한 아이가 되겠다고 하네요. 여러분, 다시 크게 박수 한 번 쳐주세요."

이어 세 번째로 "어린이 친구들, 여러분은 그를 모범으로 조용히 할 수 있겠어요?"라고 묻습니다. 아이들이 그렇다고 하면 다시 "좋습니다. 그러면 우리 모두를 위해 박수 한 번 쳐봅시다"라고 말합니다. 이렇게 세 차례 박수를 치고 난 후 앉아서 동화책을 읽어줍니다. 5분 정도 시간이 흐르면 아마도 꾸러기는 귀와 뺨을 만지며 어쩔 줄 몰라 하면서도 한편에서는 이를 악물고 장난을 참고 있는 모습을 볼 수 있을 것입니다. 왜 그럴까요? 방금 사람들 앞에서 승낙을 했고 모두가 그를 위해 박수를 쳐주며 그를 모범으로 삼는다고 했기에, 이 승낙이 그를 구속한 것입니다.

사람은 일단 승낙하면 스스로를 구속해 승낙한 내용대로 행동하게 되어 외부의 통제가 필요 없어집니다. 사실 외부의 통제는 안정적이지 않기에 그 지속여부를 장담할 수 없지만, 스스로 통제하는 것은 마음에서 우러난 것이기에 오래 지속될 수 있습니다.

유비가 말을 마치자 제갈량은 그 앞에서 "결연히 온 힘을 다해 충정의 절개를 본받아 죽을 때까지 계속하겠다"고 입장을 표명했습니다.

빠를수록 좋지만, 급해서는 안 된다

후계 그룹을 만든 유비는 이어 아들의 문제를 처리했습니다. 유비에게는 네 명의 아들이 있었는데, 양자인 유봉 외에 유선·유영劉永·유리劉理가 있었습니다. 그 가운데 유선은 감부인 소생입니다. 감부인은 유비가 막 예주목이 되었을 때 소패에서 취한 첩으로, 당양 장판파에서 조운 덕에 가까스로 모자가 위험에서 벗어날 수 있었습니다.

유영과 유리는 유비의 또 다른 처첩의 소생으로 유선과는 배다른 형제였습니다. 유비는 황제를 칭한 이후 유선을 태자로 봉하고, 유영과 유리를 노왕魯王과 양왕梁王에 봉했습니다.

유비 네 아들의 이름 마지막 글자를 연결해보면 봉선영리封禪永理라는 글자가 됩니다. 여러분, 중국 고대 제왕의 최고의 의식이 무엇인지 생각해보십시오. 바로 봉선의식입니다. 아무나 봉선할 자격이 있나요? 황제에게만 있었습니다. 유비가 형주에서 아들들에게 각각 봉선영리라는 이름을 지어준 것은 그가 일찍이 황제가 될 생각이 있었음을 설명해줍니다. 개인의 소망이 아들에게 의탁한 것을 볼 수 있습니다.

천하를 차지하려면 천하를 지켜야 하고 기업이 오래가려면 반드시 후계자가 있어야 합니다. 유선을 키우기 위해 유비는 심혈을 기울였다고 할 수 있습니다. 그는 특별히 유선에게 매우 든든한 후계 그룹을 맺어주었습니다. 태자의 종속관인 사인舍人·세마洗馬로 동윤董允과 비의費褘를 임명했는데, 이 두 사람은 제갈량의 〈출사표出師表〉에도 언급된 것처럼 매우 충성스럽고 재간이 풍부한 인재였습니다. 동시에 특별히 래민來敏에게는 태자가령太子家令을, 윤묵尹默에게는 태자복太子僕을 맡겼습니다. 두 사람은 고금에 정통했고 특히 《춘추좌전》에 대해 전문가였는데, 유비는 이와 같은 안배를 통해 유선에게 비교적 좋은 성장환경과 학습환경을 조성하려고 했던 것으로 볼 수 있습니다.

하지만 결과적으로 유비의 노력은 큰 효과를 보지 못했습니다. 중요한 요인 가운데 하나가 시기상으로 좀 늦었다는 점입니다. 자녀교육은 빨리 시작해야지 늦어서는 안 됩니다. 교육과 관련해 흔히 이야기되는 말로 기억할 만한 것이 몇 있습니다. "충후한 품덕을 전하면 집안이 오래가고, 시와 서가 계승되면 세대가 오랫동안 이어진다[忠厚傳家久, 詩書繼世長]", "나라가 맑으면 재주 있는 사람이 다 등용되어 귀해지고, 집안이 부유하면 아이가 교만해진다[國淸才子貴, 家富小兒驕]", "기르며 가르치지 않은 것은 부모의 허물이고, 가르치며 엄하지 않은 것은 스승의 게으름이다[養不敎父之過, 敎不嚴師之惰]", "옥은 다듬지 않으면 그릇이 될 수 없고, 사람은 배우지 않으면 의를 알지 못한다[玉不琢, 不成器, 人不學, 不知義]" 등이 그것입니다.

이는 모두 자녀교육과 관련된 구절입니다. 하는 일마다 성공한 사람도 딱 한 가지 잘못해 죽어도 눈을 감지 못하는 일이 바로 자녀교육이고, 평생 모든 일에 실패한 사람도 한 가지만 성공하면 죽어서도 안심하는 일 또한 자녀교육입니다. 그래서 현대관리학에서 건강관리나 자녀교육은 전술이 아니라 전략적인 문제로 결코 홀시해서는 안 되는 것입니다. 이들은 여러분의 행복과 관계가 있기 때문입니다.

《삼국지》에서 우리를 감탄하게 만드는 인물로 세 사람이 있습니다. 그 가운데 한 사람이 손견입니다. 손견은 자신이 영웅이면서 아들 손책과 손권도 영웅이었습니다. 두 번째는 사마의입니다. 사마의도 대단했지만 아들 사마사·사마소도 뛰어났습니다. 그는 어디를 가든 항상 아들들을 데리고 다녔고 실전으로 그들을 가르쳤습니다. 신체와 전술, 능력을 단련시켜 결국 그 손자가 천하를 얻을 수 있게 한 것은 정말 대단한 일이었습니다. 세 번째가 바로 조조입니다. 조조는 업무 스트레스가 과중하고 싸움터에 나가 살면서도 한순간도 자녀교육을 잊은 적이 없었습니다. 그의 자식을 보십시오. 뛰어난 문재를 가진 조식, 개세무공의 조창曹彰, 지인선임에 뛰어난 리더 조비, 일반인을 뛰어넘는 총기를 보여준 조충曹沖이 있었습니다.

그들과 비교했을 때 유비는 유감스럽게도 자녀교육에 성공적이지 못했습니다. 유비는 사방으로 전쟁터를 떠돌며, 패할 때마다 처자식을 버린 적이 있었습니다. 서주 전역에서만 세 차례나 되었습니다. 당양 장판파에서 조운의 필사적인 구조가 없었다면 유선도 바로 버려졌을 것입니다. 이러한 측면에서 볼 때 유비의 가정관념은 상대적으로 빈약했고 자식의 적절한 교육에도 그다지 신경을 쓰지 않았다는 것을 알 수 있습니다.

아버지는 아이가 인생에서 첫 번째 만나는 낯선 사람이고, 아버지와의 관계는 아이의 인격형성, 특히 사교능력에 매우 중요합니다. 많은 아이가 수줍음을 타거나 내성적이고 심지어 주눅이 드는 것은 다 아버지가 성장기에 적절하게 교육을 하지 못한 것과 큰 관계가 있습니다. 후주 유선의 연약한 성격은 어린 시절 유비가 부재했던 것과 관계가 큽니다. 훗날 등애鄧艾의 비정규 부대가 촉 땅 깊숙이 들어오자 뜻밖에 저항을 포기하고 항복을 결정한 것에서 후주 유선의 연약하고 위축된 성격의 일면을 볼 수 있는데, 사실 이와 같은 성격은 어린 시절에 씨가 뿌려진 것이라 할 수 있습니다.

등애(197~264)

자는 사재士載이고, 의양義陽 극양棘陽 사람이다. 위나라의 걸출한 군사가이자 장군이다. 263년에 종회鍾會와 함께 군사를 거느리고 촉한 정벌에 나서, 마지막에 성도로 진입한 뒤 촉한을 멸망시켰다.

오늘날 대부분의 부모가 아이의 조기교육을 무척 중시하는데, 아마 삼국시대보다 훨씬 관심이 높을 것입니다. 그런데 요즘 부모의 최대의 장점은 무슨 수를 써서라도 자식이 훌륭한 인물이 되기를 바라는 것이고, 최대의 약점은 아무것도 따지지 않고 자식이 훌륭한 사람이 되기를 바라는 것입니다. 조기교육의 공리성은 아주 높지만 개별기능과 지식을 지나치게 강조하는 모습은 아이의 개성 있는 성장과 전체적인 인지능력의 발달을 등한시하는 부작용을 초래할 수 있습니다.

요즘 아이들은 어린 시절부터 친구들과 놀 시간도 없이 종일 각종 학원에 다니곤 합니다. 이와 같은 교육방식은 본말이 전도된 것입니다. 어떤 부모는 심지어 한 가지 기능만 강요하고 아이의 구체적인 정황을 고려하지 않습니다. 한 아이는 글짓기 숙제에서 "저는 분명 나비인데 당신은 기어코 나의 날개를 뽑고, 나를 거북이·토끼와 달리기 경주를 하라 하고, 그들보다 잘 달리지 못하면 느림보라고 욕하네"라는 글을 썼습니다. 이는 비극입니다.

교육은 빠를수록 좋습니다만, 급해서는 안 됩니다. 아이마다 자신에게 적합한 인생의 길이 있고, 자신만의 성공 모델이 있습니다. 이 세상에서 사실상 우리는 과객일 뿐이고 언젠가는 이 세계를 아이들의 손에 넘겨주어야 합니다.

가정교육의 각도에서 보면 유선은 연약하고 무능해 위험을 감당하지 못하고 결정적인 순간에 도피하기를 좋아했는데, 이는 아버지의 영향과 관련이 있었습니다. 직원과 사장, 아이의 부모의 관계에는 이와 같은 규율이 있습니다. 직원은 사장의 그림자이고, 아이는 부모의 거울입니다. 아이를 돼지라고 욕해서는 안 됩니다. 아이가 돼지라면 부모는 돼지우리입니다. 직원을 쓰레기라고 욕해서도 안 됩니다. 직원이 쓰레기라면 사장은 쓰레기통이기 때문입니다. 우리는 아이 또는 직원의 신상에 문제를 볼 때마다 돌이켜 자성하고 자신의 신상에 고쳐야 할 결점이 있는지, 해결이 필요한 문제가 있는지 생각해보아야 합니다.

생명의 마지막 순간, 유비가 가장 근심했던 것은 자식들이었습니다. 그는 자식들에게 유언을 남겼습니다.

"짐이 처음에는 병이 다만 이질이었는데 그 뒤 잡다한 병으로 옮겨 거의 스스로 구할 수 없는 지경이 되었다. 사람의 나이 쉰이면 요절이라 칭하지 않는데 내 나이 예순세 살이니 또 무엇이 한스럽겠으며 스스로 애통해할 일도 아니다만, 다만 경卿(유선)의 형제에게 마음이 쓰인다. 사원이 도착해 말하길, 승상이 경의 지량智量을 칭찬해 심히 크게 수양해 바라던 바를 넘어섰다 하니 실로 그러하다면 내가 또 무엇을 근심하리오! 힘쓰고 또 힘쓰거라!

악은 아무리 작아도 행하지 말고, 선은 아무리 작아도 행하라. 오직 어질고 덕이 있어야 다른 사람을 따르게 할 수 있다. 네 아비는 덕이 부족하니 나를 본받지 말라. 가히 한서漢書·예기禮記를 읽고, 여유가 있으면 《제자諸子》와 《육도六韜》, 《상군서商君書》를 두루 읽어, 다른 이의 뜻과 지혜에서 도움을 얻도록 하라. 들건대 승상이 《신불해申不害》·《한비자》·《관자管子》·《육도》를 모아 하나로 베꼈다가 미처 보내기 전에 도중에 잃었다 하니, 직접 구해 들어서 통달하도록 하라."

"악은 아무리 작아도 행하지 말고, 선은 아무리 작아도 행하라"는 무슨 뜻이지요? 이 구절은 씨앗을 심는 것처럼 선을 행할 때는 씨앗이 작다고 얕보지 말아야 한다는 것입니다. 일단 심으면 하늘 높이 우뚝 솟은 나무로 자랄 수 있습니다. 또 악을 저지르는 것은 사나운 말을 타는 것처럼 한 걸음만 내딛어도 이후에는 멈출 수가 없다는 것입니다. 그래서 큰일은 눈앞의 작은 일부터 시작하고 1,000리 길도 한 걸음부터 시작하라는 것입니다. 이것이 유비의 인생 지혜였습니다.

유비는 임종 즈음 유선을 부르지 않고 성도에서 일을 주관하도록 했습니다. 유비는 노왕 유영을 불러 그의 손을 끌어안고 "내가 죽은 후 너희 형제는 승상을 어버이처럼 섬기며, 승상과 함께 일을 처리하도록 하라"고 당부했습니다. 유비는 자식에게 유언으로, 아버지를 대하듯 제갈량을 의지하고 믿고 존중하라고 했습니다. 이는 유비가 세상에서 남긴 마지막 말이었습니다. 장무 3년 4월 24일, 유비는 향년 예순세 살의 나이에 병으로 세상을 떠났습니다.

《삼국지》의 저자 진수는 유비에 대해 다음과 같이 평했습니다.

> 유비는 포부가 크고 굳세고 너그럽고 후덕했으며 사람을 알아보고 선비를 잘 대우해 대체로 한 고조의 풍모와 영웅의 그릇을 갖추고 있었다. 온 나라와 자식을 제갈량에게 부탁하면서 다른 마음이 없었으니 실로 군주와 신하의 지극한 공정함은 고금의 아름다운 본보기다. 기지와 응변, 재능과 계략은 조조에는 미치지 못해 이 때문에 그 영토는 협소했다. 그러나 꺾일지언정 굽히지 않고 끝내 남의 아래에 있지 않았으니, 저들의 기량으로 필시 자신을 용납하지 못하리라 헤아리고, 오로지 이익만을 다투지 않고 해로움을 피하려 했다 말할 수 있겠다.

유비의 일생은 변화가 많고 기복이 심했으며 순탄하지 못했습니다. 수차례 중대한 좌절을 겪고도 여러 차례 다시 위풍을 떨쳤습니다. 진정 백절불굴의 영웅이었습니다.

　　유비의 성공사는 그야말로 '풀뿌리 영웅의 성장사'였습니다. 그는 한미한 출신으로 문으로는 제갈량·방통에 미치지 못했고 무는 관우·장비·조운·마초·황충에 미치지 못했습니다. 하지만 결국에 삼분천하해 익주를 근거지로 천하에 군림했습니다. 유비의 신상에서 우리는 확실히 일반인을 뛰어넘은 리더로서의 재능을 많이 보아왔습니다. 그는 사람을 알아보는 데 밝았고, 덕망 높고 어진 사람을 예의와 겸손으로 대했으며, 인재를 중용했습니다. 사람을 의로 대하고 인의와 마음을 중시했습니다. 그는 형세에 잘 기대어 무대를 차지했고, 상대에게 도움을 주는 방식으로 부탁을 하면서도 시종 도의의 기치를 내걸었습니다. 이 모두는 유비의 특기였고 유비가 성공할 수 있던 기초였습니다.

　　누군가 유비가 일생 동안 겪었던 중요한 전투가 스물두 번이라는 통계를 낸 적이 있습니다. 그 가운데 패한 전투가 열세 번, 성공한 전투가 아홉 번이었습니다. 피비린내 나던 시대, 이렇게 힘든 상황에서 유비는 살아남았고 일어났으며 결국 성공을 향해 달려갔습니다. 이와 같은 불굴의 정신은 우리가 배우고 거울로 삼을 만한 가치가 있습니다. 옛날에 큰일을 이룬 자는 세인을 능가하는 재주뿐 아니라 참고 견디는 견인불발堅忍不拔의 기개도 있어야 했습니다. 유비가 바로 견인불발의 기개로 성공한 인물이었습니다.

　　1,800여 년의 시간이 흘러 일찍이 휘황찬란하고 파란만장했던 세월도 시간의 큰 강물과 함께 흘러갔습니다. 삼국시대도 이제 먼

이야기고, 유비·제갈량·관우·장비·조운·마초·황충과 같은 영웅도 모두 멀리 떠났습니다. 우리는 단지 역사책에 기록된 몇 마디 말로 그들을 느끼고 탐구하며 이해합니다.

하지만 오늘날 우리가 하는 이와 같은 일은 모두 의미가 있습니다. 우리 시대는 빠르게 변화하고, 사람들에게 더 많은 성공의 기회와 더 넓은 무대를 제공하는 시대입니다. 이른바 모든 길은 로마로 통하고 나가기만 하면 1등을 한다지만, 어느 길을 가든, 어떤 사업을 하든, 선인의 보배와 같은 정신적 재산은 영원히 우리가 전진하는 본보기이자 동력의 원천이며, 우리는 이 정신적 재산을 더욱더 발전시켜 자손 후대에 전해주어야 합니다. 계속해서 우리가 어디서 왔고 어디로 가는지 기억하게 해야 합니다.

여기까지 유비에 대한 이야기였습니다. 감사합니다.

|부록|

유비 연보

- 161년(1세)　　　유주 탁군 탁현에서 출생함.

- 163~170년(3~10세)　부친 유홍이 별세함.

- 170~175년(10~15세)　모친과 함께 탁현 저잣거리에서 짚신과 돗자리
　　　　　　　　를 팔아 생계를 유지함.

- 175년(15세)　　　어머니의 명에 따라 유학자 노식을 스승으로 삼
　　　　　　　　아 낙양 부근에서 수학함. 이때 공손찬과 친분
　　　　　　　　을 맺음.

- 177년(17세)　　　노식이 여강태수廬江太守에 임명되자 공부를 접
　　　　　　　　고 고향으로 돌아옴.

- 177~184년(17~24세)　고향 탁군 일대에서 활약함. 이 시기에 관우·
　　　　　　　　장비와 의형제를 맺음.

- 184년(24세)　　　3월, 거록 사람 장각이 태평교도를 이끌고 황건
　　　　　　　　적의 난을 일으키자 관우·장비 등과 토벌군을
　　　　　　　　조직해 관군과 함께 반란 진압에 참여함.

- 185~190년(25~30세)　황건적의 난을 평정한 공으로 기주 중산국 안희
　　　　　　　　현의 위로 천거됨. 오래지 않아 독우를 매질한
　　　　　　　　후 관직을 버리고 도망감. 후에 청주 평원 고당
　　　　　　　　현高唐縣의 위로 임명되고 이어 현령으로 승진함.

- 190~191년(30~31세)　고당현이 황건군에게 점령되자 동문수학한 공손
　　　　　　　　찬에게 의탁함. 별부사마로 임명되어 기주목 원
　　　　　　　　소에게 대항함. 이 시기에 조운과 친분을 맺음.

- 192~193년(32~33세)　공손찬에 의해 평원령으로 임명되고 후에 평원

상으로 승진함. 이 시기 군민 유평이 자객을 고
용해 암살을 시도했으나 자객이 유비에게 감화
되어 위험에서 벗어남.

- 193~194년(33~34세) 북해상 공융이 황건군에게 포위되자 태사자를
보내 구원을 요청함. 유비가 3,000명의 구원병
을 이끌고 가 포위를 풂.

- 194년(34세) 여름, 연주목 조조가 부친의 원수를 갚는다는
명목으로 서주를 공격하자 서주목 도겸이 구원
을 요청함. 유비는 청주자사 전해와 함께 서주
를 구원함. 이후 도겸이 유비를 예주자사로 천
거하고 소패에 주둔하게 함. 연말 서주목 도겸
이 세상을 떠나며 서주목으로 유비를 추천함.
서주별가 미축, 전농교위 진등 등의 추대로 서
주목이 되어 하비를 다스림.

- 195년(35세) 여름, 여포가 조조에게 패해 서주로 오자 유비
가 그를 받아들여 머물게 함.

- 196년(36세) 조조가 표를 올려 진동장군·의성정후로 추천
함. 여름, 회남의 원술이 서주를 공격하자 원술
과 대치함. 여포가 이 틈을 타 하비를 빼앗자 고
립되어 어려움에 처했으나 미축이 가산을 털어
도와줌. 겨울, 여포에게 항복한 후 다시 예주자
사가 되어 소패에 주둔함.

• 197년(37세)	원술이 기령 등 3만 명의 보병으로 소패를 공격 함. 유비가 여포에게 구원을 청하자 여포가 중재 에 나서 포위를 풂. 후에 여포가 소패를 공격하 자 패배하고 조조에게 의탁함. 조조는 유비를 소 패에 주둔하게 하고 예주목으로 임명함.
• 198년(38세)	유비가 계략으로 양봉을 참함. 여포가 고순·장 료를 보내 소패를 공격하자 조조에게 구원을 청 함. 조조가 하후돈을 보내 구원했으나 성이 함락 되어 패주함. 9월, 조조와 함께 여포를 공격하고 12월, 하비를 함락하고 여포를 생포해 죽임.
• 199년(39세)	봄, 조조를 따라 허도로 가 좌장군에 봉해짐. 이 때 거기장군 동승 등이 밀조를 받아 조조의 암 살을 모의함. 조조가 술을 마시며 유비의 자질을 시험함. 여름, 원술을 저지한다는 명목으로 조조 의 그늘에서 벗어나 서주로 감. 이후 서주자사 차주를 죽여 다시 서주를 차지하고 공개적으로 조조에게 반대한다는 입장을 표명함.
• 200년(40세)	봄, 동승의 밀모가 드러나자 조조가 소패·하비를 급습하고 관우를 포로로 잡음. 패배한 유비는 원 소에게 의탁함. 이때 업성에서 조운과 결합함. 여 름, 여남으로 가 유벽 등과 연합해 조조에게 대항 함. 관우가 조조를 떠나 유비에게 돌아옴. 겨울,

조조가 관도에서 원소군을 대파함.

- **201년**(41세)   9월, 조조가 여남에서 유비를 공격하자 여남에
서 철수하고 형주목 유표에게 의탁한 뒤 신야에
주둔함.

- **203년**(43세)   유비가 하후돈과 우금을 박망(博望)에서 물리침.

- **203~207년**(43~47세) 형주에서 칩거함. 이 시기에 큰일에 뜻이 없는
허사를 질책하고 넓적다리에 살찐 것을 한탄함.
형주 세력의 암살시도를 피해 말을 타고 단계를
건넘.

- **207년**(47세)   조조가 북으로 오환을 정벌하러 가자 유표에게
허도를 급습하자고 제안했으나 유표가 받아들
이지 않음. 삼고초려로 제갈량을 얻음. 아들 유
선이 태어남.

- **208년**(48세)   7월, 조조가 군사를 이끌고 남하함. 8월, 유표가
양양에서 병사함. 9월, 유표의 아들 유종이 조조
에게 투항함. 유비도 번성에서 군사를 나누어
관우에게 수군을 이끌고 한수를 따라 남하하게
한 뒤 자신은 육군을 거느리고 남하함. 이 과정
에서 10여만 명의 백성이 따라와 하루에 10여
리밖에 가지 못하는데도 백성을 버리지 않음.
결국 추격당해 당양 장판에서 크게 패함. 처자
를 버리고 제갈량·장비·조운 등 수십 기만 이

끌고 달아나 관우의 수군과 한진에서 합침. 후에 번구로 물러나 손권과의 연합을 위해 제갈량을 사자로 보냄. 손권이 주유를 보내 유비와 함께 조조에게 대항함. 겨울 12월, 주유가 조조를 적벽에서 대파함.

- 209년(49세)   형주와 강남 사군·무릉·영릉·장사·계양을 접수하고 주유와 함께 강릉을 공격함. 12월 유기가 병사하자 부하들의 추대로 형주목에 오름.

- 210년(50세)   오나라로 가 손권의 누이와 결혼함.

- 211년(51세)   12월, 방통·법정·황충·위연 등과 함께 익주로 들어감.

- 212년(52세)   봄, 유장과 부성涪城에서 만나 한중의 장로를 견제하기 위해 가맹관으로 감. 연말, 장송이 유비와 내통한 사실이 드러나 유장이 그를 참함. 유비가 가맹관에서 남하해 유장을 공격함.

- 213년(53세)   순조롭게 성도로 향하다 낙성에 도달함. 여름, 제갈량·장비·조운이 촉으로 오고 관우가 형주에 남아 지킴. 낙성에서 방통이 화살에 맞아 죽임을 당함.

- 214년(54세)   낙성을 함락하고 성도를 포위함. 마초가 유비에게 투항함. 여름, 유장이 항복하자 익주목을 겸함.

- 215년(55세)   7월, 조조가 한중을 공격하자 손권과 형주를 나

누어 가지기로 하고 조조에게 대항함.

- 218년(58세) 대군을 거느리고 한중에 들어감.

- 219년(59세) 봄, 황충이 하후연을 벰. 3월, 조조가 구원병을 이
끌고 한중에 옴. 5월, 조조가 철수하자 한중을 차
지함. 7월, 면양에 제단을 쌓고 한중왕에 즉위함.
8월, 관우가 북진하며 양양과 번성을 공격해 우
금의 7군을 물에 잠기게 하고 방덕을 베어 조조
를 놀라게 함. 겨울, 손권이 여몽을 보내 공안·강
릉을 습격하고 이어 형주를 탈취함. 관우가 철수
하다 궤멸하고 손권에게 사로잡혀 죽음.

- 220년(60세) 정월, 조조가 낙양에서 죽음. 10월, 조비가 한헌
제를 압박해 황제가 되고 조위 정권을 수립함.

- 221년(61세) 4월, 성도에서 황제로 즉위하고 국호를 한漢이
라 하고 유선을 태자로 세움. 7월, 관우의 복수를
위해 오나라 정벌을 결정하고 강주에 대군을 결
집시킴. 장비가 부하 장수에게 죽임을 당함.

- 222년(62세) 정월, 자귀에 진주함. 2월, 이도 호정에 주둔함.
여름, 육손이 화공으로 유비군을 궤멸시키자 백
제성으로 물러남.

- 223년(63세) 봄, 후사를 제갈량에게 부탁하고 백제성에서 죽
음. 시호는 소열황제.

삼국지
리더십

사람을 품는 능굴능신의 귀재

유비

초판 1쇄 발행 2015년 5월 18일
초판 15쇄 발행 2024년 9월 16일

지은이 자오위핑
옮긴이 박찬철
펴낸이 최순영

출판2 본부장 박태근
지적인 독자 팀장 송두나
디자인 이세호

펴낸곳 ㈜위즈덤하우스   **출판등록** 2000년 5월 23일 제13-1071호
주소 서울특별시 마포구 양화로 19 합정오피스빌딩 17층
전화 02) 2179-5600   **홈페이지** www.wisdomhouse.co.kr

ISBN 978-89-6086-817-5 03320